国家卫生健康委员会"十四五"规划教材
全国高等职业教育本科教材

供医养照护与管理专业用

安宁疗护

主 编 谌永毅

副主编 袁 玲 应文娟

编 者（以姓氏笔画为序）

李 丽（海军军医大学第三附属医院）

应文娟（汕头大学医学院）

胡永红（湖南省肿瘤医院）

胡成文（中国科学技术大学附属第一医院）

姜理华（重庆医药高等专科学校）

洪金花（南昌医学院第二附属医院 江西省肿瘤医院）

袁 玲（南京大学医学院附属鼓楼医院）

徐晓霞（河南省肿瘤医院）

谌永毅（湖南省肿瘤医院）

焦延超（泰山护理职业学院）

人民卫生出版社
·北京·

图书在版编目（CIP）数据

安宁疗护 / 谌永毅主编. -- 北京 ：人民卫生出版
社，2025. 5. -- ISBN 978-7-117-37961-8

Ⅰ. R48

中国国家版本馆 CIP 数据核字第 2025AX7347 号

人卫智网	www.ipmph.com	医学教育、学术、考试、健康，购书智慧智能综合服务平台
人卫官网	www.pmph.com	人卫官方资讯发布平台

安宁疗护
Anning Liaohu

主　　编：谌永毅
出版发行：人民卫生出版社（中继线 010-59780011）
地　　址：北京市朝阳区潘家园南里 19 号
邮　　编：100021
E - mail：pmph @ pmph.com
购书热线：010-59787592　010-59787584　010-65264830
印　　刷：人卫印务（北京）有限公司
经　　销：新华书店
开　　本：850×1168　1/16　印张：17
字　　数：503 千字
版　　次：2025 年 5 月第 1 版
印　　次：2025 年 7 月第 1 次印刷
标准书号：ISBN 978-7-117-37961-8
定　　价：66.00 元
打击盗版举报电话：010-59787491　E-mail：WQ @ pmph.com
质量问题联系电话：010-59787234　E-mail：zhiliang @ pmph.com
数字融合服务电话：4001118166　E-mail：zengzhi @ pmph.com

出版说明

　　我国是世界上老年人口最多的国家,老龄化速度较快,老年人健康状况有待改善。党中央、国务院高度重视医养结合工作,习近平总书记指出,要加快构建居家社区机构相协调、医养康养相结合的养老服务体系和健康支撑体系。医养结合作为落实推进健康中国、积极应对人口老龄化国家战略的重要任务,写入《中共中央 国务院关于加强新时代老龄工作的意见》《“健康中国 2030”规划纲要》《积极应对人口老龄化中长期规划》等重要政策文件及规划。国家卫生健康委认真贯彻落实党中央、国务院决策部署,会同相关部门大力推进医养结合,取得积极成效。随着老年人对健康养老服务的需求日益强劲,迫切需要大批经过专业教育,具有良好职业素质、扎实理论水平、较强操作技能和管理水平的高层次医养结合相关技术技能人才。

　　高等职业教育本科医养照护与管理专业作为培养国家医养结合服务与管理技术技能人才的新专业,被列入教育部《职业教育专业目录(2021 年版)》。为推动医养照护与管理专业健康发展,规范专业教学,满足人才培养的迫切需要,在国家卫生健康委老龄健康司的指导下,人民卫生出版社启动了全国高等职业教育本科医养照护与管理专业第一轮规划教材的编写工作。

　　本套教材编写紧密对接新时代健康中国高质量卫生人才培养需求,坚持立德树人、德技并修,推动思想政治教育与技术技能培养融合统一。教材深入贯彻课程思政,在编写内容中体现人文关怀和尊老爱老敬老的中华民族传统美德。高等职业教育本科医养照护与管理专业作为新的层次、新的专业,教材既体现本科层次职业教育培养要求,又坚持职业教育类型定位,遵循技术技能型人才成长规律。编写人员不仅有来自高职院校、普通本科院校的一线教学专家,还有来自企业和机构的一线行业专家,充分体现了专本衔接、校企合作的职业教育教材编写模式。编写团队积极落实卫生职业教育改革发展的最新成果,精心组织教材内容,优化教材结构,创新编写模式,推动现代信息技术与教育教学深度融合,全力打造融合化新形态教材,助力培养医养结合专业人才。

　　本套教材于 2023 年 10 月开始陆续出版,供高等职业教育本科医养照护与管理专业以及相关专业选用。

前　言

安宁疗护是以临终患者和家属为中心，以多学科协作模式进行的实践。在医疗资源与养老资源相结合的背景下，医养结合的模式可以实现安宁疗护资源利用最大化。安宁疗护立足全生命周期的健康管理，体现医学价值取向与社会文明进步，也是积极应对人口老龄化的重要途径。

本教材的编写顺应"十四五"期间应对人口老龄化的国家战略和卫生健康工作的总体布局，突出系统性和实用性，将理论与实践相结合，历史与发展相结合，展示安宁疗护的特色。坚持"规范化、精品化、创新化、本土化、数字化"战略，紧扣培养目标，遵循教学规律，体现专业特色，丰富教学资源。全书共十三章，在内容上全面涵盖了安宁疗护的基本理论、基本知识、基本技能及照护管理。

本教材具有以下五个特点：一是强调思想性，以立德树人为根本任务，将思政元素融入教材中。二是突出全面性，针对 60 岁以上老年人全生命周期基础照护需求，融入医养结合养老服务新理念、新理论、新知识、新技能。三是注重实用性，满足生命末期老年患者安宁疗护服务及各类医养机构安宁疗护管理等需求。四是体现启发性，设置学习目标、案例和思考题，有意识地培养职业本科学生终身学习、主动学习的良好习惯，提高他们的临床思维能力、改革创新意识和团队精神。五是力求先进性，每章设置知识拓展模块，还可以通过扫描二维码的方式获取教学课件、自测题等数字内容。

作为医养照护与管理专业教材，这本书的出版凝结了来自全国多所医学高等院校和三甲医院具有丰富经验的安宁疗护专家的心血，为终末期照护提供了规范的教学用书，对提升我国医养结合机构管理能力和服务人员照护能力，满足人民群众日益增长的医养照护与管理服务需求将产生积极的推动作用。由于编写时间紧、任务重，书中难免有不足之处，敬请广大读者指正，以便进一步完善。

谌永毅

2025 年 6 月

目 录

第一章
绪　论

📖 学习目标

知识目标：
1. 掌握安宁疗护的基本内涵、照护原则及目标。
2. 熟悉安宁疗护与人文关怀的关系。
3. 了解对老年安宁疗护患者的照护方法。
能力目标：
1. 能运用合适的理论对不同情境的老年安宁疗护患者进行照护。
2. 能将人文关怀融入安宁疗护全程照护中。
素质目标：
具有尊重、理解和关爱老年安宁疗护患者的职业素养。

第一节　安宁疗护概述

案　例

张女士，82岁，肺癌晚期、糖尿病，已入住医养结合机构4个多月。考虑到患者高龄，恶性肿瘤晚期，营养差，预后差，生存期评估处于生命终末期。医务人员向患者及家属介绍安宁疗护服务，张女士与其家属考虑后，以平和的心态，选择接受安宁疗护服务，开始规划自己生命的最后阶段。

请问：
1. 什么是安宁疗护？
2. 安宁疗护的照护措施有哪些？

一、安宁疗护概念与内涵

（一）概念

世界卫生组织对安宁疗护的定义是：安宁疗护重点通过身体、心理、精神需求的早期识别、评估和治疗来预防和减轻痛苦，帮助患有危及生命疾病的患者和家属提高生活质量，增强应对危机的能力。

2017年2月，我国《安宁疗护实践指南（试行）》对安宁疗护的定义为：安宁疗护是以临终患者和家属为中心，以多学科协作模式进行的实践，主要内容包括疼痛及其他症状控制，舒适照护，心理、精神及社会支持等。

（二）内涵

安宁疗护服务内涵主要体现在五个方面，即全人、全家、全程、全队、全社区照顾。

1. 全人照顾　老年安宁疗护患者在生命最后阶段一般会面临疼痛、呼吸困难、水肿等各种不适症状，同时面对病情与生命的不确定性，常会产生焦虑、抑郁、悲伤等负性情绪反应，加上家庭社会支持网络的改变或不足，易导致患者人生意义感及价值感缺乏。因此，安宁疗护需要提供身体、心理、社会、精神多维度的全人照顾。

2. 全家照顾　老年安宁疗护患者最后会走向死亡，而死亡是整个家庭甚至整个家族的大事；家属也是安宁疗护团队需要关注的重点；在照顾患者时，由于照顾时间长、照顾技能缺乏等多方面因素，家属也会出现身体、心理等多方面的问题。所以除了照顾患者之外，也要照顾家属，解决体力、心理、悲伤等问题。

3. 全程照顾　安宁疗护不仅局限于住院终末期患者，也涵盖了从患者入住安宁疗护机构起，直至其生命终结的全过程，其中包括了住院期间及居家照顾的各个阶段。安宁疗护的医务人员在这一全程中，持续为患者提供症状控制、舒适照护等综合性照护服务。此外，安宁疗护还延伸至逝者的后续照护，对患者家属开展的哀伤辅导工作等，构成了一个完整且连续的全程管理链条。

4. 全队照顾　安宁疗护是一个多学科团队合作的工作，旨在为患者提供全面、综合的照护服务。通常包括但不限于以下专业人员：医师、护士、营养师、心理咨询师、社工、志愿者（义工）等。在团队中，每个成员都负责患者照顾的一部分，如症状控制、心理辅导、社会支持、精神照护等。安宁疗护的工作并非单靠某一专科就能完成，而是需要所有与患者照护相关的专业人员共同加入，携手提供服务。

5. 全社区照顾　全社区照顾不是狭义地指某个社区或护理院，而是积极帮助患者寻求、连接、协调和利用各种社会资源，动员全社区力量共同参与到对患者的照顾中，让患者得到连续、可及、多方面的照顾服务。

二、安宁疗护服务对象

同时满足以下条件的患者属于安宁疗护服务对象：

1. 安宁疗护服务机构经评估认为，患者进入疾病终末期，存在难治性痛苦症状，适合接受安宁疗护服务。

2. 患者本人及家属充分知情，认同安宁疗护服务理念和内容，希望接受安宁疗护服务。

三、安宁疗护团队

安宁疗护团队为多学科团队（multidisciplinary team，MDT），指多学科协作诊疗，这一模式强调不同专业背景的成员之间紧密合作，共同为患者提供全面、个性化的照护方案。医养结合机构在切实推进安宁疗护服务时应科学运用多学科团队合作模式，为患者及其家庭带来更加人性化、专业化的照护体验。

安宁疗护团队成员应具有相应职业资质，并接受过安宁疗护培训。安宁疗护多学科团队核心成员包括医师、护士、药剂师、康复医师/康复治疗师、精神卫生工作者、营养师、医疗护理员、社会工作者、志愿者等。

医师职责：医师是诊疗计划的主要制订者，负责组织安宁疗护团队与患者及患者家属，完成对病情的评估、诊断；进行患者疼痛及相关症状的全过程管理；组织并参与家庭会议，协助制订预立医疗照护计划；引导患者及患者家属参与共同决策，制订和实施诊疗计划；动态观察病情，根据患者病情变化及需求调整诊疗方案。

护士职责：协助团队成员共同参与安宁疗护评估；配合医师开展患者的诊疗服务及症状管理；按照要求提供症状护理及舒适照护；协助沟通，开展健康教育，告知患者及患者家属疾病相关信息；协助引导患者及患者家属参与共同决策；给予患者及患者家属情感和精神支持；指导医疗护理员、患者家属/照护人员进行舒适照护；提供能力可及的哀伤抚慰。

药剂师职责：进行安全用药评估，给予医师用药反馈和指导，对患者及患者家属进行用药指导和健康教育。

康复医师/康复治疗师职责：进行康复评估、制订康复计划，实施综合治疗（物理治疗、作业治疗、言语治疗）及专项康复，对患者及患者家属进行康复训练指导及健康教育。

精神卫生工作者职责：为患者和安宁疗护团队提供心理支持。进行心理评估，了解精神心理支持服务需求，给予心理咨询、心理辅导、心理治疗，必要时给予药物干预。

营养师职责：对患者及患者家属进行生命末期的营养指导，包括协助制订个性化营养处方。

医疗护理员职责：在医务人员的指导下，协助家属为患者提供部分照顾性工作（如助餐、助洁、助浴等）。

医疗社会工作者职责：评估患者、患者家属及主要照护人员的社会、精神心理层面的需求；提供心理辅导和社会支持，链接社会资源，协助制订出院计划，维护患者生命尊严；支持安宁疗护团队成员；管理志愿者及志愿服务。

志愿者职责：为患者、患者家属及安宁疗护团队提供帮助，包括陪伴患者及患者家属、倾听他们的倾诉、协助家庭内部及医患之间沟通、提供具体事务性工作协助、宣传和推广安宁疗护理念等。

四、安宁疗护原则

（一）人道主义原则

安宁疗护秉承医学人道主义原则，以减轻患者痛苦、尊重患者权利和人格、维护患者利益和幸福为核心；以关怀人、尊重人、以人为中心作为观察和处理问题的基本准则。安宁疗护倡导敬畏并尊重生命、尊重其愿望，基于同情和关爱，帮助患者实现生命价值，提高其生命质量，让他们能够按照自己的意愿走完人生的最后一程。

（二）照护为主原则

对于终末期患者而言，常规根治性治疗已无法达到治疗效果，还会增加患者不必要的痛苦。安宁疗护把濒死与死亡当作生命正常的过程，不特意加速死亡，也不刻意延长生命，对患者不再给予无意义的检查和治疗措施；而是使用适宜的技术和方法提供关怀照护来缓解痛苦，提升生命末期生活质量。

（三）整体照护原则

安宁疗护以患者和家庭为中心，为患者提供生理、心理、社会、精神全方位的支持和照护，将人视为一个整体，多措施并举，帮助患者在终末阶段保持安静祥和的状态，舒适、平和、有尊严、无痛苦地离世。

五、安宁疗护目标

（一）消除内心冲突

老年安宁疗护患者的心理变化通常可分为五个阶段：否认期、愤怒期、协议期、忧郁期、接受期。患者心理发展具有较大的个体差异性，五个阶段并非完全按顺序发生和发展，有的可以提前，有的可以推后，甚至有的可以重合，各阶段持续时间长短也不同。

受不同文化背景、生死观等影响，对症状和死亡的担忧和由此引发的消极联想使患者产生内心冲突，不同患者在不同阶段的内心冲突都有不同的特点。因此，医务人员应根据个体的实际情况进行具体的分析与处理，通过共情、倾听等帮助其解决应激障碍，摆脱悲哀、沮丧的情绪，与自我和解，从而消除内心的冲突。

（二）重建人际关系

良好的人际关系是个体精神健康的需要，能使人从中汲取力量和勇气。患者因长期卧床人际关系发生改变，表现为社会交往范围缩小、人际互动减少等。安宁疗护鼓励患者在生命的最后阶段弥合与重建人际关系,协助其抒发感情、表达谢意、道出歉意,感受到爱与关怀。

(三)实现特殊心愿

在生命即将结束时患者会有一些特殊的愿望,安宁疗护医务人员通过与患者或家属进行沟通,了解并帮助患者实现特殊心愿,如想回家看看、去北京看天安门升旗仪式、想参加同学聚会等,使患者通过实现心愿达到内心平和与满足。

(四)安排未竟事业

安宁疗护帮助患者正视死亡,以平静、理性和负责任的态度提前安排与规划身后之事。如安排葬礼事宜,在自己离世后,家人可以按照患者的心愿与计划料理后事。其他还包括协助完成订立遗嘱、履行身后财产分割等相关事宜。

(五)与亲朋好友道别

安宁疗护目标在于给予患者温暖,使其在亲朋好友的守护与陪伴中有尊严地告别。以感恩、感激、宽恕和祝福等方式,珍惜生命中共同拥有的回忆,肯定此生的意义,达到内心从容、目光宁静、身心安顿。

六、安宁疗护起源与发展

(一)现代安宁疗护起源

安宁疗护(palliative care)一词源于英文"hospice",有"驿站"之意,是提供简单的食物、休息或养病的场所,后来演变成专门收治晚期疾病患者的场所。1967 年西西里·桑德斯博士(Cicely Saunders)在英国伦敦创建的圣克里斯托弗临终关怀院,被誉为"点燃临终关怀运动的灯塔"。桑德斯博士提出了"整体疼痛"的概念,即终末期疼痛是全方位的,其内涵不限于身体层面,还包括心理、社会、精神层面,倡导关注并善待生命垂危者,帮助其尽可能减轻痛苦和不适症状,在生命最后的时光平和、安宁、没有痛苦地生活,构建了现代安宁疗护体系。

(二)我国安宁疗护发展

我国的安宁疗护起源于"悲田院",这一概念是最早可以追溯到的古代中国对于贫病者进行慈善救助的机构。随着时代的变迁,"悲田院"的形式与功能虽有所演变,但其核心理念"关注生命末期患者的尊严与舒适,给予他们精神上的慰藉与身体上的照护"却得以传承并发展。1988 年天津医学院成立了临终关怀研究中心,"hospice"被翻译为"临终关怀",开始在我国正式使用。

自 20 世纪 90 年代中期安宁疗护理念逐渐引入中国以来,国家高度重视安宁疗护事业发展,2016 年 4 月,全国政协第 49 次双周协商座谈会统一了相关名词术语,提出将"临终关怀""舒缓医疗""姑息治疗"统称为安宁疗护,明确了安宁疗护的内涵。

2016 年中共中央、国务院印发的《"健康中国 2030"规划纲要》提出"促进健康老龄化"等举措,关注老年人安宁疗护问题。2017 年国家卫生和计划生育委员会出台了《安宁疗护实践指南(试行)》,明确了安宁疗护的定义。同年出台的《安宁疗护中心基本标准和管理规范》则对安宁疗护中心的建设和管理提出了明确要求,使安宁疗护服务更加规范化、专业化,标志着安宁疗护事业迈出了历史性的一步。此后,《关于建立完善老年健康服务体系的指导意见》《中华人民共和国基本医疗卫生与健康促进法》等文件相继发布,为安宁疗护服务的规范化、专业化发展提供了坚实的政策保障和法律支持。

2022 年,《"十四五"健康老龄化规划》提出稳步扩大全国安宁疗护试点,支持有条件的省市全面开展安宁疗护工作。自 2017 年至 2023 年,全国范围内分三批启动了安宁疗护试点工作,试点市(区)安宁疗护服务体系初步建立,服务机构、床位、人员数量持续增长,安宁疗护服务体系快速发展,区域性安宁疗护服务体系逐步建立和完善。国家医疗保障局 2024 年在《综合诊查类医疗服务价格项目立项指南(试行)》中新增设立"安宁疗护"项目,并明确安宁疗护价格构成中包含诊查和分级护理等步骤所需成本,支持公立医疗机构补齐安宁疗护服务供给短板,提升终末期患者生命质量。

七、安宁疗护相关理论

（一）马斯洛需要层次论

1. 理论介绍　人的基本需要又称需求,是一切生命的本能,是人体对生理和社会需求的反应。马斯洛于 1943 年在《人类激励理论》一文中提出了著名的需要层次论(hierarchy of basic human needs theory),随后于 1954 年在《动机与人格》一书中对此理论进行了具体阐述,即人的需要的产生与满足按其发生的先后顺序有一定层次性,由低到高依次为生理需要、安全需要、社交需要(亦称爱与归属的需要)、尊重的需要和自我实现的需要。这五种需要构成不同的等级水平,对不同层级需要的满足不是"全"或"无"的,并非下一级需要完全满足才会出现上一级的需要,各层次之间相互联系和影响(图 1-1)。

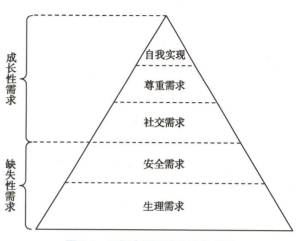

图 1-1　马斯洛需要层次论模式图

2. 理论与安宁疗护的联系

(1)生理需求:在安宁疗护中,生理需求是基础且至关重要的。医务人员需要关注患者的基本生理需求,如饮食、睡眠等生活方面的需求及疼痛、恶心等症状控制方面的需求,帮助缓解患者的身体痛苦,提高他们的生活质量。

(2)安全需求:为患者提供一个安全、舒适的住院环境,避免他们受到意外伤害,保障他们的隐私,这有助于减轻患者的焦虑和恐惧,使他们能够更加安心地接受安宁疗护。

(3)社交需求:医务人员可以组织患者之间、患者与亲友之间的交流活动,帮助他们建立社交联系和个性化的支持系统。这些活动和支持系统有助于患者表达自己的情感,减轻孤独感和焦虑感,增强他们的社会归属感。

(4)尊重需求:安宁疗护尊重患者的自主权利,包括治疗决策、生活安排和临终关怀方式等。在这一过程中,患者能够根据自己的意愿和价值观作出选择,从而在生命的最后阶段保持尊严和自主权。

(5)自我实现需求:安宁疗护鼓励并协助患者完成生命最后阶段的心愿。这些心愿可能涉及与亲朋好友的和解、未竟的事业、特定的旅行或仪式等。通过实现这些心愿,患者能够感受到生命的意义和价值,从而获得内心的满足和平静。

3. 临床应用

(1)满足生理和安全的需要:通过采取有效的措施帮助患者满足症状控制需求,增进舒适,力求"身无痛苦"。确保环境的安全性,如跌倒与坠床的预防等。

(2)满足爱与归属、尊重的需要:给予患者及照护人员理解、支持、鼓励和安慰,帮助宣泄和缓解不良情绪,增进患者与家人、朋友和社会群体的人际互动,通过自我鼓励、相互支持,寻找人生目标等方式促进自尊,增进自我接纳的信心。

(3)满足自我实现的需要:协助患者正确对他人表达自己的爱以及接受被爱,鼓励患者勇敢说出"谢谢你""对不起""我原谅你""没关系""再见"等,化解过往的恩怨和愤怒,在有限的生命中重新认识生命的价值,实现精神的抚慰。

（二）社会沃母理论

1. 理论介绍　社会沃母理论(society womb theory)沃母一词来源于子宫的英文单词"womb",医学上通常将人的一生划分为围产期、婴幼儿期、儿童期、少年期、青壮年期、中年期、老年期、围终期等几个阶段。围终期即临终期,是指生命本质不可逆转地走向退化直至临床死亡,并可以延伸至安葬这一期间。围终期与围产期遥相呼应,也与围产期有许多相似之处。

社会沃母理论认为,子宫是新生命孕育和成长的环境,包括舒适温度、丰富营养、免疫环境、胎教和文化氛围等。十月怀胎过程中,自然、社会、环境因素对母亲躯体、精神的作用,对胎儿的形成都有举足轻重的作用。同理,当今社会完全独立的个体是不存在的,每个人都不同程度地置身于生存与发展的社会环境中,同时依赖于社会成员之间的爱与互助。老年安宁疗护患者恰恰需要与之相似的"社会沃母"环境,在其需要帮助的时候,亲属、医务人员、其他社会成员和社会团体会对他们给予全方位的帮助。

2. 理论与安宁疗护的联系　个体在母体子宫中诞生,在社会环境中成长,终将在"社会沃母"的温暖和包容中舒适、安详、无憾地走完生命的旅程。随着医学的进步,人类对生命的理解更为深刻,优生、健康与优逝在生命各个阶段应得到同样的重视,安宁疗护可以帮助生命完成最后的成长。

3. 临床应用

(1)营造全员参与的"社会沃母"环境:倡导医务人员、社工、家属等从身体、心理等角度来共同为患者创造被关爱呵护的"社会沃母"环境。医务人员根据患者的文化背景、生活环境、性格、对死亡的理解等差异,制订个性化照护计划,尽量满足患者需求,给予情感和精神上的关怀,为其带来慰藉并维护自尊。

(2)提供真诚友善的帮助:鼓励医务人员积极参与,为患者提供真诚的关爱。在患者行动不便时,医务人员伸出援手;在咀嚼困难时,医务人员进行细心喂食;在疼痛来袭时,医务人员进行抚触及按摩以舒缓躯体紧张;在患者孤独无助时,医务人员细心陪伴,让患者在生命的最后阶段,延续生命的尊严,感受人间的温暖和友爱。

(三)优逝框架理论

1. 理论介绍　优逝(good death)也被称为"善终",指患者意识到并接纳即将来临的死亡,而且能够妥善处理情感和物质上的重要事宜。优逝框架(framework for a good death)是 1998 年 Emanuel 博士在拓展了优逝内涵的基础上提出的,她认为临终者的优逝体验是多方面的,包括有效的症状管理、良好的人际关系、完善的社会支持、美好的愿景、合理的经济保障、周到的照护服务以及坚定的精神和信念。患者的优逝可从本身特征、体验的可变因素、系统照护干预措施、总体结局四个方面了解和评估,构成优逝框架。

2. 理论与安宁疗护的联系　优逝是安宁疗护秉持的重要理念与追求的核心价值,优逝的核心在于患者选择如何死亡,即患者的生命如何终结。优逝的基本要素是减轻疼痛,患者在身体和情感上都能够在离世前完成心愿;优逝需要基本符合患者及家属的意愿,与安宁疗护的临床、伦理和文化的标准相一致。在优逝框架下,生命终结的过程更加注重平和、宁静地离去。

3. 临床应用

(1)充分考虑患者特征:针对不同疾病的临床特征采取相应的症状控制措施,在心理支持、社会支持中充分了解患者的年龄、文化背景、教育程度等,改善患者优逝体验。

(2)系统评估可变因素:多学科照护团队以优逝框架为理论基础,综合系统地评估患者体验,并判断影响患者临终体验各种因素间的相互关系,为其提供更高质量的整体照护。许多有躯体症状困扰的患者常常伴有不同程度的心理困扰,心理困扰严重者甚至会加重身体症状,如抑郁的患者可能会有较低的疼痛阈值,更容易表现出身体症状,而那些精神良好的患者身体症状较少。因此,在为患者控制症状时,要考虑心理因素对症状的影响。

(3)全面制订干预措施:重视医疗以外的社交网络对临终患者体验的影响,例如家人朋友的陪伴,社区志愿者的支持帮助、同伴互助等能够提高患者的生活质量,并且要在适当的情况下实施相应的干预措施。

(4)全方位改进优逝体验:除对患者的直接干预外,安宁疗护工作者及机构要积极改善外部环境来提升患者临终体验质量,如发展专业的照护团队、优化团队关系、为政策保障开展研究及建言献策等。

（四）和谐护理理论

1. 理论介绍　和谐护理理论由我国学者在罗杰斯"整体人的科学"理论基础上，结合中医学养生理论，从东西方文化汇通的视角，分析"人""环境""健康"和"护理"之间的关系，融合中国传统文化建立而成。和谐护理理论强调人的生活态度应是与自然和谐共生，与环境构成有机的统一整体。它既重视患者个体的全面和谐发展，也重视护理人员自身的和谐状态，以及护患关系的和谐发展。同时，和谐护理理论为临床护理实践提供了一种动态发展的护理视野，围绕和谐需求，建立"和""谐"互动的全局思维，体现整体和谐思想。

和谐护理系统包括评估和谐需求、建立"和""谐"机制、人际互动 3 个环节（图 1-2）。①当个体出现健康问题就医时，护理人员需要从和谐健康的 4 个维度（健康、人、环境、护理），系统评估个体内外环境的和谐需求。②识别出个体及家庭的和谐需求后，依据"和""谐"机制，构建护理体系，制订护理计划，注意要兼顾科技、人文和生态 3 方面的价值，使护理决策最优化。③协同使用多种方法，启动人际互动，满足个体和谐需求。

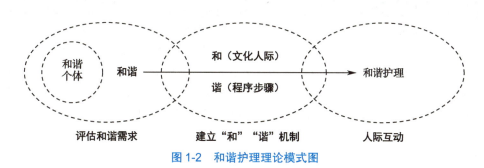

图 1-2　和谐护理理论模式图

2. 理论与安宁疗护的联系　和谐护理理论起源于中国传统文化，融合和谐意识、孝悌思想及罗斯杰的整体人思想，以儒家思想作为和谐体系的支点，强调个体健康具有文化属性，人与环境有机统一，最终达到心灵平和、宁静的状态，在生理、心理、社会和精神方面达到和谐状态，与安宁疗护的理念十分契合。其"和""谐"两种机制本质就是基于患者的需求达到规范与实践的协调统一，实现"舒适善终"的最终目的。

（1）生理和谐：安宁疗护中身体和谐不是指单一生理健康，更是强调基于传统文化适度的稳定平衡状态。患者症状的管理依然是安宁疗护工作的重点。

（2）心理和谐：安宁疗护比普通护理更强调家庭观念，家庭承担着主要照顾职责，需要注重患者和家属之间的沟通，除患者身体舒适照顾、鼓励家属能够积极参与患者的照护过程外，还需关注患者及其照护人员的心理感受和诉求，鼓励倾诉与陪伴；引导树立正确的生死观，改善其负性情绪和心理痛苦。

（3）社会和谐：社会支持包括人际关系互动、信息传递、资源利用等内容。

（4）精神和谐：精神是人内在意识体会到的存在意义与价值，体现在生命意义、与自然和谐、与他人关系以及与自我的融合方面。安宁疗护实践过程中要了解患者愿望，同时尊重患者及家属的价值观及信仰。

3. 临床应用

（1）构建和谐的护患关系：医务人员需以尊重、理解、同情和关爱的心态对待每一位患者，倾听他们的心声，理解他们的需求，通过有效的沟通与交流，建立起相互信任、相互支持的护患关系。这种和谐的关系不仅有助于缓解患者的焦虑与恐惧，还能增强他们面对疾病的信心与勇气。

（2）实施身心并重的整合照护：在安宁疗护实践中，医务人员需整合多种照护手段，如疼痛管理、症状控制、心理疏导、社会支持等，为患者提供全方位的照护服务。通过个性化的照护计划，确保患者在身体舒适的同时，也能获得心理上的慰藉与精神上的满足。

（3）促进家庭与社会的参与：医务人员应主动与患者的家属及社区建立联系，鼓励他们参与到患者的照护中来,引导患者及家属共同参与决策。通过组织家庭会议、提供情感支持、开展健康教育等方式,帮助家属了解患者的病情与需求,增强他们的照护能力,同时减轻患者的孤独感与无助感。此外,医务人员还应积极利用社会资源,为患者提供更多的支持与服务,如志愿服务、法律援助等,以构建更加完善的照护网络。

（4）营造宁静和谐的照护环境：医务人员需努力营造一个温馨、舒适、宁静的照护环境,以减轻患者的紧张与不安。通过合理的空间布局、柔和的灯光照明、舒缓的背景音乐以及人性化的设施设备等手段,为患者创造一个有利于休息与康复的照护环境。同时,医务人员还需注重自身的言行举止,以平和、亲切的态度对待患者和家属,营造出一种和谐融洽的氛围。

第二节　安宁疗护人文关怀

案　例

李女士,78岁,肺癌Ⅳ期的终末期患者,身体极度虚弱,内心也充满了孤独与恐惧。为了缓解她的情绪,护士小李经常都会陪伴李奶奶在病房的阳台上晒太阳,轻声细语地为她读着喜欢的故事书,让她在温暖和宁静中感受到陪伴与关爱。同时,护士还耐心倾听李奶奶和家属的心声,针对他们内心的焦虑和困惑,请心理咨询师提供专业的心理疏导和支持。无论是李奶奶对生命的留恋,还是家属对未来的不确定感,医务人员都给予了充分的理解和尊重,用温暖的话语和专业的知识为他们排忧解难。

请问:

1. 安宁疗护人文关怀的对象有哪些,为何这些人群需要安宁疗护人文关怀?
2. 在这个案例中,体现了安宁疗护人文关怀的什么原则?

一、人文关怀概述

（一）人文关怀

人文关怀又称为人性关怀,是一个哲学范畴的概念。概括而言,人文关怀的本质是"以人为本",主要体现在以"生命价值"为本,它蕴含了"人权平等"的正义追求,"人格尊重"的基本原则,"人性自由"的广阔向往,以及"人情博爱"的深厚情怀,共同构筑起一套丰富而深刻的人文或人道主义思想体系。

（二）护理人文关怀

美国科罗拉多大学护理学院 Jean Watson 教授首次将护理学和人文关怀有机结合起来,创立了关怀科学模式理论（scientific model of care）。她特别强调人性关怀才是护理工作的本质,要求护理人员将科学和人文结合起来,在与患者的良性互动关系中,通过建立信任和希望的关系、协助满足人类的需要、鼓励并接受服务对象产生的积极与消极情绪的表达。关怀作为护理的核心,在护理过程中,护士以人道主义精神,尊重、理解、关心和帮助患者的生命与健康、权利与需求、人格与尊严。护理人文关怀是一个复合概念,是哲学与护理学的有机结合,是人文关怀理念在护理学科的具体运用,强调以患者为中心的一种护理行为,反映了护士在照护工作中的责任心和职业道德,让患者感受到关爱和情感支持。

（三）安宁疗护人文关怀

安宁疗护人文关怀是一种专注于生命末期患者的全方位照护理念,以患者和家属为中心,关注他们的需求,旨在通过提供多方面的支持,减轻患者的痛苦,维护其生命的尊严,并让他们在生命的最后时光能够安详、宁静地度过。医护人员通过运用同情同理、关爱博爱的态度,以及至臻至善、慎独慎行的行为准则,为患者和家属提供心理、情感和文化服务,以全面满足其健康需求并给予精神慰藉。这种人文关怀将医学和人文有机结合,将专业技能与人文关怀融为一体,体现了对生命的尊重与敬畏，以及医学的温度与人性关怀。

　　总的来说，安宁疗护人文关怀是一种充满人道主义温情的医疗服务模式，它关注生命的最后阶段，是全周期健康服务不可或缺的部分。通过给予生命末期患者关怀与尊重，传递出积极的生命观。

二、人文关怀相关理论

（一）华生关怀理论

　　华生（Watson）于 1979 年首次提出关怀科学理论，对人文关怀的概念和哲学基础进行了分析和探讨，明确了人文关怀的 3 个主要概念：关怀科学、超越个人的关怀性关系、关怀时刻，并在早期提出了十大关怀要素，后期演变为十大关怀程序：①形成人文利他主义的价值系统；②灌注信心和希望；③培养自我和对他人的敏感性；④建立帮助信任的关系；⑤促进并接受表达正性和负性的感受；⑥系统应用科学地解决问题的护理程序；⑦促进人际间的教与学；⑧提供支持性、保护性、矫正性的生理、心理、社会文化和精神的环境；⑨帮助病人满足人性需求；⑩允许存在主义现象学力量的影响。华生关怀理论在国内外广泛运用，美国 Lukose 基于该理论构建了人文关怀实践模式，强调医务人员和患者之间的互动，通过建立真诚的人际关系，实现对患者的关怀。

（二）跨文化关怀理论

　　莱宁格（Leininger）于 20 世纪 60 年代提出跨文化关怀理论，从人类文化学角度，以文化和照护为核心，阐述了护理人文关怀的理论并提供了实践指导，提出人类关怀需求和体验与其社会文化背景、信仰、价值观和生活方式等息息相关。该理论逻辑性强，易于理解和推广，在临床护理、护理科研、护理教育、护理管理等方面均有较广泛的应用。

三、安宁疗护人文关怀原则

（一）尊重原则

　　尊重是人文关怀的首要原则，是对患者最好的关怀。尊重原则对于患者具有特殊的意义，伴随着临终症状的出现，患者在此期间心理状态更加脆弱。尊重患者的自主性，保证患者的临终治疗意愿和其他相关决策得到实现。患者愿望的实现是践行安宁疗护人文关怀的具体体现。

（二）共情原则

　　共情是指通过沟通等方式理解他人内心世界并对这种理解进行恰如其分的表达。站在患者角度感受他们的需求和困扰，多倾听患者的倾诉，并提供适当的帮助。学会在人际关系中换位思考既是一种态度，也是一种能力，它表现出对他人的关切、接受、理解、珍惜和尊重。共情原则使医务人员最大限度地理解患者，并用平和的心态与患者相处，具有共情能力的医务人员能耐心地以建设性的方式去处理与患者产生的矛盾。共情不等于对他人的遭遇表示遗憾，也不是表达慰问，而是一种中立的价值观，温暖地传达切实的关怀，帮助患者解决问题，是建立良好护患关系的重要基础。

（三）全面原则

　　对患者的照护应是全面的、整体的，包括对患者的生理、心理、社会以及精神等方面的需求给予全面的关心，从传统的生物医学模式转变为生物—心理—社会医学模式。医务人员既可为入院治疗的患者提供服务，也可为居家患者提供指导与帮助。另外，在照护工作中，既要关心患者，也要关心其家属，向患者家属提供支持，帮助患者建立更加完整的家庭支持系统。

（四）个性化原则

　　由于每位患者的职业、年龄、受教育程度、社会角色等不同，不同文化背景的人有不同的关怀体验，对于同一事物有不同的看法和决定，文化影响着人们的价值观、信仰、习俗和行为方式。因此，在对患者提供照护时需强调个性化原则，人文关怀需要了解不同个体和群体文化背景的关怀表达方式，提供精准个性化照护，满足不同文化层次的患者需要，充分尊重患者的文化多元性，改善其面对死亡的态度和生活质量。

四、人文关怀在安宁疗护中的运用

（一）老年安宁疗护患者人文关怀

1. 生理关怀 医务人员应密切观察病情变化，根据患者病情制订个性化照护措施，将人文关怀融入整体照护的每一个环节。患者受到多种临终症状折磨，疼痛作为最常见且最为严峻的问题，严重影响着患者的舒适度。因此，医务人员需同其他医务人员紧密合作，在提供基础护理（如协助其翻身、拍背等）和饮食指导的基础上，使用药物、专业照护技术控制和缓解患者临终症状，减轻痛苦，力求让患者在生命的最后阶段感受到更多的安宁与舒适。

2. 心理关怀 患者在生命末期常常具有焦虑、抑郁、恐惧等负性情绪，医务人员应加强对患者心理动态评估与观察，正确区分患者的心理分期，不间断、无缝隙地给予心理关怀服务。医务人员在工作中应站在患者角度，采用同理心和移情技巧，通过表情、言语、姿势、行为等影响和改变其心理状态和行为；了解患者的心理需求和意愿，帮助其缓解情感上的不安，适应临终过程。此外，可指导患者对自身情绪进行记录和分析，发现积极情绪对身心的影响。通过音乐疗法、家属或动物陪伴等方式帮助患者降低焦虑水平，宣泄不良情绪，促进心理健康。

3. 社会支持 老年安宁疗护患者基本脱离社会，人际关系网络发生改变，易导致患者产生支持度不够等感受。应及时了解老年安宁疗护患者社会需求，建立"医生 - 护士 - 患者 - 家属"共同参与的社会支持计划，协助老年安宁疗护患者在生命终末阶段心愿达成。家庭是患者最可靠的社会支持系统，家人的陪伴是对老年安宁疗护患者最大的安慰，良好的家庭支持系统离不开家属的理解和帮助。同时，鼓励有条件的医疗机构开展医务社会工作和志愿者服务，为有需求的患者获取社会资源提供帮助，让他们感受到外界的关心与支持，这也是人文护理的充分体现。

4. 环境要求 为患者营造关心、尊重、以患者利益和需要为中心的人文关怀环境。同时注意为患者尽可能予以独立单间，设有陪护床，满足亲人陪伴最后一程的需求。当病房紧缺，无法提供单间时，护士应进行屏风遮挡，保护患者的隐私。保持室内空气的舒适和流通，温度保持在 22~24℃，湿度保持在 50%~60%。光线适宜，因患者在生命末期视物逐渐模糊，且通常害怕处在黑暗的房间。病房的设计和设施布置应尽可能体现家庭式温馨、舒适、方便，可备有电视、书报、绿色植物，允许患者在墙上粘贴自己喜欢的画、工艺品、相片等，尽量使患者在舒适的环境中度过有限的时光。

5. 死亡教育 死亡教育是一种人文关怀的表现。了解患者的人生观、世界观及价值观，在充分评估患者的基础上，与患者进行深度的沟通，对其进行死亡教育，使其能够正确面对死亡，帮助患者明白疾病和死亡是每个人都必须面对和不可逃避的事件，应以坦然、积极乐观的心态去应对。

（二）老年安宁疗护患者家属人文关怀

1. 患者终末期 亲人面对患者即将逝去，极其悲伤，表现出严重的焦虑、烦躁和愤怒，甚至出现自毁行为。要学会换位思考，体会家属的心情，在不违背原则的情况下，尽可能满足家属的照顾需求。可以与家属交流沟通，进行死亡教育，聆听家属的诉说，鼓励和引导其宣泄情感，护士协助创造良好的家庭氛围，指导家属对患者进行生活照料，同时帮助家属做好亲人离世的思想准备。

2. 患者逝后 患者的离世并不意味着服务链的终止，对丧亲者的关怀是人文关怀服务的延伸。丧亲者在亲人离世后，既要安排逝者的各项身后事，又要处理自己的情绪，平复自身的哀伤。医务人员应对家属进行居丧照护，包括协助家属安排临终者死后相关事宜、与家属共同应对患者的死亡、鼓励丧亲者宣泄不良情绪，充分表达感受，而不是只说"节哀、保重"，应提供合适的哀伤辅导技术，指导其学习和使用放松的方法，如深呼吸等帮助家属从痛苦中恢复过来。

（三）人文关怀礼仪要求

1. 言语礼仪 诚恳、体贴、礼貌的语言，对于患者来说，就如一剂良药。人文关怀实质上是一种实践人性化服务的行为和规范，需要与患者加强沟通，营造人文氛围。①应注意善用礼貌用语，语言要文明、得体、谦和，让患者信任医务人员。②要注意使用具有安慰性和鼓励性的语言，表现出对患者善意的关怀与同情。③要用简洁、通俗易懂的语言,切忌使用医学术语,发音要准确、语调柔和,语意清楚、精练、明确。

2. 工作礼仪　在为患者进行操作时,人性化的操作礼仪是取得患者良好配合的关键,也是医务人员对患者实施人性照护的具体体现。

（1）操作前:解释操作的目的和意义,取得患者的配合。推治疗车和进出病房动作要轻,若操作涉及患者隐私,医务人员要提前准备屏风或拉好病床隔帘,保护患者隐私。

（2）操作中:操作时应注意动作轻柔,患者长期忍受疾病的折磨,尽可能一次成功,减少患者痛苦。同时注意与患者沟通,询问患者的感受,并适时给予安慰,消除临终患者对操作治疗的恐惧。

（3）操作后:当患者配合完成工作后,医务人员应当对患者的配合表示感谢,询问患者的感觉,观察了解预期效果,交代相关注意事项,对操作治疗给患者带来的不适和顾虑给予安抚。

（四）照护过程中的人文关怀

1. 入院时　展现专业形象与礼仪,迎接患者;及时安排床位并通知相关医务人员,增强患者归属感。做好入院处置,为患者提供安全感,并针对性地进行健康教育,如吸烟、糖尿病、高血压等患者。入院评估时注重评估患者人文关怀需求,增强医患信任,为个性化照护奠定基础。

2. 住院期间　在住院期间,以华生的人文关怀十大要素为依据,根据患者人文关怀需求的具体内容及迫切程度,制订切实可行的长期计划（如心理问题的解决）和短期计划（如辅助设施的提供、疾病健康教育等）。在入院、检查、治疗、健康教育、出院、出院延伸服务中运用人文关怀护理技巧满足患者人文需求,及时观察患者人文关怀需求的动态变化,调整人文关怀服务。

3. 出院时　根据出院医嘱,提前通知患者及家属,患者在离开病房时,将患者送至电梯口,并以适当的语言礼貌告别患者。若患者在科室临终,则主动联系好殡仪馆及车辆,做好丧亲者的哀伤辅导,并协助整理物品、办理相关手续。

4. 出院后　出院后对患者及家属的延续照护是体现人文关怀精神的环节之一。如果患者出院后返回家庭,医务人员应在1周内通过电话、网络平台或上门家访等形式对患者进行后续服务。在电话沟通、上门服务时,注意自己的语言、礼仪,让患者及家属在离院后仍能感受到关心。如果患者在病房去世,患者的离去并不意味服务链的终止,对丧亲者的关怀是人文关怀本质的延伸。

（五）评价

护理管理者走动式督查、应用患者满意度调查、第三方满意度测评等评价医务人员人文关怀的落实情况,使用PDCA（plan-do-check-action）质量管理工具,发现存在问题,进行质量持续改进（图1-3）。

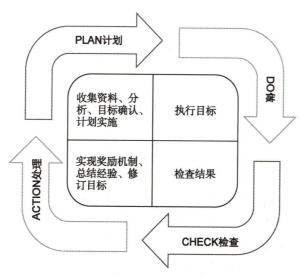

图1-3　PDCA（plan-do-check-action）循环

第三节 安宁疗护的伦理与法律问题

案　例

在某医院的安宁疗护病房，一位85岁的李大爷因罹患严重心脏病，长期饱受病痛折磨，生活质量极差。某天清晨，李大爷突发心脏停搏。医务人员到达床边后，立即准备进行心肺复苏。但在实施前，李大爷的女儿哭着拦住了医生并递来了一份文书，李大爷对自己临终抢救作出了安排，上面写着"如果我心脏停搏，请不要进行心肺复苏"。

请问：

该案例中涉及了什么伦理问题？应采取什么对策？

一、安宁疗护的伦理问题

（一）病情告知

1. 伦理问题

（1）是否进行病情告知：有的家属认为患者无法接受自己即将临终的现实，病情告知可能会引起恐慌、焦虑等负面情绪，给患者带来巨大打击，让患者失去对治疗和生活的信心，进而产生种种不利后果。因此，倾向刻意隐瞒病情，将此作为对患者的保护。殊不知这样反而可能让患者失去了适时进行终末阶段安排的机会，无法与亲友道谢、道歉、道别，带着遗憾与不甘离世。

（2）如何进行病情告知：一方面，医务人员在对患者病情告知的过程中若对患者个人情况、教育程度、信息接受能力等因素考虑不全，表达过于专业，可导致患者无法理解或者理解偏差。另一方面，合理告知程度选择不当也可能给患者造成困扰。如告知时间、地点选择不当，告知形式和内容过于夸张，将极小概率的风险也尽数告知，造成"过度告知"。此外，如在没有任何铺垫的情况下，直截了当地告知患者病情，可能会加重患者的恐惧。

2. 伦理决策

（1）明确病情告知的必要性：《中华人民共和国民法典》第七编"侵权责任"第六章"医疗损害责任"第一千二百一十九条规定："医务人员在诊疗活动中应当向患者说明病情和医疗措施。需要实施手术、特殊检查、特殊治疗的，医务人员应当及时向患者具体说明医疗风险、替代医疗方案等情况，并取得其明确同意；不能或者不宜向患者说明的，应当向患者的近亲属说明，并取得其明确同意。"强调医务人员有告知患者病情的义务，患者有独立的、自主的决定权。首先，病情告知可以帮助患者及家属了解目前的病情，规划下一步的照护计划，完成未尽事宜，减少患者及家属的遗憾。其次，通过病情告知可以让患者感到被重视、被尊重、被支持，形成彼此信任、彼此坦诚的关系，为安宁疗护创造良好的人际关系氛围。

（2）做好准备：告知前先评估患者疾病状况、心理状况，了解病情对患者和家人意味着什么，理解患者在情感与精神上的需要，以及目前的社会支持现状。取得患者家属知情同意后，选择恰当的时间，邀请患者家属在场，在安静、独立、不被干扰的空间，进行告知，有利于沟通和患者及家属的情感释放，并保护隐私。

（3）因人而异：以尊重患者自主权利为基础，评估患者知情意愿并实施人性化、个性化的告知策略。具有同理心，先问问自己"这个诊断对患者意味着什么"。对于男性患者，要考虑他们习惯单独处理事情的特点，选择一个安静、私密的环境，以直接、简洁的沟通方式进行病情告知；女性患者则注意切入委婉，态度诚恳，言辞亲切，耐心细致。

（4）阶段告知：病情告知是一个循序渐进的过程，在告知时应注意患者的接受情况，不能将全部病情信息一次性传递给患者,应采用分阶段告知的方式,一次不超过一个或两个概念,必要时进行举例说明,让患者对临终有一个充分的心理准备过程。

(5)信息准确:向患者提供清晰、准确的信息,不能用模糊的语言混淆概念。使用简单易懂的语言,不使用专业术语和专业简称。语速适中、语气亲切,对关键信息做适当重复,面对患者的否认不去争论。

(6)给予希望:在语言上使用坦诚又不乏同情心的陈述方式,结合非语言的暗示,向患者及家属传递温暖、同情、鼓励和安慰。需要注意的是,病情告知不是摧毁患者一切希望,即使不可能治愈,也要提供希望和鼓励。另一方面,给患者及家属释放情感的空间,在这个过程中,医务人员可能也会有感情共鸣,不需要过分回避,可以留给患者或自己一些沉默与思考的时间。

(二)管饲营养液与补液

1. 伦理问题　一方面,人们认为患者濒死最明显的迹象是进食逐渐减少,单纯地提高营养摄入和辅助液体治疗,并不能有效改善患者的营养状况,不能使患者利益最大化,还可能造成医疗资源的浪费。患者有自主选择权,有权放弃管饲营养与补液。另一方面,人们认为让患者活得更长、活得更好,是医患的共同心愿,通过建立通畅的营养通道,选择合适的营养支持方案,可以一定程度改善患者的营养状况和生活质量。与此同时,获得食物和水属于人的基本需求,尽管这些食物可能并不被人体吸收,但是也满足了患者进食的愿望。

2. 伦理决策

(1)评估患者整体状况与需求:了解患者的临床状况,与患者或家属有效沟通,告知患者可以选择的营养支持治疗方案,以提高患者生活质量为目标,考虑并讨论潜在的获益与负担。如患者的病情有无逆转的可能、营养支持能否使患者维持或重获良好的生活质量、营养支持治疗的并发症及对患者造成的潜在影响、是否只是延长濒死期的痛苦等情况。如果患者不能明显从管饲营养和补液中获益,比如一些病情严重且管饲营养和补液对改善状况无明显作用的患者,管饲营养和补液并不能改善患者的功能状况,不能减轻疲乏等痛苦症状,在患者和家属知情同意后,可考虑减少或中断管饲营养和补液。

(2)尊重患者的知情同意与自主权:医务人员有义务向患者提供有关医疗护理决策所需的信息,尊重患者感受,尊重患者作出同意或拒绝治疗决定的权利。鼓励患者参与医疗决策,增进医务人员与患者之间的沟通与理解。如一部分患者认为管饲营养和补液给他们造成生理上无法接受的不舒适感,无法继续进行管饲营养与补液支持治疗时,要充分尊重患者的感受,尊重患者的自主意愿。

(三)姑息性镇静

1. 伦理问题　姑息性镇静(palliative sedation,PS)是指当患者出现无法忍受的难治性痛苦症状,而所进行的任何常规治疗措施都无效时,在医务人员的严密监控下,通过药物使患者处于睡眠或镇静状态,以达到缓解患者顽固性症状(如疼痛、呼吸困难等常见症状)所致的痛苦。

目前使用姑息性镇静仍存在争议。一是姑息性镇静的介入时机尚不确定,不同学者认为介入时间在患者死亡前几小时至两周这个时间段内。二是难治性症状通常是症状相互累积、相互诱发的结果,即一个症状会诱发其他症状,导致痛苦叠加。例如,严重的呼吸困难引起重度焦虑,而重度焦虑又会进一步加重呼吸困难,这种不同症状之间的累积和相互作用最终导致患者无法忍受的痛苦。

2. 伦理决策

(1)加强鉴别:关于姑息性镇静的介入,目前的共识是通过多学科照护团队进行全面评估与深入讨论,选择个体化的介入时机。当多学科照护团队确定进一步的侵入性/非侵入性的干预措施不能充分缓解谵妄、呼吸困难、疼痛、呕吐以及非躯体性心理痛苦症状时,可使用姑息性镇静。注意加强对于难治性症状的鉴别,不能仅用一项评价标准来解决所有问题。当患者出现心理痛苦时,首先应进行专科心理评估以明确痛苦的原因,若通过专科心理评估及相应干预措施仍无法有效缓解患者的痛苦,此时方可考虑实施姑息性镇静治疗作为缓解手段。

(2)尊重患者的知情同意与自主权:《中华人民共和国民法典》第七编"侵权责任"第六章"医疗损

害责任"第一千二百一十九条规定：需要实施手术、特殊检查、特殊治疗的，医务人员应当及时向患者具体说明医疗风险、替代医疗方案等情况，并取得其明确同意；不能或者不宜向患者说明的，应当向患者的近亲属说明，并取得其明确同意。因此，姑息性镇静实施前需要向患者或其近亲属详细介绍患者一般情况和造成痛苦的原因；之前的治疗未能有效控制症状的事实；姑息性镇静的原理、目的、方法，以及计划镇静的程度、潜在风险及监护措施、预期效果，中断甚至停止镇静的可能性；其他可能缓解痛苦的替代方案等。

（3）姑息性镇静不同于安乐死：姑息性镇静与安乐死之间存在本质的区别。安乐死存在伦理争议并且在我国尚未立法。首先，姑息性镇静治疗是一种特殊的安宁疗护措施，当患者因痛苦变得躁动不安时，通过药物镇静降低患者的意识水平，让患者意识不到自己的痛苦症状，从而有效缓解并平息其内心的激越、烦躁不安、负罪感、绝望等痛苦，并且不会缩短患者生存期。而安乐死则是促使患者生命提前终结的行为。其次，姑息性镇静可以逆转，安乐死不可以逆转。

二、安宁疗护的法律问题

（一）生命支持治疗

1. 法律问题 生命支持治疗是一种用以维持患者的生命体征，但不能使根本的疾病状况逆转的医学治疗方法，其只能延长其濒死过程，如借助器械控制气道和施行人工通气、借助器械建立人工循环等。对于临终患者来说，生命质量和生命价值极低，与安宁疗护中强调活得尊严的理念是相悖的。当患者已经确定没有存活希望时，是否需要进行生命支持治疗这一问题一直存在争论。另外，当患者明确表示要求撤除生命支持治疗措施时，医务人员是否应该尊重患者拒绝医疗救治的权利，以及患者拒绝医疗的意愿是否有效，这些都是安宁疗护相关的法律问题。

2. 法律问题对策

（1）尊重患者的生命权：《中华人民共和国民法典》第四编"人格权"第二章"生命权、身体权和健康权"第一千零二条规定："自然人享有生命权。自然人的生命安全和生命尊严受法律保护。任何组织或者个人不得侵害他人的生命权。"任何医疗决策应该从保护患者的生命权出发，挽救患者生命既是医务人员的职责所在，也是不容推辞的义务。

（2）尊重患者的自主权：自主决定权是每个人的基本权利，当患者本人要求停止生命支持治疗等措施时，在充分沟通和理解的基础上，应尊重患者的决定。按照国家相关的规定签订相关的医疗文书。

📖 知识拓展

撤除生命支持措施的推荐指南

简述决定	医疗团队成员在撤除生命支持措施的问题上达成共识；明确决策者（老年安宁疗护患者或代理人），并与患者/家属商定执行步骤；将决定以及医疗计划都记录在病历中
明确目标	确保患者保持舒适；方便亲人探视和陪伴
确认步骤	患者和家属的需求目标保持一致；保持患者的舒适；叙述撤除生命支持措施的计划；确保及时治疗增加痛苦的症状（例如足够的镇痛和镇静）；告知预期的生存时间
安静的环境	提供隐私空间；允许探视和陪伴；移除各种线、管，关闭显示器和警报；保留一个静脉通道用来实施镇静或镇痛给药治疗
撤除后症状管理	主治医生参与；备好控制症状的药物；给药应该以预期剂量为指导；药物应该滴定至有效剂量；持续输注效果通常优于单次给药
终止治疗	停止非必要的医疗措施；不延长生命或加速死亡；可逐日终止
移除机械通气	保持患者的舒适
濒死期照护	最大限度上满足患者的临终前生理需求，改善患者的不适症状，如改善呼吸功能、减轻疼痛、促进患者舒适等系列照护措施

（二）心肺复苏

1. 法律问题　心肺复苏是在心脏或呼吸停止之后试图使患者的心脏或呼吸恢复的过程。当患者发生心搏骤停时是否需要进行心肺复苏,这个问题一直存在争论。有观点认为对患者而言,心肺复苏的成功率较低,只是徒增其痛苦。对患者不再行心肺复苏,可避免患者因无效心肺复苏遭受额外的痛苦。当患者明确表示要求拒绝心肺复苏术时,医务人员是否应该尊重患者拒绝医疗救治的权利、患者拒绝医疗的意愿是否有效是安宁疗护相关的法律问题。

2. 法律问题对策

（1）做好患者知情同意:在条件允许的情况下,医务人员要与患者进行心肺复苏风险与获益方面的充分讨论,以便患者作出决定。当患者回避与心肺复苏的相关议题时,允许患者再多花费时间考虑,直到患者作出选择继续进行心肺复苏还是放弃的决定。如仍坚持回避,家属及医务人员可在考虑使患者利益最大化时,按照国家相关的规定,选择放弃还是继续心肺复苏,并签订相关的医疗文书。

（2）与患者和家属商讨心肺复苏的策略:医务人员要在综合考虑患者的整体治疗情况及整体身体状况的基础上,选择后续治疗计划、紧急救治要求等,而不能将是否进行心肺复苏作为一个单一问题进行讨论。

（谌永毅）

 思考题

1. 简要阐述安宁疗护相关理论与安宁疗护的联系及其对临床的指导。
2. 安宁疗护为什么要组建多学科团队?它的意义是什么?
3. 病情告知中的伦理困境是什么?如何进行伦理决策?
4. 管饲营养液与补液的伦理困境是什么?如何进行伦理决策?
5. 安宁疗护人文关怀的原则包括哪些?

第二章
安宁疗护体系建设与管理

第一节　安宁疗护服务模式

> **案　例**
>
> 　　吴先生,89岁,因"腹胀半年,加重伴气促2个月"入住某三级甲等综合医院,入院后经磁共振成像检查确诊为肝门部胆管癌、梗阻性黄疸。患者自起病以来,全身皮肤和巩膜进行性黄染、精神差,诉疲乏、食欲缺乏,进食后呕吐、腹胀、粪便干硬,排浓茶色尿。经过治疗,患者黄染、腹胀等症状较之前减轻,但考虑到患者高龄,恶性肿瘤晚期,营养状态差,预后差,处于生命终末期。医护人员向患者及家属介绍安宁疗护服务和社区安宁服务机构,患者及家属考虑后选择转诊至医养结合安宁疗护病房。
>
> 　　**请问:**
>
> 　　医养结合安宁疗护服务机构为患者提供的照护内容是什么?

一、住院模式

(一)定义

　　在我国,住院安宁疗护通常是在医疗机构或者在医养结合机构设立的安宁疗护病房,通过安宁疗护多学科团队合作,给予患者身体、心理、社会和精神多方位的照护支持。

(二)照护内容

　　在医疗机构或者是医养结合机构安宁疗护病房住院的患者,通常体现了"入院—住院—出院"的全程照护特点:

1. 入院 主要是与门诊或急诊安宁疗护工作的衔接,医护人员根据患者病历资料和病情状态评估符合安宁疗护转入标准的患者后,需要与患者沟通安宁疗护照护方案。在保证患者自愿接受安宁疗护理念、选择入院接受安宁疗护照护等知情同意原则的基础上,医护人员与患者或家属签署《知情同意书》。

2. 住院

(1)症状控制:对终末期患者出现的症状如疼痛、呼吸困难等进行筛查、评估、记录,尽快对症处理。

(2)舒适照护:鼓励家属参与,共同做好患者的生活护理,增加终末期患者的舒适度。舒适照护侧重于患者身体清洁、异味控制、失禁性相关皮炎、压迫部位的皮肤护理等。

(3)心理精神抚慰:评估患者心理精神状态,判断患者对死亡的心理接受程度及是否伴有心理问题,必要时可以邀请精神科医师、心理咨询师等提供专业的心理疏导;多倾听、陪伴患者,帮助患者进行生命回顾,尽力达成临终心愿,共同探讨生命价值和意义。

(4)家属照护:评估家属有无照护负担及情绪困扰,并给予针对性的照护支持和心理疏导;患者离世后,还需向家属提供哀伤辅导等照护工作。

(5)健康教育:医务人员可以通过设置宣传栏、发放健康教育资料等方式向患者和家属宣传安宁疗护的理念及知识,必要时可以针对有特殊需要的患者和家属设计个性化的健康教育方案。

3. 出院 对于住院过程中病情稳定且有出院需求的患者,做好出院前的准备工作,根据患者意愿做好转诊工作。应通过探访、电话、网络平台等做好出院追踪和院外随访工作。帮助联系安宁疗护资源,为患者和家属提供症状缓解及心理疏导等照护工作。

(三)形式

1. 安宁疗护病房 通常是医院内部根据自身实际情况,结合《国家卫生计生委关于印发安宁疗护中心基本标准和管理规范(试行)的通知》(国卫医发〔2017〕7号)文件要求建设的独立安宁疗护病房,具有合理的病房规划,严格的人员准入资质,明确的组织分工。在安宁疗护患者准入原则、服务原则、症状管理、心理支持、舒适照护等方面通常会制定规范的照护实施准则。

2. 安宁疗护病床 与安宁疗护病房不同的是,该模式是内置于医疗机构或医养结合机构肿瘤病房或老年病房内,病床数量一般少于安宁疗护病房的病床数量,且病区负责人需组建符合条件的多学科团队,开展病区安宁疗护工作,然而在该模式中需要注意的是,由于安宁疗护的特殊性,医护人员需做好同病区其他患者的沟通协调工作,加强其对安宁疗护的认同感。

二、居家模式

(一)定义

居家安宁疗护是指将安宁疗护服务地点设在终末期患者家中或者养老机构的服务模式,是终末期患者接受安宁疗护的重要模式之一。

(二)照护内容

居家安宁疗护将照护的地点设立在患者家中,有助于患者在临终之时在自己熟悉的环境中及家人的陪伴中安然离世。该模式具有如下特点。

1. 照护流程

(1)居家探访患者流程:根据患者及家属的情况和存在问题定期进行探访,包括生理、心理、社会、精神抚慰等服务。居家探访患者流程(图2-1)。

(2)电话或互联网咨询服务流程

1)对复诊患者定期进行电话或互联网咨询,在患者服药后或调整医嘱后,未对患者或家属进行面对面交流病情的,应进行电话咨询。

2)电话或互联网咨询的内容丰富,包括疼痛控制咨询、症状处理指导、舒适护理指导、社会心理精神支持的电话辅导等。

2. 服务内容　居家安宁疗护需通过居家探访、现场指导及电话指导等方式为患者和家属提供相关医疗护理服务、心理咨询、精神情感方面的照护。

（1）生理照护：居家安宁疗护团队需关注患者居家照护的生活环境，尽可能在患者原有居家环境基础上提供简单、整洁卫生、安静的环境，尽量选择患者熟悉的日常生活房间作为其主要起居室。同时团队成员除了定期协助患者生活照护外，还需要指导家庭照护人员关于患者饮食、排泄、身体清洁的照护及皮肤压力性损伤的预防指导。

（2）症状控制：由于居家环境的特殊性及医疗资源的不可及性，在居家安宁疗护模式中，居家医务人员对于患者症状控制的侵入性操作及相关药物治疗需秉承适宜照护的原则。如在患者疼痛控制中，居家医务人员需要规范化、适度使用镇痛药，监测患者的止痛效果及药物不良反应，当患者症状难以控制时，则需适时提供转诊服务。

（3）心理支持：终末期患者常伴有恐惧、焦虑、抑郁、孤独等精神心理障碍，居家安宁疗护医务人员应

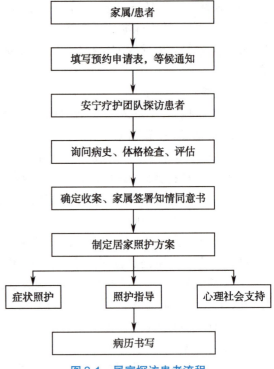

図 2-1　居家探访患者流程

有足够的耐心，给予患者陪伴、倾听服务，精准判断患者所处的心理状况，实施个体化的心理支持，尽可能让患者心理处于舒适状态。同时居家安宁疗护医务人员可以鼓励患者说出自己的心理愿望，与家属配合，促使其临终愿望达成，不留遗憾。

（4）社会支持：在居家安宁疗护模式中，居家安宁疗护医务人员需评估终末期患者的社会支持系统，及时发现患者的社会支持问题，并与医务社工合作，为患者匹配相应的社会资源，建立社会支持系统。

（5）精神抚慰：终末期患者在生命的最后时光内遭受着情绪、社会心理、精神上的巨大折磨，以及由于疾病或身体功能减退等原因引发的失能痛苦。因此居家安宁疗护医务人员不仅要从身体、心理及社会支持三个方面对患者进行照护，更要从精神上抚慰患者及家人。

（三）形式

1. 常规居家照护　该模式中终末期患者的家庭成员是主要照护人员，而居家安宁疗护团队则负责定期提供上门指导、协调其常规家庭照护服务。提供的内容包括非侵入性的专业照护服务、物理治疗、社会服务。此外居家安宁疗护团队成员需要每天 24 小时保持电话畅通，从而在患者出现病情变化时，为家庭照护人员提供处理的指导或紧急的上门指导与服务。

2. 连续居家照护　当终末期患者的症状不受控制且无法在家中由家人照护和管理时，例如无法缓解的疼痛、严重的呼吸困难及谵妄，甚至面临主要照护人员支持系统匮乏等情况，则可以为其提供连续居家照护。该模式中，居家安宁疗护团队上门服务的时间通常较长，甚至是连续 24 小时为患者提供居家照护，以管理患者难以控制的复杂症状。

3. 志愿者居家照护　由医院或社区医护志愿者作为服务主体，在临终者或其家属需要专业的医疗护理服务时，给予临时性的志愿上门照护服务，也可以通过"互联网 +"的形式开展，该项照护服务需要得到医院或社区相关部门的许可和支持，以免造成法律纠纷。

三、门诊模式

（一）定义

门诊安宁疗护是由医院开设专门的安宁疗护诊室，并由安宁疗护医生进行评估和诊疗的一种模

式,参与就诊的通常为具有安宁疗护需求的终末期患者,该模式在疼痛控制、缓解症状、提升患者及家属生活质量和医疗资源合理利用等方面都至关重要。

(二)照护内容

门诊安宁疗护可以为符合条件的患者提供相关诊疗服务。医生会评估患者所患疾病、患者目前的躯体及其他痛苦状态、本人或家属对疾病的认知和困惑、就诊目的、家庭支持系统、对疾病的治疗目标等,记录终末期患者倾向的照护地点和死亡地点等,梳理患者的照护需求并针对性地给予解决。在这一过程中,识别符合安宁疗护照护需求的患者是实施安宁疗护照护工作的前提。门诊安宁疗护内容如下。

1. 症状控制 评估患者疾病状态,对其疼痛、呼吸困难、恶心、呕吐等主要症状进行控制,包括但不限于药物治疗和非药物治疗,如在门诊实施疼痛神经阻滞和射频等介入治疗、伤口清创换药护理等。当患者症状难以通过门诊控制时,可将患者转诊至安宁疗护病房进行集中照护。

2. 心理精神抚慰 评估患者及其照护人员的心理和精神健康状况,提高照护质量。由于终末期患者心理状态较为复杂,需要多次门诊就诊以解决心理和精神问题,安宁疗护门诊常常从解决患者躯体症状开始,之后再逐渐解决患者心理、社会、精神等多方位的需求。

3. 参与决策 与患者及家属共同决策,帮助患者或家属解决治疗决策上的纠结难题,缓解患者或家属在决策时的不舍、哀伤、愧疚等多种复杂情绪。

(三)形式

1. 线下门诊 线下门诊,可以是单独的安宁疗护门诊,也可以嵌入到肿瘤科、老年医学科等相关科室。可有计划地为终末期患者提供满足其身体、心理、社会、精神多方位需求的整合照护,在多学科团队协作下,给患者和家属提供专业化安宁疗护服务,也可设定明确的转诊标准,优先考虑被身体疾病或心理症状困扰的患者当天紧急转入安宁疗护病房或病区。

2. 远程门诊 远程门诊是指以远程医疗形式开设的安宁疗护门诊,有利于扩大现有门诊的服务范围,对于获得三级医疗机构服务较为困难的基层地区和偏远地区患者具有重要意义。在该模式中,安宁疗护团队能够为患者提供在线健康教育、疾病问诊和症状监测,提高其生活质量。

四、急诊模式

(一)定义

由于终末期患者病情危重并且变化快,急诊安宁疗护是急诊科最常见的留院观察类型。在急诊照护的情境下,除了要为终末期患者进行症状缓解,还需要为患者及其家属提供相应的情感和精神支持。急诊医护人员还应具备判断安宁疗护照护对象的能力,通过转诊等方式,将患者转至具有安宁疗护照护能力的科室,从而提高急诊安宁疗护患者的识别效率和照护质量。

(二)照护内容

终末期患者具有较高的急诊入院率,因而对于终末期患者尤其是临终患者,急诊是其就医的重要场所之一。与门诊安宁疗护不同,急诊安宁疗护患者通常为发生急性症状而求助急诊科的终末期患者,且急诊安宁疗护的照护环境中存在诸多治疗决策上的不确定性,其中最主要的是急诊安宁疗护与传统抢救之间的决策矛盾。因此需尽早判断患者是否满足安宁疗护照护标准,帮助其作出合理决策。其照护内容如下:

1. 早期识别 医务人员须及早识别急诊终末期患者的安宁疗护照护需求,既可直接于急诊环境中为其提供安宁疗护照护,也可通过转诊的方式,将患者转诊给安宁疗护专业人员,以减少不必要的治疗和急救措施,提高安宁疗护的工作效率和质量。

2. 症状控制 与传统急救模式不同,急诊安宁疗护情境下,当患者有濒死症状时,医护人员往往是通过提供促进患者舒适的药物,缓解患者痛苦,给予濒死患者和家属贴心的照护,而非实施非必要的心肺复苏术等急救措施。

3. 心理精神抚慰 为急诊终末期患者和家属提供满足其心理、情感、精神的照护支持具有重要意义。可在急诊情境下为患者和家属召开家庭会议，提供安宁疗护决策咨询，减少患者和家属的无助感和焦虑紧张感。还需要创造独立的安宁疗护空间，让患者与家属不受嘈杂的急诊氛围干扰，共享陪伴时光，安静地走完人生最后一程。

（三）形式

1. 急诊－安宁疗护团队合作形式　该模式通常由安宁疗护团队与急诊科团队合作。安宁疗护团队可以设计和组织急诊团队的安宁疗护培训，并根据急诊患者安宁疗护需要及时进行会诊。急诊团队通过早期识别安宁疗护对象，与安宁疗护团队一起共同照护。鼓励终末期患者和家属进行相关咨询。

2. 急诊－安宁疗护咨询小组形式　急诊－安宁疗护咨询小组中，急诊科医护人员须具备急诊与安宁疗护两个学科的专业知识，可独立地为符合条件的患者提供安宁疗护咨询服务，辅助终末期患者作出适宜的安宁疗护照护决策，制定安宁疗护照护方案，并能够运用转诊的方式，将患者转至安宁疗护病房。

五、互联网＋模式

（一）定义

"互联网＋安宁疗护"是高效利用智能手机中移动健康软件程序等技术的优势，实现对安宁疗护患者健康教育、症状管理、信息共享、决策和沟通的远程干预，是照护模式的升级，也是创新"互联网＋医疗"模式发展的需要。

（二）互联网＋安宁疗护的优点

1. 有利于医护人员运用互联网技术将紧缺的医疗资源进行更合理地分配，弥补传统照护工作模式的不足。

2. 极大地促进医患间信息交流，拓展了安宁疗护的服务范围。

3. 优化安宁疗护医疗资源的利用效率，缓解医疗资源紧缺的现状。

（三）形式

1. 移动应用程序　我国目前安宁疗护相关移动应用程序发展起步较晚、数量较少。我国有学者设计了一款临终关怀服务移动应用程序，主要包含当前安宁疗护宣传、预约活动、远程监护、紧急求助等常用功能。

2. 网络服务平台　我国将互联网技术应用于居家安宁疗护的研究进展较快，目前主要以网络公众平台、互联网医院安宁疗护科室，为患者及照护人员提供相关信息支持。

3. 可穿戴移动设备　该形式是指通过使用追踪手环联合智能手机监测居家安宁疗护患者的健康状况变化，以期避免计划外或紧急住院。监测内容包括心率、血氧饱和度、体温、身体运动等数据。监测结果实时上传至服务器以便医护人员远程访问数据，如出现监测结果异常情况，会自动发出警报提醒医务人员作出相关处理措施。

第二节　安宁疗护服务管理

一、工作制度

（一）病房管理制度

1. 病房环境与设施管理

（1）科室设有病房、护士站、治疗室、处置室、谈心室（评估室）、关怀室（告别室）、医务人员办公室、配膳室、沐浴室和日常活动场所等区域。

（2）病房每床净使用面积不少于 $7m^2$，每床间距不少于 1.5m。两人以上房间，每床间应当设有帷幕或隔帘,以利于保护患者隐私。每床应配备床旁柜和呼叫装置,并配备床旁护栏和调节高度的装置。可根据实际情况在走廊设爱心凳、扶手、便民箱、爱心伞、轮椅、健康教育栏等。

(3)病房内的温度应保持在适宜的范围内,一般为22～24℃,湿度为50%～60%。根据季节和天气变化,合理调节室内的温度与湿度。

(4)保持病房安静,避免噪音、白天噪音强度控制在35～40dB以内,医务人员在说话、行动时应尽可能做到"四轻",即说话轻、走路轻、操作轻、开关门轻。

(5)每个病房应当设置卫生间紧急呼叫装置,卫生间地面应当满足无障碍和防滑的要求。病区设有独立洗澡间,配备扶手、紧急呼叫装置。充分考虑临终患者的特殊性,配备相适应的洗澡设施、移动患者设施和防滑倒等安全防护设施。

(6)设有室内、室外活动等区域,且应当符合无障碍设计要求。患者活动区域和走廊两侧应当设扶手,房门应当方便轮椅、平车进出;功能检查用房、理疗用房应当设无障碍通道。

(7)关怀室(告别室)要考虑民俗、传统文化需要,体现人性、人道关爱的特点(告别室内除了单人病房设置,还配有折叠椅,方便家属陪伴和休息)。

(8)医院可根据自己安宁疗护病房的实际情况配置,可通过各种装饰展示关爱,比如绿植、艺术画、手工艺品、国学字画和积极乐观的温馨话语、图片等;在活动室、阅读室艺术治疗室中利用沙盘游戏、芳香疗法、音乐播放、绘画等艺术疗法来教导患者进行心灵的放松。

2. 设备管理

(1)基本设备:科室具备听诊器、血压计、温度计、呼叫装置、吸氧装置、吸痰装置、气垫床、治疗车、晨晚间治疗车、病历车、药品柜、心电图机、血氧饱和度仪、超声雾化机、血糖仪、护理转运车等基本医疗设备。

(2)信息系统:科室具备医嘱处理系统、文书书写系统和不良事件上报系统。

(3)病房床单元的基本装置:比如为卧床患者提供的洗头机、吹风机、一体式洗澡机。

(二)人员管理制度

1. 岗位设置

(1)明确岗位职责:根据安宁疗护服务的需求,明确各个岗位的职责和工作内容。

(2)优化岗位配置:根据服务规模和服务对象的需求,合理配置岗位,确保每个岗位都有足够的人员支持。同时,考虑岗位的互补性和协作性,以提高工作效率和服务质量。

2. 人力配置

(1)专业背景要求:团队成员应具备相应的专业背景和资质,如医学、护理、心理学、社会工作等领域的学历和证书。病区主任应为获得麻醉及精神类药品处方权的执业医师,宜具有老年医学相关工作经验,接受过安宁疗护专科培训。

(2)人员结构与配比:医师应不少于0.2名/张床位,病区科主任应具备副高及以上职称。病区护士长应具备主管护师及以上职称。护士应不少于0.4名/张床位。病区宜按照医疗护理员与护士1:3的比例配备医疗护理员。病区可配备1名医务社会工作者。

(3)人员选拔与培训:建立严格的选拔机制,确保新入职人员具备相应的能力和素质。同时,定期开展培训和学习活动,提高团队成员安宁疗护的专业素养和服务技能。

3. 职业素质

(1)专业知识:团队成员应具备扎实的医学、护理、心理学等专业知识,能够准确判断患者的病情和需求,并提供有效的安宁疗护照护服务。

(2)人文关怀:强调人文关怀的重要性,要求团队成员尊重患者的尊严和隐私,关注患者的心理需求,提供温暖、友善的服务。

(3)团队协作:培养团队成员的协作精神,鼓励他们相互支持、相互配合,共同为患者提供优质的服务。

4．行为规范

（1）遵守法律法规：团队成员应严格遵守国家法律法规和医疗伦理规范，确保服务的合法性和专业性。

（2）保护患者隐私：严格保护患者的隐私信息，不得泄露患者的个人信息和病情。

（3）服务态度：要求团队成员保持亲切、耐心的服务态度，积极与患者和家属沟通，解答疑问，提供必要的指导和支持。

（4）工作纪律：制定严格的工作纪律和规章制度，要求团队成员按时到岗、认真履行职责，不得擅自离岗或违反规定。

5．家属支持

（1）家属培训：为家属提供安宁疗护知识培训，帮助他们了解患者的病情和照护要点，掌握基本的照护技能。

（2）情感支持：关注家属的心理状态，为他们提供情感支持和心理疏导，减轻照顾压力。同时，合理安排家属的休息时间，提供必要的替代照顾服务，确保家属的身心健康

（三）药品管理制度

1．药品采购与验收制度

（1）采购渠道规范：医养安宁疗护机构（社区）应确保药品从合法、有资质的药品生产或经营企业采购，避免从非法渠道购进药品。

（2）验收制度严格：药品入库前，应有专人负责对药品进行验收，检查药品的包装、标签、说明书、有效期等，确保药品质量符合规定。

2．药品储存与养护制度

（1）储存设施适宜：医养安宁疗护机构（社区）应设置与其诊疗和用药规模相适应的药品储存设施，确保药品储存环境符合规定，如温度、湿度。

（2）分类存放：药品应分类存放，如处方药与非处方药、内服药与外用药、有特殊气味的药品应分开存放，避免混淆。

（3）定期养护：定期对药品进行养护，检查药品的有效期、外观等，确保药品在有效期内使用，避免过期、变质等问题。

3．药品使用与管理制度

（1）严格执行医嘱：医养安宁疗护机构（社区）应确保医生开具的医嘱得到严格执行，护士在给药前应核对医嘱，确保用药的准确性。

（2）完整记录用药：对每位患者的用药情况进行详细记录，包括用药时间、剂量、途径等，以便随时掌握患者的情况。

4．药物不良反应监测与报告制度

（1）不良反应监测：建立药物不良反应监测机制，对患者用药过程中可能出现的不良反应进行及时监测和记录。

（2）不良反应报告：一旦发现药物不良反应，立即向上级卫生行政部门和药品监管部门报告，及时采取措施，保障患者用药安全。

5．药品盘点与管理制度

（1）定期盘点：定期对库存药品进行盘点，确保药品的数量、规格、有效期等信息与账目相符。

（2）过期药品处理：对过期、失效的药品，按照相关规定进行妥善处理，避免流入市场或用于患者。

6．特殊药品管理制度

（1）安全管理

1）安宁疗护病房麻醉药品管理参照《医疗机构麻醉药品、第一类精神药品管理规定》实行"专人、专柜（保险柜）、专用账册、专用处方、专册登记"。明确责任，不得非法使用、储存、转让、借用，专柜

实行双人双锁管理,交接班有记录。

2)患者使用此类药品注射剂或者贴剂,再次调配时应要求患者将原批号的空安瓿或者用过的贴剂交回,并记录收回的空安瓿或者废贴数量。剩余的药品应办理退库手续。

3)收回的此类药品注射剂空安瓿、废贴由专人负责计数并监督销毁,并做记录。

4)医疗机构发现下列情况,应当立即向所在地卫生行政部门、公安机关、药品监督管理部门报告:①在储存、保管麻醉药品、精神药品、毒性药品过程中发生丢失或被盗、被抢。②发现有人骗取或者冒领麻醉药品、精神药品、毒性药品。

(2)合理使用:具有麻醉药品、精神药品处方权的医师,根据国家卫生健康委员会制定的《麻醉药品和精神药品临床应用指导原则》合理使用此类药品。

(3)基数管理

1)根据安宁疗护病房实际需求,病区的麻醉药品、精神药品、毒性药品可实行基数管理。病房与药房协商并签订协议,确定备用基数药品名称、剂型剂量规格、剂量单位、数量,药房负责人与病区护士长双方签字,一式两份双方各保存一份备查。

2)基数药品使用后凭麻醉药品、精神药品、毒性药品专用处方到药房请领药品补充基数,注射剂及贴剂须将空安瓿或废贴交回。

3)药房至少每月一次派药学人员检查了解病区麻醉药品、精神药品请领、保存、使用和基数药品管理情况,及时纠正存在的问题。

(4)回收与销毁

1)患者不再使用麻醉药品、精神药品时,应当要求患者将剩余的麻醉药品、精神药品无偿交回医疗机构,家属填写《麻醉、精神药品回收确认单》,双人清点核对、签字确认,专册登记相关信息,内容包括回收日期、患者姓名、最近一次取药时间、交药人姓名和联系方式、药品名称、规格、数量、批号、回收人、复核人。

2)病区将药品交至药房,药房统一进行清点,根据医院相关规定,统一销毁处理。

7. 居家照护药品管理

(1)用药指导:向患者和家属提供详细的用药指导,包括用药方法、注意事项、可能出现的副作用等,确保他们正确理解和使用药品。

(2)用药记录:建立详细的用药记录,包括患者姓名、药品名称、用药剂量、用药时间、用药方式等,以便随时查阅和跟踪患者的用药情况。

(3)用药观察:定期监测患者的用药效果和副作用,及时调整用药方案,确保患者安全用药。

(4)对药品进行清晰的标识,避免混淆和误用。

(5)特殊药品管理:对特殊管理药品实行严格的管控措施,防止流失。

(四)转诊制度

1. 转诊标准

(1)转诊标准通常基于患者的病情、患者意愿、治疗需要和生活自理能力等因素。

(2)当患者病情稳定但需要长期照护时,可从医疗机构或医养结合机构安宁疗护病房(病区)转诊到居家安宁疗护;当患者病情恶化或需要更专业的治疗时,则可从居家安宁疗护转诊到医疗机构或医养结合机构安宁疗护病房(病区)。

2. 转诊流程

(1)申请者(患者或其家属)可以通过电话、邮件、现场等方式向相关安宁疗护机构提出转入或转出申请。

(2)相关安宁疗护机构对患者进行评估,确定是否符合转入转出的标准。评估内容可包括患者的病情、意愿、治疗需求、生活需求等。

(3)若符合转入或转出标准,则协助其进行转诊。

3. 沟通协调与信息共享

（1）加强沟通协调：安宁疗护机构之间及居家照护团队应保持紧密的沟通协调，确保患者在转诊过程中的信息畅通。

（2）信息共享

1）家属应将患者的详细情况告知申请转入的安宁疗护机构，包括病情、治疗情况、用药情况等，以便能够更好地照顾患者。

2）建立完整的转诊资料库，确保患者在不同安宁疗护机构及居家照顾团队之间的信息共享。

二、管理规范

（一）感染防控管理

1. 应当加强医院感染预防与控制工作，建立并落实相关规章制度和工作规范，科学设置工作流程，降低医院感染的风险。

2. 建筑布局应当遵循环境卫生学和感染控制的原则，做到布局合理、分区明确、洁污分开、标识清楚等基本要求。

3. 应当按照《医院感染管理办法》，严格执行医疗器械、器具的消毒技术规范，并达到以下要求：

（1）进入患者组织、无菌器官的医疗器械、器具和物品必须达到灭菌水平。

（2）接触患者皮肤、黏膜的医疗器械、器具和物品必须达到消毒水平。

（3）使用的消毒药械、一次性医疗器械和器具应当符合国家有关规定。一次性使用的医疗器械、器具不得重复使用。

（4）医务人员的手卫生应当遵循《医务人员手卫生规范》中的相关规定。

（5）应当按照《医疗废物管理条例》及有关规定对医疗废物进行分类和处理。

4. 居家照顾感染管理

（1）感染监测：医务人员应定期对患者进行病情监测，包括体温、呼吸、心率等生命体征的测量，以及观察有无感染症状的出现。

（2）隔离措施：对于已出现感染症状的患者，应及时采取隔离措施，避免与其他家庭成员接触，并尽快就医。

（3）医疗废物管理：①分类收集：将医疗废物与生活垃圾进行分类收集，医疗废物应使用专用的黄色垃圾袋进行封装。②安全处置：医疗废物应按照相关规定处理，避免造成环境污染和交叉感染。

（二）安全管理

1. 医疗环境安全管理

（1）风险防范：建立健全医疗质量安全管理体系，对安宁疗护服务过程中的动态管理、细节管理以及环节管理进行加强，针对易发生问题的医疗设备、医疗流程以及患者群体制定出相应的处理规程。

制定各类突发事件应急预案和处理流程，并定期进行应急处理能力培训和演练，提高防范风险能力。

（2）设备风险管理：完善医疗设备采购和验收管理，做好设备使用前培训、人员轮岗交接培训以及定期再次培训；定期组织巡查，发现问题及时整改。医院还应培养一批专业的设备维护人员，同样通过培训提高其专业水平，才能及时排除设备安全隐患，并定期做好检查。在使用医疗设备过程中，由于对患者的健康教育指导不够，可能会导致患者擅自更改器械参数、工作动态等现象，而最终导致事故的发生，故应加强和患者之间的沟通与健康教育。

（3）法律安全：加强普法宣传力度，为了有效增强医护人员的法律意识，医院还需要增强普法宣传的力度，通过案例分析和相关法律知识的系统学习，让其辨别是非，提高应急处理能力。

（4）消防安全：应当按照国家有关法规加强消防安全管理。

2. 患者自杀安全管理

（1）加强工作责任心，消除安全隐患：医院应把预防患者意外作为患者安全管理的措施之一，同时加强对安宁疗护医务人员的安全意识教育,将安全教育和自杀防范作为安宁疗护团队人员继续教育的学习内容,并结合实例对在岗人员进行有关患者自杀防范的培训,使其能够早期、准确判断患者自杀的迹象,并及时采取措施。制定突发事件应急预案和处理流程,并定期进行培训和演练,提高防范风险的能力。

(2)注意心理支持,评估和识别自杀危险者:主动与患者交谈,耐心倾听患者述说,帮助其解决实际困难,获取患者有无自杀企图的信息。医院制作患者自杀评估表进行评估,这些也是识别高危患者的技巧。安宁疗护团队核心人员应全面了解患者病情,对高危患者重点交接班,严密看护,保持高度的警惕性,注重对患者异常行为的观察,多接触、多沟通,掌握其思想动态,综合评估和判断自杀的危险性。

(3)开展患者自杀预防教育:对患者和家属以幻灯片、宣传栏等形式开展自杀预防教育,如生命教育、死亡教育、抑郁症防治、心理健康等,提高患者对生命价值的认知,熟悉常见精神障碍和心理问题的临床表现。

(4)加强病区环境的安全措施:协助患者家属做好危险物品的管理,防止危险物品遗留在患者身边,如绳子、刀、药物等,病房窗户轨道加用铁皮,使窗户打开最大宽度为15cm,从而能有效避免患者跳楼事件的发生。

(5)制定自杀预防及处理应急预案

1)自杀倾向:告知患者家属,安排患者住靠近护士站的病房,与患者家属签订24小时陪护协议,加强对患者的心理疏导。科室晨会通报,重点交接班,24小时密切观察患者,避免患者到伤害自己的危险物品,避免各种不良刺激,注意保护患者隐私。请精神科、心理科医生会诊,进行专业心理干预。

2)自杀未遂:告知患者家属,要求病房负责人、值班医护人员第一时间赶到现场,备好抢救设备,及时抢救患者。封锁现场并维持秩序,指定1名护士24小时陪护,不让患者离开视线,防止患者再次自杀。

3)自杀死亡:告知患者家属,保护现场,通知医生,配合医院及有关部门的调查,必要时可通过第一信息人(配偶、父母、兄弟姐妹)或第二信息人(亲戚、朋友、参与急救的医护人员、自杀的发现者或目击者及其他相关人员)了解患者自杀原因,深入剖析患者自杀动机,同时做好患者家属应激状态下的心理援助与干预。

(6)不良事件上报:根据患者的实际情况,对自杀未遂及自杀死亡的患者按相关要求进行不良事件上报。

(三)档案管理

1. 档案建立与管理

(1)患者信息录入:在患者接受安宁疗护服务之初,应详细记录患者的基本信息,包括但不限于姓名、年龄、性别、联系方式、家庭住址、疾病诊断、治疗方案等。

(2)档案分类与存储:根据患者的疾病类型、治疗阶段等因素,对档案进行分类管理,并存储在安全、易访问的地方。同时,应确保档案的存储环境符合防潮、防火、防虫等要求。

(3)档案更新与维护:随着患者病情的变化和治疗的进展,应及时更新患者档案,确保档案的准确性和时效性。同时,定期对档案进行维护,如整理、修复、备份等。

2. 档案保密与保护

(1)保密原则:严格遵守相关法律法规和医疗伦理,确保患者档案的保密性。未经患者或其家属同意,不得泄露患者信息。

(2)访问权限:设置合理的档案访问权限,只有授权人员才能访问和修改患者档案。同时,应记录档案访问情况,以便追踪和查询。

(3)档案销毁:对于不再需要保存的患者档案,应按照相关规定进行销毁处理,确保信息不被泄露。

3. 档案利用与共享

（1）内部利用：在医养安宁疗护机构（社区）安宁疗护服务中，应充分利用患者档案，为患者提供个性化的服务。同时，通过档案分析，不断优化服务流程和提高服务质量。

（2）外部共享：在必要时，可与相关医疗机构、社保部门等共享患者档案，以便为患者提供更全面的服务。但应确保共享过程中的信息安全和合规性。

4. 档案管理制度与培训

（1）制定管理制度：根据相关法律法规和医疗伦理要求，制定详细的档案管理制度，明确档案建立、管理、保密、利用等方面的要求和流程。

（2）培训与教育：对档案管理人员进行定期的培训和教育，提高他们的专业素养和保密意识。同时，加强与其他部门人员的沟通和协作，共同维护患者档案的安全和完整性。

5. 档案信息化管理

（1）建立信息化平台：利用现代信息技术手段，建立患者档案信息化平台，实现档案的电子化管理和远程访问。

（2）数据安全与备份：加强数据安全防护措施，如设置防火墙、加密存储等。同时，定期对数据进行备份和恢复测试，确保数据的完整性和可用性。

第三节　安宁疗护质量管理

一、安宁疗护质量管理标准

1. 建立质量管理体系，保证质量管理体系运行有效，健全并执行各项规章制度，遵守相关技术规范和标准，落实质量控制措施、诊疗护理相关指南和技术操作规程，体现人文关怀。

2. 严格按照诊疗护理操作规范开展相关工作，建立合理、规范的诊疗照护服务流程，实行患者实名制管理。

3. 建立日常工作中发现质量问题逐级报告的机制。出现较多或明显的质量问题时，应当及时组织集体分析研究，协商解决。

4. 科室负责人直接负责质量管理和控制，定期组织质量评价，及时发现问题，提出改进意见，对评价结果进行分析并提出持续改进措施。

5. 按照规定使用和管理医疗设备、医疗耗材、消毒药械和医疗用品等。对医疗设备进行日常维护，保证设备正常运行。

6. 建立患者医疗、护理文书管理制度，医疗、护理文书书写及管理应当符合国家有关规定。

7. 建立良好的医患沟通机制，按照规定对患者及家属进行告知，加强沟通，维护患者合法权益，保护患者隐私。

二、安宁疗护质量管理评价标准

（一）医院组织

1. 组织机构

（1）由医院领导负责成立组织体系，包括医务部、护理部、药剂科、麻醉科等相关科室负责人，并做好创建科室的记录。

（2）建立良好的合作协调机制，定期组织对相关工作开展情况进行检查，及时发现问题并整改，并有记录。

2. 制度建立

（1）建立质量管理体系，确保质量管理系统运行有效，健全并执行各项规章制度，遵守相关技术规范和标准，落实质量控制措施、诊疗护理相关指南和技术操作规程，体现人文关怀。安宁疗护病房相关制度纳入医院医疗质量管理体系，确保具体实施到位。

（2）严格按照诊疗操作规范开展相关工作，建立合理、规范的诊疗照护服务流程，实行患者实名制管理。

（3）建立医疗护理不良事件逐级报告机制，出现明显的质量问题时，应当及时组织集体分析研究、协调解决。

（4）科室负责人直接负责质量管理和控制，定期组织质量评价，及时发现问题，提出改进意见，对评价结果进行分析并提出改进措施。

（5）建立安宁疗护特色医疗文书管理制度、患者沟通制度，按照规定对患者及家属进行告知，加强沟通，维护患者的合法权益，保护患者隐私。

3. 组织管理

（1）以科室主任为组长，成立执行小组，设置专门的医护人员负责安宁疗护病房工作。

（2）安宁疗护病房医护人员熟练掌握相关文件，熟练掌握安宁疗护理念，能独立开展安宁疗护工作。

（3）建立医护人员定期培训制度，组织科室医护人员至少每半年接受 1 次安宁疗护相关培训，并有相关记录。

（二）科室组织职责

1. 症状控制

（1）建立各症状动态评估机制：患者入院后，医护人员及时对患者症状进行全面评估并有记录。

（2）病程记录体现对安宁疗护患者各种症状评估及处理，并在护理记录单上有体现。

（3）保证疼痛药物可及性，缓解患者的疼痛。

（4）确保患者舒适管理，加强病房环境、床单位、口腔护理、肠内外营养护理、饮食、大小便及生活照护管理。

2. 心理支持和人文关怀

（1）建立心理状况动态评估体系：患者入院后，医护人员及时对患者的心理状况进行全面评估，并有记录。

（2）科室有心理评估工具、动态评估制度；具有防范住院患者心理危机相关制度及应急预案。

（3）科室有针对每例心理危机不良事件分析讨论，并有心理危机分析报告，资料完整。

（4）医务人员具有识别患者心理问题的能力，熟知心理评估流程，科室或院内具有进行心理危机干预的人员。

（5）医务人员心理评估和干预能力的培训与考核每年 2 次，并有记录。

三、安宁疗护质量管理持续改进

照护持续质量改进是借助以下四个系统相对独立又互相联系的功能，以质量数据管理和电子病历资料为基础，借助信息化平台，以电子病历质量控制系统对患者的照护过程进行自动监控，以照护质量管理系统为评价，实现照护质量基础数据采集，照护质量自动分析、监控，质量风险前瞻预防，并通过计算机监督、分析，高效率进行照护质量管理，达到管理手段的科学化和照护质量的持续改进。

1. 根据医院总体规划，结合安宁疗护特点及工作重点制订年度工作计划、季度工作计划、月工作计划及周工作计划。

2. 根据工作计划制定具体考核办法。

3. 按工作计划及考核办法检查指导安宁疗护工作，重点检查实施及落实情况；

4. 由院科二级质控体系共同完成安宁疗护工作质量评价。

5. 将检查结果及时汇总反馈给相关人员。

6. 针对检查发现的问题及时制定整改措施,并将此措施告知全体安宁疗护医务人员。

7. 照护工作质量检查结果作为安宁疗护工作进一步质量改进的参考,并作为科室管理考核重点。

8. 对临床开展的安宁疗护新技术、新业务、新项目做好相关人员培训并登记记录,制定相应照护常规,报医院审批、备案。

（胡永红）

 思考题

1. 安宁疗护医务人员如何提升医养结合安宁疗护机构(社区)安宁疗护服务质量?

2. 医养结合安宁疗护机构(社区)药品管理制度包括哪些?

3. 如何对居家老年安宁疗护患者进行自杀防范安全管理?

4. 作为医务人员如何持续改进安宁疗护质量?

第三章
老年安宁疗护患者评估

案 例

赵女士,75岁,退休工人。患者8个月前诊断为右股骨占位性病变,行"右下肢截肢术",术后病理显示恶性骨肉瘤。近日患者出现憋喘、腰部持续性疼痛。入院检查提示:骨肉瘤伴肺部、骨骼多发转移。患者目前体瘦,神志清,精神差,乏力卧床,呼吸困难,因疼痛导致睡眠差。患者自感时日不多,处于恐惧状态,常对家人发脾气,治疗配合度差。

请问:

1. 如何对赵女士的现状进行全方位评估?
2. 对赵女士进行评估时应该注意哪些事项?

第一节 评 估 概 述

一、评估目的

安宁疗护评估是医务人员以患者和家属为中心,通过交谈、观察、体格检查和阅读有关的医疗护理文件,用科学的方法和工具动态、全方位地收集和分析患者的资料,发现其在生理、心理、社会、精神等方面的问题和需求,是安宁疗护工作者必备的专业技能。它有利于医务人员对患者作出正确的安宁疗护照护决策,提供针对性照护服务,从而提高患者的生活质量,让生命优雅地落幕。

二、评估方法

(一)交谈法

交谈法是一种重要的信息收集、沟通互动以及知识传递的方法,是安宁疗护评估中最常用的方法之一。交谈过程中医务人员要围绕资料收集进行,善于运用语言和非语言沟通,交谈过程中耐心倾听,尊重、关心患者,观察患者的表情、行为、情绪反应等;要运用微笑、点头、触摸等非语言沟通的方式,交谈过程中要保持气氛轻松,让患者敞开心扉,有利于收集的资料内容丰富。

(二)观察法

观察法由医务人员通过观察患者的外显行为、精神状态、面部表情等来获得相关资料。观察获得的资料真实而客观,可以收集到患者不愿意或不能表达出来的资料。如可通过面部表情、呻吟、肌张力等行为评估患者疼痛情况。

(三)体格检查法

体格检查法是指医务人员运用视诊、触诊、叩诊、听诊等方法,或借助于简单的检查工具(如体温计、听诊器、血压计、压舌板、叩诊锤等),对患者身体进行检查。对于安宁疗护患者,诊断已明确,治疗目标以控制症状及提升舒适度为主。体格检查应动作轻柔、聚焦于引发患者痛苦的症状,避免不必要的检查，以减少患者的额外负担和痛苦。

（四）量表评估法

量表评估法是运用标准化的量表、问卷，评估患者的身体和心理健康状况。对患者进行评估时，应根据患者所处的状况和评估内容选择适宜的评估工具和方法，一般选择信效度较好的测试工具。

三、评估资料

（一）资料分类

1. 按来源分类　可分为主观资料和客观资料。主观资料主要来源于患者或家属主诉；客观资料主要来自患者的病历和护理记录，包括各种实验室和影像学检查。

2. 按时间分类　可分为既往资料（既往史）和现在资料（现病史）。

（二）资料内容

1. 一般资料　包括姓名、年龄、性别、籍贯、民族、文化程度、职业、单位、婚姻状况、信仰、家庭住址、入院诊断等。

2. 生理状况

（1）生命体征：体温、脉搏、呼吸、血压等。

（2）生理功能：日常活动能力、饮食、体重、睡眠状况、胃肠道状况、口腔状况、大小便状况、生活嗜好等。

3. 心理、精神及社会支持

（1）心理状况：患者的情绪状态、对疾病的认知、对"死亡"的认识等。

（2）社会支持状况：家庭功能、照护负担等。

（3）精神需求：未竟事宜清单、信仰需求、生命意义感等。

4. 生活质量　主要评估生理状况、心理状态、社会功能状态、满意度与幸福感等方面的评估。

5. 生存期　生存期受到疾病诊断及分期、功能状况、症状、共病、环境因素、照护场所等多种因素影响，而功能状况是最明确的生存期评估指标，患者出现厌食、吞咽困难和体重下降，往往是生命末期的临床症状。呼吸困难与谵妄是濒死状态的预测指标。

6. 知情同意　评估患者和家属对安宁疗护服务内容的了解情况；对安宁疗护服务理念是否能接受的态度，是否同意在濒死期拒绝有创抢救的态度等。

四、评估的注意事项

1. 提供适宜环境　患者新陈代谢率与体温调节功能、感觉功能均降低，室温以 22～24℃为宜。评估时应避免光线直接照射患者，环境尽可能要安静、整洁、温馨、无干扰，注意保护患者的隐私。

2. 安排适宜时间　患者遭受疾病困扰，会对其感官、思维产生影响，加之疾病带来的身心痛苦，很容易感到疲劳，无法坚持完成评估，故评估时应根据其身心状况选择时间，必要时分次评估。

3. 选择适当方法　对患者进行身体评估时，应选择合适的体位，在全面评估的基础上，听取患者主诉，重点检查不舒适的部位。检查口腔和耳部时，要取下义齿和助听器。进行感知觉检查，特别是痛觉和温觉检查时，注意不要损伤患者。

4. 运用沟通技巧　患者受疾病困扰，可出现反应迟钝、语言表达不清等，应适当运用有效的沟通技巧，必要时可由其家属或照护人员协助提供资料。与患者沟通时语言要通俗易懂，语速要减慢，语音清晰；适时注意停顿和重复；适当运用倾听、触摸等技巧，注意观察非语言性信息，要体现出对其关心和体贴。

第二节　生　理　评　估

一、疼痛评估

（一）评估内容

1. 疼痛筛查　疼痛筛查指评估患者是否发生疼痛或存在发生疼痛的风险。

疼痛筛查的临床情境包括：①患者入院时；②患者病情变化时，特别要注意癌症患者、持续性非癌性疼痛患者、骨关节炎患者、纤维肌痛患者等；③患者接受有创性操作（如穿刺、置管、拔管）时。对于存在疼痛的老年患者，医务人员应当将疼痛评估列为其护理常规监测和记录的内容。

2. 全面评估疼痛

（1）病史采集：评估疼痛时不仅要询问目前疼痛的强度，还要询问过去 24 小时和过去几天内疼痛的强度。评估内容包括患者疼痛的部位、性质、强度、既往治疗史、疼痛发生的时间特征、加重 / 缓解因素等（疼痛病史的采集可采用 SOCRATES 方法，见表 3-1）。除此之外，还要评估患者的疾病史、用药史、有无精神病史等。

表 3-1　疼痛的 SOCRATES 评估方法

评估要素	特点
部位（site，S）	"疼痛发生在什么部位？"
开始（onset，O）	"从什么时候开始疼痛？"
特征 / 性质（characteristic，C）	"疼痛发作时感觉是什么？"
放射性（radiation，R）	"疼痛是否放射到其他部位？"
相关症状（associated symptoms，A）	"与疼痛相关的其他症状有哪些？"
时间因素（temporal factors，T）	"什么时间疼痛？有固定时间段吗？发作时持续多久？"
加重 / 缓解因素（exacerbating/alleviating factors，E）	"什么原因可以加重疼痛？怎样能缓解疼痛？"
程度（severity，S）	"疼痛到底有多严重？对你生活带来什么影响？"

（2）疼痛的反应

1）行为反应：①观察患者有无皱眉伴下颌下沉或嘴张开、皱眉伴眼睛缩窄或闭眼、咬牙、悲伤等面部表情，观察有无呻吟、哭泣、叫喊、叹息和咕哝等声音。②观察患者是否存在静止不动、无目的乱动、保护动作、规律性动作或按摩动作等身体活动。③当患者无法应答或无法沟通时，应设法通过患者家属了解患者常见的疼痛行为（如退缩、不安、愁眉苦脸、防卫、呻吟等）。

2）生理反应：注意观察患者疼痛发作时的反应，如血压升高、心率加快、呼吸频率增快、神经内分泌及代谢相关生化指标改变等。

3）情绪反应：观察患者是否存在谵妄、不安、易怒、焦虑、抑郁等情绪，以及这些情绪是否加重，剧烈的急性疼痛会导致患者产生不同程度的惊慌、恐惧、愤怒或烦躁等情绪，慢性疼痛的患者可伴有疲倦、沮丧或悲观等情绪。

（3）对日常生活的影响：评估疼痛对患者沐浴、穿衣、吃饭、起床、坐起、走路等日常生活能力的影响及对变换体位、咳嗽 / 深呼吸等躯体功能活动的影响，评估疼痛对睡眠、家庭角色、社会交往的影响等。

3. 疼痛的动态评估和再评估　医务人员为患者实施干预措施后，要持续动态地评估患者疼痛强度、疼痛对功能活动的影响及病情变化等,以确定干预措施是否有效和安全。疼痛再评估的频度应根据镇痛的干预措施、患者的病情程度、疼痛的程度及反应而定。

(二)评估工具

目前老年人常用的疼痛评估工具见表3-2。

表3-2　疼痛评估工具

类别	名称	维度和内容	判断方法	适用对象
单维度评估工具	疼痛数字评分量表(numerical rating scale, NRS)(附录1)	用0~10代表不同程度的疼痛	数字越大表示疼痛越严重	适用于老年患者及文化程度较低患者
	面部表情疼痛评估量表(face rating scale, FRS)(附录2)	采用从微笑至悲伤至哭泣来表达疼痛程度	0分表示无痛、1分表示有点痛、2分表示稍痛、3分表示更痛、4分表示很痛、5分表示最痛	为认知功能障碍患者的首选
多维度评估工具	简明疼痛量表(brief pain inventory, BPI)(附录3)	包括患者疼痛程度、疼痛部位、疼痛相关影响因素活动、情绪、娱乐、人际关系、睡眠、工作、行走、当前疼痛治疗程度等条目	采用0~10分描述各维度的疼痛程度,分值越高,疼痛越剧烈	一般人群
特殊患者评估工具	Abbey疼痛量表(abbey pain scale)(附录4)	包括声音、面部表情、肢体语言改变、行为变化、生理变化、躯体改变等条目	每一条目根据严重程度分为4个等级:未发现为0分、轻度为1分、中度为2分、重度为3分,总分为18分。0~2分为无痛,3~7分为轻度疼痛,8~13分为中度疼痛,≥14分为重度疼痛	认知障碍老年患者

二、常见非疼痛症状评估

(一)呼吸困难

1. 评估内容

(1)病史采集:评估既往检查、治疗经过和用药情况、发病时间、诱因、起病缓急、伴随症状、活动情况等。

(2)体格检查:评估生命体征、胸部状况、意识状态及营养状况等。

(3)实验室及影像学检查:包括脉搏血氧测定、动脉血气分析、肺功能检查、胸片检查等。

(4)心理-社会状况:评估患者是否存在恐惧、焦虑、烦躁等。

2. 评估工具　呼吸困难评估的金标准是通过患者自我报告,使用有效的测评工具来评估症状。呼吸困难评估包括临床感知情况评估、呼吸困难感受严重程度评估及呼吸困难症状的影响和负担等三个方面。常见的评估工具如下:

(1)视觉模拟呼吸困难量表(vertical analog dyspnea scale, VADS):该量表用于测量在特定时间点的呼吸困难严重程度。由一条100mm长的水平线或垂直线构成,0mm表示"没有呼吸困难",100mm表示"接近窒息",中间部分表示为不同的呼吸困难程度,1~39mm代表轻度,40~60mm代表中度,61~100mm代表重度。

(2)改良版英国医学研究委员会呼吸困难问卷(modified medical research council, mMRC):该量表广泛用于功能性呼吸困难严重程度的评估。采用5级评分法:0级表示"仅在费力运动时出现呼吸困难";1级表示"平地快步行走或爬小坡时出现呼吸困难";2级表示"由于气短,平地行走较同龄人慢或需要停下来休息";3级表示"在平地行走100m左右或数分钟后需要停下来喘气";4级表示"因严重呼吸困难以至于不能离开家或穿脱衣服时也会出现不适"。评级越高提示患者呼吸困难程度越重(附录5)。

(二)腹胀

1. 评估内容

(1)病史采集:①患者的既往病史、个人史、治疗经过和用药情况。②患者腹胀的部位、程度、持续时间、原因、伴随症状、进食状况、排便、排气情况等。

(2)体格检查:通过视、触、叩、听等检查判断其是否存在肠梗阻、腹水、腹部包块等。

(3)实验室及影像学检查:包括血常规、生化、X线、彩色超声、CT检查等。

(4)心理-社会状况:评估患者的心理反应,是否存在焦虑、烦躁等。

2. 评估工具 按照腹胀的伴随症状,如上腹疼痛、胃灼热、嗳气、反酸、恶心、呕吐等症状的发作时间及程度进行分级。①无症状;②轻度:感觉不舒服,但可以忍受;③中度:非常不舒服,但不影响日常活动;④重度:极其不舒服,难以忍受,并影响日常活动。

(三)厌食及恶病质

1. 评估内容

(1)病史采集:①患者的既往病史、治疗经过和用药史等。②身体症状:有无疼痛、呼吸困难、恶心、呕吐、腹泻、嗅觉丧失、味觉改变、疲劳等不适。③机械因素:有无口干、咀嚼困难、胃排空延迟、肠梗阻等。

(2)体格检查:监测体重的变化,评估肌肉的萎缩和皮下脂肪消耗程度、肌肉和四肢活动能力,检查口腔、牙齿、腹部等。

(3)实验室及影像学检查:包括生物电阻抗、全血细胞计数、电解质、促甲状腺激素、白蛋白、皮质醇、炎症标志物(C反应蛋白和血沉)检查等。

(4)心理-社会状态:有无抑郁、谵妄、痴呆等精神症状;是否贫困或缺乏照护人员。

2. 评估工具

(1)营养风险筛查2002(nutritional risk screening 2002,NRS2002):该量表用于营养风险筛查。由疾病严重程度评分(0～3分)、营养状态评分(0～3分)和年龄评分(0～1分)三部分组成,总分为7分,最终筛查总分值≥3分者被认定存在营养风险(附录6)。

(2)肿瘤患者厌食/恶病质功能评价表(anorexia/cachexia subscale-12,A/CS-12):该量表专门用于肿瘤患者厌食或癌症-恶病质综合征患者生命质量的测定。设置12个关于食欲的问题,每一条目得分为0～4分,满分48分。评分越高越好(附录7)。

(四)恶心、呕吐

1. 评估内容

(1)病史采集:①患者的既往病史、饮酒史、化疗史等。②恶心、呕吐发生时间、持续时间,有无诱因,呕吐物的性状、颜色、量及气味等。③患者现病史,有无腹膜刺激征、呕吐、进食情况等。

(2)体格检查

1)全身状况:生命体征、意识状态、营养状况等。

2)脱水症状:有无软弱无力、口渴、皮肤黏膜干燥、弹性降低、尿量减少等。

3)腹部体征:有无胃肠蠕动波、腹部压痛、反跳痛、肌紧张、腹部包块、肠鸣音等。

(3)实验室及影像学检查:包括血清电解质、肝功能、肾功能、酸碱平衡指标、出入量、尿比重、体重检查等,必要时做呕吐物的分析及细菌培养检查等。

(4)心理-社会状态:评估恶心、呕吐对患者生活和情绪的影响。

2. 评估工具

(1)世界卫生组织对恶心、呕吐做了分级。

0级：无恶心、呕吐。

Ⅰ级：只有恶心，能够吃适合的食物。

Ⅱ级：一过性呕吐伴恶心，进食明显减少，但能够吃东西。

Ⅲ级：呕吐需要治疗。

Ⅳ级：顽固性呕吐，难以控制。

（2）视觉类比量表（visual analogue scale，VAS）：原为疼痛评价的金标准，随后 VAS 也被用于评价恶心状况。该量表是一条自左向右的直线，被分成 10 等份，每一份为 10 分。线段的两端分别为"我一点也没有食欲"和"我的食欲非常好"。患者按照恶心、呕吐轻重情况，将自己的感受记录在直线上。恶心的程度可分为无（0～10 分）、轻（20～40 分）、中（50～70 分）、重（80～100 分）。

（五）呕血、便血

1. 评估内容

（1）病史采集：包括既往史、用药史、生活习惯等，呕血的颜色、量、频率、与进食的关系，便血的颜色、性状，是否有伴随症状等。

（2）体格检查：包括生命体征、皮肤黏膜、腹部检查、肛门指检等。

（3）实验室检查：血常规、凝血功能、肝肾功能、大便检查、交叉配血等。

（4）影像学检查：内镜检查、腹部超声、CT/MRI、血管造影等。

（5）心理 - 社会状况：包括焦虑与恐惧、抑郁、创伤后应激反应、家庭支持、社会资源利用状况等。

2. 评估工具

（1）失血量与周围循环状况：出血量占循环血容量的 10% 以下时，患者一般无明显临床表现；出血量占循环血容量的 10%～20% 时，可有头晕、无力等症状，多无血压、脉搏等变化；出血量达循环血容量的 20% 以上时，则有冷汗、四肢厥冷、心慌、脉搏增快等急性失血症状；若出血量在循环血容量的 30% 以上，则有神志不清，面色苍白、心率加快、脉搏细弱、血压下降、呼吸急促等急性周围循环衰竭的表现。

（2）再出血及死亡风险评估：AIMS65 评分包括白蛋白 <30g/L、国际标准化比值（INR）>1.5、收缩压 <90mmHg、年龄 >65 岁及意识改变（格拉斯哥昏迷量表评分 <14 分）5 个方面，每符合 1 项计 1 分，总分 0～5 分；危险分层：总分 <2 分为低危组，≥2 分为高危组。

（六）吞咽障碍

1. 评估内容

（1）病史采集：①患者的既往病史、用药史等。②有无流涎、呛咳、误咽、气喘、咽喉感觉减退或消失、呕吐反射减退或消失等。

（2）体格检查：评估生命体征、意识状态、营养状况、口腔功能、舌部运动、软腭上抬、吞咽反射、牙齿状态、口腔知觉、味觉等。

（3）实验室及影像学检查：包括血常规、纤维电子喉部内镜检查、吞咽造影检查。

（4）心理 - 社会状态：评估患者是否存在抑郁、沮丧等。

2. 评估工具

（1）饮食评估工具（eating assessment tool，EAT10）：用于各种原因造成的吞咽障碍的自评，包括 10 个与日常生活中的吞咽相关的条目，除吞咽障碍的症状外，还包括生理上的体重下降、心理上的不愿意外出就餐、进食乐趣受损、进食紧张等。每条目为 0～4 分，0 分代表完全没问题，≥3 分则为异常，4 分代表问题严重（附录 8）。

（2）改良洼田饮水试验（modified water swallow test，MWST）：嘱患者取端坐位或半坐卧位，先让患者分别单次喝下 1ml、3ml、5ml 水，如无问题，再让患者像平常一样自行饮下 30ml 温水，观察和记录饮水时间、有无呛咳、饮水状态（附录 9）。

（七）水肿

1. 评估内容

（1）病史采集：①患者的既往病史、用药史。②水肿的临床病史、性质及特征：评估水肿发生的起始部位、时间、诱因及进展情况。③伴随症状对患者的影响：有无尿量减少、头晕、乏力、呼吸困难、心率加快、腹胀等症状。

（2）体格检查：评估生命体征、意识状态、体重变化、体位，水肿发生程度、范围，皮肤完整性等。

（3）实验室及影像学检查：包括血常规、全血细胞计数、血浆蛋白、电解质和肌酐、血浆脑钠肽检查以及 CT 或 MRI 检查、超声检查等。

（4）心理 - 社会状态：评估患者有无紧张、抑郁、焦虑等不良情绪。

2. 评估工具

（1）非淋巴水肿：临床上按照指压恢复程度及水肿发生范围的分级标准判断水肿程度，分为轻、中、重三度。轻度水肿：水肿仅发生于眼睑、眶下软组织、胫骨前及踝部皮下组织，指压后可出现组织轻度凹陷，平复较快。中度水肿：全身疏松组织均有可见性水肿，指压后可出现明显的或较深的组织凹陷，平复缓慢。重度水肿：全身组织严重水肿，身体低垂部位皮肤紧张发亮，甚至可有液体渗出，有时可伴有胸腔、腹腔、鞘膜腔积液。

（2）淋巴水肿：淋巴水肿的分期通常采用国际淋巴学会的分期方法。将淋巴水肿分为 0 期、Ⅰ 期、Ⅱ 期和 Ⅲ 期。0 期：淋巴输送已受损、组织液 / 成分有细微改变且主观症状改变，但肿胀并不明显。患者多无症状，但部分患者自述有肢体沉重感。Ⅰ 期：表现为早期积液中蛋白含量相对较高（与静脉水肿相比），肢体抬高后水肿可消退，通常在 24 小时内消退。Ⅱ 期：更多为实体结构改变，仅抬高肢体一般不能减轻组织水肿，且会出现凹陷，后期会出现过多皮下脂肪和纤维化，肢体可能不再凹陷。Ⅲ 期：包含淋巴淤滞性象皮肿，检查时可以没有凹陷，皮肤出现营养改变，如棘层肥厚、皮肤特征和厚度改变、脂肪进一步沉积和纤维化以及疣过度生长。

（八）谵妄

1. 评估内容

（1）病史采集：评估患者的既往病史、诱因、麻醉相关记录、药物治疗记录等。

（2）体格检查：评估患者的生命体征、意识状态、躯体及神经系统检查等。

（3）实验室及影像学检查：包括血生化、血常规、血糖、动脉血气分析、血药浓度（地高辛、巴比妥类等）、尿常规、心电图、脑电图、头颅 CT 或 MRI 检查等。

（4）心理 - 社会状态：对患者进行精神状态评估。

2. 评估工具

（1）护士谵妄筛查量表（nursing delirium screening scale，Nu-DESC）：是一个敏感的谵妄筛查工具，不影响用于痴呆患者的评估。从定向障碍、不适当的行为、不恰当的交流、幻觉和精神运动性迟缓 5 个方面进行评估。每项得分范围为 0～2 分，总分 10 分，0 分表示没有症状，1 分为症状有时出现但轻微，2 分表示症状出现并且严重，患者得分在 2 分及以上为阳性（附录 10）。

（2）意识模糊评估法（confusion assessment method，CAM）：是诊断谵妄目前应用广泛的临床评估工具。根据以下 4 个主要特征检测谵妄：①急性发作和波动的病程；②注意涣散；③思维混乱；④意识水平的改变。①和②存在，加上③或④，即为 CAM 阳性，表示谵妄存在。

（九）失眠

1. 评估内容

（1）病史采集：①患者的既往病史、当前治疗和使用的药物、应激因素、家族史等。②睡眠节律：包括日常作息时间、失眠的具体行为、日间症状的基本表现及持续时间、睡前的饮食、睡眠环境、日间活动及功能等。

（2）体格检查：评估身体不适症状。

（3）实验室检查：包括多导睡眠监测、多次睡眠潜伏时间试验、清醒维持试验、体动记录检查等。

（4）心理 - 社会状态：评估个人背景、家庭状况、自身性格特征、近期重大事件、目前的现实困难和心理困扰、心理痛苦程度、焦虑、抑郁状况、社会支持系统等。

2. 评估工具

（1）体动记录检查（actigrahy）：患者佩戴体动记录仪于腕部或踝部，通过传感器获取人体活动 - 睡眠 - 休息变化参数，由此估计睡眠潜伏期、总睡眠时间、入睡后醒来时间和睡眠效率，这些数据可作为失眠的诊断依据。

（2）匹兹堡睡眠质量指数量表（Pittsburgh sleep quality index，PSQI）：是应用最广泛的睡眠评估量表，评价受试者近 1 个月的睡眠质量。其评估内容包括自觉睡眠质量、入睡延迟、睡眠时间、睡眠效率、睡眠障碍、安眠药物使用、日间功能障碍等 7 个维度。量表采用 Likert 4 级评分法，每个条目得分为 0～3 分，各条目得分总和为 PSQI 总分，PSQI＞5 分表明睡眠质量不佳，总分越高表明睡眠质量越差（附录 11）。

（十）疲乏 / 乏力

1. 评估内容

（1）病史采集：①患者的既往病史、用药史等。②患者疲乏的原因、程度、伴随症状等。

（2）体格检查：评估生命体征、意识状态、精神状态等。

（3）实验室检查：包括血常规、尿常规、大便常规检查以及水电解质、生化检查等。

（4）心理 - 社会状态：评估焦虑、抑郁、沮丧状况等。

2. 评估工具

（1）简明乏力量表（brief fatigue inventory，BFI）：是国际上广泛使用的疲乏测试量表之一，包括 9 个条目，前 3 个条目评估当前的疲乏程度、过去 24 小时疲乏的一般水平和最坏水平，后 6 个条目评估疲乏对生活不同方面的影响。每项按程度评分 0～10 分，未发生评分 0 分，程度最轻评分 1 分，最重评分 10 分。乏力程度评分为各项评分的均值，无乏力 0 分；轻度乏力 1～3 分；中度乏力 4～6 分；重度乏力 7～10 分（附录 12）。

（2）Piper 疲乏调查量表（Piper fatigue scale，PFS）：用来评价癌因性疲乏。包含行为、情感、躯体以及认知 4 个维度，共 22 个条目，均采用 0～10 分评分法，维度评分取条目平均分，分数与癌因性疲乏是正相关的关系（附录 13）。

除了上述症状外，患者的其他症状可采用埃德蒙顿症状评估量表（Edmonton Symptom Assessment System，ESAS）进行评估（附录 14）。

（十一）咳嗽咳痰

1. 评估内容

（1）病史采集：包括咳嗽持续时间、咳嗽类型、诱发因素或加重因素、严重程度，了解痰液的颜色、性质和量以及既往病史（如哮喘、慢性阻塞性肺疾病、间质性肺疾病、心力衰竭等）。

（2）体格检查：包括生命体征、胸部状况、肺部听诊、意识状态及营养状况等。

（3）实验室及影像学检查：包括胸部 CT 检查、肺通气功能和气道反应性检查、呼出气一氧化氮检查、食管反流监测、变应原检测等。

（4）心理 - 社会状况：评估患者是否存在恐惧、焦虑、烦躁等。

2. 评估工具

（1）简易咳嗽程度评分表（cough evaluation test，CET）：该评分表包含 5 个条目，采用 Likert 5 级评分法，每个条目评分从 1 分（无咳嗽 / 无影响）到 5 分（频繁咳嗽 / 严重影响），总分范围为 5～25 分，分别对患者咳嗽的严重程度、社会影响和心理影响进行评估，得分越高表示咳嗽症状越严重（附录 15）。

（2）中文版莱斯特咳嗽量表（mandarin Chinese version of the Leicester cough questionnaire，LCQ-MC）是一种用于评估咳嗽对患者生活质量影响的工具。通常分为三个维度：身体、心理和社会，共 19

个问题，每个问题的评分范围为 1～7 分，1 分表示"非常不同意"或"非常严重"，7 分表示"非常同意"或"完全没有影响"。每个维度的得分为该维度所有问题的平均分（总分除以问题数量）。总分为三个维度得分的总和，范围为 3～21 分，分数越高，表示咳嗽对生活质量的影响越小（附录 16）。

（十二）咯血的评估

1. 评估内容

（1）病史采集：明确是否为咯血，排除鼻腔、牙龈和上消化道出血。询问咯血量、次数和时间、咯血的颜色及性状、起病急缓、伴随症状、年龄、性别、吸烟史及既往病史等。

（2）体格检查：包括生命体征、口咽和鼻咽部检查、胸腹部检查、浅表淋巴结检查、全身其他部位等。

（3）实验室及影像学检查：实验室检查主要包括血常规、出凝血时间检测；红细胞沉降率；痰液检查；尿常规检查等。影像学检查主要包括胸部 X 线摄影检查、胸部 CT 检查、支气管镜检查、超声心动图检查等。

（4）心理 - 社会状况：评估患者是否存在恐惧、焦虑、烦躁、意识模糊等。

2. 评估工具　目前咯血无可用的评估工具，评估咯血的严重程度主要通过以下几个指标：

（1）咯血量：根据 24 小时内的咯血量分为轻度（<50ml）、中度（50～200ml）和重度（>200ml）。

（2）咯血频率：记录每日咯血发作次数，分为偶发（≤2 次 /d）、频发（3～5 次 /d）和持续（>5 次 /d）。

（3）伴随症状：评估是否伴有呼吸困难、低氧血症、血流动力学不稳定等。

三、风险评估

（一）跌倒 / 坠床风险评估

1. 评估内容

（1）病史采集：①患者是否患有心血管疾病、神经系统疾病等。②评估患者过去一年内是否有跌倒史、自感平衡状态等。③评估患者是否服用镇静药、抗抑郁药物、抗高血压药、催眠药等药物。

（2）体格检查：①患者有无疼痛、步态不稳、平衡能力下降、肌力下降等状况。②评估患者是否存在头晕、晕厥、惊厥、视物模糊、足部疾病等躯体不适症状。

（3）心理 - 社会状况：①患者是否有跌倒恐惧心理。②患者是否有沮丧、焦虑、抑郁、情绪不佳、社会疏离感等。

（4）环境因素：评估患者所处的环境，包括床边是否有扶手、地板是否湿滑、光线是否充足等。

2. 评估工具

（1）Morse 跌倒危险因素评估量表（Morse fall scale，MFS）：该量表操作简单，适用于 65 岁以上有跌倒风险的住院老年人，包括 6 个条目：跌倒史、其他疾病诊断、使用助行器、静脉滴注、步态、认知状态。Morse 跌倒评估量表分数越高，跌倒风险越大（附录 17）。

（2）伯格平衡量表（Berg balance scale，BBS）：该量表适用于平衡能力异常的老年人。该量表有 14 个项目。每一个项目评分为 0～4 分，共 5 级，总分 56 分，分数越高平衡能力越强。<40 分提示有跌倒的危险；0～20 分，提示平衡功能差，患者需要乘坐轮椅；21～40 分，提示有一定平衡能力，患者可在辅助下步行；41～56 分，说明平衡功能较好，患者可独立步行（附录 18）。

（二）压疮的风险评估

1. 评估内容

（1）病史采集：评估患者的既往病史、是否服用镇静药、催眠药等药物。

（2）体格检查：评估患者有无疼痛、恶心、呕吐、食欲不佳、营养不良、躯体移动障碍、大小便失禁、恶病质、水肿等症状。

（3）心理 - 社会状况：评估患者是否有沮丧、焦虑、抑郁、情绪不佳、社会疏离感等。

（4）环境因素：评估患者所处的环境，包括床单位是否整洁、干燥，是否受到理化因素刺激、是否使用医疗器械导致活动受限等。

2. 评估工具

（1）Braden 压力性损伤危险因素预测量表（Braden pressure ulcer risk assessment scale）：是目前国内外用来预测压力性损伤发生较为常用的量表之一，对压力性损伤高危人群具有较好的预测效果，且评估简便、易行。评估内容包括感觉、潮湿、活动力、移动力、营养、摩擦力和剪切力6个部分。总分值范围为6～23分，分值越小，提示发生压力性损伤的危险性越高。评分≤18分，提示患者有发生压力性损伤的危险（附录19）。

（2）Norton 压力性损伤风险评估量表（Norton pressure ulcer risk assessment scale）：是目前公认用于预测压力性损伤发生的有效评分方法，特别适用于老年患者的评估。评估身体状况、精神状态、活动能力、灵活程度及失禁情况等方面是否存在危险因素。总分值范围为5～20分，分值越小，表明发生压力性损伤的危险性越高。评分≤14分，提示易发生压力性损伤（附录20）。

（三）自杀风险评估

1. 评估内容

（1）病史采集：评估患者精神疾病史、物质滥用史、家族精神疾病史等。

（2）心理状况：①患者是否存在抑郁、焦虑、孤独感、累赘感、绝望感等负性情绪。②患者有无自杀意念、自杀动机、自杀计划、自杀未遂史和自残行为、对自杀的态度等。

（3）身体状况：评估患者有无疼痛等躯体不适症状，有无生活方式改变、活动能力下降、兴趣改变等。

（4）社会状况：评估患者社会关系、人际交往压力、应对技巧等。

2. 评估工具　Beck 自杀意念量表中文版（Beck scale for suicide ideation-Chinese version，BSI-CV）：该量表用于评估个体对生命和死亡的想法以及自杀意念的严重程度。共有19个条目，每个问题询问两个时间段：最近1周及既往最消沉、最忧郁或自杀倾向最严重的时候。前5题为筛查项，若表中条目4或5得分为1～2分，患者有自杀的意念，将继续评估第6～19题；否则，结束填写问卷。每个条目采用0～2分的三级评分法，总分值在0～38分，得分越高表明患者的自杀意念越强烈，自杀的危险性越高（附录21）。

第三节　心 理 评 估

一、情绪和情感的评估

（一）焦虑

1. 评估内容

（1）病史采集：评估患者的既往病史、用药史等。

（2）心理状况：评估患者是否存在害怕、忧虑、对未来的恐惧、疾病不确定性、失眠、烦躁不安、应对技巧差、死亡焦虑、尊严下降、注意涣散等。

（3）身体状况：评估患者有无头晕、震颤、头痛、出汗、心悸、胸闷、过度换气、吞咽困难、厌食、恶心和呕吐、腹泻、尿频、肌肉紧张、乏力、虚弱、依从性差、个体外貌变化、生活方式改变、活动能力下降、兴趣改变、自理能力下降等。

（4）社会状况：评估患者年龄、婚姻状况、家庭状况、经济状况、信仰、医疗支付方式、照护人员状况等。

2. 评估工具 汉密尔顿焦虑量表（Hamilton anxiety scale，HAMA）是一种广泛用于评定焦虑严重程度的他评量表。该量表包括 14 个条目，1～6 项，第 14 项为精神类，7～13 项为躯体类。采用 0～4 分的 5 级评分法。0 分提示无症状；1 分提示轻度；2 分提示中等，有肯定的症状、但不影响生活与劳动；3 分提示重度，症状重、需要进行处理或影响生活和劳动；4 分提示症状严重、严重影响生活。由经过训练的两名专业人员对被测者进行联合检查，然后各自独立评分。除第 14 项需结合观察外，所有项目均根据被测者的口头叙述进行评分。总分超过 29 分，提示可能为严重焦虑；超过 21 分，提示有明显焦虑；超过 14 分，提示有肯定的焦虑；超过 7 分，可能有焦虑；小于 7 分，提示没有焦虑（附录 22）。

（二）抑郁

1. 评估内容

（1）病史采集：评估患者的既往病史、用药史等。

（2）心理状况：评估患者是否感到孤独、忧虑、内疚、悲伤、哭泣、被社会隔离、尊严下降、生活自理能力下降、独立性丧失等。

（3）身体状况：评估患者有无睡眠改变、疼痛、噩梦、头晕、震颤、神经过敏、注意涣散、头痛、出汗、心悸、胸闷、吞咽困难、厌食、恶心和呕吐、腹泻、尿频、肌肉紧张、乏力、虚弱、体重减轻、依从性差、个体外貌变化、生活方式改变、活动能力下降、兴趣改变等。

（4）社会状况：评估患者年龄、婚姻状况、家庭状况、经济状况、信仰、医疗支付方式、照护人员状况等。

2. 评估工具 老年抑郁量表（geriatric depression scale，GDS）是老年人专用的抑郁筛查表。该量表共 30 个条目，包含以下症状：情绪低落、活动减少、易激惹、退缩以及对过去、现在与将来的消极评分。每个条目要求被测者回答"是"或"否"，其中第 1、5、7、9、15、19、21、27、29、30 条用反序计分（回答"否"表示抑郁存在）。每项表示抑郁的回答得 1 分。老年抑郁量表总分 0～10 分为正常；11～20 分为轻度抑郁；21～30 分为中重度抑郁（附录 23）。

（三）心理痛苦

1. 评估内容

（1）病史采集：评估患者的既往病史、用药史、治疗时间等。

（2）心理状况：评估患者是否感到抑郁、焦虑等负性情绪。

（3）身体状况：评估患者有无疼痛等躯体不适症状、有无生活方式改变、活动能力下降、兴趣改变等。

（4）社会状况：评估患者年龄、性别、婚姻状况、家庭状况、经济状况、信仰、医疗支付方式、照护人员状况等。

2. 评估工具 心理痛苦温度计（distress thermometer，DT）是用于评估肿瘤患者心理状态的评估工具，其中的问题列表包含躯体、生活实际、情绪、家庭、精神方面的问题。采用视觉模拟评分法，总分 0～10 分，分数越高表示患者心理痛苦越严重，0 分为无痛苦，1～3 分为轻度痛苦，4～6 分为中度痛苦，7～9 分为重度痛苦，10 分为极度痛苦（附录 24）。

（四）恐惧

1. 评估内容

（1）病史采集：评估患者的既往病史、用药史、治疗时间、疾病进展阶段等。

（2）心理状况：评估患者是否存在死亡焦虑、死亡恐惧等负性情绪、死亡态度等。

（3）身体状况：评估患者身体功能状态，有无自理能力丧失等。

（4）社会状况：评估患者年龄、性别、婚姻状况、家庭子女数量、经济状况、信仰、医疗支付方式、照护人员状况等。

2. 评估工具 老年人死亡恐惧量表 (the Collett-Lester fear of death scale of older) 适用于老年人。量表共 25 个题目,包括身体疾病恐惧、虚无未知恐惧、影响他人恐惧和人际关系恐惧 4 个维度;本量表使用 Likert 4 级评分法,1 分提示非常不同意,2 分提示不同意,3 分提示同意,4 分提示非常同意。使用各个维度的分数和量表总分,得分越高表明被调查者对相应维度的死亡恐惧程度越高。

(五) 孤独

1. 评估内容

(1) 病史采集:评估患者的既往病史、用药史、治疗时间等。

(2) 心理状况:评估患者是否存在焦虑、抑郁等负性情绪以及认知缺陷、对周围人信任度下降等。

(3) 身体状况:评估患者身体功能状态,有无自理能力丧失、听力受损等。

(4) 社会状况:评估患者年龄、性别、婚姻状况、家庭子女数量、经济状况、信仰等。

2. 评估工具 加利福尼亚大学洛杉矶分校孤独量表 (University of California, Los Angeles loneliness scale) 是我国目前使用最广泛的孤独感测量工具。该量表共 20 个条目,采用 4 级计分,总分为 20~80 分,20~34 分表示低水平孤独感,35~49 分表示中水平孤独感,50~80 分表示高水平孤独感 (附录 25)。

二、认知功能的评估

(一) 评估内容

1. 病史采集 ①评估患者有无脑外伤、心脑血管疾病、糖尿病、既往卒中史、用药史等。②评估患者有无认知功能障碍的家族史等。

2. 身体状况 ①评估患者个体的感知觉、记忆力、理解判断、思维能力、语言能力及定向等。②评估患者身体功能状态,有无慢性病毒感染、免疫系统功能障碍,是否存在自理缺陷等。

3. 影像学检查 包括患者的颅脑 CT、MRI 检查等。

4. 心理 - 社会状况 ①评估患者是否存在孤独、寂寞、羞愧、抑郁、自杀等负性情绪,是否遭受冷落、被嫌弃等。②评估患者年龄、性别、婚姻状况、文化程度、经济状况等。

(二) 评估工具

简易智力状态检查量表 (mini-mental state examination, MMSE):主要筛查有认知缺损的老年人。共 30 个条目,由 5 个认知领域组成,即定向力 (时间和地点)、记忆力 (即刻记忆和延迟回忆)、注意力和计算力、语言能力 (命名、复述、阅读、理解、书写) 和视空间能力,满分 30 分,分界值与受教育程度有关,未受教育文盲组 17 分,教育年限≤6 年组 20 分,教育年限>6 年组 24 分,测量结果低于分界值,认为存在认知功能障碍 (附录 26)。

第四节 社会支持评估

一、家庭支持

(一) 评估内容

1. 角色评估 评估患者承担的角色,询问其对承担角色的感知和家人对角色的期望,询问其对自己承担角色是否满意,观察是否存在角色适应不良的身心行为反应,如抑郁、焦虑、痛苦等。

2. 家庭成员关系 评估患者家庭中成员之间的关系,判断是否存在家庭功能失衡、家庭危机、家庭成员关系的改变与终结等,患者家庭结构及家庭资源是否能够应对紧张事件和危急状态,是否需要给患者提供物质和精神支持,如家庭医疗照护、预防保健、健康照护及就医行为等。

（二）评估工具

家庭支持自评量表（family support scale，PSS-Fa）主要对其主观感受的情感支持、行为支持、信息支持等方面进行评价，包括 15 个条目，"是"记为 1 分，"否"记为 0 分，<6 提示家庭支持较低，6～10 分为中等程度的家庭支持，>10 分为高等程度的家庭支持（附录 27）。

二、社会支持

（一）评估内容

1. 社会支持的主体　即评估社会支持的提供者，如工作单位、机构、社会组织、家庭成员、亲戚朋友、同事、团体、组织和社区。

2. 社会支持的客体　即社会支持的接受者，包括安宁疗护患者和家属等。评估其渴望获取社会支持的需求，同时也需要评估能反映患者和家属需求的各类社会支持的表达性因素等。

3. 社会支持内容　社会支持内容包括情感支持、物质支持、信息支持、陪伴支持等，需要评估可获取的社会支持内容、具体实施形式等。

（二）评估工具

社会支持评定量表（social support rating scale，SSRS）是目前国内最常用的社会支持评定量表，包括 10 个条目、三个维度，即客观支持（条目 2、6、7）、主观支持（条目 1、3、4、5）和对社会支持的利用度（条目 8、9、10）。该量表的条目计分方法见使用说明；量表总分为 10 个条目评分之和，得分越高提示社会支持度越高（附录 28）。

第五节　精 神 评 估

一、生命意义感

（一）评估内容

1. 评估患者对生命意义的理解，寻求生活目标、生命归宿和接纳死亡的需求。
2. 评估患者对生活的认识、生命价值的追求以及生活经历的感悟。
3. 评估患者生命意义感的影响因素，如年龄、症状严重程度、经济收入、家庭状况、文化程度等。

（二）评估工具

汉化版生命意义感量表（meaning in life questionnaire，MLQ）包含寻找生命意义感和存在生命意义感 2 个维度，共计 10 个条目。评分采用 1～7 级制，总分在 10～70 分之间，得分与生命意义感是正相关的关系（附录 29）。

二、自我价值感

（一）评估内容

1. 评估患者在生活中的自我认知、自我评价以及认知评价过程中的情绪体验表达等。
2. 评估患者的健康状况、孤独感、文化程度、社会支持、家庭氛围、生活态度、经济状况等。

（二）评估工具

老年人自我价值感量表（elderly self-worth scale，ESC）是专门适用于老年人自我价值感测量的量表，共 25 题，分别了解老年人在人际关系方面、社会影响力方面、身体健康状况方面、公序良俗遵纪方面、自我认知方面五个方面的情况，采用五级制，将问题答案设置为完全不符合、大部分不符合、部分符合、部分不符合、大部分符合以及完全符合，依次赋值为 1～5。根据最终赋分总成绩判断其价值感水平（附录 30）。

三、尊严感

（一）评估内容

1. 评估患者是否存在个人形象改变、个人意愿未被尊重、疾病带来的痛苦、社会支持、生活自理能力等。

2. 评估患者的年龄、性别、职业、文化程度、经济状况，以及抑郁、焦虑状态和生命意义感等。

（二）评估工具

患者尊严量表（patient dignity inventory，PDI）主要用来筛查晚期癌症患者及预计生存期在 6 个月以内的临终患者的尊严状况。量表分为 5 个维度，共 25 个条目，采用 Likter 5 级评分法，得分越高，说明患者的尊严水平越低，尊严受损越严重（附录 31）。

第六节 生活质量与生存期评估

一、生活质量评估

（一）评估内容

1. 生理状态

（1）评估患者的日常生活能力，如穿衣、进食、行走、个人卫生等。

（2）评估患者是否存在躯体活动如弯腰、行走困难等。

（3）评估患者的迁移能力如自主活动能力丧失、不能独立使用交通工具等。

（4）评估患者是否存在疲乏感、无力感和虚弱感。

2. 心理状态

（1）评估患者的情绪状态，是否存在恐惧、忧虑、压抑等心理症状。

（2）评估患者的认知功能，是否存在认知功能的障碍，评估感知、思维、注意力和记忆力的损失。

3. 社会功能

（1）评估患者的社会角色是否发生改变。

（2）评估患者的社会功能：①社会适应：是否因为处于安宁疗护状态而影响与他人的交往。②社会接触：是否因为处于安宁疗护状态而产生负性情绪，不愿意与他人接触，如拒绝参与娱乐活动。

4. 生活满意度与幸福感 生活满意度用来测定患者需求的满足程度，幸福感用来测定患者整个生活质量水平。

（二）评估工具

1. 日常生活活动能力量表（activities of daily living，ADL） 该量表包括床椅转移、进食、修饰、洗澡、进出厕所、上下楼梯、平地行走、穿衣、大便以及小便控制等十个项目。满分 100 分，分为 3 个等级。Ⅰ级：61～100 分，表示受试者有轻度的功能障碍，但是能独立完成平时活动，生活处于基本能够自理的状态；Ⅱ级：41～60 分，表明受试者生活需要帮助，日常活动表现为中度功能障碍；Ⅲ级：≤40 分，表示患者多数日常生活活动不能够独立完成，有重度功能障碍甚至完全残疾（附录 32）。

2. 麦吉尔生活质量问卷（McGill quality of life questionnaire，MQOL） 该问卷包含 4 个维度 16 个条目，其中生理维度（第 1～4 项）、心理维度（第 5～8 项）、个人存在维度（第 9～14 项）、社会支持维度（第 15～16 项），以及 1 个整体生活质量条目，每条目得分为 1～10 分，共 160 分（附录 33）。

二、生存期的评估

（一）评估内容

1. 评估患者 评估患者的经济状况、医保支付方式、照护方式、照护场所等,包括患者的疾病及身体状况、药物与治疗的整合、居家的设备及仪器、家庭评估与家属的支持等。

2. 评估疾病状况 评估患者的疾病现状、疾病种类及预后、疾病诊断与分期、患者的体能状态、有无食欲缺乏、体重下降、吞咽困难、呼吸困难、意识障碍等。

3. 评估疾病演变轨迹 对慢性疾病末期患者预期生存时间的评估通常很难准确,不同的疾病呈现出不同的特点。用坐标形式将患者临近死亡时其体能状态随着时间的推移发生改变的过程呈现出来,被称为疾病演变轨迹,又称死亡曲线。通常表现为以下三种类型:

（1）癌症开始时患者健康状态基本平稳,最后数周或数月快速变差至死亡,变化常可预期(图3-1)。

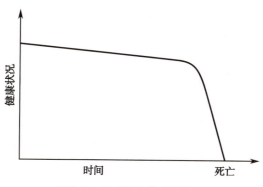

图3-1 疾病演变轨迹(癌症)

（2）器官功能衰竭不稳定的下降,平时健康状态维持稳定,但每次遭遇急性发作治疗后可能恢复平稳,多次反复后死亡。常见于慢性阻塞性肺疾病、心力衰竭等(图3-2)。

（3）退行性疾病逐渐缓慢下降,例如衰弱和认知症,长期健康状态不良,但死亡时可能不会出现任何急性状况(图3-3)。

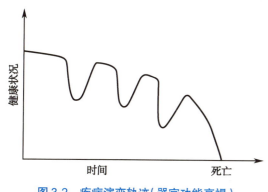

图3-2 疾病演变轨迹(器官功能衰竭)

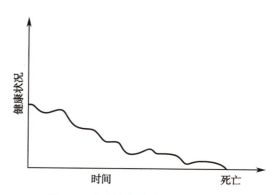

图3-3 疾病演变轨迹(退行性疾病)

（二）评估工具

1. 卡氏功能状态量表(Karnofsky performance scale,KPS) 该量表用来评估患者的功能状态。总分范围为0~100分,按照患者的病情、能否正常活动及生活自理程度划分为11个等级。其中0分为死亡;60分表示生活能大部分自理,但偶尔需要他人帮助;100分为体力状况良好,无症状和体征。KPS得分越高,患者健康状况越好,生存期越长(附录34)。

2. 临终患者病情评估表(the dying patient condition assessment sheet) 该量表由毛伯根编制,量表由专职护士按项逐条打分,评估时间是入院当日、入院后1周、入院后1个月,以后每满1个月再评估。入院评分<25分,每3分预计生存时间为1天;入院评分25~35分,每2.5分预计生存时间为1天;入院评分36~50分,每2分预计生存时间为1天;入院评分>50分,每1分预计生存时间为1天(附录35)。

（焦延超）

 思考题

1. 如何对老年安宁疗护患者进行疼痛的评估?

2. 老年安宁疗护患者的心理评估和精神评估分别评估哪些内容? 如何选择评估工具?

第四章

老年安宁疗护患者有效沟通

第一节　沟　通　类　型

案　例

邵女士，67 岁，退休人员，6 个月前检查发现直肠癌Ⅳ期，开始执行化疗方案后效果不佳，病情进展，伴全身多发性转移，并出现胃纳睡眠差，腹痛，入住医养结合机构，邵女士子女和丈夫对患者病情认识和治疗方案有不同的想法。因此，医养结合机构医务人员与其进行了沟通，就患者病情与治疗方案达成了共识，也鼓励患者家属和患者进行沟通，最终接受安宁疗护服务，最大限度减轻患者的痛苦，让患者家属不留遗憾。

请问：
1. 专业照护人员与家属之间的沟通特点及原则？
2. 专业照护人员可使用什么方法与老年安宁疗护患者进行沟通？

一、专业照护人员与患者之间的沟通

（一）沟通特点

1. 沟通对象　安宁疗护沟通主要是专业照护人员（医务人员）与患者就患者疾病状况、治疗方案及临终相关事宜的交流。

2. 沟通时机　安宁疗护沟通伴随患者临终医疗照护过程而持续进行，贯穿于患者照护的全过程。专业照护人员在为患者提供服务时，应细致、全面地了解患者对于终末期的需求，建立良好的信任关系，为开展死亡教育、预立医疗照护计划讨论奠定基础。

3. 沟通技巧 相较于与一般人群沟通，安宁疗护沟通对象的疾病状况和心理状态有很大的不同，通常会遇到很多敏感词汇或伦理问题，安宁疗护沟通比一般医患沟通更为复杂，挑战也更大。因此，专业照护人员除了掌握常规沟通方法，还须掌握更多适用于老年安宁疗护患者身心特点的沟通技巧。

（二）沟通原则

1. 以患者为中心原则 安宁疗护是以患者为中心开展服务的，专业照护人员应避免在潜意识中把自己放在主导地位，这是医患沟通中要遵循的重要原则之一。

2. 尊重与接纳的原则 专业照护人员在沟通中需要适当移情和换位思考，尊重患者的意愿与选择，接纳可能出现的行为（良好的和不良的），实现与患者的有效沟通。

3. 诚信原则 专业照护人员始终以诚实守信的态度与患者进行沟通，可以有所保留信息，但绝不能欺骗患者。

4. 保护患者隐私的原则 护患沟通时，应注意一定的隐秘性，保护患者隐私权。

5. 文化敏感性原则 专业照护人员应对患者所处的文化背景保持敏感性，在沟通过程中理解并尊重患者在特定文化下所表现出的行为和思维观念，避免不符合其文化的语言或非语言行为。

（三）注意事项

1. 选择恰当的沟通时机 安宁疗护中沟通的主题一般比较敏感，需要待患者病情稳定或症状得到基本控制时进行沟通。

2. 分阶段主导谈话过程 交谈初期，专业照护人员应采用"开放式"提问，了解患者目前的状况和亟待解决的问题；交谈中期，采用"启发式"谈话进一步挖掘相关信息，了解患者的真实想法；交谈末期，应说一些安慰体贴的话，不可突然中断谈话或无缘无故离开患者。

3. 运用多种沟通技巧

（1）肯定：应肯定患者所表达感受的真实性，切不可妄加否定。

（2）允许适当停顿和沉默：这可以为患者吐露一些重要的事情或情感提供缓冲的空间。

（3）适时总结：在一段谈话内容结束后，专业照护人员可适当总结谈话的内容，使患者意识到专业照护人员在认真倾听，还有助于放慢谈话节奏，让患者回忆和确认自己说过的内容。

（4）总结后询问：在总结后可询问患者"还有没有别的问题？"，以确定患者是否还有其他问题想讨论，这可能引出患者心中最担忧的问题。

（5）表达同理心：表达同理心有助于建立融洽的护患关系。当专业照护人员从患者语言和肢体表达中感受到其情绪时，尝试理解并接受。但注意不要在真正了解患者问题或担忧之前过早地安抚。

（6）减少引导性问题和要求解释性质的提问：例如"您的疼痛现在好些了吗？"这类带有主观判断的提问可能难以获取患者的真实信息；抑或是"您昨晚为什么没休息好？"这类问题具有一定的对抗性，会让患者觉得"当场"有责任回答，容易引起患者反感情绪。

（7）结合非语言沟通技巧：借助目光接触、面部表情、手势动作及空间距离等方式达到良好的沟通效果。例如友善地点头，轻轻地挥手或拍拍背，会使患者感到温暖，有安全感和受尊重感。

4. 对沟通内容保持谨慎 专业照护人员与患者沟通时注意谨慎用词，避免未经协商便告知患者真实病情，避免告知不确定的疾病预后问题，避免疾病信息的歪曲、改变。

二、专业照护人员与家属之间的沟通

（一）沟通特点

1. 全程性与全面性 专业照护人员与家属之间的沟通贯穿患者的整个治疗过程，包括入院、治疗、病情变化、终末期及逝后安排等各个环节。专业照护人员需要与家属保持沟通，确保信息的及时传递和反馈。沟通内容不仅限于医疗信息，还包括患者的心理、情感、社会支持等多方面。专业照护人员需全面评估患者的需求，并与家属共同制订个性化的照护计划。

2. 灵活性与个性化 面对不同的患者和家属需求，专业照护人员需具备灵活应对的能力，根据实际情况调整沟通策略和照护计划。根据患者的具体情况和家属的个性化需求，专业照护人员需制订个性化的沟通方案和照护计划，以提高照护质量。

（二）沟通原则

1. 尊重与信任原则 在告知患者病情、治疗方案及预后等信息时，专业照护人员需尊重患者和家属的知情权，确保信息的透明和准确。通过真诚的沟通、专业的服务和持续的关怀，专业照护人员能够与家属建立起信任关系，为后续的照护工作奠定良好的基础。

2. 共同决策原则 在制订照护计划和决策过程中，专业照护人员应鼓励家属积极参与。通过共同讨论和协商，可以制订出更加符合患者和家属需求的照护计划。在涉及患者治疗、护理和临终安排等方面，专业照护人员应尊重家属的意愿和选择。在提供专业建议的同时，也要充分考虑家属的意见和感受。

3. 有效沟通原则 根据家属的性格、文化背景和接受程度，选择合适的沟通方式和语言。确保信息能够准确、清晰地传达给家属，避免产生误解或冲突。在沟通过程中，专业照护人员需要保持耐心，认真倾听家属的诉求和担忧。通过倾听，可以更好地了解家属的需求和期望，从而提供更加个性化的照护服务。

（三）注意事项

1. 保持信息一致性 在与家属沟通过程中，专业照护人员需要确保信息的一致性和准确性。避免不同医疗团队成员之间出现信息差异或矛盾，以免给家属带来困扰和不安。

2. 倾听与共情 专业照护人员需要主动倾听，专心倾听，并应用适当的肢体语言来表达对家属感受和表述的理解和肯定。同时，要仔细观察家属的各种反应，准确表达自己的理解和认可，把握自己的角色，避免完全受家属情绪影响。

3. 提供情感支持与关怀 面对患者生命的终结，家属往往会经历极大的情感波动。专业照护人员需要提供情感支持和关怀，通过倾听、安慰和鼓励，帮助家属面对内心的恐惧和不安。同时，家属对安宁疗护服务计划有权参与并积极配合，家属应受到安宁疗护病房工作人员尊重，享有隐私保护权。患者转诊应事先征得患者及家属同意，如果患者的家属对安宁疗护服务有不同意见，则从家庭会议中推选代表作为法定监护人，并签署监护人协议书。专业照护人员应当与患者家属进行感情沟通，解决他们的心理问题和实际面对的困难，尊重其价值观和选择，提供精神及社会支持。

三、专业照护人员之间的沟通

（一）沟通特点

1. 相互合作，共同承担 安宁疗护多学科团队成员有各自的分工和角色功能，各角色之间相互合作，共同承担责任。在配合完成相同的实践内容时有各种不同的角色组合。例如，在患者病情告知中医生更多地承担了告知角色，而在预立医疗照护计划沟通中，则依靠医生、护士和社会工作者的通力合作。

2. 多轮沟通，持续协商 多学科团队以患者和家属为中心开展多学科协作模式，是传递安宁疗护服务的载体，是开展安宁疗护实践的主力军。团队内部以及团队与患者和家属之间往往要进行多轮、持续的沟通和协商，讨论患者的病情变化。团队的成员必须具备相应的工作资质和丰富的实际工作经验，既能为患者和家属提供医疗帮助，又能兼顾患者的情感与心理需求，从而明确患者照护目标和任务。

（二）沟通原则

1. 以患者为中心的原则 关注患者的安宁疗护需求和意愿，保护患者的隐私权和知情权，允许患者和家属参与医疗护理决策、医疗护理过程。

2. 遵从安宁疗护理念的原则 开展多学科团队沟通时,应遵从安宁疗护理念,时刻关注患者的生命质量、尊严和自我价值,尊重患者与家属的选择。

3. 平等开放的原则 团队成员积极表达各自领域内的专业判断和看法,发挥各自专业特长,不可因职务高低而对观点有所保留。

(三)注意事项

1. 明确共同目标和职责分工 由于多学科团队来自不同职业,因专业背景、培训经历与工作经验不同,团队成员对相互承担角色、工作任务和方法等方面的理解存在差异,团队共同目标都是利用专科所长为老年安宁疗护患者减轻痛苦与不适,满足家属的照护需求。因此需要明确团队成员的职责分工,做到在分工的基础上有合作,共同探讨照护方案,并促进照护目标的达成。

2. 明确多学科团队的协调者 安宁疗护需要多学科整合协作,团队在组建时即明确协调者,有利于保障多学科团队沟通的顺利进行。协调者是多学科团队的建设者、照护服务的提供者、合理诊疗的促进者、团队交流学习的组织者、案例讨论的召集者、照护资源的协调者、患者和家属的全程随访者和支持者。协调者不限于特定学科或专业,只要能够履行好职责皆可担任,主要任务为调配照护资源、促进多方协作、支持患者和照护团队等。在医疗机构,协调者一般由护士担任,在组织多学科讨论、协调安排照护事宜等方面发挥着重要作用;在社区,协调者一般由社会工作者担任,通过协调多方照护资源为社区老年安宁疗护患者提供服务。

四、非专业照护人员与患者之间的沟通

(一)沟通特点

1. 患者的亲属或朋友 患者的亲友与患者之间或具有血缘关系,或具有友情关系,在患者终末期通常是最重要的照护人员,由于他们并不是具有医学或其他学科背景的专业人员,因此,也被称为非专业照护人员(non-professional caregiver)。非专业照护人员虽然不具备专业背景,但是与临终者有亲密的关系和良好的信任感,在与患者交流中能够更好地了解患者本人的真实意愿,而患者也更信任和乐于将自己的想法与需求向非专业照护人员分享。因此,专业照护人员可以与非专业照护人员进行沟通,以便于从非专业照护人员处了解到患者真实的信息,并通过非专业照护人员转达患者的意愿和需求。

2. 照护人员间沟通 作为医疗团队沟通的中间衔接环节,除了帮助专业照护人员了解患者的意愿和需求以外,专业照护人员还通过此过程向非专业照护人员提供照顾患者的相关指导。此过程有助于照护人员之间相互配合进行患者照护,获知并满足患者身、心、社、精神各方面需求。

(二)沟通原则

1. 实事求是 非专业照护人员在与患者沟通时,要帮助其客观定位患者的病情,了解现存的、潜在的风险,在知晓病情和预后的基础上进行沟通。

2. 相互信任 非专业照护人员和患者之间建立彼此信任、共同参与的关系,这是有效沟通的基础。

3. 尊重患者权利和意愿 非专业照护人员应在尊重患者权利和意愿的基础上沟通相关话题,尽量避免以个人主观想法干预患者的治疗决策。

(三)注意事项

1. 树立正确的死亡观 非专业照护人员应接受一定的死亡教育和/或安宁疗护培训,树立正确的死亡观,以便沟通时能够保持相对理性客观的思考。

2. 个性化沟通 非专业照护人员应详细评估患者的心理状态、心理需求、疾病相关知识和参与沟通的积极程度,针对患者不同的心理状态,采取个性化的沟通方法。

第二节 沟 通 技 术

刘女士，72岁，2年前因卵巢癌行一侧卵巢切除术，半年前复查发现癌细胞腹部广泛转移，之后开始化疗，效果不佳。3天前，因恶心呕吐、严重腹痛，便秘前来就诊。CT结果显示：不完全性肠梗阻，收治入院。入院后，护士遵医嘱为患者行胃肠减压，引流出约500ml青绿色液体后，引流量逐渐减少，患者胃肠蠕动恢复，开始排气。患者症状缓解了，感到很高兴，认为疾病好转，并要求出院，家属不知道如何对患者进行沟通告知其真实的病情，担心患者受刺激无法接受，遂请求医务人员协助告知患者病情。

请问：

1. 医务人员可以通过哪些方式告知患者病情？

2. 如何使用 SPIKES 模式沟通病情？注意事项有哪些？

一、SPIKES 模式

（一）概念

SPIKES 沟通模式是一种有效的沟通方式，采用六步法进行病情告知，包括面谈前准备、评估患者的认知、确认患者对信息的需求度、向患者提供知识和信息、以共情来应对患者情绪、策略和总结。美国临床肿瘤学会在2017年发布的医患沟通共识指南中，建议专业照护人员在从事安宁疗护时应该使用 SPIKES 沟通模式进行病情告知，整个告知过程约为60分钟，且该沟通模式经国内外临床研究证实其在病情告知中起到积极作用。

（二）操作流程

1. S（setting up the interview）——面谈前准备 安排隐私的环境，允许1~2名家属参加，营造轻松的氛围，可适当使用肢体语言与患者建立融洽关系，避免面谈中途受到干扰。

2. P（assessing the patient's perception）——评估患者的认知 在病情告知前，医生可采用开放性问题来了解患者对病情的认知情况。例如，"目前您知晓哪些病情信息呢？"。

3. I（obtaining the patient's invitation）——确认患者对信息的需求度 尽管大多数的患者都表示渴望知晓信息，但有少数患者表现出回避的态度。医生可向患者引导提问："您想详细了解您的病情信息吗？还是简要地告知检查结果而详细讨论诊疗计划呢？"。如患者不愿知晓细节，可与家属交流。

4. K（giving knowledge and information to the patient）——向患者提供知识和信息 医生根据第2步和第3步中患者提供的信息和态度，准确告知病情，并更正患者理解错误的信息。在告知之前，先暗示坏消息即将来临，可能会减轻坏消息告知给患者带来的冲击，例如：很抱歉，我有一些不好的消息告诉您。

5. E（addressing the patient's emotions with empathic responses）——以共情应对患者情绪 应对患者情绪是癌症告知最困难的挑战之一，患者的情绪反应可能会从沉默到怀疑、哭泣、否认或愤怒，医生需通过共情来为患者提供情感支持。共情回应由4个步骤组成，即观察患者的反应、识别患者的情感、找出产生情绪反应的原因、在患者表达自己的感受之后作出回应。

6. S（strategy and summary）——策略和总结 在讨论诊疗计划之前，应询问患者是否做好了充分的准备，对未来有明确诊疗计划的患者，其焦虑和不确定感更少，更有信心战胜疾病。

（三）注意事项

1. 病情告知应遵循"知情同意、不伤害、有利"的医学伦理原则，既要尊重老年安宁疗护患者的权利,又要保证患者或家属安全,避免发生因病情告知不当而引起的潜在纠纷。

2. 语言沟通和非语言沟通相辅相成,共同促进信息有效传递。

3. 人与人之间的距离、面部表情、眼神交流、姿势或语调、肢体的适当接触等都有利于双方的沟通。

4. 根据患者对信息的偏好、理解及接受程度制定个体化病情告知方案。

二、SHARE 模式

(一)概念

SHARE 沟通模式由日本心理肿瘤医学学会(Japan Psycho-Oncology Society, JPOS)主导设计,包括设定支持性的环境、如何告知坏消息、提供附加信息、提供保证和情感支持。SHARE 模式强调病情告知是一个持续的过程,在医生、护士、患者和家属同时在场共同完成首次告知后,更重要的是建立以护士为主导的病情告知的日常模式,要求护士以教育者、协调者、支持者、帮助者和倡导者的角色,在患者住院期间不间断地参与到病情告知的过程中。该模式主张用通俗易懂、直接且患者更易接受的方式进行告知,鼓励患者或家属提问,鼓励家属参与,并且告知时间短,整个过程10~15分钟。

(二)操作流程

1. **S(supportive environment)——设定支持性的环境** 设定充分的时间,确保在不被干扰、便于会谈的私密场所进行。确保面谈不被中断,建议家属一同在场。

2. **H(how to deliver the bad news)——如何告知坏消息** 专业照护人员在传达信息时应态度诚恳、话语清晰易懂,仔细说明病情,包括疾病的诊断、复发或转移,并采用患者易于接受的说明方式。避免反复使用"癌症"等字眼。措辞应格外谨慎,恰当使用委婉的表达方式,例如"接下来要说的是您这几天一直担心的问题(停顿),您准备好之后,我再继续说明(停顿,面向患者,视线停在患者身上,等待患者的回应)。我可以继续说吗?"鼓励对方提问,并积极回答对方的疑问。

3. **A(additional information)——提供附加信息** 就患者的治疗方案及疾病预后,以及对患者日常生活的影响进行对策讨论。鼓励患者说出疑问或不安。根据患者的具体情况,适当适时提出替代治疗方案、第二意见、预后情况等话题。

4. **RE(reassurance and emotion)——提供保证和情感支持** 专业照护人员应表现真诚、温柔、温暖、体贴的态度,鼓励患者主动表达自己的情感并真诚地理解接受患者的情感。同时,对患者及家属进行情感支持。尽力帮助患者维持求生意志,对患者表达"我会和您一起努力的"的保证。

(三)注意事项

1. 选择恰当的沟通时机,安宁疗护中沟通的主题一般比较敏感,需要待患者病情稳定或症状得到基本控制时进行沟通。

2. 告知时建议家属一同在场,措辞方面需婉转、谨慎,对患者或家属提问表示鼓励,要给患者及家属提供情绪上的支持,尽可能提供患者想要了解的信息,包括以后的治疗方案、患者日常生活可能会因为疾病而带来的影响、患者或家属的忧虑等。

三、ABCDE 模式

(一)概念

ABCDE 沟通模式最先由美国学者 Rabow 等基于专家咨询提出,Vandekieft 进行改编以帮助临床专业照护人员进行坏消息的告知。ABCDE 模式为坏消息的告知提供了一个简明、强有力的框架,整个过程持续时间至少为15~30分钟,共包含五个阶段,每个字母代表一个阶段。

(二)操作流程

1. **A(advance preparation)——预先准备** 这一阶段包括时间的准备、场地的准备、讲述内容的准备、讲述方式的准备以及情绪应对的准备。专业照护人员需要阅读患者的病历资料,准备好交谈内容,包括预后和可选择的治疗措施。同时,要安排一个合适的时间与舒适、私人的地点进行交谈。

2. B(build a therapeutic environment/relationship)——建立一个良好的治疗环境/关系 在这一阶段,专业照护人员需要进行自我介绍,了解家属的身份和与患者的关系,并对即将告知的坏消息给予暗示,让患者和家属有心理准备。同时,通过非语言沟通(如目光、语气语调、停顿、表情、抚触等)建立医患间的良好关系。

3. C(communicate well)——做好交流 专业照护人员需要配合患者或家属的沟通风格,了解他们已经知道了什么,最想知道什么,并用真诚富有同理心的态度进行告知。避免使用过度委婉的说法和专业医学术语,尽量用患者能够理解的语言表达。

4. D(deal with patient and family reactions)——应对患者和家属的反应 专业照护人员需要评估并监测患者的情感状况,认同患者的情感,理解他们的处境,并给予安静的陪伴和适时的安抚。

5. E(encourage and validate emotions)——鼓励并认可患者的情感 专业照护人员应鼓励患者释放自己的情感,并进一步了解坏消息对于患者和家属来说意味着什么。同时,给予患者希望,介绍一些成功的经验与案例,并与其讨论可选择的治疗方案。探寻患者的情感和精神需要,了解他们现在能够得到的支持以及后续可提供的支持。

(三)注意事项

1. 考虑个体差异 在应用ABCDE沟通模式时,需要考虑到患者/家属的文化背景、认知水平、个性特征、家庭情况等多种因素。不同的患者和家属对于坏消息的反应和接受程度是不同的,因此需要根据具体情况进行灵活调整。

2. 综合运用 ABCDE沟通模式只是提供了一个基本的框架,在实际应用中需要结合当时的具体情景进行综合运用。不可生搬硬套,而是要根据患者的反应和需要进行适当的调整和补充。

3. 保持尊重和理解 在沟通过程中,专业照护人员需要始终保持对患者的尊重和理解。无论患者的反应如何,都要以同理心去倾听和回应,避免使用不当的语言或行为伤害患者的感情。

4. 提供希望和支持 在告知坏消息的同时,专业照护人员需要向患者提供希望和支持。即使疾病无法治愈,也要让患者感受到专业照护人员的关心和支持,帮助他们积极面对困境,寻找可行的治疗方案和应对策略。

四、家庭会议

(一)概念

家庭会议由医疗团队主导,家庭成员共同参与,交流生命末期患者的病情信息,通过协商明确下一步照护计划,了解患者及家属需求和偏好,处理身体、心理、社会问题的过程。家庭会议是安宁疗护的必要和常规实践,组织家庭会议是安宁疗护专业人员的必备技能。

(二)操作流程

1. 操作前准备 ①向患者及家属介绍家庭会议,征得其同意方可召开。②可通过家系图的方式,了解家庭成员的基本信息;并通过提前访谈的方式,了解家庭会议召开时参加人员及主要需求和议题。③依据会议目的及患者意愿确定患者是否参会,患者或患者的代理人决定参会人员,可以是患者的亲密朋友、照护人员或其他重要人员。④与患者和家属建立信任关系,明确会议目的。⑤召开会前碰面会议,确保不同专业背景人员向家庭成员传达一致信息,有助于跨专业团队制定更合理治疗方案。碰面会期间,分配不同专业人员解答各自专业领域的问题,确保每一个参会的多学科团队成员发挥各自专长。

2. 正式召开家庭会议 ①主持人说明会议目的和流程,参会人员自我介绍。②围绕"病情沟通"议题展开讨论,鼓励患者或家属从回顾患者病程开始,简要介绍诊疗过程及现在病情特征,引导家属了解患者的疾病诊断、状态和预后,确认所有参会的家属了解患者的疾病信息,接纳参会患者和家属的情绪反应。③围绕"制定照护目标"议题展开讨论,在了解病情的基础上,讨论患者的治疗方案和照护策略；鼓励患者表达其照护偏好，了解家属需要的照护支持等。④引导家属沟通后事处理以及如何提升患者的生命意义感等。⑤主持人总结会议内容，明确达成的共识。

3. 记录 记录会议过程，会议内容可提供给患者及家属或相关专业照护人员查看。三天内随访会议决策执行情况，并评估是否需要召开下次会议。

4. 评价 评价家庭会议目的是否达成；通过家庭会议是否明确下一步照护计划；会后是否随访会议决策执行情况。

（三）注意事项

1. 主持人的角色定位 主持人是会议流程的引导者、会议内容的整合者，不是医疗决策的代理人。

2. 安全和支持性氛围的创建和维护 选择安静、无人打扰、隔音效果好的环境，家庭会议召开过程中减少人员走动。专业人员和家庭成员可以间隔就座。

3. 敏锐观察服务对象的变化 会议过程中要随时观察患者的生命体征和情绪反应；如果出现病情变化或强烈的情绪反应，应及时处理，必要时终止会议。

五、预立医疗照护计划

（一）概念

预立医疗照护计划（advance care planning，ACP）是指支持任何年龄或健康阶段的成年人理解和分享个人价值观、生活目标及对未来疗护偏好的过程。ACP在肿瘤科、老年慢性病相关科应用较多。将生前预嘱的内容融入预立医疗照护计划中，可以确保个人的医疗护理意愿得到更全面、细致地体现。实施ACP能尽早了解老年安宁疗护患者的治疗意愿，协助其做好临终安排，解决临床决策困境，提高患者生活质量，保障医疗安全。

（二）操作流程

1. 主要内容 老年安宁疗护患者ACP实施的主要内容包括评估患者和家属的讨论意愿；讨论首选代理决策者；了解患者对自身健康状况的掌握程度和信息需求，了解患者的价值观、目标、优先事项、希望、恐惧以及担忧；告知其他相关治疗方案；了解患者对终末期医疗照顾的期望，记录患者意愿，就医疗决策达成共识，签署生前预嘱相关文件等，生前预嘱中的意愿可以作为预立医疗照护计划初期讨论的重要参考。

2. ACP沟通模型 目前常见的ACP干预模式主要有结构化干预模式、辅助决策模式和以家庭为中心的干预模式。国内学者通过循证的方法构建本土化ACP沟通模型"VIP for future"，该模型包括三个部分："V"是video的简称，为照护人员自行录制的视频，介绍三种临终治疗意愿和ACP相关知识；"I"是illness experience的简称，为患病经历访谈；"P"是preference的简称，为临终治疗意愿访谈。

3. 辅助工具 实施ACP过程中可采用视频、手册和卡牌游戏等决策辅助工具，以便更好引入ACP，帮助患者作出审慎且符合自身偏好的选择。

4. 家庭支持 针对家属对ACP的了解程度和态度，专业照护人员给予必要的信息支持，比如疾病发展与预后，促进家属和患者的信息交流，在交流过程中，可以提及生前预嘱的具体内容，以便家人更好地了解患者的医疗护理意愿，提高家属对患者ACP意愿的理解和支持。专业照护人员始终以诚实守信的态度与患者进行沟通，可以有所保留信息，但绝不能欺骗患者。

5. 评价 根据患者个人意愿决定是否将沟通结果形成ACP相关文书，并且定期审查患者及家属关于ACP的决定，保证ACP是一个连续的过程。实施者需要对生前预嘱中提及的医疗服务、生命支持系统等使用的意愿进行定期更新和确认，以确保在疾病进展过程中，老年安宁疗护患者的医疗护理意愿能够得到及时地调整。评价的内容包括患者的知情权和医疗自主权是否得到尊重、患者的满意度、情绪变化及行为改变等。

（三）注意事项

1. 应在患者意识清楚，具有完全行为能力和自愿的情况下进行，是否参与预立医疗照护计划，何时参与预立医疗照护计划，与何人讨论预立医疗照护计划等由患者自主决定。

2. 参与预立医疗照护计划讨论后，无论患者作出何种决策，是否更改以往达成的决定，完全由患者根据自身的意愿和偏好决定，实施者应尊重患者自主决策权。

3. 预立医疗照护计划是一个动态持续的过程，可根据患者健康状况或价值观的改变动态更新。

4. 在讨论之前，实施者应提前对讨论对象进行全面评估。

5. 在实施过程中患者有任何不适，应及时中断或停止预立医疗照护计划讨论，避免对患者造成伤害或者不适。

6. 实施 ACP 时，根据患者实际情况、意愿和偏好，掌握好沟通时间与节奏，必要时多次沟通，提高沟通有效性。

（谌永毅）

 思考题

1. SPIKES 模式的基本内容有哪些？

2. 家庭会议的实施流程有哪些？

3. 如何在安宁疗护中有效运用沟通技术？

4. 专业照护人员之间的沟通特点有哪些？

5. 非专业照护人员与患者之间的沟通注意事项有哪些？

第五章
老年安宁疗护患者症状管理

第一节 疼 痛

案 例

王先生，75岁，肺癌Ⅳ期，伴高血压、糖尿病，已入住医养结合机构6个多月。半个月前出现左侧肩关节持续性酸痛，全身骨扫描检查提示左侧肩关节有转移灶。遵医嘱给予盐酸羟考酮缓释片10mg口服，每12小时一次，但疼痛控制不佳，夜间睡眠受到严重影响。现逐渐加量至90mg口服，每12小时一次，目前数字疼痛评分（NRS）为1~2分，夜间能保证6~7小时的睡眠。王先生主诉服用盐酸羟考酮缓释片后出现严重头晕和大便困难，持续3天。

请问：
1. 阿片类药物的用药指导要点有哪些？
2. 该患者疼痛的主要照护措施有哪些？

一、概念

（一）定义

2020年国际疼痛研究学会（International Association for the Study of Pain，IASP）对疼痛的定义是：疼痛是一种与实际或潜在的组织损伤相关的不愉快的感觉和情绪情感体验，或与此相似的经历。

（二）原因

1. 老年慢性退行性病变引起的疼痛 老年人疼痛多由关节炎、筋膜炎、骨关节炎、痛风等不可治愈的慢性病引起，多病共存；老年终末期患者长期卧床出现便秘、继发肌肉痉挛性瘫痪也会引起疼痛。

2. 肿瘤及抗肿瘤治疗引起的疼痛 直接由肿瘤（包括转移）引起的疼痛，大多为难治性疼痛。抗肿瘤治疗引起的疼痛，如放疗后、化疗后等引起局部组织炎症、水肿、损伤等压迫或牵拉神经和疼痛敏感组织产生疼痛。

3. 心理因素引起的疼痛 老年终末期患者对生理功能的日益衰退和丧失产生的自卑感、因经济负担增加和社会交际日渐减少产生的愧疚与孤独感、对疾病恢复失去信心、对死亡感到恐惧和不安的绝望感等，这些心理因素均可加剧患者疼痛的程度。

（三）分类

1. 按病理生理学机制 分为伤害感受性疼痛与神经病理性疼痛。

（1）伤害感受性疼痛：因有害刺激作用于躯体或脏器组织，使该结构受损而导致的疼痛。

（2）神经病理性疼痛：由于外周神经或中枢神经受损，痛觉传递神经纤维或疼痛中枢产生异常神经冲动所致。

2. 按疼痛持续时间 分为急性疼痛和慢性疼痛。

通常以 1 个月或 3 个月作为分界线，持续时间小于 1 个月的被称为急性疼痛，持续时间超过 3 个月的称为慢性疼痛，介于 1～3 个月之间的被称为亚急性疼痛。

二、临床表现

（一）全身表现

急性疼痛主要导致交感神经兴奋，引起心率、呼吸和血压的上升，面色苍白，出汗，烦躁不安和尿潴留。慢性疼痛主要导致老年人食欲缺乏，乏力，体力活动和社交活动减少。终末期患者受到疼痛的长期刺激，会出现坐卧不安的现象。剧烈的爆发痛使得患者伴有不同程度的焦虑、恐惧等情绪，慢性疼痛患者则常伴有低落、沮丧等感觉。老年人更倾向于使用"酸痛""不适"等较为含蓄的词汇来描述疼痛，而非直接表达"疼痛"。

（二）局部表现

最常见的老年持续性疼痛为肌肉骨骼疼痛和周围神经性疼痛。肌肉骨骼疼痛（包括背部、肩膀、颈部、髋关节或膝关节疼痛）常由关节炎等引起，常常表现为局部皮肤红肿、热感、活动受限。周围神经病理性疼痛通常表现为相应的神经支配区域自发性疼痛、痛觉超敏、痛觉过敏、感觉异常及肌肉痉挛、僵硬和无力。

📖 **知识拓展**

难治性癌痛

诊断难治性癌痛需要根据《难治性癌痛专家共识》（2017 年版）的要求，即需同时满足以下两条标准：

1. 持续性疼痛数字化评分≥4 分和 / 或爆发痛次数≥3 次 /d。

2. 遵循相关癌痛治疗指南，单独使用阿片类药物和 / 或联合辅助镇痛药治疗 1～2 周患者疼痛缓解但仍不满意和 / 或出现不可耐受不良反应。

癌性神经病理性疼痛应考虑联合使用辅助镇痛药，以阿片类药物为基础，辅助镇痛药以抗惊厥药物和 / 或抗抑郁药物为首选，必要时可增加非甾体类药物或类固醇激素。对于有明确诱因的爆发痛，若病因能去除则以病因治疗为主。对于难以去除病因的诱发性疼痛和自发性疼痛则可在适当提高基础镇痛药用量的基础上，处方救援镇痛药处理爆发痛。

三、治疗原则

（一）病因治疗

对于老年人的疼痛治疗，可针对不同病因实施相应治疗，如针对癌痛可进行手术治疗、放射治疗、化学治疗、分子靶向治疗、免疫治疗及中医药治疗；针对痛风可进行免疫治疗；针对颈椎退行性病变可进行手术治疗和中医理疗；针对肌筋膜疼痛可进行手法治疗和针灸治疗。

（二）非药物治疗

1. 物理疗法 按摩、冷/热敷、经皮神经电刺激、针灸等。

2. 认知心理疗法 想象、催眠、音乐、放松、积极应对训练及行为激活等。

3. 介入治疗 神经阻滞是目前治疗老年人疼痛的重要手段；射频治疗用于治疗老年患者三叉神经痛、慢性腰背痛等；脊髓电刺激可治疗复杂的神经病理性疼痛、幻肢痛等。

（三）药物治疗

1. 非甾体类药物 非甾体抗炎药（NSAID），包括布洛芬、塞来昔布、对乙酰氨基酚等。对于老年人慢性轻中度肌肉、骨骼疼痛，首选对乙酰氨基酚，伤害性疼痛加重期可短时间小剂量使用。根据胃肠道和心血管疾病风险选择药物治疗轻度疼痛或联合阿片类药物治疗中重度疼痛。在老年人服用这些药物时，需要定时监测血常规。

2. 阿片类药物 不推荐长期使用阿片类药物治疗老年人非癌性疼痛，如需使用阿片类药物，应采用最低有效剂量并动态评估用药效果及不良反应。老年人中、重度癌痛治疗首选阿片类药物，常用于癌痛治疗的短效阿片类药物包括吗啡即释片；长效阿片类药物包括吗啡缓释片、羟考酮缓释片及芬太尼透皮贴剂等。

（1）剂量滴定：包括短效制剂和长效制剂剂量滴定两种方法。剂量滴定时应注意区分患者对阿片类药品是否耐受。对于阿片类药品未耐受的患者，吗啡静脉给药的初始剂量为 2～5mg，口服短效吗啡制剂剂量为 5～15mg。然而对于吗啡耐受患者，剂量要增加至过去 24 小时吗啡药物总量的 10%～20%。静脉给药 15 分钟内再次评估，口服给药 60 分钟内再次评估。如果疼痛未改变或加剧，建议将剂量增加 50%～100%。对于疼痛减弱但未消失的患者，重复给予相同剂量。对于疼痛控制良好的患者，在最初的 24 小时内使用相同有效剂量。

（2）维持治疗：在维持治疗过程中一般使用缓释阿片类药物的短效剂型进行解救治疗，解救治疗的剂量为日剂量的 10%～20%。每日短效阿片解救用药次数≥3 次时，应当考虑将前 24 小时解救用药换算成长效阿片类药并且按时给药。

（3）减量停药：采用逐渐减量法，每天按照阿片药物总剂量的 10%～25% 减少，直至每天剂量相当于 30mg 口服吗啡的药量，继续服用 2 天后即可停药。

（4）剂量换算：可参照阿片类药物剂量换算表，见表 5-1。在出现以下情况时，需要考虑转换阿片类药物或改变给药途径：疼痛得到控制，但患者出现无法耐受的不良反应；增加剂量后未能达到满意的镇痛效果，但不良反应增加。更换阿片类药时，需要观察病情，个体化滴定用药剂量。

（5）药物联用：不推荐阿片类药物联用，两种以上阿片类药物联用对于患有晚期癌症合并心力衰竭、肥胖及严重哮喘等疾病的患者，可能会增加不良反应发生的风险；对于居家的癌痛患者，两种阿片类药物可能会带来剂量调整困难和不良反应来源难以判断的问题（表 5-1）。

3. 辅助镇痛药 用于治疗神经病理性疼痛、骨痛、内脏痛。常用的辅助药物包括抗惊厥类药物（加巴喷丁、普瑞巴林）、抗抑郁类药物、糖皮质激素、双膦酸盐、局部麻醉药等，也可和阿片类药物联合使用，增加中重度癌痛控制效果。

4. 三阶梯用药原则 目前许多国家已经将三阶梯镇痛疗法简化为二阶梯疗法，即跳过第二阶梯，直接从第一阶梯进入第三阶梯。癌性疼痛治疗不再强调严格遵循三阶梯原则逐步升级给药，以避免治疗延误。

表5-1 阿片类药物剂量换算表

药物	非胃肠给药	口服	等效剂量
吗啡	10mg	30mg	非胃肠道:口服 = 1:3
可待因	130mg	200mg	非胃肠道:口服 = 1:1.2 吗啡(口服):可待因(口服) = 1:6.5
羟考酮	—	10mg	吗啡(口服):羟考酮(口服) = (1.5~2):1
芬太尼透皮贴剂	25μg(透皮吸收)	—	每72h剂量 = 1/2×吗啡剂量(口服,mg/d)
氢吗啡酮	1.5mg	7.5mg	非胃肠道:口服 = 6.67:1 吗啡(口服):氢吗啡酮(口服) = 4:1

（1）轻度疼痛：推荐使用非甾体抗炎药（NSAID），若存在使用非甾体抗炎药的禁忌证，则可考虑使用低剂量的强效阿片类药物。

（2）中度疼痛：起始治疗即可使用低剂量的强效阿片类药物，可配合或不配合非阿片类药物。

（3）重度疼痛：应立即使用强效阿片类药物，同样可配合或不配合非阿片类药物。

四、照护措施

（一）非药物治疗照护

恰当应用非药物疗法可以起到较好的辅助镇痛效果，有些方法简单易行，可指导患者家属自己实施，有些方法需要医务人员引导开展。无论哪一种均需在实施前做好评估和宣教。实施后应及时记录，以便为下次治疗提供依据。

1. 舒适环境照护 提供环境舒适、社会舒适照护，如为老年疼痛患者提供舒适、温馨、整洁的居室环境。

2. 舒适体位照护 因疼痛可能导致活动受限，协助其采取最舒适体位，并预先为其准备好触手可及的物品。

3. 物理疗法照护

（1）按摩：止痛，在腰、背及脚部进行缓慢、稳定的环形按摩。

（2）冷敷：使用毛巾包裹冰囊袋或冰水袋，进行局部冷敷，注意局部反应，以皮肤感觉凉且无不适为宜，切不可发生冻伤。

（3）热敷：用热水袋放在湿毛巾上做局部热敷，老年人热水袋温度不超过50℃，注意观察热敷部位皮肤情况，避免长时间热敷造成低温烫伤，每次热敷时间不宜超过20分钟。

4. 中医技术 包括针灸、推拿等，主要以缓解身体疼痛的生理舒适、减轻心理压力带来的心理不适为核心，最大限度降低不愉快的程度。

5. 心理支持

（1）转移注意力：能够分散患者注意力的事情都可以用来止痛。比如听音乐、看电视、唱歌等。还可以让患者坐在舒适的椅子上，闭上双眼，回想自己童年有趣的事。

（2）放松疗法：闭上双眼，做叹气、打哈欠等动作，随后屈髋屈膝平卧、放松腹肌、背肌、缓慢作腹式呼吸；或者让患者在幽静环境里闭目进行深而慢的吸气与呼气，使清新空气进入肺部。

（3）沟通疏导：通过缓解老人的情绪来缓解患者的疼痛，要尽量在交流中让老人感受到关怀，树立缓解疼痛的信心。同时做好家属的工作，让家属传递积极情绪，从而改善老人的心情。

（二）药物治疗照护

1. 阿片类药物 阿片类药物的不良反应主要包括便秘、恶心、呕吐、嗜睡、瘙痒、头晕、尿潴留、谵妄、认知障碍、呼吸抑制等。初用阿片类药物的数天内，可考虑同时使用镇吐药预防恶心、呕吐。

便秘症状通常会持续发生于阿片类药物止痛治疗全过程,可同时使用缓泻剂防治便秘。

2. 非甾体抗炎药 最常见的不良反应为消化道溃疡、血小板功能障碍、肝、肾功能损伤等,需要密切观察患者皮肤、黏膜、大小便等情况。

3. 辅助镇痛药 此类药物种类较多且在用药选择、剂量及持续用药时间方面缺乏统一标准。联合用药时注意药物不良反应的防治及照护。

(三)健康教育

1. 饮食指导 提倡老年患者进食清淡、高蛋白、低脂、无刺激的易消化食物,少量多餐;保持大便通畅;保持心情愉悦;减少诱发疼痛的危险因素。

2. 活动指导 适当活动对于改善老年人全身状况、缓解慢性疼痛有明显效果。适宜的运动锻炼可以增强其肌肉力量,减少骨量丢失,提高生活质量。

3. 用药指导 根据药物性质,做好用药指导。如口服缓释药物整片吞服,不能掰开、碾碎服用。阿片类药物使用需定时定量,做好药物镇痛效果观察,及时协助医生调整药量。当疼痛得到有效缓解,连续 3 天基础疼痛强度小于 3 分时,可视为疼痛已得到有效控制;对于阿片类药物,要做好药物保存工作,剩余药品和用过的废药等应交还医疗机构。

4. 自我监测 医护人员应帮助老年人改变对阿片类药物成瘾性的错误认知,使其认识到规范用药的重要性。指导或帮助老年人做好疼痛日记的记录。疼痛日记主要记录使用的药物、疼痛控制方法、疼痛的感觉及部位、导致疼痛加重的因素、疼痛缓解的办法、疼痛对日常活动的影响、药物的不良反应等。记录频次可根据疼痛控制效果进行调整,为个体化疼痛管理提供可靠信息和依据。

第二节 呼 吸 困 难

案 例

王先生,72 岁,有长期吸烟史,确诊为慢性阻塞性肺疾病多年。最近几周,他感到呼吸困难的症状明显加重,尤其是在进行日常活动时。王先生的家人注意到他经常需要停下来喘气,晚上也常常因为呼吸困难而醒来。

请问:

1. 该患者属于哪个类型的呼吸困难?
2. 哪些非药物治疗方法可以缓解该患者的呼吸困难?

一、概念

(一)定义

呼吸困难(dyspnea)是指患者主观上感觉空气不足、呼吸费力,客观上表现为呼吸运动用力。严重时可出现张口呼吸、鼻翼扇动、端坐呼吸,甚至发绀、呼吸辅助肌参与呼吸运动,并且可有呼吸频率、深度、节律的改变。呼吸困难易引发患者的痛苦、恐惧、焦虑情绪,严重影响患者的生活质量。

(二)病因

1. 呼吸系统疾病 如慢性阻塞性肺疾病、肺炎、肺栓塞、肺气肿、肺纤维化、急性呼吸窘迫综合征、肺水肿、肺结核等。

2. 循环系统疾病 由心脏疾病引起,如心力衰竭、心肌梗死、心脏压塞、缩窄性心包炎、先天性心脏病等。

3. 其他疾病 中毒性疾病、神经精神性疾病、血源性疾病等。

二、临床表现

（一）肺源性呼吸困难

1. 吸气性呼吸困难 主要表现为吸气显著费力，严重者吸气时可见三凹征，表现为胸骨上窝、锁骨上窝和肋间隙明显凹陷，此时亦可伴有干咳及高调吸气性喉鸣。三凹征的出现主要是由于呼吸肌极度用力，胸腔负压增加所致。

2. 呼气性呼吸困难 主要表现为呼气费力、呼气缓慢、呼吸时间明显延长，常伴有呼气期哮鸣音。主要是由于肺泡弹性减弱和／或小支气管的痉挛或炎症所致。

3. 混合性呼吸困难 主要表现为吸气及呼气均感费力，呼吸频率增快、深度变浅，可伴有呼吸音异常或病理性呼吸音。

（二）心源性呼吸困难

心源性呼吸困难主要表现为活动后气促，夜间阵发性呼吸困难，端坐呼吸，面色发绀，大汗，可能伴有哮鸣音和咳粉红色泡沫样痰。

（三）中毒性呼吸困难

中毒性呼吸困难主要表现为呼吸急促、心跳加快、呼吸困难，可能伴有恶心、呕吐、腹泻等胃肠道症状，以及头痛、嗜睡、意识障碍等神经系统症状。严重时可导致心律失常、心力衰竭，甚至昏迷。

（四）神经精神性呼吸困难

1. 神经性呼吸困难 常表现为呼吸变为慢而深，并常伴有呼吸节律的改变，如双吸气（抽泣样呼吸）、呼吸抑制（吸气突然停止）等。

2. 精神性呼吸困难 常见于焦虑症、癔症患者，患者可突然发生呼吸困难。主要表现为呼吸频率快而浅，伴有叹息样呼吸或出现手足搐搦。

（五）血源性呼吸困难

血源性呼吸困难主要表现为呼吸急促、心率加快，可能伴有皮肤苍白。严重时可有端坐呼吸、发绀。

（六）终末期患者呼吸困难的特点

1. 呼吸困难不可逆 肺部充血、水肿导致呼吸困难，患者吸气集中，呼气不充分，呼吸无法改善。

2. 呼吸型态改变 咽喉部肌肉松弛，呼吸道肌张力降低，缺氧导致鼻翼扇动、打哈欠和张口呼吸。

3. 呼吸节律改变 二氧化碳浓度升高，刺激呼吸肌运动，导致呼吸加深加快，出现潮式呼吸。

4. 死前喉音 又称为濒死喉鸣声，是由于终末期患者濒死时脑干生命中枢受到抑制，引起吞咽和咳嗽反射减弱，分泌物淤积，空气流过口咽的分泌物会产生像痰鸣音一样的嘈杂声。

5. 负性情绪影响 呼吸困难与心理因素相互作用，负性情绪加重呼吸困难，形成恶性循环。

三、治疗原则

（一）病因治疗

病因治疗主要为可逆性病因的治疗。如因肿瘤引起的气道狭窄可进行局部姑息性放、化疗；肺间质改变者可使用糖皮质激素治疗；胸腔积液／心包积液者可行胸腔穿刺引流；心力衰竭者可使用利尿药、强心剂；肺部感染者可进行抗感染治疗等。

（二）非药物治疗

1. 气流干预 气流干预通过刺激三叉神经可降低化学反射对过度呼吸的敏感度，从而缓解呼吸困难感受。如风扇疗法，简单易行且成本较低，已成为治疗呼吸困难者的一线非药物干预措施。

2. 氧疗 应根据患者的具体病情、氧合状态、呼吸功能和治疗目标决定氧疗的具体方案。在实施氧疗时，需要密切监测患者的血氧饱和度和临床反应，以确保氧疗的安全性和有效性。

（1）标准氧疗：对于静息时出现呼吸困难和低氧血症（即 $SpO_2 < 90\%$）的患者，建议通过鼻导管方式提供标准氧疗（2～6L/min）；对于因活动而出现低氧血症的患者，则需在活动前或活动期间进行氧疗。

（2）高流量氧疗：能进一步打开上呼吸道无效腔，刺激三叉神经，增加气道正压，减少患者呼吸做功。

3. 中医技术 可通过针灸、穴位按摩、药物敷贴和耳穴压豆等方法，调和气血、疏通经络、平衡阴阳，以增强老年患者的肺功能和自我恢复力。

4. 其他治疗 放松治疗、呼吸技巧训练、音乐疗法、芳香疗法均可以用于改善其呼吸困难。

5. 呼吸训练 呼吸训练是呼吸康复的重要组成部分，旨在改善患者的呼吸模式、增强呼吸肌力、提高运动耐力和生活质量。呼吸训练主要包括腹式/膈肌呼吸、缩唇呼吸训练。

（1）腹式呼吸训练方法：患者取仰卧或舒适的坐姿，也可以选择站位，让身体处于放松状态。右手放在腹部肚脐处，左手放在胸部，也可将双手放在腹部肚脐处。吸气时，最大限度地向外扩张腹部。呼气时，最大限度地向内收缩腹部，可配合缩唇呼吸一起锻炼。

（2）缩唇呼吸训练方法：可选择仰卧位、坐位或站位进行训练。以坐位为例，坐直，保持舒适。使用鼻子吸气，尽量深长而缓慢。呼气时嘴唇缩成鱼嘴状或吹口哨状，慢慢呼气。呼气时间尽量保持在 8 秒以上。吸气和呼气的比例在 1:2 或 1:3，建议每天训练 2～4 次，每次训练 10～20 分钟。缩唇程度与呼气流量自行选择调整，以距口唇 15～20cm 处同水平的蜡烛火焰随气流倾斜又不致熄灭为宜。

（三）药物治疗

1. 阿片类药物 常规口服小剂量吗啡是治疗终末期慢性呼吸困难的一线药物。阿片类药物过量可引起呼吸中枢抑制，给药原则为低剂量开始，缓慢进行。

2. 苯二氮䓬类药物 苯二氮䓬类药物可以减轻呼吸困难带来的不适感，但该类药物有松弛肌肉的作用，有加重呼吸困难的潜在影响。

3. 支气管扩张剂 β_2 受体激动药如沙丁胺醇、沙美特罗等通过激动支气管平滑肌的 β_2 受体；抗胆碱能药物如异丙托溴铵等通过抑制腺体分泌和扩张支气管，这两类药物均通过吸入治疗达到控制呼吸困难症状的目的。

4. 糖皮质激素 糖皮质激素类药物具有抗炎作用，可治疗由癌性淋巴管浸润、放射性肺炎、上腔静脉阻塞综合征等引起的呼吸困难。

📖 **知识拓展**

风扇疗法

针对终末期患者使用风扇疗法，主要目的是给接受药物和氧气治疗后，仍存在呼吸困难的患者提供一种替代疗法，用以缓解该类患者呼吸困难症状。由于风扇疗法主要通过空气流对面部三叉神经的影响发挥作用，在临床应用时，当患者呼吸困难发作时需将风扇吹向患者面部，作用时长 5 分钟即可起效；风扇的距离和风速并不影响干预效果，风扇放置的距离多以 15～30cm 的舒适距离为宜，风速大小可根据患者个人舒适度进行调整。此外，风扇的使用并不影响患者本身的治疗，可在氧疗和药物干预的同时辅助使用风扇，也可根据患者情况单独使用风扇。

四、照护措施

（一）非药物治疗照护

1. 病情观察 密切监测其呼吸频率、节律和深度，分辨呼吸困难的类型，并观察是否有胸痛或发绀等伴随症状。

2. 环境照护　提供安静、舒适、洁净、温度与湿度适宜的环境，每天进行开窗通风，对有哮喘的患者，病房内应避免任何可能的变应原，如花粉、尘螨等。医护人员出入病房放慢脚步，动作轻柔，将日常用品放置于患者触手可及的地方。

3. 体位照护　协助患者取舒适卧位，如胸腔积液、心包积液、慢性心肺疾病的患者需抬高床头，取半卧位或端坐位，提供枕头或床边桌椅等作为支撑物。去除过厚盖被及紧身衣服，增加舒适感。

4. 呼吸道管理　密切观察患者呼吸频率改变、节律改变、深浅度改变等，对于濒死期患者常出现浅表不规则呼吸，有时呈叹息样。定期帮助患者清除气道分泌物，防止因分泌物过多导致的误吸，在必要时，可采用吸痰技术。

5. 心理支持　呼吸困难可能引发焦虑、恐惧、抑郁等心理反应，医务人员应及时识别患者呼吸困难症状，与患者建立良好的沟通和信任关系，让他们感受到被理解和支持，向患者和家属提供关于呼吸困难原因、治疗和预后的准确信息，帮助他们更好地理解病情，教会患者深呼吸、冥想、渐进性肌肉放松等技巧，帮助他们放松和减轻呼吸困难。

（二）药物治疗照护

根据患者的具体病情，选择可能需要使用的支气管舒张剂、抗菌药物、呼吸兴奋药等，使用过程中需关注呼吸抑制、血压下降和胃肠蠕动减弱等不良反应，及时发现并处理。在老年人、既往患有睡眠呼吸暂停和有肺部基础疾病的患者中尤为明显。一旦发生呼吸抑制等紧急情况，应立即辅助通气，必要时应用纳洛酮等拮抗药物。

（三）健康教育

1. 饮食指导　指导患者进食高营养、高蛋白、清淡易消化的饮食，少食多餐，避免便秘。根据营养支持方式做好口腔护理。

2. 活动指导　活动前应评估患者活动耐受性、心理反应和用药情况。监测患者的呼吸频率、节律、深浅度，以及血氧饱和度。告知患者呼吸困难的常见诱因，指导患者识别并尽量避免，制订个性化的活动计划，循序渐进地增加活动量和改变运动方式。

3. 睡眠指导　建议采取侧卧睡姿，避免仰卧或俯卧，以减轻对呼吸道的压力，帮助保持呼吸道畅通。注意改善睡眠环境，确保空气流通和舒适的温度，避免因空气不流通或被子过厚导致呼吸不畅。同时，要保持卧室安静，减少外界干扰，提高睡眠质量。

4. 自我监测　在日常生活中，应留意自身是否有咳嗽、咳痰、胸痛、发热等症状，并关注这些症状是否随时间逐渐加重，若出现加重情况，应及时就医。同时，注意记录活动耐力的变化，如走路或爬楼梯的能力是否比平时下降，活动后是否容易出现气短、乏力等症状。如果活动耐力较平时明显下降，这可能是呼吸困难加重的表现，需要引起重视并及时就医。

第三节　腹　　胀

案　例

李先生，68岁，患慢性乙型肝炎20余年，确诊肝硬化5年，近期出现腹水，入住医养结合机构安宁疗护。最近1周出现腹部持续性腹胀。目前正在接受利尿药治疗，但腹胀症状未见明显改善。现患者主诉腹部胀痛，食欲缺乏，已影响日常生活和情绪状态。

请问：

1. 引起该患者腹胀的原因是什么？

2. 针对该患者腹胀的情况，我们要如何加强照护？

一、概念

(一) 定义

腹胀(abdominal distension)是指各种原因导致的腹内压增加,可表现为胃肠胀气、肠鸣音亢进,伴或不伴腹围增大。既是一个症状,又是一个体征。可能是消化系统本身的疾病,也可能是全身性疾病在胃肠道的表现之一。

(二) 原因

1. 疾病因素

(1) 消化系统疾病:胃食管反流病、胃溃疡、肠易激综合征、炎症性肠病、便秘、腹水、肠梗阻、腹腔内肿块等。

(2) 其他系统疾病:如糖尿病、甲状腺功能减退、充血性心力衰竭等。

2. 非疾病因素

(1) 饮食习惯:进食过快,快速进食可能导致吞咽过多空气;进食高脂肪食物难以消化;进食不易消化的食物如豆类、洋葱、卷心菜等。

(2) 生活方式:缺乏运动,身体活动不足可能导致肠道蠕动减缓。

(3) 药物:如非甾体抗炎药、抗酸药、抗组胺药、某些抗凝血药等。

(三) 分类

1. 按照病因分类,可分为功能性腹胀和器质性腹胀。

(1) 功能性腹胀:非器官性疾病,如胃肠动力障碍、食物不耐受等。

(2) 器质性腹胀:由器官性疾病引起,如胃肠道疾病(胃炎、胃溃疡、肠梗阻)、肝胆疾病(肝炎、肝硬化)、胰腺疾病(胰腺炎)、心血管疾病(心力衰竭)、肿瘤等。

2. 按腹胀的部位分类,可分为上腹部腹胀和下腹部腹胀。

(1) 上腹部腹胀:可能与多种因素有关,包括但不限于消化系统疾病、泌尿系统疾病、妇科疾病等。

(2) 下腹部腹胀:可能与多种因素有关,包括但不限于消化不良、胃肠胀气、肠道排空减慢、腹水、肿瘤等。如果腹胀伴随有其他症状,如剧烈腹痛、呕吐、发热等,应及时就医。

二、临床表现

(一) 主观感受

腹部局部或全腹部有胀满感,但检查可能无明显异常。患者可能感到腹部有气体或液体积聚,导致不适。

(二) 伴随症状

1. 恶心、呕吐 特别是在进食后,可能与胃肠道胀气、急性胃扩张、幽门梗阻、肠梗阻等有关。

2. 反酸、胃灼热 可能与胃酸过多或胃动力异常有关。

3. 腹痛 可能与急性肠梗阻、急性胃扩张、肝豆状核变性、缩窄性心包炎、肝硬化失代偿期等疾病有关。

4. 腰背部牵扯不适 可能与内脏下垂、腹压升高有关。

5. 便意、排气增多 可能与肠道蠕动增加、消化不良等有关。

三、治疗原则

(一) 病因治疗

去除病因,明确诱发腹胀的因素,给予对症处理,如便秘患者可以使用缓泻剂刺激肠道蠕动,促进排便,从而减轻腹胀。常用的缓泻剂包括渗透性泻药、刺激性泻药和润滑性泻药,选择时应考虑患者的具体情况和药物的副作用;肠梗阻患者应综合考虑患者的梗阻位置、原因,选择合适的治疗方案。

（二）非药物治疗

1. 腹水引流 患者有大量腹水时可行腹腔穿刺引流。穿刺前应说明注意事项，排空膀胱以免误伤；穿刺中及术后监测生命体征，观察有无不良反应；术后用无菌敷料覆盖穿刺部位，若有渗液要及时更换敷料，保持局部的清洁、干燥，必要时可加压包扎；记录腹水的量、性质和颜色，标本及时送检。若置管引流要做好引流管的护理，保持引流的通畅，预防感染发生、管道脱落、堵塞，每天准确记录引流液的量、性质和颜色，每次放腹水不宜过多，每次不宜超过 1 000ml；大量放腹水后患者应卧床休息 8～12 小时。

2. 腹部精油按摩 评估腹腔内有无肿瘤，有肿瘤者禁止按摩，以免造成肿瘤破裂，引起患者生命危险。实施精油腹部按摩不仅能够通过改变腹腔内的压力，使胃肠道副交感神经兴奋性增强，并对肠道形成一个机械和反射性的影响，从而促进肠道内气体的排出，而且腹部按摩会加快肠蠕动，促进肠道的排空。

（三）药物治疗

1. 胃肠促动药 包括多巴胺 D_2 受体拮抗药（如多潘立酮、盐酸甲氧氯普胺）和 5-HT$_4$ 受体激动药（如西沙必利、莫沙必利），这些药物有助于增强胃肠道的蠕动。

2. 治疗便秘的药物 除了缓泻剂、矿物油、乳果糖和山梨糖醇等，还应考虑患者的具体情况，如癌症相关便秘可能需要特殊处理。

3. 治疗肠梗阻的药物 抗胆碱药物（如东莨菪碱）、生长抑素及其类似物（如奥曲肽）以及阿片类药物，这些药物可以减轻恶性肠梗阻患者的腹胀。

4. 利尿药 对于腹水患者，利尿药可以帮助减少腹水积聚，从而缓解腹胀。

四、照护措施

（一）非药物治疗照护

1. 病情观察 密切观察患者腹胀变化，记录发作频率与持续时间，注意伴随症状如腹痛、恶心、呕吐、腹泻或便秘，以及可能的诱发因素。

2. 舒适体位照护 严重的腹水会导致膈肌升高引起呼吸困难，需要根据病情协助患者采取舒适体位，若无禁忌采取半卧位，有助于改善腹胀。

3. 皮肤照护 轻度腹胀会限制患者的活动，而重度腹胀的患者需要卧床休息，针对长期卧床的腹胀患者应预防压力性损伤的发生，可以通过增加床垫的柔软度，有条件者可以使用气垫床；还要保持皮肤的清洁、干燥、避免尿液、汗液对皮肤的刺激，做到定期协助翻身、拍背，改善局部受压，并检查局部皮肤。

（二）药物治疗照护

合理安排给药时间，腹胀患者常用的药物为利尿药和缓泻剂，应根据药物的起效时间和实际情况选择合适的给药时机，尽量避免夜间用药，以免影响患者休息以及增加跌倒、坠床等意外事件的发生；注意观察用药后的不良反应，如使用利尿药，要注意维持患者的水电解质和酸碱平衡，关注患者体重，腹水的患者每日体重减轻不宜超过 0.5kg。

（三）健康教育

1. 活动指导 指导患者每天进行适量的身体活动，以促进肠道蠕动。避免饭后立即躺下，至少等待 0.5～1 小时。饭后休息半小时后散步，每天固定排便时间，养成良好的排便习惯。

2. 饮食指导 鼓励患者少食多餐，多食用蔬菜、高纤维食物，保证足够的水分摄入，限制食用易产气的食物和引起便秘的食物，如碳酸饮料、豆类、牛奶、坚果、干果等。有腹水的患者应摄入高蛋白、高热量、高维生素、低钠饮食，肝病晚期和心衰所导致的腹水，需要限制水和钠盐的摄入，腹水患者发生低蛋白血症时需要补充蛋白质。

3. 睡眠指导 指导患者调整睡姿，侧卧减轻不适，保持环境安静舒适，采用助眠音乐缓解焦虑，营造良好睡眠氛围。

4. 自我监测 指导患者自我监测病情，若出现腹胀、呕吐、腹痛等不适症状应及时就诊。

第四节 厌食及恶病质

案 例

刘先生，72 岁，确诊为肝硬化 1 年余。2 周前因感染性休克收住入院。入院当天测身高 175cm，体重 50kg，体质消瘦，面色晦暗，贫血貌，一级护理，流质饮食。入院后，进一步完善实验室检查，结果提示：白蛋白 23g/L，红细胞：3.40×10^{12}/L，血红蛋白：104g/L，钾：2.45mmol/L。住院期间，患者体温高，食欲较差，双下肢水肿，伴腹水，活动无耐力，长时间卧床。

请问：

1. 恶病质患者卧床期间，医务人员照护上需要重点关注哪些内容？

2. 恶病质患者非药物治疗有哪些措施？

一、概念

（一）定义

厌食（anorexia）是指食欲丧失或热量摄入减少。

恶病质（cachexia）是指在慢性炎症反应下骨骼肌加速丢失的一种高分解代谢状态，最常见于癌症患者，称为癌症恶病质，但也见于老年人和其他晚期慢性病患者，包括获得性免疫缺陷综合征（AIDS）、严重创伤、心力衰竭、慢性肾衰竭和慢性阻塞性肺疾病。

（二）原因

1. 癌症因素 恶病质在癌症患者中最常见。癌症恶病质可能是由于内源性或癌症相关因素引起的。往往与癌症相关基因过度表达导致分解代谢的介质增加及癌症引发的炎症产生促炎细胞因子有关。

2. 非癌症因素 非癌症因素常见于获得性免疫缺陷综合征、风湿性疾病、充血性心力衰竭、终末期肾病、慢性阻塞性肺疾病等患者，这些疾病可导致食物摄入不足和代谢亢进；另外，营养不良也可能引发恶病质。

（三）分期

恶病质在临床上分为连续的三期：恶病质前期、恶病质期和难治性恶病质期。

1. 恶病质前期 表现为厌食和代谢改变，6 个月内无意识体重减轻≤5%。

2. 恶病质期 6 个月内无意识体重减轻 > 5%（排除单纯饥饿）；或 BMI < 20kg/m²（中国人为 BMI < 18.5kg/m²），6 个月内体重减轻 > 2%；或四肢骨骼肌指数符合肌肉减少症诊断标准（男性 < 7.26kg/m²；女性 < 5.45kg/m²），同时体重减轻 > 2%；常有摄食减少或系统性炎症。

3. 难治期恶病质期 疾病持续进展，对治疗无反应；分解代谢活跃，体重持续减轻无法纠正，预计生存期 < 3 个月。

二、临床表现

恶病质患者主要表现为全身性的营养不良和机能衰退。患者体重显著下降，身体极度消瘦，骨骼肌萎缩同时伴随着皮下脂肪的减少。由于长期的营养不良，患者可能出现贫血，表现为皮肤和黏膜苍白以及可能伴随的头晕、心悸等不适感。恶病质可以导致患者厌食，对食物失去兴趣，应与食欲缺乏进行区别。患者常常感到乏力，无力进行日常活动，甚至可能完全卧床，生活不能自理。患者的免疫系统功能明显下降,易并发呼吸道感染,出现反复发热等症状。

> **知识拓展**
>
> 肌少症
>
> 肌少症是一种与年龄增长相关的肌肉量减少、肌肉力量下降和躯体功能减退的老年综合征。诊断标准包括肌力低下、肌肉质量减少和体能低下。亚洲肌少症工作组建议使用 5 次起坐试验(≥12s)和 6m 步速试验(≤0.8m/s)作为诊断的临界值。此外,简易机体功能评估法(SPPB)≤9 分也被推荐作为诊断标准。肌少症的发生与多种因素相关,包括免疫系统的变化、炎症、维生素 D 缺乏等。

三、治疗原则

(一)非药物治疗

1. 营养照护

(1)肠内营养:肠内营养是经胃肠道提供代谢需要的营养物质及其他各种营养素的营养支持方式,途径包括口服及管饲。然而,肠内营养仅对部分患者有用。对于无法治愈及难治性恶病质阶段的老年患者,在尊重患者意愿和不增加进食相关不适的前提下,可给予肠内营养以减轻症状,提高其生存质量。

(2)肠外营养:大部分情况下不推荐单独使用肠外营养,特别是对于难治性恶病质。肠外营养的不良反应,如感染和过度输液,与终末期患者显著的病死率有关。临终患者接受肠外营养的标准为预期生存期大于 2～3 个月、功能状态卡氏(KPS)评分>50 分、无严重器官功能障碍。

2. 运动干预 根据老年患者体力状态给予适当强度的运动,比如散步或床上肢体活动等,应避免剧烈活动。运动可以帮助改善力量、肌肉功能和生存质量。运动可增加胰岛素敏感性,提高蛋白合成效率,降低炎症反应,提高免疫功能。

3. 心理社会支持 终末期患者对治疗失去信心,面对死亡产生恐惧、焦虑等情绪。心理社会支持作为多学科治疗的一部分,可以缓解患者痛苦和家庭冲突,为患者提供心理支持,减少社会孤立。

(二)药物治疗

药物治疗主要包括醋酸甲地孕酮、阿拉莫林、糖皮质激素、非甾体抗炎药、沙利度胺等,帮助改善恶病质症状。中医药辅助治疗如扶正口服液、八珍汤、调胃醒脾方等,对恶病质有改善作用。

四、照护措施

(一)非药物治疗照护

1. 肠内营养

(1)经口进食:鼓励能够自主进食的患者少量多餐,选择偏好食物,调整饮食结构,取消不必要限制,确保营养均衡。对于临终患者,由于肠蠕动减慢,他们常感到恶心和食欲缺乏,大部分患者只需极少量的食物和水来减少饥渴感,并防止因脱水而引起的精神症状。此时,过度营养治疗反而会加重患者的代谢负担,影响其生活质量。卧床患者能量需求为 20～25kcal/(kg·d),活动患者能量需求为 25～30kcal/(kg·d)。建议全天摄入的水量(包括饮水和食物所含的水)为 30～40ml/(kg·d)。碳水化合物供能比例为 50%～65%;对胰岛素抵抗伴体重下降患者,应减少碳水化合物供能比例。蛋白质摄入量应超过 1g/(kg·d),建议达到 1.5～2.0g/(kg·d)。脂肪供能比例为 20%～30%,对胰岛素抵抗伴体重减轻者,推荐增加脂肪供能比例。

(2)管饲营养:对于不能进食的终末期患者,可以鼻饲或鼻肠管等给予肠内营养来改善患者营养不良的状况。

2. 肠外营养　在进行肠外营养管理时,需要密切监测患者的反应和代谢变化,及时调整营养方案以避免过度营养的发生。

3. 口腔护理　为了提升口腔卫生和预防感染,自理能力较强的老年人应在进食前后进行漱口,并坚持早晚刷牙。对于那些无法自理或处于昏迷状态的老年人,应每天至少进行两次口腔清洁。对于习惯张口呼吸的个体,建议增加口腔护理的频率。戴义齿的老年人,在清洁口腔时应将义齿取出,存放在干净的容器内。对于口腔内有溃疡或真菌感染的老年人,应根据医嘱适量使用药物治疗。对于口唇干燥的情况,可以使用清水湿润或涂抹石蜡油以保持湿润。

4. 心理支持　恶病质患者心理层面的关怀非常重要。需要对患者进行全面的心理评估,以识别并处理他们可能遭受的心理困扰,如焦虑、抑郁或恐惧等。根据评估结果,实施个性化的心理干预策略。鼓励患者参与制定治疗方案,增强他们的参与感和控制力,协助患者与家属之间建立良好的沟通渠道。

(二)药物治疗照护

1. 醋酸甲地孕酮　长期使用醋酸甲地孕酮可能会增加呼吸道感染的风险,因此需要对患者进行常规的密切监测;服用高浓度醋酸甲地孕酮口服混悬液,建议饭后 1 小时服用;注意患者体重增加、水肿、血栓等不良反应,并进行相应的监测和处理。

2. 阿拉莫林　建议遵循医嘱服用阿拉莫林,并监测患者对药物的反应和可能出现的副作用。

3. 糖皮质激素　应根据患者的具体情况调整剂量,注意药物的抗炎作用及对垂体 - 肾上腺皮质轴的抑制作用。与非甾体抗炎药合用时需要注意,因为可能增加胃肠道刺激和溃疡的风险。长程治疗后停药需要先隔日用药,再逐渐减量,避免突然停药引起的问题。

4. 非甾体抗炎药　由于可能引起患者胃肠道不适,应考虑加用胃黏膜保护剂,并注意药物间的相互作用。

5. 沙利度胺　由于沙利度胺有多种作用,包括抗血管生成、免疫调节及细胞因子调节,需要监测其对患者体力状态和体重的影响。

6. 中医药辅助治疗　中医药治疗需根据患者的体质和病情进行个体化调整。中医药辅助治疗可以改善机体血液黏稠程度、调理免疫系统、调理肝脾功能等。

(三)健康教育

1. 活动指导　对于终末期患者而言,适度的运动还可以缓解疲劳、提高生活质量并延长生存期。告知恶病质老年患者运动对改善血液循环和预防压力性损伤的重要性,并与患者及家属共同制订关于恶病质患者的运动方案,为患者和家属提供有氧运动和抗阻训练的指导。运动时监测生理指标变化以确保安全。运动强度则以患者能够耐受且不引起明显不适为宜。对于终末期卧床患者,不强行要求进行运动疗法,因为此时运动疗法带来的风险可能高于其带来的益处。

2. 饮食指导　指导家属每餐提供不同的食物,增加患者食欲;进餐时减少任何可能导致情绪紧张的因素;嘱患者少量多餐;为患者和家属提供必要的营养支持知识,包括营养液的储存、输注设备的维护和日常护理等。

3. 睡眠指导　保持室内环境整洁、安静,避免影响睡眠的刺激。

4. 自我监测　患者若发生呕吐,观察呕吐物的性质、颜色及量,若有异常,及时告知医务人员。

第五节　吞　咽　障　碍

案　例

张女士,95 岁,自理能力下降,卧床为主,曾诊断为贲门失弛缓症。近期因"进行性吞咽障碍"入住医养结合机构安宁疗护病房。患者 3 个月前开始出现吞咽时异物感,逐渐发展为吞咽固体食物困难,最近两周连液体食物也难以咽下。患者体重在过去 3 个月内下降了 5kg,伴有声音嘶哑和间歇性呛咳。

请问:

1. 造成患者吞咽障碍的主要原因是什么?
2. 给张女士实施饮食护理时,应注意哪些事项?

一、概念

(一)定义

吞咽障碍(dysphagia)是指由于下颌、双唇、舌、软腭、咽喉、食管等器官的结构和/或功能受损,导致食物无法安全有效地被输送到胃部的过程。广义上,吞咽障碍还包括由认知和精神心理问题引起的行为异常,这些异常影响了正常的吞咽和进食,即所谓的摄食吞咽障碍。随着年龄的增长,老年人的生理功能普遍减弱,特别是咀嚼和吞咽能力的下降,使得吞咽障碍的发生率上升,影响他们的健康和生活质量。

(二)原因

1. 器质性吞咽障碍 主要由口腔、咽部、喉部、食管等解剖结构的异常及吞咽通道及其邻近器官的炎症、肿瘤、外伤等因素引起。老年人吞咽功能障碍与其解剖结构或者生理功能的异常有关,例如食管、胃平滑肌蠕动减弱会导致吞咽反射障碍。

2. 功能性吞咽障碍 常见于老年人体弱、中枢神经系统疾病、脑神经病变、神经肌肉接头疾病、肌肉疾病、痴呆等状况。

二、临床表现

根据洼田饮水试验结果:

1. Ⅰ级 吞咽动作顺畅,无任何异常表现,与正常人无异。

2. Ⅱ级 虽能顺利吞咽,但需要分多次完成,可能在吞咽协调性上稍有欠缺,但整体功能尚可。

3. Ⅲ级 在吞咽过程中会出现呛咳,这通常是由于吞咽时口腔、咽喉部的肌肉协调出现问题,导致部分水误入气管所致,患者可能会有短暂的咳嗽,但最终仍能将水咽下。

4. Ⅳ级 不仅需要分多次吞咽,且每次吞咽时都有呛咳,说明吞咽功能障碍较为明显,口腔、咽喉部的肌肉控制能力较差,误吸的风险较高。

5. Ⅴ级 患者几乎无法顺利吞咽,频繁呛咳,甚至可能因严重呛咳而无法将水全部咽下,这种情况下患者的吞咽功能严重受损,存在较高的窒息风险,需要立即进行相应的治疗和干预。

三、治疗原则

(一)非药物治疗

1. 介入治疗 对于患有食管癌、食管贲门狭窄的老年患者,如果狭窄无法通过手术治疗,为了提高其生活质量,可考虑行狭窄部扩张、放置支架治疗。金属支架有利于维持食管畅通,同时压迫癌肿减慢其生长速度,从而延长其生存期。

2. 物理疗法 舌根和软腭的热触觉刺激或经颅磁刺激,是一种简单、安全且非侵入性的疗法,可能对神经性吞咽障碍有益。针灸刺激适用于晚期病例的吞咽困难症状管理。

3. 康复治疗 专业的言语治疗师会根据患者情况设计训练方案,这些训练包括口腔感觉刺激、唇舌运动、呼吸控制等,目的是提高吞咽能力,减少误吸风险,改善其生活质量。口唇的主动训练:首先患者坐直或站立,确保呼吸平稳,唇部前突形成 O 形,再缓缓回到原位,以此锻炼唇部肌肉的灵活性。然后嘴唇紧闭后,尝试做吹气动作,如模拟吹蜡烛或口哨,以增强唇部肌肉的张力,提升唇部控制能力。每组动作重复 10～15 次,每日 2～3 组。口唇的被动训练:首先,治疗师或家属应轻柔地用手指对患者唇部施加压力,进行按摩,旨在增进血液循环并缓解唇部肌肉的紧张状态。其次,利用专业的唇部训练器械,例如唇部拉伸器辅助唇部肌肉拉伸和放松以及外力辅助完成口唇运动。

(二)药物治疗

药物治疗包括使用刺激肠道蠕动的促胃动力药物(甲氧氯普胺、多潘立酮)、硝酸盐类药物和钙通道阻滞药、血管紧张素转换酶抑制药(ACEI)等。这些药物可以帮助患者缓解吞咽困难,减轻老年临终患者痛苦。

📖 知识拓展

容积黏度吞咽测试

容积黏度吞咽测试(volume-viscosity swallow test, V-VST)是一种用于床边评估吞咽障碍的临床检测方法,用于鉴别吞咽的安全性和有效性。通过测量不同容积和黏度的食物或液体在口腔和咽喉部的通过情况,来评估患者的吞咽功能。该测试可以敏感地区分吞咽困难的患者是否有误吸和营养不良等并发症的风险。

测试时选择的容积分别是少量(5ml)、中量(10ml)、多量(20ml),通过增稠剂将水分别调至低稠度(水样)、中稠度(糖浆状)、高稠度(布丁状)。按照不同组合,观察患者吞咽的情况,记录安全性和有效性指标,得出最适宜患者进食的一口量和黏稠度。

四、照护措施

(一)非药物治疗照护

1. 口腔护理 口腔护理可以保持口腔处于舒适、洁净、湿润及没有感染的状态,提高吞咽障碍患者的吞咽功能。口腔护理前首先评估患者口腔、牙齿、义齿、说话、咀嚼、吞咽的能力。选择合适的口腔护理用具,包括牙刷、泡沫棉签、牙膏、牙线、漱口水、唾液替代品等。

2. 饮食护理

(1)患者准备:评估终末期患者进食前状态,包括意识、吞咽、痰量、口腔分泌物、咳嗽能力、体力和配合度。确保进食环境安静,无干扰,以助吞咽,防误吸。

(2)体位和姿势:通常建议采用半坐卧位或坐位以降低误吸的风险。对于无法坐起的患者,至少应采取躯干屈曲 30° 的仰卧位,头部前倾,喂食者应位于患者的健侧;头部旋转适合单侧咽部麻痹患者;侧方吞咽对一侧舌肌和咽肌麻痹患者有效;低头吞咽有助于咽期启动迟缓患者;从仰头到点头吞咽适用于舌根后推运动不足患者;头部后仰有助于食团口内运送缓慢患者;空吞咽与交互吞咽适用于咽收缩无力患者。进食后避免立即躺下,建议患者舒适坐位或半坐卧位休息 30～40 分钟再采取平卧位。

(3)食物选择:对于吞咽困难老年终末期患者,食物调配应遵循三个原则:均质顺滑,避免液固混合;硬食软化,将硬食物搅拌成泥状;稀食增稠,向液体中添加增稠剂以提高黏稠度。经口进食患者的营养分配,根据患者实际体重确定能量供给量,确保适量的碳水化合物、适宜的脂肪和胆固醇、足够的蛋白质和充足的矿物质和维生素摄入。根据患者的病情、营养需求及吸收代谢情况适当调整液体供给量。肠内营养患者的营养分配策略包括采用匀浆膳、整蛋白膳配方或其他营养制剂。应根据患者标准体重提供能量,并遵循低盐、低脂、高维生素、高纤维的饮食搭配原则,以确保营养均衡。

(4)餐具选择:对于手部抓握能力弱的患者,建议选择长柄或粗柄、圆滑边缘的匙子以便稳固握持。碗底加防滑垫,防滑动。选杯口不触鼻的杯子,提供吸管便于轻松饮用。

(5)一口量:一口量指的是每次摄入食物时最适合吞咽的分量。正常成人的一口量为流质 3～

20ml，果冻 5～7ml，糊状食物 3～5ml，肉团 5g。应从少量开始尝试（例如流质食物 1～4ml），随后根据个人情况适当调整。控制进食速度，避免重叠吞咽现象，降低误吸风险。终末期患者体质虚弱，摄食时间控制在 30 分钟内，以防劳累。

（6）进食观察与记录：对于佩戴义齿的个体，在进食前应确保义齿已经戴妥当。应记录 24 小时内的摄入量，并在发现摄入不足时，根据患者及家属偏好采取补液或管饲。

3. 呼吸训练 呼吸功能训练通过指导患者进行腹式呼吸、缩唇呼吸以及主动循环呼吸训练来增强呼吸系统的反应能力，从而有效排出分泌物并预防误吸。该训练特别适用于那些伴有呼吸肌功能减弱、呼吸动作不协调以及气道廓清能力下降等呼吸功能相关问题的患者。

（二）药物治疗照护

1. 促胃动力药物 多潘立酮主要经 CYP3A4 酶代谢，应避免与抑制 CYP3A4 酶活性的药物如酮康唑、氟康唑等合用，以免增加尖端扭转型室性心动过速的风险。甲氧氯普胺可透过血 - 脑屏障，容易引起神经方面的不良反应，如震颤、运动迟缓等。因此，在使用时应密切观察患者是否有这些症状，并及时调整剂量或更换药物。

2. 硝酸盐类药物和钙通道阻滞药 使用这些药物时应定期监测患者的血压和心率。钙通道阻滞药可能引起头痛、面部潮红、踝部水肿等副作用，需要密切观察并及时处理。

3. 血管紧张素转换酶抑制药（ACEI） 使用此类药物时，应定期检查患者的肾功能和血钾水平，因为 ACEI 可能导致肾功能变化和高钾血症。常见副作用是持续性干咳，如果患者出现咳嗽，应评估是否需要调整治疗方案。

（三）健康教育

1. 活动指导 根据患者的体力状态和乏力状况给予抗阻训练和有氧锻炼相结合，可选择散步、床上肢体活动等方式，但应避免剧烈运动。

2. 饮食指导 调整饮食的质地，采用流质、半流质饮食或软食，以减少吞咽时的困难和风险，保证足够的营养和水分摄入。

3. 睡眠指导 保持病室安静，创造良好的环境，采取侧卧位，防止误吸。

4. 用药指导 在用药时注意结合患者的具体病情、身体状况、年龄等因素，制定个体化的用药方案，注意避免不同药物之间的相互作用，确保用药安全，并随着患者的病情变化及时调整用药方案，以达到最佳治疗效果。

5. 自我监测 患者和家属需要了解吞咽困难的可能原因、症状及其可能带来的并发症，如吸入性肺炎。在专业医务人员的指导下进行吞咽练习，改善吞咽功能。学习正确的进食姿势和技巧，确保充分咀嚼食物及在进食后进行口腔清洁。

第六节 水 肿

案 例

张先生，74 岁，诊断为肝硬化，3 天前张先生因腹水收治入院。患者入院后，神志清，精神不振，纳差，伴严重腹水，双下肢重度水肿。实验室检查显示：白蛋白 23.0g/L，血红蛋白 87g/L。遵医嘱给予 20% 人血清白蛋白 100ml，每日 1 次，静脉输注，纠正患者低蛋白血症，低流量氧气吸入，并行腹腔穿刺置管术，留置腹腔单腔管一根。

请问：

1. 患者水肿的发生原因有哪些？

2. 患者非药物照护措施有哪些？

一、概念

（一）定义

水肿（edema）是指过多液体积聚在组织间隙致使全身或者局部皮肤紧张发亮，原有皮肤皱纹变浅或消失，甚至有液体渗出的现象。

（二）原因

根据水肿的分布将其分为全身性水肿和局部性水肿。

1. 全身性原因

（1）心源性水肿：终末期心衰引起静脉压力升高，如右心衰竭。

（2）肾源性水肿：终末期肾脏病导致的钠、水潴留，如肾病综合征。

（3）肝源性水肿：终末期肝病导致血管胶体渗透压降低，如肝硬化。

（4）代谢性疾病：甲状腺功能减退、甲状腺功能亢进、库欣综合征、原发性黏液性水肿、糖尿病等会导致体液代谢障碍引发肢体水肿。

（5）营养不良性水肿：低蛋白血症所致，如恶病质。

（6）老年性水肿：老年人因为血管和淋巴功能减退，易出现下肢水肿。

2. 局部性原因

（1）静脉阻塞性水肿：可分为上腔静脉阻塞综合征和下腔静脉阻塞综合征。

（2）淋巴水肿：淋巴循环障碍及富含蛋白质的组织间液积聚引发的疾病，分为原发性水肿和继发性水肿。原发性水肿可能与淋巴管纤维性阻塞、扩张及排空障碍有关；继发性水肿由淋巴管病理性阻塞导致，如淋巴结切除、放疗后纤维化、肿瘤浸润淋巴结等。

（3）脂肪水肿：是多见于女性小腹、臀部和四肢的纤维性松散结缔组织疾病。局部炎症导致组织纤维化，其病理基础是血管和淋巴管的微血管病变。

（4）慢性静脉功能不全：静脉系统功能异常的慢性进展性疾病。老年人由于年龄增长，静脉瓣膜功能可能减退，静脉壁和瓣膜可能发生结构变化，导致血液回流受阻，进而引起局部水肿。

二、临床表现

（一）非淋巴水肿

1. 心源性水肿 心源性水肿通常是全身性的凹陷性水肿，尤其在两下肢或身体低垂部位更为明显，且与体位变化有关。由于心功能不全，肺静脉回流受阻，导致肺间质水肿，引发呼吸困难。

2. 肾源性水肿 通常表现为晨起时眼睑或面部水肿。肾源性水肿初期，眼睑或面部较低垂部位明显，但随着病情发展，水肿会扩散至全身。患者常伴有尿常规异常、高血压及尿量减少等肾功能损害的迹象。

3. 肝源性水肿 水肿最初出现在踝部，并逐渐向上蔓延。头部、面部和上肢通常不会出现水肿。腹水是主要表现，伴随腹部膨胀及腹壁和食管静脉曲张；部分患者皮肤可见蜘蛛痣和肝掌。

4. 营养不良性水肿 通常从组织疏松部位开始，然后扩散至全身皮下。严重情况下低垂部位如双下肢的水肿表现尤为明显。

5. 静脉阻塞性水肿 上腔静脉阻塞综合征的主要体征是眼睑水肿，伴有早期症状如头痛、眩晕；下腔静脉阻塞综合征的特点是下肢水肿，其症状和体征与下腔静脉阻塞的位置和水平有关。

6. 慢性静脉功能不全 老年人由于年龄增长，静脉瓣膜功能可能减退，静脉壁和瓣膜可能发生结构变化，导致血液回流受阻，进而引起局部水肿，出现一系列症状和体征，包括下肢沉重、疲劳和胀痛、水肿、静脉曲张、皮肤营养改变和静脉溃疡等。

（二）淋巴水肿

淋巴水肿是指淋巴管扩张和组织充盈导致皮肤紧绷、肢体肿胀和疼痛，好发于一侧肢体及相连接躯干部位。间质纤维化引起持续性非凹陷性肿胀,不受抬高肢体影响。严重水肿可能伴随肢端畸形、皮肤角化过度、乳头状瘤病和液体漏出。躯干受累时,皮下脂肪增厚,皮肤皱褶难以提起,内衣压痕明显,单侧下肢淋巴水肿患者站立时患侧臀部增大。

(三)混合淋巴水肿

混合淋巴水肿同时具有淋巴水肿及非淋巴水肿的临床表现。

> **知识拓展**
>
> #### 手法淋巴引流
>
> 手法淋巴引流由丹麦物理治疗师 Emil Vodder 在 20 世纪 30 年代发明。它是一种专业的治疗技术,用于促进淋巴流动以及减轻某些类型的水肿。它也是一种按摩技术,通过皮肤表面轻柔的按摩,遵循人体的淋巴解剖,在颈部、腹部、腹股沟、上下肢等进行人工淋巴引流。
>
> 手法淋巴引流通过轻柔、重复的动作推动淋巴液在浅层毛细淋巴管的流动。在手法运用时,治疗师的双手应该保持柔软和放松,整个过程无需润滑油。

三、治疗原则

(一)病因治疗

积极地对原发性疾病进行治疗,通过科学合理的医疗手段来减轻或控制可能导致患者出现水肿的各种病因,从而有效缓解患者的不适症状。

(二)非药物治疗

压力治疗是淋巴水肿保守及手术治疗的重要环节。压力治疗是一类通过压力器具在局部躯体产生持续或间断的压迫或吸引作用,促进局部血液循环、减轻组织间隙水肿,达到减轻临床症状、促进伤口修复等目标的物理治疗方法。依据压力类型,压力治疗分为正压压迫治疗和负压吸引治疗。压力治疗时应根据终末期淋巴水肿患者的耐受程度及病情选用合适的压力制品与压力级别。

压力制品包括压力服、压力绑带等,压力服采用循序减压式设计,防止液体在患肢重新积聚,可防止肿胀加重,是终末期患者控制水肿最为便利且有效的方法。压力服易于穿脱、价格适宜,一级压力的压力服是终末期淋巴水肿患者的首选,根据患者病情决定穿戴时长,终末期患者不能整晚穿戴,同时对于高度肿胀的区域(特别是躯干),压力制品可增加淋巴漏的风险。

压力绑带是目前最常用的压力治疗方法,也是治疗淋巴漏的有效手段,在晚期淋巴水肿患者中,通常可采用支持性短拉伸绷带进行包扎(绷带下需正确使用棉衬垫/泡沫敷料保护与填充),但需要注意当患者病情过重或不适时,不能穿戴压力袜或行绷带包扎。

(三)药物治疗

终末期治疗水肿的常用药物包括利尿药,如呋塞米、螺内酯等。继发性低蛋白血症水肿可输注白蛋白并结合利尿治疗。顽固性水肿可输注高渗盐水并增加呋塞米剂量,改善患者的下肢无力和沉重感。

四、照护措施

(一)药物治疗照护

药物剂量根据老年患者病情调整,严密监测其不良反应,定期检查血电解质水平,预防电解质紊乱。

(二)非药物治疗照护

1. 皮肤照护 皮肤照护对水肿患者预防并发症至关重要。

(1)医务人员应指导患者保持皮肤的清洁和干燥,清洗时动作要轻柔,使用便盆时避免强行推拉。避免使用刺激性强的肥皂和沐浴产品。对于皮肤干燥和瘙痒的情况,轻柔地涂抹使用温和的保湿霜,以减少摩擦。必要时,可以使用抗瘙痒药物或局部类固醇来缓解症状。

(2)水肿严重者,应穿着宽松柔软衣物,使用气垫床。气垫床上必须铺垫床单或薄毛毯,但不能铺垫塑料布、橡胶尿布等通气不良的物品,这些物品将影响气垫喷出的空气的流动,也影响气垫床的使用效果。气垫床充气量达到70%~80%时最理想。

(3)长时间卧床患者需每2小时变换体位,但对于发生压力性损伤的高危患者如老年水肿患者可能需要每0.5~1小时翻身一次。翻身时应小心,使用滑单、翻身垫或其他辅助工具来帮助翻身,避免拖、拉、拽等动作,减少摩擦力,避免皮肤破损。可在膝部、踝部和足跟垫软枕以减轻压力,预防压力性损伤。

(4)使用热水袋时水温<50℃,不宜过高。

(5)低蛋白水肿患者皮肤弹性差,可使用特殊敷料如藻酸盐敷料、亲水纤维敷料、非黏性泡沫敷料、脂质水胶体敷料、水凝胶等保护皮肤,同时维持创面水分平衡,减少去除敷料时的创伤和疼痛以及去除敷料时造成的二次损伤。

(6)避免接触锐器和长时间强光照射,及时处理破损皮肤以防感染,减少对水肿部位的穿刺、注射和输液操作。

2. 体位管理 体位管理有助于缓解水肿。医务人员应指导患者采取半坐卧位或抬高水肿部位,例如使用枕头或支撑垫。抬高下肢可促进静脉回流,减轻水肿,使用抗栓长袜可辅助此过程。若患者呼吸困难或积液加重,应调整体位。长期水肿患者应防坠床,并适当活动以预防感觉障碍。

3. 饮食照护 为控制水肿,应给予低盐饮食;同时确保患者摄入足够的蛋白质、维生素和热量,以维持其整体营养状态。严格控制液体入量,根据患者病情和水肿情况进行液体管理。严重心力衰竭患者的摄入液量应限制为1.5~2.0L/d;肾源性水肿者,若每天尿量达1 000ml以上,一般不需要严格限水,但不可过多饮水;若每天尿量少于500ml或严重水肿者需限制水的摄入,应量出为入,每天液体入量不要超过前一天24小时尿量加上不显性失水量(约500ml)。

4. 心理支持 心理支持对于水肿的老年终末期患者来说同样重要。患者由于身体形象改变,可能不愿与人交往。密切关注患者的情绪变化,在与其交流期间,医务人员应把握好态度和语言,以增加患者的安全感与自信心。为了分散患者对外表的自我意识,建议患者穿长服装以掩盖肿胀的肢体。医务人员应耐心倾听患者和家属的担忧,提供情感上的支持和安慰。通过教育患者和家属关于病情的知识,帮助他们更好地理解水肿的成因和治疗方法,从而减轻他们的心理负担。

(三)健康教育

1. 活动指导 指导患者在体力和精力允许的情况下,由家属陪伴适当运动,不单独活动。

2. 饮食指导 指导患者做好饮食管理,进食高热量、高蛋白、高维生素的食物,严格限制钠盐摄入,每日以2~3g为宜。

3. 睡眠指导 入睡前,将下肢适当抬高,超过心脏水平,有助于促进血液和淋巴液的回流,减轻下肢水肿。

4. 自我监测 告知患者及家属水肿的原因,指导患者家属每日监测体重以识别水肿加重的迹象,并指导他们采取适当的应对措施。

第七节 恶心、呕吐

案 例

赵阿姨,女,71岁,因"胃癌术后2年,腹痛伴恶心、呕吐半个月"入院,给予一级护理,精神差,恶病质貌,BMI 18kg/m²,营养风险筛查2002评分3分,疼痛数字评分量表评分2~3分。入院诊断:胃癌,腹腔转移性肿瘤伴不完全性小肠梗阻,恶病质。全腹增强CT提示:胃癌术后,腹盆腔腹膜多发转移，不完全性肠梗阻。入院当天，患者出现恶心呕吐，给予胃肠减压、昂丹司琼止吐，3天后症状缓解。

请问：

1. 造成该患者恶心、呕吐的主要原因是什么？
2. 该患者的照护要点有哪些？

一、概念

（一）定义

恶心（nausea）、呕吐（vomiting）是临床常见消化道症状，恶心为上腹部不适和紧迫欲吐的感觉，常为呕吐的前驱症状。呕吐是通过胃的强烈收缩迫使胃或部分小肠内容物经食管、口腔而排出体外的现象，两者均为复杂的反射动作，可由多种原因引起。

（二）原因

引起恶心与呕吐的病因很多，按发病机制可归纳为以下几类。

1. 反射性呕吐 常见于咽部受刺激、消化道疾病、腹膜及肠系膜疾病等。

2. 中枢性呕吐 常见于神经系统疾病如颅内转移瘤、脑血管疾病、颅脑损伤、癫痫等；全身性疾病如尿毒症、糖尿病酮症酸中毒、甲状腺危象、甲状旁腺危象、肾上腺皮质功能不全、低血糖、低钠血症等；药物中毒和精神因素等。

3. 前庭障碍性呕吐 可见于迷路炎、梅尼埃病、晕动病等。

二、临床表现

1. 恶心的表现 终末期患者恶心时会感到胃部不适、胀满，有强烈的想要呕吐的感觉，常伴有迷走神经兴奋症状，如皮肤苍白、出汗、流涎、血压降低及心动过缓等。一般恶心后随之呕吐，但也可仅有恶心而无呕吐。

2. 呕吐时的表现 呕吐动作的强度和频率因人而异，有些患者呕吐较为剧烈，甚至会出现喷射状呕吐；而有些患者呕吐则相对较轻，只是少量胃内容物排出。最常见的呕吐物是胃内的食物残渣，其颜色、气味和质地与进食的食物有关。当呕吐较为剧烈，胃内容物排空后，胆汁可能会反流进入胃内并被呕出，呕吐物呈黄绿色，有苦味，提示胃肠道可能存在动力障碍或梗阻等问题。呕吐物中带有血液，呈鲜红色或暗红色，提示胃肠道出血的表现，如胃溃疡、胃癌、食管静脉曲张破裂等引起的出血。若呕吐物有粪臭味，提示可能存在低位肠梗阻。

3. 呕吐后的表现 对一些因胃肠道疾病引起的呕吐，如急性胃肠炎，在呕吐后胃内压力降低，腹部胀痛等不适症状可能会有所缓解。呕吐过程中会丢失大量的水分和电解质，患者可能会出现全身乏力、口渴，皮肤弹性变差，尿量减少等脱水表现。呕吐后口腔内残留呕吐物的异味使患者食欲下降。频繁呕吐可导致电解质失衡，如低钾血症时患者可能会出现肌无力、心律失常等症状；低钠血症时可能会出现头晕、嗜睡等表现。

三、治疗原则

（一）病因治疗

引起终末期患者恶心、呕吐的因素是多方面的，需要明确诱发恶心和呕吐的原因，去除病因，纠正恶心、呕吐引发的水、电解质平衡和酸碱平衡紊乱。如胃食管反流使用质子泵抑制剂（奥美拉唑、雷贝拉唑等）以及促胃动力药物（如莫沙必利、伊托必利等）；肿瘤引起的上消化道梗阻生存期较长时（以周为计算单位）可考虑支架植入或胃造瘘；生存期较短时，可使用地塞米松每天静脉或皮下注射分次给予。

（二）非药物治疗

在中医治疗方面可以综合采用多种措施缓解终末期恶心和呕吐的症状，例如，少量姜汁滴于舌面；艾灸中脘、足三里等穴位；耳穴贴压胃、内分泌、交感、神门等穴位；穴位贴敷足三里、中脘、肝俞等穴位。

（三）药物治疗

根据患者的病情选择及耐受程度选择合适的镇吐药物，主要包括多巴胺受体拮抗药（盐酸甲氧氯普胺），5-HT$_3$受体拮抗药，H$_1$受体拮抗药和糖皮质激素（地塞米松）。其中甲氧氯普胺可用于治疗胃轻瘫、幽门梗阻以及地高辛、苯妥英钠、三环类抗抑郁等药物引起的恶心、呕吐。

四、照护措施

（一）非药物照护

1. 病情观察　识别恶心、呕吐的原因及诱因，评估患者恶心、呕吐发生的时间、概率，观察呕吐物的颜色、性质、量、气味等。

2. 保持呼吸道通畅　窒息是呕吐最严重的并发症，保持呼吸道通畅至关重要。发生呕吐时应保持头偏向一侧，防止呕吐物呛入气管，并及时处理呕吐物。当少量呕吐物呛入气管时，轻拍患者背部可促使其咳出，评估窒息风险，与患者及家属充分沟通，尊重患者的意愿选择是否用吸引器吸出，避免发生窒息。

3. 口腔照护　良好的口腔卫生可以减轻患者恶心感，呕吐后及时漱口，可以给予温开水或生理盐水漱口，也可口含茶水、蜜饯、水果等维持口腔舒适。对于无自理能力或昏迷患者，应做好口腔护理，可选择海绵棒清洁口腔，口腔护理时动作轻柔，不刺激患者软腭、咽峡部，缩短张口时间，以免加重患者恶心、呕吐。

4. 环境照护　改善周围环境也十分重要，推荐保持室内干净、清洁、无异味，维持合适的湿度及温度，发生呕吐时，协助患者头偏向一侧，预防误吸等并发症，并及时清理呕吐物。消除引起视觉、听觉及嗅觉等不适的外在刺激，保持放松心情。

5. 心理支持　恶心呕吐症状的反复发作，会增加患者的自我不适感，造成焦虑、抑郁、烦躁等不良情绪，甚至对治疗措施产生抵触。家属需做好适时的安慰、疏导，使患者情绪放松，避免加重病情。医务人员也应加强巡查，从耐心交流、针对性疏导、换位思考、加强鼓励方面进行管理，以改善患者的负面情绪，提高其治疗依从性。

（二）药物照护

纠正水电解质紊乱，持续多日或严重的呕吐可导致患者的水电解质紊乱，包括低钾、低钠、低氯和低血容量等，需要监测 24 小时出入量，并根据生化指标适当补充液体及电解质，必要时进行肠内或肠外营养支持。

（三）健康教育

1. 饮食指导　指导患者进食清淡、易消化的食物，少量多餐，饭前和饭后尽量少喝水，尽量避免刺激性食物。

2. 活动指导　患者应适当卧床休息，避免剧烈的身体运动，以缓解恶心、呕吐的不适症状。在恶心、呕吐症状缓解后，可根据病情和身体状况，逐渐恢复锻炼，增强身体素质和抵抗力。

第八节　呕血、便血

案　例

李爷爷，78 岁，男性，因诊断"肝癌术后两年，全身多处转移，上腹部疼痛"入院。患者主诉上腹部疼痛伴恶心、呕吐,呕吐物为暗红色血液(约 200ml),今日有便血,排出柏油样黑便 3 次。测量生命体征为血压 90/60mmHg,心率 110 次 /min。遂给予止血、维持电解质平衡、抗感染等对症治疗。

请问:

1. 该患者呕血黑便的病因可能是什么?

2. 针对该患者的上消化道出血,有哪些非药物治疗措施?

一、概念

(一)定义

呕血是指上消化道出血(十二指肠悬韧带以上的消化道,包括食管、胃、十二指肠、胰管和胆道等)经口腔呕出,血液呈鲜红色、暗红色或咖啡渣样,常伴恶心、呕吐。

便血是指消化道出血,血液由肛门排出的现象。少量出血不造成粪便颜色改变,须经隐血试验才能确定者称为隐血便。

(二)病因

1. 消化系统疾病 如上消化道出血、胃黏膜病变(胃溃疡、十二指肠溃疡、急性胃炎、胃黏膜脱垂)、食管疾病(食管胃底静脉曲张破裂、贲门撕裂综合征)、恶性肿瘤(胃癌、食管癌)、胆道及胰腺疾病(胆道结石、急性胰腺炎、胰管出血)。

2. 全身性疾病 包括凝血功能障碍(血友病、弥散性血管内凝血、维生素 K 缺乏)和血管性疾病(过敏性紫癜、遗传性出血性毛细血管扩张症)。

3. 药物或理化损伤 包括长期使用非甾体抗炎药(NSAID)、抗凝药物(如华法林)或误服强酸、强碱或尖锐异物损伤消化道黏膜。

二、临床表现

(一)呕血

1. 颜色与性状 若呕出血液为鲜红色,提示出血速度快(如胃黏膜撕裂伤、贲门癌出血)。若为暗红色或咖啡渣样,提示血液在胃内停留时间长,常见于胃溃疡、十二指肠溃疡。

2. 伴随症状 主要表现为上腹痛、恶心、呕吐、头晕、乏力、冷汗(失血性休克前兆)。严重者可出现意识模糊、血压下降、心率加快。

3. 特殊体征 包括皮肤苍白、黏膜干燥、脉搏细速(休克表现)。肝硬化患者可能伴腹水、黄疸、蜘蛛痣。

(二)便血

1. 颜色与性状 柏油样粪便(黏稠、发亮),若出血量大可呈暗红色或血便。

2. 伴随症状 主要表现为慢性贫血症状,提示乏力、头晕、心悸。上腹部隐痛、腹胀、食欲缺乏(慢性出血常见)。

三、治疗原则

(一)病因治疗

明确诱发呕血、便血的因素,采用针对性的方法去除病因,减少诱发因素。

(二)非药物治疗

1. 物理疗法 对于肛门局部病变如痔、肛裂导致的便血,可采用温水坐浴,每天 1~2 次,每次 15~20 分钟,改善局部血液循环,促进炎症吸收,缓解疼痛和便血症状。坐浴后可配合使用治疗痔的外用药物。

2. 内镜治疗 对于消化性溃疡出血、食管胃底静脉曲张破裂出血及其他原因引起的上消化道出血、结直肠部位出血，在出血 24 小时内紧急行内镜检查，明确出血部位后，可采用内镜下止血治疗，如热探头、激光、微波、注射止血药物（如肾上腺素盐水）、止血夹夹闭等方法。

3. 介入治疗 少数患者严重消化道出血，无法进行内镜治疗且不能耐受外科手术，可考虑介入治疗。如经颈静脉肝内门体静脉分流术（TIPS）、血管栓塞术。

4. 外科手术治疗 经积极内科治疗仍出血不止，或出血部位明确但内科治疗无法控制，以及存在其他需要外科手术处理的原发病（如胃癌）时，应及时行外科手术治疗，切除病变组织，缝合止血。

（三）药物治疗

1. 抑酸药物 质子泵抑制剂（PPI）如奥美拉唑、兰索拉唑、泮托拉唑等，通过抑制胃酸分泌，提高胃内 pH，促进血小板聚集和纤维蛋白凝块的形成，从而达到止血目的。通常采用静脉注射给药，首次剂量 80mg 静脉推注，之后以 8mg/h 持续静脉泵入，维持胃内 pH > 6。H_2 受体拮抗药如西咪替丁、雷尼替丁、法莫替丁等，也可抑制胃酸分泌，但作用较 PPI 弱，可用于病情相对较轻的患者，一般采用静脉滴注给药。

2. 生长抑素及其类似物 生长抑素可减少内脏血流，降低门静脉压力，抑制胃酸和胃蛋白酶分泌，促进血小板凝聚和血块收缩，从而达到止血效果。常用药物有十四肽生长抑素，首次剂量 250μg 静脉推注，之后以 250μg/h 持续静脉泵入；奥曲肽是生长抑素的八肽类似物，用法为首次剂量 100μg 静脉推注，随后以 25～50μg/h 持续静脉泵入，疗程一般为 3～5 天。药物具体的用法、用量，根据患者的病情、年龄等因素，由医生个体化调整。

3. 止血药物 凝血酶冻干粉，常用剂量为 2 000～20 000U，用生理盐水溶解后口服或经胃管注入，1～6 小时一次；巴曲酶可促进凝血过程，静脉注射剂量为 1～2kU，必要时可重复使用。酚磺乙胺一般采用静脉滴注或肌内注射，静脉滴注时，每日剂量 2～4g，分 2～3 次给药。氨甲环酸静脉滴注，一般每日 0.5～1.0g，分 1～2 次给药，严重出血时剂量可适当增加。但需要注意，止血药物在呕血治疗中一般作为辅助用药，其疗效尚存在争议。

4. 肠道黏膜保护剂 对于炎症性肠病、感染性肠炎等导致的便血，可使用肠道黏膜保护剂，如蒙脱石散，它能吸附病原体和毒素，保护肠道黏膜，促进肠黏膜修复，用法为口服，每次 3g，每天 3 次。

5. 纠正贫血药物 长期便血或大量便血导致贫血时，根据贫血类型选择药物。缺铁性贫血补充铁剂，如硫酸亚铁，同时可加用维生素 C 促进铁吸收；巨幼细胞贫血补充叶酸和维生素 B_{12}，促进红细胞生成，改善贫血症状。

四、照护措施

（一）非药物治疗照护

1. 休息与体位 协助患者绝对卧床休息，取平卧位并将下肢略抬高，以保证脑部供血。头偏向一侧，防止呕血时血液误吸入气管导致窒息，同时保持病房环境安静、舒适，减少外界干扰，有利于患者休息。急性便血时，患者应采用左侧卧位，双膝微屈，减少肠道压力及肛门刺激。床头抬高 15°～20°，降低腹内压，促进血液回流。使用软垫支撑腰背部，保持脊柱自然生理弯曲。避免长时间保持同一姿势，每 2 小时协助翻身一次。

2. 病情监测 密切观察患者生命体征，包括心率、血压、呼吸、体温，每 15～30 分钟测量一次并记录。观察呕血、便血的颜色、量、性质以及频率，判断出血是否停止或加重。注意患者意识状态、皮肤颜色及尿量变化，若出现烦躁不安、皮肤苍白湿冷、尿量减少等情况，提示可能出现休克，需要立即报告医生。

3. 饮食护理 急性大量呕血时应禁食禁水，待出血停止后，根据病情逐渐调整饮食。先给予温凉、清淡、无刺激性的流质饮食，如米汤，少量多次饮用。随着病情好转，逐渐过渡到半流质饮食、软食，避免食用粗糙、坚硬、辛辣、过热的食物，防止再次诱发出血。

4. 口腔护理 呕血后及时协助患者用温水或生理盐水漱口,清除口腔内血液和异味,保持口腔清洁,预防口腔感染。口唇干裂者可涂抹润唇膏,缓解不适。

5. 局部护理 针对肛门及肛周病变导致的便血,排便后用柔软纸巾轻轻擦拭,用温水清洗肛门,保持局部清洁干燥。若有肛裂、痔,可遵医嘱进行温水坐浴,每天 1~2 次,每次 15~20 分钟,促进血液循环,缓解疼痛与肿胀。

6. 心理支持 呕血、便血的反复发作,会增加患者的恐惧,造成焦虑、抑郁、烦躁等不良情绪,甚至对治疗措施产生抵触。家属需做好适时的安慰、疏导,使患者情绪放松,避免加重病情。医务人员也应加强巡查,从耐心交流、针对性疏导、换位思考、加强鼓励方面进行管理,以改善患者的负面情绪,提高其治疗依从性。

(二)药物治疗照护

基本措施是输血、输液、纠正血容量不足引起的休克,向患者及家属说明各类药物的作用、用法、剂量和可能的不良反应。遵医嘱准确、及时给予各类药物,如抑酸药、生长抑素及其类似物、止血药物等。观察药物疗效及不良反应,使用质子泵抑制剂静脉滴注时,注意滴速,观察有无头痛、腹泻、皮疹等不良反应;应用生长抑素持续静脉泵入时,严格控制泵入速度,观察有无恶心、呕吐、腹痛等不适。铁剂治疗贫血时,告知患者餐后服用以减少胃肠道刺激,同时避免与茶、咖啡同服,可搭配维生素 C 促进吸收。使用止血药物时,观察止血效果和有无不良反应,如皮肤瘀斑、牙龈出血等凝血异常表现。应用肠道黏膜保护剂时,留意患者腹泻、腹痛等症状是否改善。若出现异常,应及时报告医生调整用药。

(三)健康教育

1. 疾病知识教育 向患者及家属讲解呕血、便血的病因、治疗方法及预后,使其了解疾病相关知识,减轻恐惧和焦虑心理,积极配合治疗和护理。告知患者出血期间的注意事项,如绝对卧床休息、禁食禁水等。

2. 生活指导 指导患者养成良好的生活习惯,规律作息,避免过度劳累和精神紧张。合理饮食,戒烟戒酒,避免食用刺激性食物和损伤胃黏膜的药物。保持大便通畅,避免用力排便增加腹压,导致再次出血。

3. 复诊指导 告知患者及家属出院后需遵医嘱按时服药,定期复诊。若出现黑便、头晕、心慌、呕血等不适症状,应立即就医。

第九节 谵 妄

案 例

张先生,78 岁,有高血压、慢性阻塞性肺疾病 20 余年,2 周前因呼吸道感染、咳嗽、气喘、发热入院,入院后呼吸困难明显,虽给予吸氧、平喘、止咳化痰、静脉滴注抗生素、降压等治疗,但病情未见好转,1 周前患者进食明显减少,双下肢水肿、面色发绀、四肢湿冷,不能自行排尿。3 天前的下午,张先生突然大喊大叫,自己拔掉输液管,从病床上自行坐起,非常紧张不安,不认识家人,说话语无伦次,说"病房门后面站着人""电视机里的人走出来和我吵架",甚至出现攻击家人的行为,差点从病床上摔下来,连续发生 2 天,尤其晚上烦躁得更厉害。家人非常焦虑和担忧。

请问:

1. 谵妄的定义是什么?哪些原因可能导致老年谵妄的发生?

2. 老年安宁疗护患者谵妄的临床表现有哪些?

一、概念

（一）定义

谵妄（delirium）是一种急性的、可逆性的意识混乱状态，是一种急性脑功能障碍的临床综合征。谵妄是老年安宁疗护患者常见的一种精神症状，是一种短暂的（数小时至数天）、通常可以恢复的、以认知功能损害和意识水平下降为特征的急性脑功能障碍。症状随时间变化而波动，与死亡率密切相关。

（二）原因

1. 药物性原因

（1）药物过量或使用时间过长：如阿片类制剂、抗精神病药、抗胆碱能药、苯二氮䓬类药、非甾体抗炎药、类固醇激素类药、抗帕金森制剂和镇静药等。

（2）撤药反应：如患者在使用阿片类药、镇静催眠药一段时间后，突然减量和停药会导致撤药或戒断反应。

2. 非药物性原因

（1）触发因素：如不能控制的疼痛、粪便嵌塞和尿潴留、焦虑/恐惧、脱水、睡眠剥夺、低血糖、贫血、感染、发热、脑转移、颅内压升高、代谢紊乱如高钙血症、肾衰竭、低钠血症等。在老年安宁疗护阶段，最值得重视的谵妄原因可能是脱水。

（2）疾病因素：如肝肾损害、肿瘤、电解质紊乱等。

（3）环境因素：不安全或引起患者不舒服的环境等。

3. 易感因素 高龄、痴呆和认知障碍、存在多种疾病、视听觉障碍、抑郁史等，其中最重要的危险因素是高龄和痴呆。

二、临床表现

1. 高活动型（激越型）谵妄 患者警觉性较高，常出现躁动不安、易激惹、思维不连贯，伴有幻觉、错觉和妄想，有试图拔除导管等行为。在患者濒死时可出现不可逆的高活动型谵妄，表现为肌肉紧张、肌痉挛、类似癫痫发作等。

2. 低活动型（淡漠型）谵妄 通常表现为嗜睡、情感淡漠、反应迟钝和精神萎靡，可出现在床上抓扯，或在空中手舞足蹈（幻觉）或表情痛苦，通常伴有眼睛左右摇摆（可能为幻觉和/或妄想的征象）等行为。

3. 混合型谵妄 症状常不断变化，淡漠与焦躁的表现可交替出现。

> **📖 知识拓展**
>
> **生命末期躁动**
>
> 老年患者谵妄的特点是死亡前期高发，临床表现各异，症状波动、昼轻夜重，影响人际关系（患者谵妄时的幻觉、错觉等症状经常与过去的生活经验有关且表现真实，家属及照护人员常将患者的言语误以为真，特别令家属和照护人员不安，甚至造成特别严重的伤害）。
>
> 在生命末期，患者一旦出现谵妄，经常发展到严重的"生命末期躁动"。生命末期躁动是一种以躁动、烦躁不安、情绪激动和认知丧失为特征，特别令人痛苦的谵妄变异，会对家人和照护人员造成深刻的痛苦。生命末期躁动的治疗应考虑作为缓和性治疗的紧急情况。如同谵妄一样，一般认为生命末期躁动由多病因和多系统衰竭共同导致，并有用药、身体、情绪、精神和心理上的多重因素。姑息性镇静往往是控制生命末期躁动的有效治疗选择。

三、治疗原则

（一）病因治疗

需通过临床症状、用药情况、疾病因素、实验室检查等寻找老年患者发生谵妄的最可能诱发因素并进行处理。如积极止痛、处理便秘或粪便嵌塞和/或尿潴留、疼痛、低氧血症、营养不良等情况；如肝肾损害者减少或者停用易导致肝肾损伤的药物；因尿路感染导致者，做尿培养并用抗生素治疗；电解质紊乱者及时监测及纠正水电解质紊乱，颅内病变者行减轻脑水肿治疗等。

（二）非药物治疗

非药物治疗用于预防患者谵妄发生及快速改善谵妄症状，包括减轻认知功能损害和减轻患者躯体不适等。

（三）药物治疗

1. 短期、轻度谵妄 常用的口服药物有氟哌啶醇、利培酮、奥氮平等。

2. 严重高活动型谵妄 需要增加药物剂量，将苯二氮䓬类（劳拉西泮或咪达唑仑）与氟哌啶醇联合应用。

3. 临终前不可逆的谵妄状态 需结合患者之前的意愿，在与患者家属充分沟通和知情同意的情况下，考虑缓和镇静以缓解症状。

四、照护措施

（一）识别防范

1. 重视患者出现的早期症状 谵妄的预防重点在于尽早识别诱发因素并及时纠正。当患者出现精神症状，如意识改变、幻觉、胡言乱语、行为异常等情况时可尝试进行交流，在收集病史的过程中需要注意患者的注意力、定向力及记忆力等，在临床症状评估的基础上可使用谵妄相关评估量表对患者进行评估，详见第三章。

须特别注意：有些患者出现谵妄只是因简单的生理需求无法解决，最常见的是排尿困难、尿潴留，因此，大小便观察和护理非常重要。

2. 与家属及照护人员沟通 重点询问患者意识状态的基线状况及病史情况，如近期发热史、用药史、精神表现及发病时的具体症状等，并与目前状况进行比较。

（二）非药物治疗照护

1. 一般护理 保持环境安静、避免刺激；尽可能提供单独房间，降低说话声音；调节光线，适当降低房间照明度，晚上使用夜视灯；不轻易改变房间摆设，以免引起患者不必要的注意力转移。

2. 躯体照护 减轻躯体不适，促进患者舒适。例如处理便秘/粪便嵌塞、疼痛、低氧血症等情况；保障患者有效睡眠；保持水电解质平衡，均衡营养。

3. 安全照护 指导专人24小时看护，移除锐器、刀具、绳索、玻璃、化学品等危险物品，预防患者自伤及伤人；对于缓和镇静的谵妄患者，需要密切关注患者的症状、痛苦程度、意识状态以及潜在的安全隐患；存在激越行为时，应由熟悉的人员对患者进行安慰和言语引导，尽量避免约束身体，预防跌倒坠床。

4. 维持定向力 选择有窗户、可看到户外的房间；经常提醒患者当前的具体时间、地点、身边的陪伴者等；将时钟、日历、家庭照片放在患者能看到的地方，促进患者的定向能力；有视觉和听觉损害的患者建议使用助视或助听工具。

5. 认知刺激 提供语言和图文刺激，维持感觉功能；鼓励家属或亲友尽可能多地陪伴和安慰解释，帮助患者进行回忆等认知刺激；在亲友来访或家属照顾时，要提醒患者自己的身份，尽量给患者以安全感，减少认知功能损害；但注意避免过度刺激，尤其是在夜间。

6. 心理支持 对患者的诉说作出反应,做好安抚,减少恐惧;增进与患者的沟通,促进患者对时间和空间的定向力。

(三)药物治疗照护

1. 病情观察 密切观察患者的生命体征、意识状态、精神状态及行为变化。

2. 仔细监测药物不良反应 老年患者使用氟哌啶醇治疗前,应进行基线心电图(ECG)监测,并纠正电解质紊乱;治疗期间,应动态监测心脏功能和电解质,监测有无心律失常发生;早期需监测和观察锥体外系副作用,如急性肌张力障碍、迟发性运动障碍等。同时,注意观察迟发性运动障碍的早期症状,如口唇及舌重复的、不能控制的运动,表现为不自主连续刻板咀嚼、吸吮、转舌、舔舌等。使用利培酮、奥氮平时常见的副作用包括直立性低血压、口干、困倦、躁动及外周水肿,医护人员应指导患者服药后休息,换体位时动作要慢,一旦患者出现直立性低血压,立即将患者平卧,并根据情况进行急救处理。

(四)健康教育

1. 用药指导 根据药物性质,做好针对性指导。告知患者及家属服药后不宜马上躺下;对于卧床患者,服药时尽量抬高床头,减少药物在食管中的滞留时间;一旦精神症状得到有效控制,如氟哌啶醇等药物需根据医嘱停药,避免突然停药或过量用药。

2. 睡眠指导 协助患者保持最佳的睡眠-觉醒周期,增加白天的照明和唤醒,控制白天睡眠时间;鼓励或协助患者活动,如白天尽可能多地暴露在阳光下,下床进食;促进患者的社会参与,模拟其正常的日常活动;尽量减少夜晚的照明及人员走动和噪声干扰(如生命体征测量、仪器报警声、抽血检查等)。睡前可听一些放松的音乐,进食少量点心、热饮或牛奶,促进入睡。

3. 疾病知识指导 向家属及照护人员介绍谵妄的病因和临床表现,解释患者的情绪和性格变化是疾病所致,鼓励家属、亲友大胆表达自己的感受及想法,用正确方式发泄紧张情绪,减轻应激事件对个体心理状况的影响。

第十节 失 眠

案 例

陈女士,78岁,反复多关节疼痛10余年,多处关节变形僵直,伴有严重活动受限,多年来服用抗风湿药物,平时生活勉强可以自理,住在医养结合机构。半年前因晨起发现口眼歪斜,半身不遂,流口水等症状,诊断为缺血性脑卒中后给予药物治疗、物理治疗、康复锻炼等,病情改善不明显。近日因肺部感染、高热等再次入院,患者精神萎靡、全身疼痛伴呼吸困难,不能进食,一般情况差。主诉睡眠不好,近1个月出现入睡困难加重,每晚睡眠不足3小时,有时彻夜不眠,夜间多梦、早醒,醒后感觉头晕、全身乏力、气短并伴有注意涣散,食欲缺乏等情况。患者非常担心自己的身体状况,焦虑且较为烦躁。

请问:

1. 失眠的常见原因有哪些?

2. 老年安宁疗护患者失眠有哪些具体的临床表现?

一、概念

(一)定义

失眠(insomnia)是指尽管有合适的睡眠机会和睡眠环境,依然对睡眠时间和/或睡眠质量感到不满足并影响日间社会活动的一种主观体验,其特点是难以开始或维持睡眠并伴有清醒时的烦躁或疲劳等症状。睡眠差是主诉，包括睡眠不足、入睡困难或维持睡眠难、睡眠中断，或睡眠质量差，在安宁疗护患者中报告失眠的发生率为23%～70%。

老年患者反复失眠后往往无法应对身心压力，难以解决日常生活中的困难；更容易出现疼痛、食欲缺乏、消化不良、活动无耐力等躯体症状，精神萎靡、精力下降导致难以处理情绪问题；生理功能和心理功能均受影响。

（二）原因

1. 不能控制的身体症状 如疼痛、尿频、呼吸困难、腿抽搐、皮肤瘙痒、恶心、呕吐等。

2. 心理神经性原因 如焦虑、抑郁、精神错乱及药物、代谢紊乱和肿瘤直接侵犯导致的认知障碍等。

3. 药物性原因 如使用皮质类固醇类激素、抗高血压药物、利尿药、拟交感神经药物、抗胆碱能药物、中枢神经系统兴奋剂、选择性5-羟色胺再吸收抑制剂、咖啡因、酒精（可导致失眠复发）等。

二、临床表现

失眠主要症状表现为：①入睡困难，入睡时间大于30分钟；②睡眠维持短，夜间觉醒时间大于30分钟或更长，夜间觉醒次数超过2次或凌晨早醒；③睡眠质量差，多噩梦；④总睡眠时间少于6.5小时；⑤症状每周至少出现3次，并且伴有日间功能障碍或日间的痛苦体验。如早上起床后感到疲劳、躯体不适、情绪低落或易激惹等，患者对此有焦虑和恐惧情绪，不仅会导致生活质量、认知功能下降，还可能加重患者对痛苦和疼痛的感知。

在临床症状评估的基础上可使用匹兹堡睡眠质量指数（PSQI）和/或体动记录仪对患者进行评估，详见第三章。

三、治疗原则

（一）病因治疗

1. 针对老年患者失眠的病因处理是治疗的关键，纠正可以纠正的因素。

评估和治疗身体难以控制的症状及治疗焦虑、抑郁和/或谵妄。如通过睡前增加镇痛药剂量来优化疼痛处理效果等。

2. 梳理患者的现有治疗用药和停用任何可疑的、控制其他症状不必要的药物。

（二）非药物治疗

非药物治疗主要包括睡眠健康教育、失眠认知行为疗法、正念减压练习、渐进性肌肉放松训练和芳香疗法及其他疗法如音乐疗法、穴位按摩、针灸、足浴等。穴位按摩可有效提高失眠患者的睡眠质量。大多选取神门、三阴交、涌泉、内关、百会、太阳等穴位，于每晚睡前按压1～5min，以出现酸胀感且可以耐受为度。

（三）药物治疗

老年安宁疗护患者本身并不需要镇静，只有当必要时才使用药物治疗。总体原则：催眠药物应短期使用，从小剂量开始，逐渐增加剂量，若与阿片类药物同时使用时，应注意过度镇静等副作用，酌情减少剂量。常用的镇静/催眠药物如下：

1. 苯二氮䓬类 如劳拉西泮、奥沙西泮等。

2. 非苯二氮䓬类 环吡咯酮类如佐匹克隆；咪唑吡啶类如唑吡坦等。

3. 抗抑郁药 如多塞平、曲唑酮、米氮平等，尤其适用于伴有焦虑和抑郁症状的失眠患者。

4. 褪黑素和褪黑素受体激动药 如褪黑素缓释片等，适用于55岁以上中老年失眠患者。

5. 中成药 如朱砂安神丸、酸枣仁安神胶囊、补心丹等，对改善患者的睡眠状况有一定效果。

失眠症的数字疗法

失眠症数字疗法是指由软件程序驱动，为失眠症患者提供基于循证医学证据的数字化诊疗措施，包括数字化评估、治疗和管理等内容。

失眠症数字疗法是将成熟的失眠症治疗方法用数字化的形式来呈现，包括数字化失眠症认知行为疗法（digital cognitive behavior therapy for insomnia，dCBT-I）、数字化失眠症正念疗法（digital mindfulness-based therapy for insomnia，dMBT-I）、基于虚拟现实（virtual reality，VR）的失眠症数字疗法、远程神经生物反馈（tele-neurofeedback，NFB）等。其中 dCBT-I 是一套失眠症心理治疗的组合，通常包括心理教育/睡眠卫生、放松训练、刺激控制疗法、睡眠限制疗法和认知疗法等。

数字化失眠症干预采用图文、语音、视频和聊天机器人等不同的数字化形式，通过软件和可穿戴设备等方法对患者进行干预，并通过后台人工智能和大数据模型技术针对实时采集的患者睡眠数据动态调整干预方案，体现个性化和精准干预。

四、照护措施

（一）非药物治疗照护

1. 一般护理　营造舒适睡眠环境，包括减少噪声，合理安排治疗和护理操作，降低夜间医疗护理设备运转音量等；保证夜间病房光线柔和，使用夜灯；保持适宜的温度与湿度，卧室温度稍低有助于睡眠；提供柔软、舒适、整洁的床铺，定时协助翻身。

2. 舒适照护　积极控制躯体不适症状，如控制疼痛、咳嗽、皮肤瘙痒等影响睡眠的症状。若患者呼吸不畅，可协助其取半坐卧位或抬高头胸部，以利于呼吸；若患者腰腿疼痛，可将腿部用软枕垫高，按摩局部或用软垫支撑盖被，以免肢体受压而不适；若患者皮肤瘙痒，可涂一些润肤膏或止痒药物以减轻不适。

3. 失眠认知行为疗法（cognitive behavioral therapy for insomnia，CBT-I）　CBT-I 是认知治疗和行为治疗的组合，至少涉及一种认知成分和一个核心行为成分（睡眠限制、刺激控制），其他选项包括正念减压和渐进放松等。CBT-I 被多中华医学会、中国睡眠研究会以及多个国家医药研究机构推荐为失眠症的一线治疗方案，可改善老年失眠患者的睡眠质量。

（1）睡眠健康教育：①保持规律的日常作息习惯（包括节假日）；②避免在下午 3 点后午睡，且限制在 1 小时以内；③睡前 1 小时不宜进食过饱，避免刺激性食物或药物；④睡前半小时可温水泡脚或温水洗澡放松；⑤睡前可进食少量热饮和牛奶；⑥在卧室里不从事与睡眠无关的行为，不在床以外的地方睡觉、临睡前 1 小时不看手机和电视。

（2）睡眠行为干预

1）睡眠限制：即限制患者日常卧床时间，保证与其实际睡眠时间相符合，避免床上清醒时间过长。

2）刺激控制：指导患者如体力可支，仅在困倦时卧床，如卧床时间超过 20 分钟还不能入睡，应离开卧室到其他房间，待困倦时再卧床。

（3）睡眠认知重构：纠正患者对睡眠的错误认识和不合理信念，避免陷入焦虑－失眠－焦虑－失眠的恶性循环中，不要因为一夜没睡好就产生负面情绪；接纳负面情绪，合理宣泄内心压力。

（4）正念减压练习和渐进性肌肉放松：在指导患者做正念减压练习和肌肉放松训练时，需要全程重视患者的依从性和响应度及患者的身体耐受情况。

1）正念减压练习（mindfulness-based stress reduction，MBSR）是指通过培养患者的正念能力，改变自己对待失眠的想法、感受和情绪的态度，对出现的情绪进行管理，以有效缓解失眠症状。正念减压的基本练习包括呼吸觉察、身体扫描、正念伸展等。其中,身体扫描对帮助放松、改善情绪、舒缓身心压力、促进入睡、延长睡眠时长和提高睡眠质量尤为有效。

2)渐进性肌肉放松训练(progressive muscle relaxation,PMR)是指一种逐渐的、有序的、使肌肉先紧张后放松的一种训练方法。可利用视频资料指导患者训练,通过对肌肉反复收缩、放松,能够从躯体层面缓解患者的焦虑感;使患者体验到深度松弛,大脑处于低唤醒水平,达到舒适、放松身心改善睡眠质量等作用。

4. 芳香疗法　芳香疗法又称精油疗法,是一种运用芳香植物的精油成分来改善疾病症状的一种自然疗法,能有效促进患者的身体和精神健康。以下方法可单独或多种方式结合应用,帮助患者放松身体和情绪。

(1)按摩法:把2~3滴芳香精油与几滴椰子油或橄榄油调和,取少量置于掌心搓热,按压太阳穴和眉心位置,按摩面额、耳郭、头部、肩颈、脊椎、小腿肌肉和足底等。

(2)吸入法:将芳香精油滴1~2滴到掌心,轻轻摩擦温热后,把双掌合拢呈捧水状捂住鼻周做深呼吸数次。

(3)热敷法:芳香精油滴入温水中,湿热毛巾热敷眼周、肩颈、腰背、膝盖等部位。

(4)沐浴法:将精油4~8滴滴于沐浴盆中泡澡,可协助全身肌肉放松,缓解疲劳。

(5)香薰法:使用扩香仪释放芳香精油,临睡前1小时打开扩香仪,睡觉时关闭。

可针对不同的失眠类型、躯体不适症状、个人喜好等选用不同的芳香精油配方,如薰衣草、洋甘菊、柠檬、薄荷、银合欢、芳樟、香蜂草等植物提取的芳香精油均对失眠的缓解有一定帮助。

5. 其他方法　包括音乐疗法、穴位按摩、针灸、足浴等。

(二)药物治疗照护

1. 病情观察与跌倒预防　老年患者使用镇静/催眠药物容易发生药物中毒和白天宿醉效应,如头晕、乏力、嗜睡、注意涣散、肌张力降低、跌倒和认知功能减退;需要严密观察病情,注意预防跌倒的发生。

2. 长期用药观察　长期或大剂量使用镇静/催眠药物易产生戒断、耐受和依赖等,对苯二氮䓬类等药物敏感性高的人群,易出现精神错乱、认知障碍、共济失调风险增加等不良反应。在停用具有成瘾性的催眠药物时,应遵循个体化原则,采用缓慢、渐进式停用药物。

(三)健康教育

1. 用药指导　对老年失眠患者,只有在应用非药物治疗方法无效时,才考虑应用药物。在正常的睡眠时间恢复后,尽量不要常规给予镇静/催眠药物。

(1)不随意增减剂量或更改药物:镇静/催眠药物应短期使用,小剂量开始,逐渐增加并维持最低有效剂量,与阿片类药物同用时,应注意过度镇静等副作用,酌情减少剂量。指导患者不要随意增减剂量或更改药物种类。

(2)合理安排服药时间:尽量睡前5~10分钟服用或根据药物半衰期服用,以保证充足的睡眠时间。

(3)服药后体位指导:服药后指导患者上床平卧,尽量不要起身走动;有些患者服用镇静催眠药物以后会有头重脚轻的感觉,指导更换体位、走路时要缓慢。

2. 饮食指导　指导患者晚餐不宜过饱或者不吃,宜进食清淡易消化的食物。睡前喝一杯热牛奶可加速入睡。睡前不要饮用浓茶、咖啡、可乐等易致兴奋的饮品。如果夜间尿频影响睡眠,应避免在睡前大量饮水。

3. 运动指导　指导卧床患者白天适当增加活动量,如力所能及的病房走动,尽量促进自然睡眠;做好晚间护理,协助患者做好睡前准备。根据患者体力与病情安排适当的活动和锻炼,睡前1小时避免剧烈运动。

第十一节　疲　　乏

案　例

邓先生，72岁，非小细胞肺癌晚期，腰椎多发性转移，近期因咳痰、胸闷、全身疼痛、乏力等入住医养结合机构安宁疗护病房，入院时数字疼痛评分（NRS）为6分，血白蛋白35g/L，血红蛋白85g/L，给予止痛、吸氧、止咳化痰、营养支持等对症治疗。患者诉说自己近3个月来疲乏无力，感觉肢体沉重，每天都觉得很累，完全没力气下床，睡了很久醒来却仍然很累，食欲下降，对平时喜欢的事情失去兴趣。

请问：

1. 什么是疲乏和癌因性疲乏？导致疲乏的原因有哪些？

2. 老年安宁疗护癌症患者，疲乏的临床表现有哪些？

一、概念

（一）定义

1. 疲乏（fatigue）　疲乏是指个体主观感觉体力下降，伴困倦、虚弱等症状，是一种持续存在的痛苦的主观感觉，包括躯体的、精神心理的和/或认知疲劳的痛苦感觉。

2. 癌因性疲乏（cancer-related fatigue，CRF）　疲乏是晚期疾病患者的常见症状，特别是老年癌症患者。美国国家综合癌症网络（NCCN）CRF指南（2023.V2版）将CRF定义为与癌症或癌症治疗相关的令人痛苦的、持续的、主观的、身体、情绪和/或认知上的疲劳或疲惫感，且与最近的活动不相称，并影响日常的生活和功能。

（二）原因

1. 生理性原因

（1）运动缺乏：可致身体肌肉萎缩而变得松弛无力。

（2）睡眠不足：睡眠对人体体力和精神恢复至关重要，睡眠不足可引起疲乏不适。

（3）年龄增大：老年人存在线粒体减少或受损，有效供能减少；同时存在肌肉萎缩和减少，肌肉质量和力量的丢失等，都可造成疲乏。

2. 病理性原因

（1）消耗性疾病：癌因性疲乏（CRF）贯穿肿瘤的全过程，发生快、持续时间长，其发生与癌症本身、癌症相关治疗以及患者身体状况密切相关。

（2）营养性疾病：营养不良性贫血的主要症状可表现为疲乏，严重程度与其贫血程度相关。此外，低蛋白血症、电解质紊乱和B族维生素缺乏也是疲乏的常见原因。

（3）感染性疾病：感染性疾病本身可引起乏力，如果症状反复且持续时间较长，将加重患者的疲乏。

（4）神经系统及其他系统疾病：脑血管疾病后往往有乏力、易疲劳等症状；全身其他系统疾病皆可引起老年患者的疲乏。

（5）药物和其他物质摄入：精神类药物包括抗抑郁药和抗组胺药、苯二氮䓬类药物、抗高血压药、抗帕金森病药物等。其他物质如长期饮浓茶、咖啡产生咖啡因成瘾，一旦停止摄入时则产生乏力等戒断反应。

二、临床表现

在最近的活动水平上，有明显的疲劳感、无力或需要更多的休息，同时伴有以下5个及以上的症状：①全身无力或肢体沉重；②注意力不能集中；③情绪低落，兴趣减退；④失眠或嗜睡；⑤睡眠后感到精力不能恢复；⑥活动困难；⑦存在情绪反应，如悲伤、挫折感或易激惹，进而感觉疲乏；⑧因疲乏不能完成原先胜任的日常活动；⑨短期记忆减退；⑩疲乏症状持续数小时不能缓解。

在临床症状评估的基础上可使用简明疲乏量表（BFI）和／或 Piper 疲乏量表（PSF）对患者进行评估。

三、治疗原则

（一）病因治疗

生理性疲乏主要以对症支持为主，如注意休息、改善睡眠；劳逸结合、适当运动；改善不良生活习惯，避免长期饮用浓茶和咖啡等；注意精神心理状态的调整和情绪管理。病理性疲乏，应首先处理由疾病和治疗诱发的可治疗因素，包括恰当地控制疼痛和其他症状，处理焦虑、抑郁、情绪困扰、睡眠障碍、营养不良、贫血、药物副作用及老年共病等。

（二）非药物治疗

非药物治疗包括充分休息、营养支持、分散注意力和节约体能、体力活动和运动、芳香疗法及其他疗法等。

（三）药物治疗

癌因性疲乏的治疗主要以对症处理和减轻症状为主。针对某些特殊的情形，可以酌情考虑应用药物，证据不支持常规应用药物。

1. 皮质类固醇类激素 短期（≤2 周）应用，仅推荐用于安宁疗护癌症患者。

2. 中枢兴奋剂 仅对重度疲乏患者有效，代表性药物是哌甲酯，在排除其他原因（癌痛、贫血等）引起的疲乏后，可考虑使用。

3. 中药、中成药治疗 根据常见证型，以补益为主。健脾益胃散寒法：补中益气汤等；中成药：正元胶囊、扶正胶囊等。

四、照护措施

（一）非药物治疗照护

1. 环境照护 确保病房环境清洁、整齐、安静，每天定时开窗通风，保持空气新鲜，阳光充足；保持适宜的温度与湿度；房间内可以摆放一些鲜花、绿植或塑料花卉、动物玩具等，以调节患者的心情，增强其生活的信心和勇气。

2. 营养支持 调整饮食结构和内容，均衡营养，规律饮食，有助于增强机体的免疫力、预防病毒感染、缓解疲劳。

3. 睡眠健康教育 包括促进夜晚良好睡眠和建立有利于睡眠的环境，例如黑暗、安静、舒适的环境，每天尽量保持相近的入睡时间以及起床时间。例如：在傍晚，避免刺激性的饮料（如咖啡、酒类等）；避免午睡时间过长，限制在 1 小时以内；睡前半小时可以泡脚、喝杯牛奶，避免情绪激动。

4. 分散注意力和节约体能法 包括鼓励老年患者听音乐、听故事、阅读、适当参加轻社交活动等，分散注意力；帮助老年患者根据自身情况确立现实的期望值、对日常活动进行优先排序，节约体能。必要时还可选用一些节省体力的技巧，如沐浴后穿浴袍而不是用毛巾擦干身体，使用辅助工具，如助行器、抓取工具、床头柜等设施。

5. 体力活动和运动指导法

（1）有氧运动：根据自身的健康状况选择合适的运动形式，包括散步、做广播操、八段锦、太极拳等，可从活动量小的运动方式开始，然后逐步过渡；运动时间可从每周 1～2 次过渡到每周 3～5 次，从每次 30 分钟以下过渡到 30 分钟以上，注意每次不要超过 60 分钟，根据老年患者的耐受情况进行调整。太极拳、八段锦具有调身、调息优势，在疲乏的缓解和治疗中具有重要作用，运动时间可根据患者的耐受情况进行调整。

（2）抗阻运动：抗阻运动是指完全依靠自身力量克服一定外界阻力的运动。阻力可以来自他人、自身、重力等。抗阻运动包括静止性练习和动力性练习，如仰卧起坐、深蹲、阻力带训练等，这些运动能够改善肌肉力量和耐力。抗阻运动前应指导患者做好充分的热身活动；运动过程中加强监督以确保患者的安全并对其加以鼓励，提高患者运动意愿；根据不同患者的具体情况循序渐进、量力而行，并不断优化和调整。

（3）维持最佳活动水平：在决定活动强度前，需要评估老年患者是否存在肿瘤骨转移、血小板减少、贫血、发热或活动性感染、继发于转移或其他合并症的限制、跌倒风险等安全问题；运动疗法应量力而行，以追求适当的活动量和放松心情为主，不必像健康人群一样追求动作的精准，以免造成意外损伤。

6. 芳香疗法　采用自然植物中提取的芳香精华通过熏香吸入、按摩以及沐浴等方式，由呼吸道或皮肤吸收进入体内，达到舒缓精神压力与增进身体健康的目的。在进行芳香疗法时，需要尊重老年患者的个体选择，纯精油不宜直接涂在皮肤上。

7. 其他疗法　中医外治疗法如针灸、耳穴埋豆、穴位敷贴、隔姜灸、按摩、中药足浴、五行音乐疗法等；明亮白光疗法等。

（二）药物治疗照护

严格遵循医嘱，根据患者的病情调整药物剂量和用药时间，药物应短期应用，不支持长期使用。对于使用皮质类固醇类激素患者，使用过程中应注意患者的身体特点、肝功能、肾功能、合并症情况，谨防不良反应的发生；对于使用中枢兴奋剂的患者，使用过程中应注意观察有无头痛、恶心、食欲缺乏、眩晕、焦虑等不良反应，严密观察病情变化。

（三）健康教育

1. 保证充分休息　指导患者安排足够的时间休息和睡眠，减轻躯体的疲惫感。

2. 饮食营养调理　饮食以清淡、易消化及高营养饮食为主；根据患者偏好和进食能力采取不同的烹饪方法，丰富菜肴的口感和外观，提高食欲；对营养不良的患者，应遵循五阶梯治疗模式；改善不良生活习惯，避免长期饮用浓茶和咖啡等。

3. 患者、家属教育辅导　倾听老年患者所关心的问题，鼓励患者说出疲乏；教会患者正确使用疲乏评估工具；告知患者/家属处理疲乏的有效策略（如充分休息、分散注意力、适当运动等）；调动患者家属和亲友的力量给予患者情感支持。

第十二节　咳嗽、咳痰

案　例

陈先生，76岁，因"反复咳嗽、咳痰伴气促20余年，加重1周"入院。既往有支气管扩张、慢性阻塞性肺疾病（COPD），吸烟40年（已戒烟10年）。1周前受凉后症状加重，咳嗽、咳黄痰，气促明显，夜间不能平卧。查体：呼吸急促，双肺散在干湿啰音。辅助检查：血常规提示感染，血气分析示Ⅱ型呼吸衰竭。诊断为COPD急性加重、Ⅱ型呼吸衰竭。给予氧疗、雾化吸入、抗生素及祛痰治疗。

请问：

1. 该患者发生咳嗽、咳痰的主要原因有哪些？

2. 哪些非药物治疗方法可以缓解该患者的咳嗽、咳痰症状？

一、概念

（一）定义

咳嗽（cough）是因咳嗽感受器受刺激引起的一种呈突然、暴发性的呼气运动，以清除呼吸道分泌物。咳嗽时咽喉部、气管及大支气管内过多的分泌物或异物随之排出体外，咳嗽本质上是一种保护性反射活动。

咳痰（expectoration）是借助支气管黏膜上皮的纤毛运动、支气管平滑肌的收缩及咳嗽反射，将呼吸道分泌物经口腔排出体外的动作。

（二）病因

1. 呼吸系统疾病 鼻后滴漏综合征、慢性咽炎、慢性阻塞性肺疾病、支气管扩张、肺炎、肺水肿、肿瘤浸润或阻塞等。

2. 非呼吸系统疾病 慢性心力衰竭、心包积液、胃食管反流病、血管紧张素转换酶抑制药等。终末期患者在接近生命结束时，出现衰弱、肌无力和不能协调有效吞咽而使分泌物蓄积，导致无效持续性咳嗽。

（三）分类

1. 按咳嗽持续时间分类

（1）急性咳嗽：3周以内发生的咳嗽，通常由呼吸道感染等病因导致。

（2）亚急性咳嗽：持续了3~8周的咳嗽。

（3）慢性咳嗽：持续8周以上还未治愈，并且经过各种检查后原因依旧不明的咳嗽。

2. 按咳嗽性质分类

（1）干咳：咳嗽时无痰或痰量较少（≤10ml/d）。

（2）湿咳：咳嗽时痰量较多（>10ml/d），提示气道内存在较多分泌物，常见于支气管扩张、肺炎等。

二、临床表现

（一）咳嗽相关症状

1. 咳嗽的性质 干咳通常无痰或痰量较少，而湿咳则有较多痰液。急性上呼吸道感染的咳嗽多为干咳，伴有发热；支气管肿瘤的咳嗽常为刺激性干咳，肿瘤压迫气管或支气管时咳嗽伴有金属音。

2. 咳嗽的频率和节律 可能表现为阵发性咳嗽，尤其在夜间或清晨加重，也可能持续性咳嗽。

3. 伴随症状 患者咳嗽剧烈时可能会伴有胸痛、气喘、呼吸困难等；久咳患者尤其是夜间咳嗽或咳大量痰液者常感疲倦、失眠、注意涣散，情绪不稳定。

（二）咳痰相关症状

1. 痰液的性质 痰液可能为白色黏痰、黄色脓痰或带血丝痰。痰液黏稠时，患者可能感觉咳痰困难。慢性支气管炎患者的咳嗽多于晨间体位变换时咳白色泡沫样或黏液样痰；支气管扩张和肺脓肿时咳大量黄色脓性痰，并与体位改变有明显关系；急性肺水肿可见粉红色泡沫样痰；肺炎球菌性肺炎可见铁锈色痰。

2. 痰液的量 痰量的增减反映感染的加剧或炎症的缓解，若痰液量突然减少且出现体温升高，可能与支气管痰液引流不畅有关。

3. 伴随症状 终末期患者可能因体力虚弱而无力咳出痰液，导致痰液积聚在气道内，可能导致呼吸急促、气短，甚至出现喘息。如果痰液堵塞气道导致缺氧，可能会出现口唇、甲床发绀，需要紧急处理。听诊时可能在肺部听到湿啰音或哮鸣音。

三、治疗原则

（一）病因治疗

终末期患者可采取针对性的病因治疗，如肺部感染者进行抗感染治疗；停止使用血管紧张素转换酶抑制药；可用抗组胺类药物治疗上气道咳嗽综合征；符合姑息治疗目的情况下使用姑息性化疗、放疗或者支架植入等改善肺癌患者导致的中央气道梗阻等症状。

（二）非药物治疗

非药物治疗主要包括言语治疗及行为治疗，具体措施主要有咳嗽抑制技巧、喉部保健训练。

1. 咳嗽抑制技巧　通过分散患者注意力减少咳嗽频率，首先帮助患者认识到可能的咳嗽诱因，在患者意识到即将接触诱因时，主动以其他方式分散自己注意力，从而达到抑制咳嗽的作用。主要方法有闭口经鼻缓慢呼吸并放松喉部，并在呼气末短暂憋气；其他方法包括强迫性止咳、嚼口香糖、口中常含硬质糖果或水等。

2. 喉部保健训练　指增加患者吸入蒸汽或者确保每天饮水的量和频率，从而使喉部保持湿润状态，减轻患者喉部的敏感性；同时强调避免张口呼吸、吸烟、喝酒等行为。

（三）药物治疗

1. 镇咳药物　对于轻度咳嗽患者，建议使用外周作用的镇咳药（如苯佐那酯）。针对中至重度咳嗽患者，推荐具有中枢作用的阿片类药物；如果阿片类药物有禁忌证，则使用加巴喷丁或普瑞巴林。老年患者对阿片类药物的敏感性增加，需要从小剂量开始。对于从未使用过阿片类药物的患者，给予可待因 15mg 口服，每 4 小时一次，或者氢可酮 5mg 口服，每 4 小时一次，或者吗啡 5mg 口服，每 4 小时一次。对于已经接受阿片类药物镇痛的患者，可尝试增加 25%～50% 的剂量以抑制咳嗽症状。对于阿片类药物治疗无效的患者，可能尝试阿片类药物联合苯佐那酯。

2. 祛痰药物　适用于痰液黏稠、咳痰困难的患者。常用药物包括氨溴索、乙酰半胱氨酸等，有助于稀释痰液并促进痰液排出。

3. 支气管扩张剂　如果咳嗽与支气管痉挛有关（如 COPD 或哮喘），β_2 受体激动药如沙丁胺醇、沙美特罗等通过激动支气管平滑肌的 β_2 受体；抗胆碱能药物如异丙托溴铵等通过抑制腺体分泌和扩张支气管而发挥作用。

4. 糖皮质激素　对于炎症引起的咳嗽（如哮喘或 COPD 急性加重），糖皮质激素类药物具有抗炎效果。

5. 终末期患者治疗　在生命的最后几个小时和几天里，乏力、肌无力和呼吸道分泌物增加等原因导致的咳嗽可影响多达 80% 的患者。除其他对症治疗外，也可皮下或舌下含服抗胆碱能药物，以尽量减少支气管分泌，从而改善患者的咳嗽症状。

四、照护措施

（一）非药物治疗照护

1. 病情观察　密切监测其咳嗽持续时间（急性、亚急性或慢性）、咳嗽类型（干咳/湿咳）、触发因素、夜间与白天模式、严重程度及对生活质量的影响，并观察是否有胸痛或发绀等伴随症状。观察痰液的颜色、性质和量，正确留取痰标本并送检。

2. 环境照护　提供安静、舒适、洁净、温度与湿度适宜的环境，每天开窗通风，对有哮喘的患者，病房内应避免任何可能的变应原，如花粉、尘螨等。

3. 体位照护　协助患者取舒适卧位，半卧位或端坐位均有助于改善患者呼吸和排痰。

4. 呼吸道管理　促进患者有效咳嗽、咳痰。

（1）有效咳嗽：适用于神志清楚、一般状况良好且能够配合的患者。患者尽量采取坐位或半卧位，先进行 5～6 次深而慢的腹式呼吸，吸气至膈肌完全下降后屏气 3～5 秒，然后缩唇缓慢呼出气体；接着再次深吸气并屏气 3～5 秒，身体前倾，进行 2～3 次短促有力的咳嗽。咳嗽时可同时收缩腹肌，或用手按压上腹部，以帮助痰液排出。对于老年患者，需要根据其体力和耐受性调整节奏，避免过度用力导致疲劳或呼吸困难。

（2）气道湿化：主要适用于痰液黏稠、咳痰困难的患者。可选择小容量雾化器，如射流雾化器（适用于气道分泌物多、低氧血症患者）、超声雾化器（不适用于喘息性疾病）或振动筛孔雾化器（雾化效率高且残量少）。雾化吸入后，应加强口腔护理，防止药液残留导致口腔干燥或味觉障碍。及时为患者翻身拍背，促进痰液脱落，保持其呼吸道通畅。

（3）胸部叩击：适用于长期卧床、排痰无力的老年患者。患者取侧卧位或坐位，叩击者双手手指弯曲并拢，掌呈杯状，以腕部力量从肺底部自下而上、由外向内叩击胸壁，每分钟叩击 120～180 次，每个肺叶叩击 1～3 分钟。禁用于咯血、低血压、肺水肿、肿瘤转移至胸骨患者。

（4）机械吸痰：适用于痰液黏稠且无力咳出、意识模糊或已建立人工气道的患者。每次吸痰时间不超过 15 秒，两次吸痰间隔时间不少于 3 分钟。吸痰前后适当提高氧浓度，以避免低氧血症。操作前需要与患者及家属充分沟通，减轻患者的不适感。

（5）气道分泌物的护理：终末期患者常因唾液及口咽分泌物积聚而出现"临终喉鸣"。停用非必需的静脉补液或肠内营养，减少分泌物积聚；保持患者头高位或侧卧位，避免分泌物误吸；必要时可使用口腔干燥剂减少分泌物，但需要注意其可能引起的副作用（如口干、视物模糊）。

5. 心理支持　咳嗽、咳痰可能给患者带来不适和心理压力，照护人员应主动与患者交谈，倾听其感受，耐心开导，缓解其焦虑情绪。对于老年患者，心理支持尤为重要，可通过轻柔的音乐、安静的环境等方式减轻其不适感。

（二）药物治疗照护

根据患者的具体病情，选择可能需要使用的药物。使用阿片类药物时，密切观察患者是否有嗜睡、呼吸减慢等不良反应。在祛痰药物使用过程中确保患者适当饮水，以增强药物的稀释作用，观察痰液的颜色和量，记录变化，同时注意是否有恶心、呕吐等不良反应，及时发现并处理病情变化。

（三）健康教育

1. 饮食指导　指导患者少量多餐，选择易消化的高蛋白、高维生素食物（如鸡蛋、鱼肉、蔬菜粥）。避免辛辣、油腻食物，减少对呼吸道的刺激。减少咖啡、浓茶等饮品的摄入，避免影响睡眠质量。适当饮水，小口啜饮，防止呛咳，可选择温水、淡茶、蜂蜜水等，避免饮用含糖饮料。避免饱餐后平卧，减少胃内容物反流刺激呼吸道。

2. 活动指导　活动前应评估患者活动耐受性、心理反应和用药情况。根据患者体力，进行轻度活动（如床边坐起、散步），促进痰液排出。对于长期卧床的患者，可进行床上肢体活动，如抬腿、屈伸关节等。咳嗽时尽量采取坐位或半卧位，避免弯腰、低头等姿势，以免加重咳嗽。痰多时可经常更换体位，促进痰液排出。指导患者进行深呼吸和有效咳嗽，增强排痰能力。活动以不引起患者产生明显疲劳为度，避免加重咳嗽。

3. 睡眠指导　保持环境舒适，保持室内空气湿润，避免干燥或过冷空气刺激呼吸道。若有夜间咳嗽，可在医生指导下使用镇咳药物（如可待因）。睡前听轻音乐或进行放松训练，帮助患者缓解焦虑，改善睡眠质量。

4. 自我监测　记录咳嗽频率、痰液颜色和量。观察呼吸频率、节律是否正常，有无呼吸困难、气促等情况，如出现呼吸急促、发绀（口唇或指甲发紫）等异常情况，应立即通知医护人员。关注身体的整体状况，如食欲、精神状态、睡眠质量等。记录药物使用后的反应，如不良反应（如头晕、恶心、嗜睡等）。

第十三节　咯　血

案　例

张先生，82 岁，有长期吸烟史，患支气管扩张 20 余年，近日因咳嗽、咳脓痰 2 个月，加重伴少量咯血 1 周入院。X 线胸片示左上肺有卷发状阴影，阴影中有液平。入院当天 24 小时咯血量为 100～150ml，颜色鲜红，生命体征暂时平稳，但患者目前比较紧张。

请问：

1. 针对该患者，目前可以提供哪些非药物照护措施？

2. 患者发生大咯血，医护人员紧急情况下该如何处理？可采取哪一种治疗方式？

一、概念

（一）定义

咯血（hemoptysis）是指喉及喉以下呼吸道及肺组织的血管破裂导致的出血，并经咳嗽动作从口腔排出。

（二）原因

1. 支气管疾病　常见的有支气管扩张、支气管肺癌、支气管结核等。

2. 肺部疾病　常见于肺结核、原发性或继发性肺癌、肺炎、肺脓肿等。

3. 心血管疾病　常见于二尖瓣狭窄，其次为先天性心脏病所致的肺动脉高压、肺栓塞等。

4. 其他　晚期血液学恶性肿瘤、急性传染病、风湿性疾病等。

二、临床表现

（一）咯血量

咯血量的标准目前尚无明确的界定，临床上一般分为痰中带血、少量咯血（每天咯血量＜100ml）、中等量咯血（每天咯血量 100～500ml）和大量咯血（每天咯血量＞500ml 或一次咯血量＞100ml）。

（二）颜色和性状

鲜红色痰多见于肺结核、支气管扩张、肺脓肿和出血性疾病等；铁锈色痰常见于肺炎链球菌肺炎感染；暗红色痰多见于二尖瓣狭窄、肺栓塞等。

（三）鉴别

发生咯血时首先确定出血部位。少量咯血者需要与口腔、咽喉、鼻腔出血鉴别；此外，咯血需要与呕血相鉴别（表 5-2）。

表 5-2　咯血与呕血的鉴别

项目	咯血	呕血
病因	肺癌、肺结核、支气管扩张等	消化道溃疡、肝硬化、胃癌等
出血前兆	喉部瘙痒、胸闷、咳嗽等	上腹部不适、恶心、呕吐等
出血方式	咯出	呕出，呈喷射状
颜色	鲜红色	暗红色、棕色
酸碱度	碱性	酸性
混杂内容物	痰、泡沫	食物残渣、胃液
出血后血便	无，咽下血液量较多时可有出血后血便	有，柏油样便，呕血停止后可持续数日

（四）伴随症状

1. **伴发热**　多见于肺结核、肺炎、肺脓肿、支气管肺癌等。
2. **伴胸痛**　多见于肺炎链球菌肺炎、肺栓塞等。
3. **伴呛咳**　对见于支气管肺癌、支原体肺炎等。
4. **伴脓痰**　多见于支气管扩张、空洞性肺结核继发细菌感染等。
5. **伴皮肤黏膜出血**　可见于血液病、风湿病等。

三、治疗原则

（一）病因治疗

明确诊断，针对引起咯血的病因，选择合适的治疗措施。止血治疗是基础，病因治疗是关键。

（二）非药物治疗

1. **支气管动脉栓塞治疗**　支气管动脉栓塞治疗是复发性大咯血的首选方案，其目的是降低受累部位支气管动脉的全身动脉灌注压力来止血。主要适用于：①任何原因所致的急性大咯血，病因一时无法去除，为缓解病情，创造条件进行治疗；②咯血量不大，但反复发生者。严重心肺功能不全患者禁用。对于终末期老年患者而言，需要考虑患者耐受情况、经济条件、预期生存期和患者与家属的意愿等，再决定是否进行该项治疗。

2. **经支气管镜治疗**　大咯血发生时，可通过内镜技术确定出血源，进行局部止血。操作前应做好充分的救治准备，操作时保持患者呼吸道通畅，尽量减轻操作引起的咳嗽。

（三）药物治疗

鉴于临床上咯血多由支气管动脉或肺动脉血管破裂所致，故咯血的药物选择以垂体后叶激素、催产素及血管扩张药为主，其他止血药物为辅（表5-3）。

表5-3　常用止血药物类别和临床应用特点

类别	药物名称	作用	用法	备注
血管收缩剂	垂体后叶激素	收缩小动脉、降低血流速度	肌内、皮下注射、稀释后静脉滴注	大咯血首选
血管扩张药	酚妥拉明	扩张血管，降低肺循环压力	稀释后静脉滴注	主要用于垂体后叶素禁忌或无效时
作用于血小板	酚磺乙胺	促进血小板凝集、增强黏附性	肌内注射、稀释后静脉滴注	有形成血栓的风险
作用于毛细血管	卡巴克洛	促进毛细血管收缩	口服	水杨酸过敏者禁用
作用于凝血过程	氨甲苯酸 巴曲酶 维生素 K_1 云南白药	抑制纤维蛋白溶解；增强纤溶活性；促进凝血因子形成	稀释后静脉滴注、肌内注射、静脉滴注	止血作用弱，作为后续辅助用药

四、照护措施

（一）非药物治疗照护

1. **病情观察**　床旁心电监护，密切观察生命体征及意识状态的变化，尤其注意患者咯血的量、颜色、性质及出血的速度，一旦出现窒息先兆应及时救治。

2. **氧疗**　应根据患者的具体病情、氧合指数、呼吸状态和治疗目标来决定是否氧疗。首先保证患者呼吸道通畅，在实施氧疗时需密切监测其血氧饱和度和临床反应，在保证氧分压迅速提高到 60mmHg

或末梢血氧饱和度达 90% 以上的前提下,尽量降低吸氧浓度,以确保氧疗的安全性和有效性。

3. 体位照护 少量咯血者以静卧休息为主,大咯血患者应绝对卧床休息,尽量避免搬动。取患侧卧位,以减少患侧胸部的活动度,既防止病灶向健侧扩散,同时有利于健侧肺的通气功能。

4. 口腔照护 保持口腔清洁,防止因口咽部异物刺激引起剧烈咳嗽而诱发咯血。

5. 饮食照护 大咯血患者应禁食,少量咯血者宜进食少量温、凉流质饮食,因过冷或过热食物均易诱发或加重咯血。多饮水,多食富含纤维素食物,以保持大便通畅,避免排便时腹压增加而引起再度咯血,必要时用缓泻剂辅助通便。

6. 心理支持 鼓励家属陪伴并安慰患者,必要时医务人员根据患者及家属的情绪状态,进行有针对性的心理疏导。医务人员应及时清理患者的口鼻腔分泌物,必要时予治疗巾覆盖,减少患者及家属的恐惧心理。对精神极度紧张者,可建议给予小剂量镇静药,避免因精神过度紧张导致血压升高而加重病情。

7. 并发症 咯血常见并发症包括窒息、失血性休克、吸入性肺炎、肺不张和肺部感染等。其中窒息是咯血最严重的并发症,因此掌握窒息的预防与急救是关键。

(1)识别窒息的危险因素:患者心肺功能不全、体质衰弱;精神过度紧张导致声门或支气管痉挛;咯血后误用大量镇静、止咳药。

(2)识别窒息先兆:当患者突然两眼凝视、表情呆滞,甚至神志不清;咯血突然不畅、停止;咯血中突然呼吸加快,出现三凹征,一侧肺呼吸音减弱或消失,均提示发生窒息。

(3)窒息的紧急处置:立即取头低脚高 45° 俯卧位,头偏向一侧,轻拍背部,迅速排出在气道和口咽部的血块,或直接刺激咽部以咳出血块,必要时用吸痰管负压吸引吸出。保持患者呼吸道通畅,给予高浓度吸氧,酌情考虑气管插管及呼吸机辅助呼吸,如家属已签订放弃有创抢救,可不予考虑。

(二)药物治疗照护

1. 止血药 老年人止血药使用需遵循"安全、短程、监测"原则,综合考虑个体差异与整体病情,平衡止血效果与发生血栓的风险,确保有效性与安全性的最大化。

(1)根据病情和药物特点,个体化用药。使用垂体后叶激素时,要控制滴速,以免引起患者恶心、心悸等不良反应,因该药能引起肠道平滑肌收缩和冠状动脉收缩,故冠心病、高血压患者禁用。

(2)调整剂量与疗程,防止并发症。使用氨甲环酸时,要监测肝功能、肾功能,严重肝功能、肾功能不全者慎用;高凝状态患者慎用止血药,以免诱发心肌梗死或脑梗死。

(3)密切监测不良反应。老年人用药时更容易出现头晕、胃肠道不适、过敏反应等,尤其要关注老年患者的不典型症状。

2. 镇静、镇咳药 年老体弱、肺功能不全者用药后,应注意观察患者是否有呼吸中枢和咳嗽反射受到抑制,以早期发现因呼吸抑制导致的呼吸衰竭和不能咳出血块而发生窒息的危急情况。

(三)健康教育

1. 饮食指导 指导患者进食高营养、高蛋白、清淡易消化的饮食,避免进食过热、辛辣、坚硬等食物,以减少对咽喉及消化道黏膜的刺激。少量多餐,避免便秘。

2. 活动指导 咯血期间建议以静卧休息为主,可根据患者体力状态和病情变化循序渐进恢复活动,如散步、打太极拳等,避免剧烈运动。指导患者掌握腹式呼吸,减少咳嗽时胸腔压力波动。

3. 睡眠指导 保持室内安静,创造良好的睡眠环境。睡眠时采取患侧卧位,利用重力减少血液流向健侧肺,保持呼吸道通畅。若患者在睡眠期间因咳嗽影响休息,夜间频繁咳嗽,可遵医嘱用药。

4. 监测重点 指导家属观察咯血先兆,记录咯血时间、频次和咯血量。若出现咯血情况,家属应及时带患者就医,以便医生根据病情调整治疗方案。

第十四节 跌 倒

王先生，96岁，有长期高血压和糖尿病病史，因自理能力显著下降入住医养结合机构3个月。某日晚上他在淋浴时，卫生间地面湿滑且缺乏足够的扶手支持，不慎跌倒，跌倒时尝试用手支撑，但仍摔倒在地，初步检查发现有轻微擦伤，无明显骨折迹象，已通知医务人员进一步评估和处理。

请问：

1. 该患者跌倒的原因有哪些？
2. 该患者跌倒后应如何处理？

一、概念

（一）定义

跌倒（fall）是指突发、不自主的、非故意的体位改变，倒在地上或更低的平面上，是一种常见的老年综合征，可导致死亡、残疾或组织损伤，并且老年人跌倒死亡率随年龄增长急剧上升。

> **知识拓展**
>
> **跌倒分级**
>
> 无伤害（0级）：跌倒后，评估无损伤症状或体征。
>
> 轻度伤害（1级）：跌倒导致青肿、擦伤、疼痛，需要冰敷、包扎、伤口清洁、肢体抬高、局部用药等。
>
> 中度伤害（2级）：跌倒导致肌肉或关节损伤，需要缝合、使用皮肤胶、夹板固定等。
>
> 重度伤害（3级）：跌倒导致骨折、神经或内部损伤，需要手术、石膏、牵引等。
>
> 死亡：因跌倒受伤而死亡（而不是由引起跌倒的生理事件本身导致的死亡）。

（二）原因

1. 生理因素 老年人步态协调性、平衡稳定性和肌力下降，视觉、听觉、前庭功能、本体感觉下降，大小便控制能力下降均是诱发跌倒的危险因素。

2. 心理因素 沮丧、抑郁、焦虑、情绪不佳均增加跌倒的危险。另外，害怕跌倒也使行为能力下降，行动受到限制，从而影响步态和平衡能力而增加跌倒的危险。

3. 药物因素 服用镇静药、抗精神病药、抗高血压药、血管舒张药、降血糖药等易导致神志、精神、血压的改变，从而影响平衡功能引发跌倒。

4. 病理因素 老年人常常存在多病共存的情况，神经系统疾病、脑血管疾病、心血管疾病等急慢性疾病均可导致老年人头晕、步态不稳、虚弱、视觉或意识障碍，从而诱发跌倒。

5. 环境因素 昏暗的灯光，湿滑、不平坦的路面，在步行途中的障碍物，不合适的家具高度和摆放位置，卫生间没有扶栏、把手等都可能增加跌倒的危险，不合适的鞋子和行走辅助工具也与跌倒有关。

6. 社会因素 老年人的教育、收入水平、卫生保健水平、享受社会服务和卫生服务的途径以及老年人是否独居、与社会的交往和联系程度都会影响其跌倒的发生率。

二、不良后果

（一）骨折

老年人由于骨质疏松、骨脆性增加，跌倒时容易发生骨折，而且随年龄增长急剧上升。比较常见的是肱骨外科颈、桡骨远端及髋部骨折，最常见的是髋部骨折，同时也是最危险的。

（二）软组织损伤

软组织损伤主要包括关节积血、脱位、扭伤及血肿，会导致疼痛和行动不便。

（三）脑外伤

脑外伤包括脑震荡、脑挫裂伤、脑出血等，可能导致颅内压力升高、脑水肿，甚至脑疝形成，危及生命。

（四）心理创伤

跌倒可能导致老年人恐惧再次跌倒，从而避免进行有跌倒风险的活动，形成恶性循环，导致功能下降，行为退缩。

三、治疗原则

发现患者跌倒，不要急于扶起，医务人员要快速判断跌倒的原因，受伤情况，分情况进行处理。

（一）意识模糊

1. 立即拨打急救电话。

2. 首先处理窒息、心搏骤停等严重的并发症，立即进行胸外心脏按压、口对口人工呼吸等。

3. 有外伤、出血者，立即止血、包扎；有呕吐者，将其头偏向一侧，并清理口和鼻呕吐物，保持呼吸道通畅。

4. 有抽搐者，移至平整软地面或身体下垫软物，防止碰、擦伤，必要时垫牙垫以防止舌咬伤，不要硬掰抽搐肢体，防止肌肉、骨骼损伤。

5. 如需搬动，将老年人平稳搬到安全位置，尽量平卧。

6. 休克者应采取平卧位或仰卧中凹位。

（二）意识清楚

1. 询问患者跌倒情况及对跌倒过程是否有记忆，若不能记起跌倒过程，可能为晕厥或脑血管意外，应立即报告医务人员并协助转运到医院诊治或拨打急救电话。

2. 若有剧烈头痛或口角歪斜、言语不利、手脚无力等提示脑卒中的情况，不能急于扶起，因为立即扶起患者可能加重脑出血或脑缺血，加重病情，应立即拨打急救电话。

3. 怀疑骨折或脊柱损伤时，不可随意翻动老年人，以免加重病情。

4. 检查均无异常，患者尚可自行站立者，可协助患者缓慢坐起，充分休息恢复体力。

四、照护措施

（一）识别防范

1. 改善环境 营造安全、舒适的居住环境。这包括地面始终保持干燥，及时移除可能导致跌倒的障碍物，以减少跌倒的风险。居住空间应提供充足的照明，以减少因视力不佳而再次发生跌倒的可能性。

2. 调整生活方式 保证良好的睡眠质量，睡眠差导致思维和判断能力下降，容易发生跌倒。裤子不宜过长，走路时穿合适的防滑鞋，选择适合的辅助工具，根据老年人需求恰当使用轮椅、助行器等。

3. 合理用药 预防因药物原因造成跌倒的关键是合理用药，正确用药，用药后动作宜缓慢，减少不必要的活动。如服用安眠药后，应嘱患者上床休息，不宜再从事其他活动。告知患者不随意用药，不自行改变用药剂量及用药频次。

4. 疾病管理 积极治疗易引起跌倒的高危疾病，老年人患病后，不应讳疾忌医，要积极到正规医疗机构寻求救治。了解疾病可能的跌倒风险，提高防跌倒意识。

（二）非药物治疗照护

1. 病情观察 应定期监测患者的生命体征，包括血压、脉搏、呼吸频率和体温，以便及时发现病情变化。疼痛管理是跌倒后照护的重要组成部分，需要通过询问患者来评估疼痛的存在及其程度，并根据评估结果适当给予镇痛药。此外，对患者的意识状态进行密切观察，并对患者的活动能力进行评估，特别是行走和坐立等基本活动，以确定跌倒对其日常功能的影响。

2. 心理支持 跌倒往往会给老年人带来心理上的冲击，引发恐惧和焦虑。因此，提供情绪支持至关重要，需要耐心倾听他们的感受，并给予适当的安慰。为了帮助老年人重建信心，应鼓励他们参与适合其身体状况的活动，逐步恢复独立性和自信。在必要时，可以安排专业心理咨询师进行心理辅导，以解决更深层次的心理问题。同时，家庭成员的支持也是不可或缺的，鼓励家庭成员积极参与照护过程，提供情感上的支持和陪伴。

3. 康复训练 鼓励以及帮助老年人多从事有规律的增强肌力及平衡能力的运动，以改善他们的平衡及运动功能而减少跌倒的机会。

（三）健康教育

1. 活动指导 运动锻炼能保持或提高老年人的肌肉力量，减轻因衰老引起的关节僵硬，保持或提高柔韧性和平衡能力，维持骨骼健康。坚持规律的运动锻炼，锻炼平衡能力、肌肉力量、柔韧性、协调性、步态稳定性和灵活性，从而减少跌倒的发生。太极拳、八段锦都是适合老年人的运动方式。

2. 自我监测 加强跌倒宣教，帮助老年人及家属认识老年人存在的跌倒危险因素，防止跌倒与再次跌倒。

第十五节　误　　吸

> **案　例**
>
> 张先生，80岁，退休教师，胰腺癌Ⅳ期，入住医养结合机构安宁疗护病房，今天中午，当张先生与其他患者一同用餐时，他突然停下了手中的筷子，无法言语，只能用手指向自己的口腔，面部表情透露出极度的痛苦。
>
> **请问：**
> 1. 该患者发生了什么情况？
> 2. 应该如何对其进行紧急处理与救治？

一、概念

（一）定义

误吸（aspiration）是指在吞咽过程中，由于各种原因导致食物或液体等口咽部内容物不慎进入声门以下的呼吸道，即进入了气管和肺部。当患者吸入少量误吸物时，人体正常的肺部防御机制将会尽量清除或减少这些误吸物，但是多数情况下，不能被清除的误吸物会存于肺内，导致不同程度的肺部并发症，甚至发展为肺损伤，并发急性呼吸窘迫综合征。这种现象在吞咽障碍的患者中较为常见，尤其是在老年人、神经系统疾病患者、口腔结构异常或肌肉功能障碍的患者中更容易发生。

（二）原因

1. 疾病因素

（1）中枢神经系统疾病：如脑卒中、帕金森病、老年痴呆等，这些疾病可能导致吞咽反射障碍或意识水平下降,从而增加误吸风险。

（2）食管疾病:胃食管反流病患者胃酸、胃蛋白酶和胆汁酸的胃十二指肠反流内容物可直接损伤喉黏膜,增加误吸的可能性。

（3）口腔和咽喉疾病:如口腔炎症、咽喉部肿瘤等,影响正常吞咽功能。

（4）呼吸功能障碍:慢性阻塞性肺疾病、支气管哮喘等,因喘息、咳嗽、多痰等增加误吸的可能。

2. 非疾病因素

（1）年龄:随着年龄的增长,老年人的生理功能退化,如食管括约肌松弛、咽部感觉减退等,容易发生误吸。

（2）体位:如平躺进食、仰头进食等,可能导致食物误入气道。

（3）进食速度过快:进食过快或大口吞咽,未能充分咀嚼,增加误吸风险。

（4）食物性状:稀薄流质食物更易引起误吸,适当调整食物性状(如糊状食物)可减少误吸。

（5）药物影响:如苯二氮䓬类药物会抑制中枢神经系统,导致咽喉部肌肉松弛,会增加误吸风险。

（6）管路影响:患者由于疾病原因,留置管路如胃管在进行肠内营养过程中破坏了吞咽功能,进一步导致了误吸的发生。

二、临床表现

误吸按照发生后症状的不同,分为显性误吸和隐性误吸。

1. 显性误吸　误吸发生后,患者立刻出现刺激性呛咳、气急甚至发绀、窒息,呼吸困难是其首发和突出表现。若不伴有咳嗽症状,则称为隐性误吸。

2. 隐性误吸

（1）咳嗽和痰:患者可能会有持续的咳嗽和咳痰,这是因为异物进入气道后,机体试图通过咳嗽来清除这些异物。

（2）呼吸急促和呼吸困难:由于异物部分阻塞了气道,患者可能会感到呼吸急促或呼吸困难。

（3）喉部不适和声音改变:异物刺激喉部可能会引起喉部不适、疼痛或灼热感,严重时可能会影响声音,导致声音嘶哑或出现喘鸣声。

（4）恶心和呕吐:误吸可能导致胃内容物反流到口腔,引起恶心和呕吐。

（5）口腔内异物感:患者可能会感觉到口腔中有异常物质,如痰液、血液或食物残渣。

三、治疗原则

（一）非药物治疗

非药物治疗主要是窒息紧急处理。

1. 监测生命体征　持续监测患者的心率、血压、呼吸频率和血氧饱和度。

2. 评估患者状况　检查患者的意识水平和呼吸状态,包括呼吸困难、发绀、喘息或咳嗽等症状。老年人可表现为欲用力咳嗽而咳嗽不出,失声,口唇、颜面、皮肤青紫;甚至出现昏迷或半昏迷状态,呼吸逐渐变慢而微弱;老年人发生噎食时表现为进食时突然不能说话,并出现窒息痛苦表情,用手按住颈部或胸前,并用手指口腔。

3. 清除口腔和气道异物　立刻停止进食,若患者意识清楚,让老年人上半身向前倾,在老年人肩胛骨之间由下向上快速连续拍击,使阻塞食物咳出,同时清除口腔剩余食物;若患者意识模糊,将患者置于侧卧位,头部稍低,以利于异物的排出。看到口腔内的异物,小心地用手指清除。避免盲目地将手指伸入口腔深处,以免将异物推入气道。对于窒息老年人,可采用海姆利希急救法进行紧急处理。

4. 高流量吸氧　如果患者出现低氧血症,立即给予高流量氧气治疗。患者解除窒息后,医务人员应继续监测患者生命体征,密切关注患者的意识状态、瞳孔大小和瞳孔反应等,以防止并发症,如肺部感染、心搏骤停等的发生。医务人员需要采取措施预防或减少这些并发症的发生。例如,定期为患者翻身、拍背以促进排痰,避免肺部感染。

(二)药物治疗

评估并调整可能影响吞咽功能的药物,如苯二氮䓬类药物。使用刺激肠道蠕动的促胃动力药物如甲氧氯普胺、多潘立酮等帮助缓解患者吞咽困难,减少误吸发生的可能性。如果出现吸入性肺炎,可能需要使用抗生素治疗。根据需要使用支气管扩张剂或其他药物来改善呼吸。

四、照护措施

(一)识别防范

1. 进食准备 确保患者在清醒状态下进食,避免在意识模糊或嗜睡时进食。对于胃食管反流病患者,应采取合适的抗酸治疗,鼓励患者在进食时保持直立坐姿,避免平躺或仰头进食。对于卧床或管饲期间患者,可采用30°~45°半坐卧位。避免提供可能引起食管痉挛或损伤的食物。对于慢性阻塞性肺疾病(COPD)和支气管哮喘患者,应控制好呼吸道症状,减少喘息和咳嗽导致的误吸风险。对于鼻饲患者,进行分次喂养,每次操作前评估胃管的位置。

2. 进食速度 鼓励患者细嚼慢咽,避免快速进食或大口吞咽,避免短时间内大量进食。进食过程中出现呛咳、声音嘶哑、气促、基础血氧饱和度下降≥5%等情况时,应立即暂停进食。出现呕吐时,应协助老人坐起,如病情不允许可协助其侧卧位或仰卧头侧位。

3. 食物性状 根据患者的吞咽能力调整食物的质地,如将食物制备成糊状或添加增稠剂,以减少误吸风险。

4. 进食后体位 进食或者喂养结束后,保持半卧位30~60分钟。应指导有胃食管反流的老年人进食后保持直立位或餐后散步,睡眠时抬高床头15°~20°,可左侧卧位。

(二)非药物治疗照护

1. 口腔护理 每日进行2次口腔护理,保持良好的口腔环境,减少因误吸导致的口腔内定植菌下移,从而降低继发吸入性肺炎的风险。使用氯己定进行口腔护理,可减少微生物定植。应为有吞咽障碍的老年人选择负压式口护牙刷;可为口腔干燥的老年人应用口腔保湿凝胶。

2. 心理支持 误吸事件可能会给老年患者带来心理创伤,需要提供心理支持和康复指导,帮助患者调整心态,积极面对治疗和康复过程。医务人员应给予患者充分的心理支持。

(三)健康教育

1. 活动指导 指导老年人进行改善吞咽功能的日常锻炼,包括练习发声、说话、唱歌等。可进一步细化康复训练内容,如具体的吞咽动作训练等。

2. 饮食指导 指导患者进食时注意细嚼慢咽,不要讲话,避免分散注意力导致误吸,对于吞咽困难的患者,可使用小勺将食物慢慢送入口中。根据患者的吞咽功能选择易吞咽、营养丰富的食物,如流质食物、半流质食物。

3. 睡眠指导 为患者营造整洁、舒适的睡眠环境,在睡前2~3小时内避免进食,以减少胃内容物反流和误吸的风险。

4. 自我监测 教育患者和家属关于误吸预防的措施,包括正确的进食技巧和体位。以视频、宣传资料发放等形式加强宣教,教会照护人员如何识别误吸的迹象和紧急情况下的应对措施。

(李 丽 胡成文)

思考题

1. 使用羟考酮后应该如何进行剂量滴定?
2. 如何监测患者使用镇痛药物的不良反应?

3.终末期患者呼吸困难的特点有哪些？

4.呼吸训练包括哪些方法？如何利用这些方法帮助患者改善呼吸困难？

5.针对吞咽困难的患者，护士应如何进行饮食管理？

6.如何评估临终患者的恶病质程度？

7.临终患者恶病质的治疗原则是什么？

8.如何预防老年临终患者的隐性误吸？

9.老年人发生误吸导致窒息后，应如何紧急处理？

10.老年安宁疗护患者谵妄时的非药物治疗照护措施包括哪些？

第六章
老年常见疾病安宁疗护

📖 学习目标

知识目标：

1. 掌握老年常见疾病安宁疗护的处理原则及照护要点。

2. 熟悉老年常见疾病安宁疗护的常用药物、用药原则与观察。

3. 了解老年常见疾病终末期的特点及困扰。

能力目标：

1. 能根据老年常见疾病终末期特点，采取适宜的护理措施。

2. 能及时识别老年常见疾病安宁疗护用药物不良反应并采取正确的护理措施。

素质目标：

具有尊重老年安宁疗护患者意愿、保护患者隐私和慎独的职业素养。

第一节　阿尔茨海默病安宁疗护

案　例

徐先生，84岁，进行性认知功能下降6年余，近1年余出现言语困难，严重认知障碍，行为紊乱，查体均不能配合，伴随反复多次肺部和尿路感染，无法下床，病情已进入不可逆的晚期阶段。综合考虑患者的情况，医疗团队建议为其提供安宁疗护服务。

请问：

1. 结合患者病情，可采取哪些非药物干预手段？

2. 在患者认知功能显著下降，无法沟通的情况下，如何对患者进行心理精神支持？

一、概念

（一）定义

阿尔茨海默病（Alzheimer disease，AD）是发生于老年和老年前期，以进行性认知功能障碍和行为损害为特征的中枢神经系统退行性病变。临床表现为记忆力、定向力、判断力、计算力、注意力、语言等认知功能衰退，伴有人格和行为改变等。本病目前无法治愈，仅能通过治疗延缓病情进展，多数患者确诊后可存活5～10年。随着疾病进程，患者病情逐渐加重，日常生活能力受到严重影响甚至完全不能自理，四肢出现强直或屈曲瘫痪，括约肌功能障碍。

（二）原因

阿尔茨海默病是遗传、生活方式和环境因素共同作用的结果，这些因素会随着时间的推移影响大脑。阿尔茨海默病的确切原因尚不完全清楚，但从基本层面来说，是由于脑蛋白质无法正常工作，扰乱了脑细胞（神经元）的工作，神经元受损，彼此失去连接能力，最终神经元死亡。在阿尔茨海默病的进展过程中，神经元的损伤和死亡逐渐加重，导致大脑的萎缩和功能丧失。随着神经元的连接能力减弱，患者的认知功能、记忆力和日常生活能力逐渐下降，最终发展到终末期。

二、临床表现

（一）终末期临床表现

阿尔茨海默病终末期患者认知程度为重度痴呆，临床表现为：①进行性认知障碍和精神行为改变。②对日常生活产生严重的影响，包括自我照料在内的基本活动受损，完全依赖帮助。③易出现全身并发症与身体衰竭。

（二）筛查标准

以下阿尔茨海默病安宁疗护筛查标准可作为临床参考：

1. Medicare 临终关怀指南 该指南的筛查标准为：具有严重的功能限制，功能评定分期（functional assessment staging, FAST）达到 7 级（FAST 将阿尔茨海默病的进展分为 7 级，1～3 级为正常或早期阿尔茨海默病，4 级为轻度阿尔茨海默病，5～7 级为中重度阿尔茨海默病，分级越高说明认知功能障碍严重程度越高），并且在过去一年中至少出现以下六种并发症之一：吸入性肺炎、肾盂肾炎、败血症、多发性压力性损伤、抗生素治疗后反复发热，或摄入不足（包括水分和热量不足），并伴有在过去 6 个月内体重下降至少 10%（或血清白蛋白水平低于 25g/L）。

2. 黄金标准框架 - 主动识别指南（GSF-PIG） 该指南的筛查标准为：无法认出家庭成员，或者持续无法进行有意义的对话；完全依赖他人照顾，或无法完成日常生活活动（ADL）；反复出现谵妄；吸入性肺炎；尿失禁和大便失禁；此外，还应考虑以下因素：体重减轻、尿路感染、3 期或 4 期压力性损伤、反复发热、口服摄入减少。

三、治疗原则

（一）病因治疗

本病的病因治疗为服用神经递质类药物，以改善患者的认知功能。阿尔茨海默病常用的药物主要包括胆碱酯酶抑制药，如多奈哌齐、卡巴拉汀。

📖 知识拓展

阿尔茨海默病最新药物研究

目前，临床上应用的阿尔茨海默病治疗药物，包括多奈哌齐、卡巴拉汀、美金刚等，仅能在一定程度上延缓疾病进程，但尚无法有效阻止或逆转疾病的发展。近几年，涌现出许多基于新机制和新靶点的药物，如单抗药物仑卡奈单抗（lecanemab）和多奈单抗（donanemab），这些药物属于修饰治疗（disease modifying therapy, DMT）药物，亦可理解为病因治疗。此类药物通过特异性清除对神经系统有害的 Aβ 蛋白聚集体，减少新斑块的形成，从根本上减缓阿尔茨海默病的进展。它们的使用在一定程度上显著改善患者的认知功能和日常生活能力，为阿尔茨海默病患者及其照护人员带来了新的希望。目前此类药物的主要局限性在于价格昂贵，且对轻度阿尔茨海默病患者的治疗效果更为显著。

（二）非药物治疗

1. 认知行为疗法 认知训练通过练习记忆和思维技巧，可以帮助患者提高大脑的功能。操作能力训练和生活技能训练可以帮助患者保持日常生活的自理能力。通过简单的感官刺激（如熟悉的物品触摸、嗅闻熟悉气味）帮助患者维持环境认知和感知能力。

2. 运动疗法 运动干预应根据其身体状况进行个性化调整，选择温和、非侵入性且适应患者能力的运动疗法，包括被动关节活动、呼吸训练、床上翻身、肢体按摩、轮椅活动以及通过视觉或触觉引导的轻度运动。

（三）药物治疗

1. 精神症状用药 患者易出现幻觉、妄想、抑郁、焦虑等精神症状，可采用抗抑郁药物和抗精神病药物来缓解症状。抗抑郁药物常使用氟西汀、帕罗西汀等，抗精神病药物常使用利培酮、奥氮平等。这些药物应尽量使用最小有效剂量，缓慢增量，短期应用。

2. 疼痛症状用药 患者常因各种问题引起疼痛症状，包括肌肉痉挛、压力性损伤、感染以及呼吸困难等问题。根据疼痛原因不同，采用阿片类、抗痉挛和抗癫痫等药物，应根据患者耐受性逐步调整剂量，避免过度镇静和药物不良反应。

四、照护措施

（一）非药物治疗照护

1. 环境照护 患者对环境的适应能力差，提供熟悉、稳定的生活环境是关键。房间应尽量布置成家庭化风格，减少医疗设备暴露，减少外部干扰因素，避免过多不良刺激。应对房间内的潜在危险进行评估和处理，例如安装防跌倒设备，确保地板整洁无障碍物；药品和尖锐物品应妥善保管，避免患者误用或误伤。

2. 认知障碍照护

（1）认知能力评估：患者的记忆力、注意力、执行力和表达能力明显下降。护士可通过简易精神状态量表（MMSE）和临床痴呆评定量表（CDR）等工具评估患者的认知障碍程度。

（2）认知能力护理：由于患者认知功能受损，难以清晰表达自身症状，医护人员需采用适当的沟通策略，帮助认知功能受损的患者表达需求。例如，使用简单的手势、图示或文字卡片辅助沟通。同时医护人员需要对其面部表情、声音（呻吟等）、肢体语言等方面进行观察，识别患者不适并尽早处理。

（3）预立医疗计划：鼓励患者在意识清楚的情况下参与预立医疗计划的制订，确保患者接受的医疗保健措施与其意愿目标和偏好一致，从而促进其安宁疗护的实施。

3. 生活照护

（1）活动护理：由于患者日常生活重度依赖他人，照护人员可以协助患者进行主动及被动关节活动，以防止僵硬和促进血液循环。床上翻身是确保患者舒适和预防压力性损伤的重要措施，照护人员应定期帮助患者变换体位。通过视觉或触觉引导的轻度运动，如轻轻握住患者的手或用柔和的声音引导他们进行简单的动作，可以有效激发患者的感知能力，增强他们的参与感。

（2）饮食护理：为患者创造一个安全、舒适和愉悦的进食环境，避免干扰，鼓励照护人员陪伴患者进食，增加患者的食欲和信心。根据患者喜好提供色、香、味俱全的食物，选择易咀嚼、易吞咽、易消化的食物，避免过硬、过干、过烫、过冷的食物，使用勺子或吸管等辅助工具，注意患者的姿势和速度，防止误吸和呛咳等。

4. 并发症护理

（1）肺部感染：长期卧床及吞咽困难容易导致坠积性肺炎或吸入性肺炎。护理重点在于保持呼吸道通畅，定期评估呼吸情况和吞咽功能。适当抬高床头，鼓励患者咳嗽，为患者拍背。遵医嘱吸氧，给予雾化吸痰等治疗，在需要使用机械通气时，应与医疗团队及照护人员协商，尽量减轻患者痛苦。

（2）尿路感染：认知障碍影响了老人排尿意识、镇静药和催眠药等通过减弱排尿冲动引发尿失禁。尿失禁照护不当会引起尿路感染，可采用生活方式干预、促进良好的排尿环境、行为干预等控尿措施改善尿失禁。为改善终末期患者舒适度，必要时留置导尿管，需要预防导尿管相关尿路感染。导尿护理应选择刺激性小、型号适合的导尿管，严格无菌操作，定期清洁患者局部皮肤，增加液体摄入，非必要不插管、非必要不留置。

（3）压力性损伤：长期卧床患者容易发生压力性损伤。此时护理目标不是使创面愈合，而是在于保持创口不再扩大及防止感染，并处理异味和分泌物，做好皮肤护理，尽可能减少压力和摩擦。创口处理前20~30分钟可使用镇痛药减轻疼痛。

（二）药物治疗照护

1. 避免多药共用风险　做好药物分类，严格按药物特性制订用药计划，认真记录用药情况（药名、剂量、用药时间）及症状缓解时间、方式等，避免用药不当给患者带来多药共用的风险。

2. 关注患者服药能力　如果患者有吞咽困难，不能简单将药片研碎或溶解于水中喂服，应报告医生调整服药途径或方法，避免由于药物性状改变导致药物剂量不准确。

3. 药物不良反应观察　胆碱酯酶抑制药易引发胆碱能系统亢进反应，表现为恶心、心动过缓及中枢性激越；美金刚可能加重精神症状或诱发锥体外系反应（如肌张力异常）。护理人员需密切观察患者的意识状态、生命体征、吞咽功能及运动协调性。由于患者语言表达能力丧失，不良反应的识别更依赖于细致的临床观察和护理评估，应教育照护人员识别预警症状，例如患者行为改变、食欲缺乏或突发性的器官功能恶化。

（三）健康教育

1. 生活指导　患者可能出现昼夜节律紊乱，照护人员应帮助患者建立个性化的作息安排，如饮食、如厕，培养规律的生活节奏。白天应安排适量的活动，睡前可以用热水沐浴或泡脚，避免刺激性的音乐、视频或饮品。

2. 用药指导　指导照护人员按照用药计划执行用药，做好用药日记。患者服药困难时及时与护士沟通，不要擅自改变药物性状。

3. 情感支持　患者易表现出焦虑、抑郁、迷失感和易怒情绪。照护人员应采取积极倾听、情感反应与非语言沟通等策略，保持与患者的眼神交流和身体接触（如轻握手）有助于传递安全感和情感支持。

4. 资源与服务的利用　照护人员需要识别并管理自身的压力、焦虑和抑郁情绪，保持心理健康，可充分了解与安宁疗护相关的资源，如社区安宁疗护、居家安宁疗护、喘息服务和志愿者服务等，以帮助自身在家庭照护过程中获得额外支持。

第二节　脑卒中安宁疗护

案　例

李先生，72岁，因突发性右侧肢体无力伴言语不清被紧急送往医院。经CT检查诊断为左侧大脑中动脉区域大面积脑梗死，随后病情迅速恶化，出现意识障碍、吞咽困难等症状。尽管经过积极治疗，但患者病情未见好转，进入安宁疗护状态。医疗团队建议为其提供安宁疗护服务。

请问：

1. 此时患者的治疗原则是什么？

2. 针对患者吞咽困难，应如何照护？

一、概念

（一）定义

脑卒中（stroke）是一种急性脑血管疾病，由于脑部血管突然破裂或阻塞，导致血液不能流入大脑，引起脑组织损伤。

（二）原因

脑卒中发生后，脑部受损区域神经细胞死亡或功能丧失，引发重要神经功能障碍，如运动、感觉、语言等方面出现问题，若受损严重且恢复不佳，会影响整体健康。同时，常见的肺部感染，尤其在长期卧床患者中，因咳嗽反射减弱、吞咽困难等易发生，严重且难以控制的感染危害极大。此外，脑卒中还可能引发心血管系统问题，如心律失常、心力衰竭，加重心脏负担，影响血液循环和氧气供应。康复治疗不及时充分，患者未得到有效功能锻炼和康复训练，身体功能持续下降，增加患者进入终末期的风险。

二、临床表现

（一）终末期临床表现

脑卒中终末期，随着病程进展各种卒中后遗症如疼痛、疲劳、尿失禁与大便失禁、癫痫发作、运动障碍、抑郁症等不断加重且难以控制，患者重度残疾，生活质量严重受损。

（二）筛查标准

以下脑卒中安宁疗护筛查标准可作为临床参考：

1. 改良 Rankin 评分 改良 Rankin 评分（modified Rankin scale，MRS）共分为 7 个等级，0 分表示完全无症状，尽管可能有过疾病史，但患者的日常活动没有受到任何限制；1 分表示尽管有症状，但没有明显残疾，能完成所有日常职责和活动；2 分表示轻度残疾，患者不能完成病前所有活动，但能照顾自己的日常事务，无需他人帮助；3 分表示中度残疾，患者需要部分帮助，但能独立行走；4 分表示中重度残疾，患者不能独立行走，需要他人搀扶或使用轮椅等辅助器具，且日常生活需要他人照料；5 分表示重度残疾，患者卧床不起、大小便失禁，需要持续的护理和照顾；6 分表示死亡。对于安宁疗护脑卒中患者，大多处于 5 分（重度残疾、卧床不起等状态）或 6 分（死亡）的阶段，通过该评分可清晰地了解患者在生活自理能力、活动能力等方面的受损程度。

2. 黄金标准框架 - 主动识别指南（GSF-PIG） 该指南的筛查标准为：持续性植物状态、意识极弱状态或持续性瘫痪；合并并发症，或发病 3 个月内病情无改善；伴有认知障碍或卒中后痴呆；其他因素，如老年、男性、心脏病、脑卒中亚型、高血糖、痴呆、肾衰竭。

三、治疗原则

（一）病因治疗

对于脑卒中，急性发作时应尽早诊断，尽早治疗，尽可能减少脑部损伤和致残程度。对于终末期脑卒中，主要是针对并发症的治疗以及通过控制血压、血糖、血脂以及抗凝治疗等预防脑卒中复发和新发。

（二）非药物治疗

1. 认知行为疗法 同本章第一节。

2. 运动疗法 同本章第一节。

3. 吞咽训练 口腔运动训练时，动作幅度和力度要适中，避免过度疲劳，像口唇运动可选择轻柔的抿嘴、轻微鼓腮等动作；下颌与舌部运动也以缓慢、小范围活动为主，帮助患者维持一定肌肉功能。吞咽训练中，冰刺激时间需缩短，空吞咽次数不宜过多，特定吞咽动作训练要根据患者体力适当简化。电刺激治疗强度降低，以患者能耐受为宜，避免造成不适。

4. 中医适宜技术 主要艾灸膻中、中脘、足三里、三阴交等穴位。艾灸时，将艾条点燃，距离穴位皮肤 2～3cm，以患者感觉温热舒适、皮肤微微泛红为度。膻中穴为气会，艾灸此处可宽胸理气，调节气机，有助于改善吞咽时的气机不畅；中脘穴是胃之募穴，艾灸能健脾和胃，增强脾胃运化功能，促进食物的消化吸收。每个穴位艾灸 10～15 分钟，每周艾灸 3～4 次，可改善患者的整体状态，辅助吞咽功能的恢复。

（三）药物治疗

1. 癫痫发作 通常选用苯妥英钠、卡马西平等强效抗癫痫药物。

2. 抑郁症 选择作用较强的抗抑郁药物，如三环类抗抑郁药，同时可以联合使用心境稳定剂来增强治疗效果。

四、照护措施

（一）非药物治疗照护

1. 病情观察 密切留意神经系统情况，关注意识状态，有无意识障碍加重、谵妄等异常；关注瞳孔变化，若有一侧瞳孔散大、对光反射异常或双侧瞳孔改变，往往预示病情危急；关注肢体活动与肌力，留意其有无变差、挛缩加重等。

2. 生活照护 在患者颈部围上柔软毛巾或使用特制颈部支撑物，维持颈部稳定，保障气道通畅；运用揉、捏、拍等手法，帮助放松肌肉、促进血液循环，让身体从紧张状态中解脱出来，减轻疲劳感，每次全身按摩时间约 30～40 分钟，每周可进行 2～3 次；为患者选用合适的失禁护理产品，像成人纸尿裤、尿垫等，并且要勤更换，一般纸尿裤每 3～4 小时更换一次，尿垫视污染程度及时更换，预防失禁性皮炎发生；尽量采用无约束护理预防跌倒坠床发生。对于意识模糊或活动能力差的患者，使用保护性约束带时，要遵循适度原则，避免过度约束造成患者不适或损伤。使用热水袋、热毛巾等热敷疼痛部位，促进局部血液循环，减轻因肌肉痉挛、血液循环不畅等原因导致的疼痛，每次热敷时间一般 15～20 分钟，温度以患者感觉温热舒适为宜，可每天进行 3～4 次。

3. 吞咽障碍照护 同第五章第五节。

（二）药物治疗照护

1. 选择合适给药方式 针对存在吞咽障碍但仍有一定吞咽能力的患者，在护士的指导下可将口服药物碾碎后，用少量温水调成糊状，再辅助患者服用，但要密切观察有无呛咳情况；若吞咽功能严重受损，优先采用鼻饲给药方式。

2. 不良反应观察 密切监测血压，关注患者头晕、肢体状态，防止再出血与低血压。抗血小板和抗凝药如阿司匹林、利伐沙班等，重点观察有无出血迹象，尤其留意神经系统相关症状。

（三）健康教育

1. 并发症预防 告知患者及照护人员常见并发症（如压力性损伤、肺部感染等）的发生原因、表现及预防措施，强调保持室内空气流通、定时翻身活动、注意口腔卫生清洁（每日至少 2 次）等能有效预防相关并发症。

2. 肢体功能维护 对于肢体偏瘫者，照护人员应每天定时帮助患者进行被动肢体活动。活动上肢时，从肩关节开始，缓慢做前屈、后伸、外展、内收等动作，每个动作重复 3～5 次，再依次活动肘关节、腕关节和手指关节；下肢则进行髋关节、膝关节、踝关节的屈伸及旋转运动，同样重复相应次数。有助于防止肌肉萎缩和关节僵硬，操作时要注意动作轻柔，避免造成损伤。

3. 照护人员支持 提醒照护人员关注自己的心理健康，照顾终末期患者的压力很大，照护人员难免会出现疲惫、悲伤等情绪。要鼓励照护人员通过适当的方式宣泄情绪，比如和亲朋好友倾诉、参加一些照护人员互助小组等，使照护人员保持良好的心态。

第三节　心力衰竭安宁疗护

　　李先生，78 岁，农民，曾诊断为心力衰竭，既往有风湿性心脏病病史 20 年，伴糖尿病病史。近 6 个月来，心力衰竭症状逐渐加重，常规抗心力衰竭治疗效果差，患者 1 周前无明显诱因出现胸闷、气喘，伴双下肢水肿。身体评估：血压 90/60mmHg，心率 136 次 /min，心律绝对不齐，第一心音强弱不等，神志清楚，精神、食欲差，口唇发绀，颈静脉充盈，两肺听诊呼吸音粗，可闻及哮鸣音及广泛湿啰音，双下肢中度水肿。5 年前安装心脏起搏器，需要长期抗凝治疗。病情相对稳定后转入医养结合机构接受安宁疗护服务。

　　请问：

　　1. 心力衰竭安宁疗护患者的临床表现是什么？

　　2. 心力衰竭安宁疗护患者的照护原则是什么？

一、概念

（一）定义

　　心力衰竭安宁疗护是指器质性心脏病不断进展，虽经积极治疗，仍存在进行性和 / 或持续性的严重心衰症状和体征，是晚期心力衰竭更加严重的阶段。心力衰竭安宁疗护患者的预后通常较差，往往伴发难以逆转的合并症，如贫血、高度水肿、大量多浆膜腔积液等。当患者经积极的药物和非药物治疗后仍有严重的心衰症状导致生活质量长期低下和反复住院治疗，临床判断已进入疾病终末期时，可进行安宁疗护。

（二）原因

　　心脏结构与功能衰退、冠心病、高血压与心脏瓣膜病、心律失常、感染与贫血，以及其他如药物影响、遗传因素、不良生活习惯等因素都会导致或加重心力衰竭。

　　心力衰竭终末期往往伴发难以逆转的并发症，如贫血、高度水肿、浆膜腔积液等。

二、临床表现

（一）心力衰竭终末期临床表现

　　心力衰竭患者会出现呼吸困难、咳嗽、咳痰、头晕、心慌、乏力、食欲缺乏、恶心、呕吐、水肿、尿量减少等临床表现。还会出现心律失常、血栓栓塞等并发症，严重时会出现意识模糊。

　　心力衰竭的严重程度常采用美国纽约心脏病协会（New York Heart Association，NYHA）的心功能分级方法（表 6-1）。终末期心力衰竭心功能属于Ⅳ级。

表 6-1　心功能分级依据与特点

心功能分级	依据及特点
Ⅰ级	患者患有心脏病，但日常活动量不受限制，一般活动不引起乏力、呼吸困难等心力衰竭症状
Ⅱ级	体力活动轻度受限。休息时无自觉症状，但平时一般活动可出现上述症状，休息后很快缓解
Ⅲ级	体力活动明显受限。休息时无症状，低于平时一般活动量时即可引起上述症状，休息较长时间后，症状方可缓解
Ⅳ级	不能从事任何体力活动，休息时亦有心力衰竭的症状，稍有体力活动后症状即加重。如无需静脉给药，可在室内或床边活动者为Ⅳa级，不能下床并需静脉给药支持者为Ⅳb级

（二）心力衰竭安宁疗护筛查标准

目前对于心力衰竭安宁疗护的筛查标准缺乏共识，根据患者的需求可判断心力衰竭患者启动安宁疗护的时机，主要根据患者的 7 项需求：①身体或情绪症状（情绪障碍、呼吸困难、难治性疼痛、体重下降、ESAS 评分 >7 分、疲乏、难治性心绞痛、衰弱、失眠）；②功能减退（生活质量持续下降、自理能力下降、认知能力下降、六分钟步行试验 <300m）；③需要决策支持（需要预立医疗照护计划或护理目标、安宁疗护转诊、护理协调、处于临终状态中需要医生援助）；④社会心理（社会支持需求、支持性咨询、精神问题、经济担忧）；⑤照护人员压力；⑥心脏性恶病质；⑦患者、照护人员或照护团队请求进行安宁疗护。

在实际临床工作中，并不是要求患者必须满足所有标准，而是根据患者的具体情况和需求来判断是否需要转诊至安宁疗护。

三、治疗原则

（一）病因治疗

1. 病因治疗　医生对所有可能导致心脏功能受损的常见疾病如高血压、冠心病等应进行治疗，控制原发病。

2. 消除诱因　如积极选用适当抗生素控制感染。对于心室率很快的心房颤动，若不能及时复律应尽快控制心室率。应注意检查并纠正甲状腺功能亢进、贫血等。

（二）非药物治疗

1. 氧疗　氧疗的目的是通过提供额外的氧气，增加血液中的氧含量，从而缓解患者的缺氧症状，提高生活质量。

2. 放松训练　呼吸放松法、想象放松法、渐进式肌肉放松训练等可缓解慢性疾病患者精神压力，减少心血管变量的交感相关表现和心脏事件的发生。

（三）药物治疗

1. 利尿药　如呋塞米、螺内酯等，可减轻心脏负荷，终末期心力衰竭管理的重点是最大限度地减轻患者痛苦和呼吸困难。利尿药对缓解症状十分重要，应持续至生命末期。

2. ACEI/ARB 类药物　如卡托普利、氯沙坦等，可抑制肾素 - 血管紧张素 - 醛固酮系统（RAAS），改善心室重塑，延缓心力衰竭进展。

3. β 受体拮抗药　如美托洛尔、普萘洛尔等，可改善心肌缺血，减轻症状。

四、照护措施

（一）非药物治疗照护

1. 体位照护　患者应保持充足的休息，避免过度劳累。病情较重的患者应卧床休息，并尽量采取半卧位，以减轻心脏负荷，改善呼吸功能。

2. 饮食照护　心力衰竭患者给予低盐、低脂、易消化饮食，少量多餐，伴低蛋白血症者可适当补充白蛋白。钠摄入量 <5g/d。限制含钠量过高的食品如腌或熏制品、香肠等。注意烹饪技巧，可用糖、代糖、醋等调味品以增进食欲。

3. 吸氧照护　当血氧饱和度（SaO_2）低于 90% 或伴有明显的呼吸困难，应给予氧气治疗。老年心力衰竭患者应积极吸氧（2～4L/min），肺心病患者应持续低流量吸氧（1～2L/min）。在氧疗过程中，应严格控制氧浓度和氧流量，密切观察患者的病情变化，确保氧疗的安全性和有效性。

4. 心理支持　采用接纳承诺疗法和放松训练等，帮助患者缓解压力、改善情绪状态。

5. 物理治疗　如按摩、针灸等，可缓解肌肉紧张和疼痛，促进身体放松和舒适。但需在专业医生指导下进行。

（二）药物治疗照护

1. 利尿药　利尿药可导致钾、钠、镁等电解质丢失，从而引发肌肉痉挛、疲劳、无力、肌张力低下、心律失常等症状，应及时补充丢失的电解质，调整利尿药剂量，避免血压过低。

2. 血管紧张素转换酶抑制药（ACEI）　通常引起刺激性干咳、低血压等，对于咳嗽症状，可尝试换用血管紧张素受体阻滞药（ARB）类药物，调整 ACEI 剂量，避免血压过低。

3. β 受体拮抗药　β 受体拮抗药可降低心率，导致心动过缓，应监测心率和血压，调整 β 受体拮抗药剂量。

（三）健康教育

1. 生活方式指导　适当调整生活方式、控制吸烟、饮酒与不当饮食；及时识别睡眠问题，优化睡眠质量。

2. 氧疗指导　长时间高浓度吸氧可能导致氧中毒，若患者出现胸骨后紧闷和胸痛，吸气时症状加剧或烦躁、忧虑、欣快、幻视、幻听等表现，应立即停止吸氧并告知医护人员进行诊治。

第四节　呼吸衰竭安宁疗护

案　例

李先生，82 岁，10 年前冬季首次出现咳嗽、咳痰；近两年咳嗽、咳痰不断，呈进行性呼吸困难，冬春季加剧。近 1 周因急性上呼吸道感染，咳脓痰。身体评估：体温 37.9℃，神志恍惚；气促，不能平卧，痰液黏稠不易咳出；胸廓呈桶状，呼吸音弱，叩诊过清音；听诊双肺底可闻及散在干、湿啰音。动脉血气分析结果显示：PaO_2 52mmHg，$PaCO_2$ 74mmHg，pH 7.30，HCO_3^- 34mmol/L。

请问：

1. 该患者应选用哪些合适的治疗药物？
2. 对该患者应实施的主要照护措施有哪些？

一、概念

（一）定义

呼吸衰竭是指各种原因引起的肺通气和 / 或换气功能严重障碍，导致在静息状态下亦不能维持足够的气体交换，导致低氧血症伴（或不伴）高碳酸血症，进而引起一系列病理生理改变和相应临床表现的综合征。若在海平面、静息状态、呼吸空气条件下，动脉血氧分压（PaO_2）<60mmHg，伴或不伴二氧化碳分压（$PaCO_2$）>50mmHg，即可诊断为呼吸衰竭。

呼吸衰竭终末期是指呼吸衰竭发展到了极其严重的阶段，此时患者的呼吸功能几乎完全丧失，机体处于严重的失代偿状态。

（二）原因

气道阻塞性病变，如慢性阻塞性肺疾病、重症哮喘等；肺组织病变，如严重肺炎、肺气肿、肺水肿等；肺血管疾病，如肺栓塞；心脏疾病，如缺血性心脏病、严重心瓣膜病等；胸廓与胸膜病变，如胸外伤；神经肌肉病变，如脑血管疾病、脊髓颈段或高位胸段损伤、重症肌无力均会导致呼吸衰竭。

（三）分类

1. 按动脉血气分析分类

（1）Ⅰ型呼吸衰竭：无 CO_2 潴留。血气分析特点：PaO_2<60mmHg，$PaCO_2$ 降低或正常，见于换气功能障碍疾病。

（2）Ⅱ型呼吸衰竭：既有缺氧，又有 CO_2 潴留，血气分析特点：$PaO_2 < 60mmHg$，$PaCO_2 > 50mmHg$，系肺泡通气不足所致。

2. 按发病急缓分类

（1）急性呼吸衰竭：由于多种突发致病因素使通气或换气功能迅速出现严重障碍，在短时间内发展为呼吸衰竭。因老年群体机体不能很快代偿，若不及时抢救，将危及生命。

（2）慢性呼吸衰竭：由于老年人呼吸和神经肌肉系统的慢性疾病，导致呼吸功能损害逐渐加重，经过较长时间发展为呼吸衰竭。在早期机体多能耐受日常活动，此时称为代偿性慢性呼吸衰竭。若在此基础上并发呼吸系统感染，短时间内 PaO_2 明显下降、$PaCO_2$ 明显升高，则称为慢性呼吸衰竭急性加重。

二、临床表现

（一）呼吸衰竭终末期临床表现

呼吸衰竭终末期患者会出现明显呼吸困难，病情严重时可出现三凹征，并发 CO_2 麻醉时，出现浅慢或潮式呼吸。随 PaO_2 升高，出现先兴奋后抑制的精神－神经症状，最终表现为表情淡漠、间歇抽搐、嗜睡，甚至昏迷。严重呼吸衰竭还可损害肝、肾功能，并发肺心病时出现尿量减少，部分患者可引起应激性溃疡、消化道出血等。

（二）筛查标准

呼吸衰竭安宁疗护筛查标准如下：

1. 安宁疗护需求指标　该工具筛查呼吸衰竭安宁疗护需符合以下指标：①中度残疾；依赖他人照顾；需要较多的帮助和护理（Karnofsky 评分为 50 分）。②体重大幅度减轻（在 6 个月内体重减轻 10%）。③存在充血性心力衰竭。④端坐呼吸。⑤有严重呼吸困难的表现（气促、说话时呼吸困难、使用呼吸辅助肌和端坐呼吸等）。

2. 黄金标准框架 - 主动识别指南（GSF-PIG）　该工具筛查呼吸衰竭安宁疗护需符合以下至少两个指标：①反复住院（一年内至少 3 次因慢性阻塞性肺病入院）。②100m 水平移动后呼吸短促。③水平疾病严重程度评估为非常严重，虽然尽管接受最佳治疗，但仍不适合适手术治疗。④符合长期氧疗标准（$PaO_2 < 60mmHg$）。⑤住院期间需要无创通气辅助呼吸。⑥其他因素，如右心衰竭、厌食症、恶病质、半年内使用类固醇药物大于 6 周且需要姑息性药物治疗。

三、治疗原则

（一）病因治疗

针对可逆因素进行治疗，如感染是慢性呼吸衰竭急性加重的常见诱因，且呼吸衰竭常继发感染，因此需根据病原菌进行积极抗感染治疗。抗感染治疗无效时，我们可通过适当的医疗手段缓解症状，如止痛、止咳、平喘等；提供营养支持，以维持患者的基本身体功能；在治疗决策中充分考虑照护人员及患者的想法和需求，提供支持和尊重意愿。

（二）非药物治疗

1. 保持呼吸道通畅　气道不通畅可加重呼吸肌疲劳，分泌物积聚时可加重感染，导致肺不张，加重呼吸衰竭，清除呼吸道分泌物及异物，保持气道通畅是纠正缺氧和 CO_2 潴留的最重要措施。

2. 氧疗　氧疗是呼吸衰竭患者的重要治疗措施，其目的在于提高患者血液中的氧含量，缓解机体缺氧状态，减轻缺氧对各器官损害，维持相对稳定的生理功能，提高生活质量。但不同类型的呼吸衰竭其氧疗指征和吸氧方法不同。Ⅱ型呼吸衰竭给予低浓度（<35%）持续吸氧；Ⅰ型呼吸衰竭则给予较高浓度（35%）吸氧。

（三）药物治疗

1. 缓解呼吸困难　规范使用阿片类药物如吗啡等能有效改善终末期患者的呼吸困难，且一般不会增加呼吸抑制的风险。首次使用阿片类药物的患者，宜从较低剂量开始。必要时口服 2.5～10mg/2h 或静脉注射 1～3mg/2h；对于已经使用过阿片类药物镇痛的患者，可在原有剂量基础上酌情增加 25% 的用量。阿片类药物还具有中枢镇静作用，有利于改善患者因呼吸困难导致的焦虑和恐惧。

2. 清除呼吸道分泌物　及时使用药物缓解分泌物过多的症状，减少吸痰次数，减轻患者痛苦。可使用异丙托溴铵气雾剂，每次吸入 2～4 喷，每日 3～4 次，通过减少气道分泌物和舒张支气管来改善呼吸。

3. 镇咳、化痰　中枢性镇咳药物如可待因，口服 15～30mg，每日 3～4 次，因其镇咳作用强而迅速，且兼具镇痛和镇静作用，可用于病因不明、治疗效果欠佳的剧烈干咳和刺激性咳嗽，尤其是伴有胸痛的干咳患者。湿咳可使用黏液稀释剂如羧甲司坦，口服 500mg，每日 3 次，降低痰液的黏稠度，提高咳嗽对气道分泌物的清除效率。

4. 缓解焦虑和烦躁　患者出现焦虑、烦躁不安等情绪，可使用地西泮。口服剂量一般为每次 2.5～10mg，每日 3～4 次。对于不能口服的患者，可肌内注射或静脉注射，每次 5～10mg。但要注意其可能会引起呼吸抑制、嗜睡等不良反应，特别是与阿片类药物合用时，这种风险会增加。

四、照护措施

（一）非药物治疗照护

1. 病情观察　密切关注患者的呼吸频率、节律和深度，呼吸急促、潮式呼吸或间停呼吸等异常表现可能预示着呼吸功能的进一步恶化或改善；观察患者痰液的性状、颜色、量及有无异味等，应及时协助清理呼吸道。观察患者有无谵妄等意识改变表现，一旦发现，要及时安抚患者，排查诱发因素并采取针对性措施。

2. 环境照护　提供整洁、舒适、温度与湿度适宜的环境，温度 22～24℃，湿度为 50%～60%，可通过空调、加湿器等设备来精准调控环境温度与湿度。保持病房空气流通，定期开窗通风，每日至少 2～3 次，每次 30 分钟左右。通风时注意保暖，防止受凉。采用柔和、温暖的光线照明，避免强光直射患者眼睛。白天可利用自然光线，拉上窗帘适当遮挡阳光；夜晚使用低亮度、暖色调的床头灯，方便观察患者病情，又不影响休息。严格控制病房噪声，减少刺激，噪声控制在 40dB 以下为宜。

3. 体位照护　协助患者取舒适且有利于改善呼吸状态的体位，一般取半卧位或坐位，趴伏在床桌上。卧床患者协助每 2 小时翻身一次，预防压力性损伤的发生。

4. 饮食照护　患者由于身体消耗增加、食欲缺乏等原因，往往存在营养不良风险，需要保证足够的热量、蛋白质、维生素和矿物质摄入。

5. 对症照护

（1）保持呼吸道通畅，促进痰液引流：在氧疗和改善通气之前，必须采取各种措施，使呼吸道保持通畅。具体方法包括：指导并协助老年患者进行有效的咳嗽、咳痰；每 1～2 小时翻身 1 次，并给予叩背；饮水、口服或雾化吸入祛痰药湿化和稀释痰液；病情严重、意识模糊的老年患者，经鼻或经口进行机械吸引，以清除口咽部分泌物并能刺激咳嗽。

📚 **知识拓展**

姑息性无创通气

姑息性无创通气（palliative non-invasive ventilation，NIV）是指在姑息治疗的背景下，使用无创通气技术来缓解患者的呼吸困难和其他呼吸相关症状，而不是以治愈疾病为目的的治疗方式。无创通气通过鼻罩、面罩等无创接口给予正压通气。

姑息性无创通气主要用于缓解患者的呼吸困难，提高患者的舒适度；有效改善氧合状态，减少呼吸做功。无创通气还可以作为有创通气的替代方案，降低气管插管的需求，减少患者的痛苦。

（2）吸氧照护：常用的吸氧法有鼻导管和面罩吸氧。鼻导管吸氧适用于轻度缺氧患者，一般氧流量为1~2L/min；面罩吸氧适用于缺氧程度稍重的患者，普通面罩氧流量为4~6L/min，文丘里面罩可精准调节吸入氧浓度。持续氧疗时应注意保持吸入氧气的湿化。输送氧气的导管、面罩、气管导管等应妥善固定，使患者舒适；保持其清洁与通畅，定时更换消毒，防止交叉感染。

（3）促进有效通气：指导老年患者进行腹式呼吸和缩唇呼吸，通过腹式呼吸时膈肌的运动和缩唇呼吸促使气体均匀而缓慢地呼出，以减少肺内残气量，增加有效通气量，改善通气功能。

6. 心理支持　患者因呼吸困难、预感病情危重等，常会产生紧张、焦虑情绪。应多了解和关心老人的心理状况，指导老人应用放松、分散注意力和引导性想象技术，并做好照护人员的工作，以缓解老人的紧张、焦虑情绪。

（二）药物治疗照护

遵医嘱及时准确给药，并观察疗效和不良反应。

1. 阿片类药物　需要密切观察呼吸抑制情况，如果患者出现呼吸频率明显下降且意识障碍加重等情况，要及时调整剂量或暂停使用。吗啡经肾脏排泄，故严重肾功能不全的患者避免使用。

2. 祛痰药物　多痰患者禁用可待因，以防止因抑制咳嗽反射而使痰液阻塞呼吸道，或继发感染而加重病情。服用羧甲司坦时应注意避免同时应用强力镇咳药，以免稀释的痰液堵塞呼吸道。

3. 输液速度　遵循缓慢、匀速的原则，避免输液速度过快加重心肺负担。根据患者的具体情况，如心功能不全时需严格控制滴速20~30滴/min。

（三）健康教育

1. 日常照护　照护人员可协助患者摆放舒适体位，协助其翻身、拍背，以利于痰液排出，可在患者饭后1~2小时进行。关注患者营养需求，对于能自主进食的患者，照护人员可根据患者口味喜好调整食物样式，准备高热量、易消化的食物，如鱼汤、蔬菜泥等，鼓励患者少量多餐。

2. 氧疗照护　照护人员应熟知氧疗相关注意事项，保证氧疗安全。学会定期清洁氧疗设备，保持其卫生。对于鼻导管，每日用温水清洗，晾干后备用，防止细菌滋生。面罩在使用后用温和的清洁剂清洗，清水冲净，晾干。鼻导管和面罩每周至少更换一次。

第五节　肝衰竭安宁疗护

案　例

孙先生，65岁，半年前确诊为肝癌，近1个月出现间断性乏力、食欲缺乏，偶有厌油、恶心，伴有进行性皮肤黄染的症状。7天前，出现皮肤黄染加重，伴有尿呈浓茶色，入住医养结合机构安宁疗护病房。住院治疗期间，肝功能进行性下降，昼睡夜醒，认知能力下降，经评估患者已经发生肝性昏迷。

请问：

1. 如何对该患者病情进行全面评估？

2. 如何对肝性脑病患者实施安宁疗护？

一、概念

（一）定义

肝衰竭是由多种因素引起的严重肝脏损害，导致肝脏合成、解毒、代谢和生物转化功能严重障碍或失代偿，出现以黄疸、凝血功能障碍、肝肾综合征、肝性脑病及腹水等为主要表现的一组临床症候群。

（二）原因

不同类型肝衰竭的主要病因不同，在我国肝衰竭的首要病因是肝炎病毒，尤其是乙型肝炎病毒，其次是药物及肝毒性物质（如乙醇、化学制剂等）。老年肝衰竭安宁疗护患者常见于各种慢性肝脏疾病的终末期阶段，即在肝硬化基础上，缓慢出现肝功能进行性减退和失代偿。

二、临床表现

（一）终末期临床表现

不同类型的肝衰竭在临床表现、病情进展速度等方面存在差异，但总体来说都是肝脏功能极度受损且对全身各器官系统产生严重影响，危及生命的状态。患者出现疼痛、腹胀、黄疸、乏力、营养不良等临床表现及腹水、消化道出血、肝性脑病、肝肾综合征等多种严重并发症。

（二）筛查标准

肝衰竭安宁疗护筛查标准可供临床参考：

黄金标准框架 - 主动识别指南中对肝衰竭患者安宁疗护筛查标准需符合以下至少两个指标：肝细胞癌，肝移植逆行，晚期肝硬化伴并发症包括难治性腹水、肝性脑病（表6-2），其他不良因素包括营养不良、严重合并症、肝肾综合征、细菌感染、当前出血、国际标准化比值（INR）升高、低钠血症等。

表 6-2　肝性脑病分期与临床表现

肝性脑病分期	依据及特点
0 期（潜伏期）	0 期又称轻微肝性脑病，无行为、性格异常，无神经系统病理征，脑电图正常，只在心理测试或智力测试时有轻微异常
1 期（前驱期）	轻度性格改变和行为失常，如欣快激动或淡漠、随地便溺。患者应答尚准确，但有时吐字不清且较缓慢。可有扑翼样震颤，脑电图多数正常。此期持续数天或数周，因症状不明显易被忽视
2 期（昏迷前期）	以意识错乱、睡眠障碍、行为失常为主。定向力和理解力均减退，不能完成简单计算。言语不清，举止反常，多有睡眠时间倒错。甚至有幻觉、恐惧、躁狂。此期患者有明显神经系统体征，如腱反射亢进、肌张力增加、巴宾斯基征阳性，扑翼样震颤存在，脑电图表现异常
3 期（昏睡期）	以昏睡和精神错乱为主，大部分时间呈昏睡状态，但可唤醒。各种神经体征持续存在或加重，扑翼样震颤仍存在，肌张力增加，脑电图有异常表现，锥体束征呈阳性
4 期（昏迷期）	神志完全丧失，不能唤醒。浅昏迷时，对疼痛刺激有反应，腱反射肌张力亢进，扑翼样震颤无法引出。深昏迷时，各种反射消失，肌张力降低，瞳孔散大，可出现阵发性惊厥、踝阵挛等。脑电图明显异常

三、治疗原则

（一）病因治疗

明确肝衰竭病因对指导治疗及判断预后具有重要价值，需要针对不同病因进行相应的治疗，纠正某些使肝功能损害加重的可逆因素，以延缓或防止肝功能损害进一步加重，保护残存肝功能。

（二）药物治疗

1. 保肝药物　多烯磷脂酰胆碱（静脉滴注）可促进肝细胞再生修复；促肝细胞生长激素（皮下注射或肌内注射）能刺激肝细胞 DNA 合成，提高肝脏代谢解毒能力；熊去氧胆酸（口服）可缓解肝内胆汁淤积；腺苷甲硫氨酸（静脉滴注）能够参与肝脏生化反应，减轻黄疸。

2. 腹水治疗　螺内酯联合呋塞米起始联用，效果不佳者，可联用托伐普坦；特利加压素 1～2mg/ 次，每 12 小时 1 次；腹腔穿刺引流腹水；输注白蛋白或新鲜血浆。

3. 并发症治疗

（1）肝性脑病：乳果糖口服溶液能够酸化肠道，减少氨吸收；静脉滴注门冬氨酸鸟氨酸能够加速血氨代谢，降低血氨水平。

（2）感染：经验性选用强效、广谱抗生素，如第三代头孢菌素、碳青霉烯类，覆盖常见革兰氏阳性、阴性菌，同时留取标本做培养及药敏，后续精准调整抗生素，防止感染性休克。

（3）凝血功能障碍：维生素 K_1（肌内注射）能够促进凝血因子 II、VII、IX、X 合成；必要时输注新鲜冰冻血浆、凝血酶原复合物，快速纠正凝血异常，减少出血风险。

（4）水电解质及酸碱平衡紊乱：监测血气分析和乳酸水平，特别注意纠正低钠、低氯、低钾和低镁血症。

（三）非药物治疗

1. 营养支持治疗 首选经口进食，推荐分餐及夜间加餐、补充维生素和微量元素等，必要时予肠外营养。根据疾病情况、营养状态、消化吸收功能等综合因素逐步达到每日 $30\sim35kcal/(kg\cdot d)$ 的能量摄入目标。

2. 介入治疗 医生可以根据患者的预计生存时间和意愿选择经颈静脉肝内门体静脉分流术（transjugular intrahepatic portosystemic shunt, TIPS）、肝动脉栓塞术、肝动脉灌注化疗等介入治疗。

3. 中医治疗 包括中药汤剂、中药灌肠和针灸、推拿等中医外治法。

4. 微生态调节治疗 应用肠道微生态调节剂，如双歧杆菌、乳酸杆菌等益生菌可改善肝衰竭肠道微生态，减少继发感染，降低肝性脑病患者的血氨水平。

5. 白醋灌肠 用于降低肠道内的氨生成和吸收，从而减轻血氨水平升高导致的中枢神经系统症状。通常使用生理盐水 70ml 加 30% 白醋 30ml，配制成 pH 约为 5 的灌肠液。灌肠液温度应控制在 37℃ 左右。可采用密闭式深部保留灌肠法，以充分发挥药物作用。

四、照护措施

（一）非药物治疗照护

1. 病情观察 观察患者的精神状态及神志；患者生命体征的变化；患者皮肤、巩膜黄染程度；患者皮肤黏膜、牙龈、鼻腔有无出血，有无黑便、呕血等；呕吐频率、呕吐物性状，有无喷射性呕吐；腹水情况，并记录腹围及体重；记录 24 小时出入量。

2. 环境照护 保持病房环境安静整洁，温度与湿度适宜。病房需每日进行全面清洁，做好消毒隔离，预防感染。

3. 体位照护 协助患者取舒适卧位，评估患者腹水程度、测量腹围及体重；选取柔软衣物和轻软被服，减轻对患者腹部的压迫；下肢水肿时抬高下肢，足下垫软枕。

4. 饮食照护

（1）每日热量供给在 1 500～2 000kcal，能进食者可给予高热量易消化饮食，无法经口进食者可通过鼻饲给予。

（2）肝性脑病时，严格限制蛋白质摄入，每日仅 20～30g 的植物蛋白，病情好转后，缓慢增加优质蛋白，每次增量 5～10g，同时监测患者血氨及意识状态。

（3）通过新鲜蔬果汁、复合维生素片补充各类维生素；补充锌、铁等微量元素，促进肝细胞修复与再生，提高机体抵抗力。

5. 皮肤照护 水肿较重的患者应注意衣着柔软、宽松。可协助其翻身、气垫床、减压贴或用软垫支撑受压部位，防止压力性损伤。清洗擦拭皮肤时注意动作轻柔，可选用凡士林、甘油、尿素霜等产品及时保湿，避免皮肤瘙痒，也可外涂炉甘石洗剂止痒。

6. 心理支持 患者多产生焦虑、抑郁、自卑与病耻感等不良情绪，医务人员应主动与患者沟通，给予充分倾听时间，让他们倾诉内心的苦恼。运用共情技巧，设身处地感受患者的情绪，适时给予安慰与鼓励。

（二）药物治疗照护

1. 选择合适的给药方式 意识模糊、呕吐或消化道出血者，首选静脉给药，如补充白蛋白及抢救药物等能快速起效。病情稳定可口服的患者，注意药物口感与胃肠道刺激，如乳果糖可能导致腹胀、腹泻。在皮下或肌内注射时，因患者凝血差，要注意部位选择与轮换，防止出血。

2. 观察药物疗效　使用保肝药后，观察黄疸是否减轻；针对肝性脑病用药，关注患者精神、认知有无恢复。定期监测实验室指标，如凝血功能、血氨水平等，以此评估维生素 K、门冬氨酸 - 鸟氨酸等药物的治疗效果。

3. 监测不良反应　肝衰竭患者耐受性差，需要重点关注药物不良反应。甘草酸制剂可能会引发血压升高、水肿，螺内酯易致高血钾。要定期为患者测血压、血钾等指标。同时警惕迟发性不良反应，如糖皮质激素可能引发的骨质疏松，告知患者定期检查。

（三）健康教育

1. 饮食指导　指导照护人员给患者提供高热量、适量蛋白、低脂肪、易消化的食物，可少量摄取豆腐等优质植物蛋白；准备新鲜蔬果为患者补充身体所需的维生素；采用少食多餐原则，减轻患者肝脏、肠胃负担。

2. 准确记录　教会照护人员详细记录患者每日饮水、进食量，排尿、排便的量与次数，体重与腹围。协助医务人员判断患者体内液体平衡情况与肝肾功能。

3. 引流照护　告知患者及家属持续引流期间带管的注意事项，如带管期间卧床、下床和活动时应妥善固定管路，避免出现管路脱管、穿刺点感染、引流液反流等意外情况。

第六节　终末期肾病安宁疗护

案　例

李女士，85 岁，罹患慢性肾衰竭（尿毒症期）10 余年，定期透析治疗，入住医养结合机构安宁疗护病房。患者尿量显著减少，每日尿量约 300ml。食欲缺乏，伴有恶心呕吐。双眼睑水肿，全身乏力。血压为 160/95mmHg。实验室检查显示血肌酐高达 800μmol/L，尿素氮：30mmol/L，血红蛋白：80g/L。

请问：

1. 如何对该患者及照护人员进行生活指导？

2. 该患者全身水肿的专业照护措施有哪些？

一、概念

（一）定义

终末期肾病（end stage renal disease，ESRD）是慢性肾脏病（chronic kidney disease，CKD）的终末阶段，患者肾功能几乎完全丧失，需要长期依靠肾脏替代治疗维持生命，具有疾病严重程度高、多并发症高发、治疗花费负担重等特点。

（二）原因

终末期肾病的发生通常与多种慢性肾脏病因密切相关。主要致病因素包括糖尿病引起的糖尿病性肾病、高血压引发的肾小管间质损害、慢性肾小球肾炎、遗传性肾病、肾脏长期感染或结石、肾动脉狭窄导致的慢性缺血，以及药物或毒物引起的肾毒性损伤等。

二、临床表现

（一）终末期临床表现

1. 水、电解质和酸碱平衡紊乱表现　钠、水潴留或脱水，尿量减少（少尿 <400ml/d 或无尿 <100ml/d），血容量减少，血压偏低。低钠、低钙、高钾或低钾、代谢性酸中毒等。

2. 糖、脂肪、蛋白质代谢障碍表现　糖耐量减低、低血糖；蛋白质减少、分解增加、负氮平衡；高甘油三酯血症、高胆固醇血症。

3. 其他系统受累表现　口腔尿味、心力衰竭、气促、贫血、出血、皮肤瘙痒、性格改变、抑郁、幻觉甚至昏迷。

（二）筛查标准

终末期肾病安宁疗护筛查标准为：①慢性肾脏病第 5 期；②肾小球滤过率（GFR）< 15ml/min 或血肌酐 > 707μmol/L；③出现恶心、呕吐、呼吸急促、电解质失衡、营养不良、昏迷等尿毒症状与并发症。

三、治疗原则

（一）病因治疗

积极治疗引起慢性肾衰竭的原发疾病，纠正某些使肾损害加重的可逆因素，可从控制高血压、管理糖尿病、调节蛋白质摄入、纠正贫血、调节钙磷代谢、控制心血管疾病风险、预防感染等方面入手，以延缓或防止肾功能进一步加重，保护残存肾功能。

（二）非药物治疗

1. 营养管理　①低蛋白饮食：减少尿毒症毒素的生成，同时避免营养不良。②限制钠、钾、磷：控制电解质失衡。③补充热量：适量摄入脂肪和碳水化合物维持能量。④液体管理：限制液体摄入，防止水潴留和高血压。

2. 物理疗法　①运动疗法：如步行、拉伸活动，改善体能和情绪。②按摩：减轻肌肉疼痛和紧张感。③热敷：缓解肌肉痉挛、关节痛或血管紧张症状。④经皮神经电刺激（TENS）：用于缓解慢性疼痛。

3. 替代治疗　替代治疗包括腹膜透析与血液透析。对于尿毒症症状明显（如恶心、呕吐、水潴留、重度代谢性酸中毒、高钾血症）的患者，透析能迅速缓解症状并改善生活质量。如果患者症状较轻或透析难以缓解核心症状，则可能优先考虑非透析的安宁疗护。

（三）药物治疗

1. 疼痛管理　对于晚期疾病和中度或重度慢性疼痛的患者，阿片类药物治疗是一种主要方法。芬太尼、阿芬太尼是治疗终末期肾病首选的阿片类药物。

2. 恶心、呕吐的管理　如果可能，应寻求病因治疗。如怀疑胃排空延迟，可使用甲氧氯普胺；在有显著肾脏疾病的患者中，应将剂量减少 50%，并应认识到肌张力障碍的风险增加。同样，在尿毒症患者中怀疑胃炎可能，通常应进行质子泵抑制剂试验，也可使用对症的药物治疗，当给予多巴胺拮抗药（如氟哌啶醇或左美丙嗪）时，建议减少剂量。如果使用 5-HT$_3$ 受体拮抗药，如昂丹司琼，则可能需要积极治疗便秘。

3. 纠正水、电解质和酸碱平衡紊乱

（1）水、钠平衡失调：使用利尿药，如呋塞米，口服 20～40mg，1 次/d，若不能口服可采取肌内注射或静脉注射，以缓解因液体潴留导致的水肿、呼吸困难。

（2）高钾血症：①10% 葡萄糖酸钙 10～20ml 稀释后缓慢静脉注射（不少于 5 分钟），以拮抗钾离子对心肌的毒性作用；②静脉滴注 5% 碳酸氢钠 100～200ml，以纠正代谢性酸中毒并促使钾离子向细胞内转移；③静脉滴注 50% 葡萄糖 50～100ml + 胰岛素 6～12U，以促进糖原合成，使钾离子转入细胞内；④透析为最有效的方法；⑤利尿药；⑥口服降钾药物。

（3）代谢性酸中毒：一般可通过口服或静脉滴注碳酸氢钠纠正，但需要注意避免输入速度过快过多，以免加重钠、水潴留诱发心力衰竭。

（4）钙、磷代谢失调和肾型骨营养不良：应限制磷的摄入并使用磷结合剂。肾性骨营养不良者血钙低、继发性甲状旁腺功能亢进明显时，可口服骨化三醇。

4. 瘙痒管理　如抗组胺药物（如苯海拉明、氯雷他定），以缓解尿毒症引起的瘙痒症状。

5. 中医中药治疗　在西医治疗基础上，可以结合中医意见进行中医辨证论治，选择优质药材，如黄芪、川芎、冬虫夏草、大黄等中药，有助于保护残存肾功能、缓解症状、延缓病情进展。

四、照护措施

（一）非药物治疗照护

1. 疼痛管理

（1）疼痛评估：定期评估患者的疼痛程度，使用数字疼痛评分（NRS）、面部表情评分（FPS）或视觉模拟评分（VAS）等工具，了解患者疼痛的性质、强度及缓解因素。

（2）生命体征监测：定期检查患者的心率、血压、呼吸频率等生命体征变化，必要时进行氧饱和度监测，及时发现异常并采取相应措施。

（3）皮肤管理：定期检查患者皮肤，关注是否有压力性损伤、破损、发红、肿胀等问题，评估皮肤的颜色、弹性、湿度等。保持皮肤清洁干燥，必要时使用保湿剂或护肤用品，防止皮肤干燥引起的疼痛加重。

（4）物理镇痛措施：①采用温热敷、按摩、针灸、电刺激疗法等缓解疼痛。②音乐疗法、芳香疗法等辅助方法可帮助患者放松，分散注意力，缓解疼痛不适。③指导患者使用冥想、深呼吸训练、渐进性肌肉放松等非药物镇痛技术。④定期评估患者疼痛程度，

2. 呼吸困难管理

（1）体位调整：协助患者采取舒适体位，如半坐卧位（30°～45°），减少膈肌压迫，促进肺通气。对于直立性低血压或有其他体位耐受问题的患者，可使用靠垫或气垫床提供支撑。

（2）环境改善：保持房间通风，空气湿润，避免刺激性气味（如烟味、香水等），提供安静、舒适的环境。

（3）非侵入性干预：①鼓励患者缓慢、深呼吸，使用呼吸训练器辅助改善通气。②采用风扇吹拂面部，以减少呼吸困难的主观感受。③可尝试指导患者使用舌尖呼吸、缩唇呼吸等技巧来延长呼气时间，提高气体交换效率。

3. 营养管理　应给予优质低蛋白、高热量、低盐、低钾、低磷饮食。

（1）蛋白质：摄入量应为 0.6～0.8g/（kg·d）。

（2）热量：每天供应的热量为 105～147kJ/kg，主要由高热量碳水化合物和脂肪供给，可选用热量高蛋白质含量低的食物，如麦淀粉、藕粉、薯类、粉丝等。

（3）钠：钠每天摄入不超过 2g，水肿、高血压、少尿者应进一步减少摄入量。

（4）磷：每天磷摄入量 800～1 000mg，避免含磷高的食物。

（5）其他：补充水溶性维生素，如维生素 C、维生素 B、叶酸，补充矿物质和微量元素，如铁、锌等。

4. 瘙痒管理

（1）皮肤护理：定期评估皮肤情况，保持皮肤清洁，避免过度清洗，使用温水和温和清洁剂，减少皮肤干燥。

（2）润肤保湿：洗浴后使用无刺激性的润肤剂，缓解皮肤干燥和瘙痒。

（3）穿衣指导：选择宽松、柔软、透气的棉质衣物，减少皮肤摩擦。

（4）压力管理：对重度水肿患者，合理使用翻身垫、气垫床、减压贴或软垫支撑，预防压力性损伤。

（5）环境调节：保持室内温度与湿度适宜，避免过热或干燥的环境加重皮肤瘙痒

5. 感染防控　终末期肾病的患者免疫力低下，替代治疗等手段也增加了感染发生风险，应注意加强感染防控措施落实。

（1）手卫生管理：患者及护理人员应严格遵守手卫生规范，减少病原体传播。

（2）皮肤及黏膜护理：保持皮肤清洁干燥，避免破损、压力性损伤形成，定期口腔护理预防感染。

（3）透析相关感染预防：透析导管或瘘管部位的无菌管理，定期更换敷料，避免导管相关感染。

（4）呼吸道及泌尿道防护：加强呼吸道卫生，如戴口罩、注意咳嗽礼仪；预防尿路感染，保持会阴部清洁，避免长期留置导尿管。

（5）营养支持：改善营养状况，提高机体免疫力，降低感染风险。

6. 心理支持 患者因为长期透析治疗、不良反应以及沉重的经济负担，会出现抑郁、焦虑、悲观、孤独等不良情绪。照护人员也因长期照顾而面临巨大心理压力和照顾负担。安宁疗护团队的心理干预和共享决策，可以有效减轻患者和照护人员的心理负担，提升心理韧性。

（1）情绪评估：定期评估患者及家属的心理状态，了解其焦虑、抑郁程度，制定个性化心理干预方案。

（2）心理干预：①提供安宁疗护团队的心理支持，如认知行为疗法（CBT）、正念疗法、冥想等，帮助患者缓解焦虑、抑郁情绪。②鼓励患者表达情感，可通过书写、绘画、音乐治疗等方式释放情绪。通过支持性对话、社会支持网络建设提升心理韧性。

（3）家庭支持：①为照护人员提供心理辅导，减轻他们的照护压力。②开展家庭会议或共享决策，确保家属和患者共同参与治疗决策，提高护理依从性。③倡导生命教育，帮助患者和家属理解安宁疗护理念，增强对疾病过程的适应能力。

（二）药物治疗照护

1. 疼痛管理 肾脏疾病患者在使用非阿片类、阿片类和辅助镇痛药时需要考虑是否存在肾毒性风险。应该严格遵医嘱用药，注意药物之间的相互作用，观察药物不良反应并及时处理。定期评估用药效果。

2. 营养管理 定期监测患者的体重变化（两次透析之间体重增加不超过 5% 或每天体重增加不超过 1kg）、血尿素氮、血肌酐、血清白蛋白和血红蛋白水平等，以了解其营养状态。可遵医嘱适当调整药物。

（三）健康教育

1. 确保患者和照护人员充分了解终末期肾病的病情进展，帮助照护人员直接认识患者的病情不可逆、明确照护目标，提升生存质量。

2. 根据患者的状况调整饮食内容，减少蛋白质、钠、钾、磷的摄入。患者可以食用易于消化、营养丰富、高能量、低热量的食物，以帮助患者维持体重与营养状态。

3. 使用腹膜透析的患者，指导其照护人员掌握腹膜透析的照护方法。

4. 鼓励患者在临终前与家人、朋友、亲密的人道别，化解心中的遗憾和痛苦。有时，患者希望与曾经有过冲突的人和解，医护人员可以协助患者完成这一过程。

第七节　终末期肿瘤安宁疗护

案 例

王先生，85 岁，肺癌晚期，长期入住医养结合机构。患者经常郁郁寡欢，对死亡充满恐惧。患者半个月前出现纳差、全身疼痛、体重下降，复查 CT 提示肿瘤全身多发转移，近日患者出现进食量减少，烦渴，多尿的情况，某夜间突发精神错乱，全身无力，血液电解质检查显示血钙水平为 9.8mmol/L。

请问：

1. 识别出患者发生了什么急症？

2. 如何做好患者的心理精神支持？

一、概念

终末期肿瘤是指癌症发展到晚期,病情已经无法通过常规治疗手段控制,患者的生存期显著缩短。此时,癌细胞通常已经广泛转移,导致多器官功能衰竭。

二、临床表现

(一)终末期表现

1. 原发症状 因肿瘤发生部位不同,症状也不同。如肺癌患者呼吸困难,消化道肿瘤患者出现肠梗阻、腹泻等消化道症状。泌尿系统肿瘤出现排尿困难、血尿等症状。

2. 转移性症状 癌症转移是指癌细胞从原发肿瘤部位扩散到身体其他部位的过程。转移性症状因转移部位不同而有所差异。发生骨转移出现持续疼痛,老年人容易出现骨折。淋巴转移会在腋窝、颈部、腹股沟浅表的部位触摸到淋巴结肿大的情况。脑转移出现头痛、头晕、精神状态不佳、谵妄的症状,在颅内压较高时还会出现喷射性呕吐的情况。

3. 全身常见症状 癌症的全身症状是指癌症患者在疾病发展过程中出现的非特异性症状,这些症状通常与癌症的全身性影响有关,而不仅仅是局部肿瘤的影响。常见的癌症全身症状为癌痛、恶病质、疲劳、发热等。

4. 安宁疗护肿瘤急症

(1)高钙血症:血钙浓度高于 2.60mmol/L 为高钙血症。老年安宁疗护癌症患者常出现高钙血症。轻度高钙血症可能出现非特异性症状,如疲乏、嗜睡和模糊的全身不适,也可能没有症状。而突然、快速、严重的血钙水平升高可出现急性多脏器损伤,包括神经认知功能障碍,如精神错乱和昏迷。

(2)脊髓压迫:脊髓压迫最常见的表现是背部疼痛,这种症状通常会合并神经系统症状,在夜间或清晨肾上腺类固醇激素分泌最低的时候更加明显。患者会出现无力、自主神经功能紊乱以及出现肢体麻木、带状或鞍状的异常感觉,这取决于恶性脊髓压迫的位置。

(3)上腔静脉综合征:是上腔静脉或其周围的病变引起上腔静脉完全或不完全性阻塞,导致经上腔静脉回流到右心房的血液部分或全部受阻,从而表现为上肢、颈和颜面部淤血水肿以及上半身浅表静脉曲张的一组临床综合征。如压迫到气管及食管、喉返神经则出现咳嗽、呼吸困难、进食不畅、声音嘶哑、霍纳综合征等。

5. 心理问题 末期肿瘤患者因疾病迁延、身体自理能力下降常出现焦虑、悲观、绝望、抑郁、死亡恐惧等不良情绪与心理问题。

(二)筛查标准

1. 明确诊断的、高死亡率的晚期恶性肿瘤。

2. 身体功能状态检查,如卡氏功能状态评分小于 50 分,重要脏器持续衰竭。

3. 患者出现无法控制的严重症状,如进行性体重减轻(尤其是 6 个月内大于 10%)、呼吸困难、吞咽困难、谵妄等生理症状。

4. 满足上述条件后,患者及照护人员知情同意安宁疗护。

三、治疗原则

(一)病因治疗

针对不适症状的可逆病因进行干预处理,缓解患者痛苦。

(二)非药物治疗

综合评估后,对患者进行的姑息性介入手术治疗、姑息性放疗等治疗方法,主要目的是缓解症状,不增加痛苦。

（三）药物治疗

针对患者疼痛、呼吸困难、谵妄、吞咽困难等症状的药物治疗参考第五章。

对于危及生命的肿瘤急症，应积极处置。对于高钙血症，可进行补液、使用双膦酸盐药物治疗；对于脊髓压迫症，应立即使用皮质类固醇减轻水肿来缓解疼痛，保护现有神经功能；对于上腔静脉综合征，可使用皮质激素减少水肿。

四、照护措施

（一）非药物治疗照护

1. 病情观察　关注患者疼痛等症状、生命体征和意识变化，判断患者终末期阶段，使用临终患者病情评估表辅助进行评估，及时筛查出患者进入安宁疗护阶段。

2. 环境护理　提供安静、舒适、洁净、温度与湿度适宜的环境，每天开窗通风。医护人员出入病房放慢脚步，动作轻柔，将日常用品放置于患者触手可及的地方。

3. 饮食照护　鼓励能够自主进食的老人少量多餐，选择偏好食物，调整饮食结构，取消不必要限制，确保营养均衡。对于临终老年人，由于肠蠕动减慢，他们常感到恶心和食欲缺乏，大部分患者只需极少量的食物和水来减少饥渴感，应根据患者意愿和需求进行，不可强制进食。

4. 症状照护

（1）终末期癌症老年患者常见症状照护：疼痛、吞咽困难、恶病质、呼吸困难等照护措施见第五章。

（2）终末期癌症常见急症照护

1）上腔静脉综合征：吸氧以纠正低氧血症，必要时做好支架植入的准备。

2）脊髓压迫：脊髓压迫的患者如出现截瘫，应做好皮肤护理，预防压力性损伤，必要时留置导尿管。

3）高钙血症：高钙血症的患者大多出现口渴多尿的症状，注意补充水分，并增加巡视，如厕时应有人陪伴，注意预防跌倒坠床的风险。

5. 心理支持　末期肿瘤患者因疾病迁延、身体自理能力下降常出现焦虑、悲观、绝望、抑郁、死亡恐惧等心理问题和精神困扰。医务人员应通过真诚的态度赢得患者的信任，了解患者的心理需求及精神需求。与照护人员、社会工作者、心理治疗师等多学科团队合作，为患者制订个性化的心理需求照护计划，可指导患者采取放松训练、冥想、不良情绪宣泄等方法，针对患者死亡恐惧心理可尽早开展死亡教育，帮助其正确面对死亡，摆脱死亡恐惧的心理困扰。

（二）药物治疗照护

1. 癌痛用药指导　对于安宁疗护老年患者做好用药管理，如针对疼痛，合理选择镇痛药，做好阿片类药物的副作用观察，定时定量用药，并评价其镇痛效果。

2. 急症用药指导　对于危及生命的肿瘤急症，如高钙血症应遵医嘱补液、使用双膦酸盐药物治疗；脊髓压迫应立即使用皮质类固醇减轻水肿来缓解疼痛，上腔静脉综合征应使用高剂量的地塞米松以便减轻癌块周围的水肿和外部的压迫。

（三）健康教育

1. 尽早筛查识别　加强安宁疗护理念的宣传教育，对于肿瘤患者尽早进行识别筛查，使更多有需要的患者尽早接受安宁疗护服务，提高生命质量。

2. 症状识别　指导照护人员学会对濒死期患者症状的识别，如在出现死前喉音、张口呼吸以及对脊髓压迫、高钙血症、上腔静脉综合征等急性症状时，能够快速识别并及时就医。指导患者及照护人员识别肿瘤急症，发现异常及时就医。

3. 癌痛治疗指导　对癌痛患者和照护人员进行疼痛相关知识教育，指导患者主动报告疼痛，告知患者预防不良反应的方法、阿片类药物取药和贮存的方法，强调不应自行调整药量

（袁　玲）

思考题

1. 医养结合机构医务人员应如何为脑卒中伴偏瘫患者选择合适的喂食体位及方式？
2. 心力衰竭终末期的心功能分期及特点是什么？
3. 呼吸衰竭安宁疗护患者的药物治疗照护有哪些？
4. 老年肝衰竭安宁疗护患者肝性脑病的分期有哪些？
5. 肾衰竭安宁疗护患者的饮食照护要点有哪些？
6. 老年癌症患者安宁疗护急症有哪些？

第七章

老年安宁疗护患者舒适照护技术

学习目标

知识目标：

1. 掌握老年安宁疗护患者的清洁照护、饮食与营养照护、排泄照护、卧位与转运照护、管道护理、用药照护、中医护理技术等舒适照护技术的实施流程、要点及注意事项。
2. 熟悉老年安宁疗护患者常用卧位及转运方式、常用药物及给药方式。
3. 了解口腔清洁、头发清洁、饮食与营养等概念，并阐述老年安宁疗护患者的营养需求、影响因素、用药监测及注意事项。

能力目标：

1. 能根据老年安宁疗护患者的具体需求，选择并应用适当的舒适照护技术。
2. 能规范操作清洁照护、饮食与营养照护、排泄照护、卧位与转运照护、管道护理、用药照护、中医护理技术等舒适照护技术。

素质目标：

1. 能体现慎独精神，注重保护老年安宁疗护患者隐私及维护患者尊严。
2. 具有关注老年安宁疗护患者生理、心理感受，积极开展舒适照护的职业素养。

案 例

李先生，80岁，胃癌并全身多处转移，因5天前突发腹部剧烈疼痛、频繁恶心、呕吐来诊就诊并入院，主诉3天未排大便，近10天来睡眠欠佳，体重无明显下降。考虑病情危重难以逆转，患者及家属商议后选择安宁疗护。多学科团队会诊后制定个性化的照护策略，联合使用药物对乙酰氨基酚与吗啡以控制疼痛，使用甲氧氯普胺与东莨菪碱控制恶心、呕吐，口服乳果糖以通便，辅以耳穴压豆疗法、芳香疗法等进行症状控制。经过系列干预，李先生的疼痛、恶心、呕吐等症状明显改善。

请问：

1. 在老年安宁疗护患者的用药照护中，常见的给药方式有哪些？药物联合使用时需要特别关注哪些方面的风险？

2. 为了控制疼痛、恶心、呕吐、便秘等症状，可选择应用哪些舒适照护技术？

第一节　基　础　照　护

一、清洁照护

（一）口腔清洁

1. 概念　口腔清洁是指通过使用清洁工具和方法，去除牙齿、牙龈和舌头上的食物残渣、细菌和其他有害物质，以维护口腔健康的行为。

2. 实施方法　口腔清洁实施流程及要点见表 7-1。

表 7-1　口腔清洁实施流程及要点

项目	实施流程	要点说明
实施前	1. 核对信息，做好解释。 2. 评估 （1）意识状态、自理能力、吞咽功能等。 （2）口腔情况：口唇、黏膜、牙龈、舌苔、有无牙齿松动或活动性义齿等；有无异味、溃疡、分泌物等。 3. 准备 （1）实施者：着装整洁，洗手，戴口罩。 （2）患者：取合适体位，病情允许取坐位、半卧位或侧卧位，头偏向护士。 （3）环境：安全、整洁、舒适、明亮。 （4）用物：一次性口腔护理包、杯子、牙刷、吸水管、手电筒、海绵棒、各类漱口液，必要时备压舌板、开口器等。	义齿取下后、佩戴前应做口腔清洁；口腔溃疡疼痛明显者，操作前予 0.5%～1% 利多卡因含漱。
实施过程	1. 铺治疗巾或小毛巾于颌下，将弯盘置于口角旁。 2. 清醒能合作者，指导正确刷牙和漱口，部分能自理者，协助刷牙或选择合适漱口液，如清水、茶水、柠檬水等。 3. 无法漱口或刷牙者使用特殊口腔护理：用棉球或者海绵棒依次擦拭口唇、左侧牙颊面、右侧牙颊面，嘱患者张口或辅助撑开（昏迷、张口困难者），清洗左侧牙（左侧上牙舌面、左侧上牙咬合面、左侧下牙舌面、左侧下牙咬合面、左侧颊部弧形擦洗），清洗右侧牙（同左侧顺序），清洗硬腭、舌面、舌下。 4. 清洁完毕，擦净口角、面部水渍。 5. 根据需要涂润唇膏或凡士林、口腔涂药等。 6. 协助取舒适体位。	昏迷者禁忌漱口。 棉球或者海绵棒不可过湿，以防误吸。 张口困难、昏迷的患者，可使用开口器、压舌板、指套牙刷等。 必要时使用纱布刷洗舌苔。
实施后	1. 整理用物，洗手，记录。 2. 评价实施效果。	

3. 注意事项

（1）实施前取下活动性义齿，使用牙刷刷洗牙面、冷水冲洗干净，放入 30℃ 以下水中，禁用热水或乙醇浸泡，以免义齿变色、变形和老化。

（2）操作时动作应轻柔，以免损伤口腔黏膜及牙龈。

（3）操作前后清点棉球数量，避免遗漏棉球在口腔中，引起窒息。

（二）头发清洁

1. 概念　头发清洁是指使用具有清洁作用的洗发水或洗发泡沫对头皮和头发进行清洗的过程。

2. 实施方法 床上头发清洁实施流程及要点见表7-2。

表7-2 床上头发清洁实施流程及要点

项目	实施流程	要点说明
实施前	1. 核对信息，做好解释。 2. 评估病情、意识、自理能力、个人卫生习惯，头发及周围皮肤情况。 3. 准备 （1）实施者：着装整洁，洗手，戴口罩。 （2）患者：排空大小便，取斜角仰卧或仰卧位。 （3）环境：安全、室温22～26℃。 （4）用物：洗发用品、毛巾、洗头槽、水桶、冲洗壶（内盛40～45℃的热水）、纱布、棉球（以不脱脂棉为宜）、吹风机等。	冬天应注意关闭门窗防止着凉。
实施过程	1. 颈后垫毛巾，枕头垫毛巾并放置于患者肩下。 2. 将洗头槽放于头部位置，连接废水桶，调整患者体位至舒适状态。 3. 用棉球塞双耳，纱布盖双眼。 4. 洗头，以指腹揉搓头皮、头发，用温水冲净。 5. 取下纱布、棉球。 6. 用毛巾擦干头发，必要时使用吹风机吹干，梳理整齐。 7. 必要时为患者更衣，协助取舒适体位。	避免患者眼部及耳部进水。 若有伤口可用清水洗发，严禁用指甲用力抓挠头皮。 务必以手挡在患者头与吹风机之间，避免烫伤。
实施后	1. 整理用物，洗手，记录。 2. 评价实施效果。	

3. 注意事项

（1）病情危重和极度虚弱的终末期患者采取合适的洗头方式，需要控制时间。

（2）注意观察患者的反应，如发现面色、脉搏、呼吸等异常应立即停止操作，必要时通知医生协助处理。

（3）注意保暖，洗发时间不宜过久，避免引起患者头部充血或者疲劳不适。

（4）洗发时保护好伤口及各种管路。

（三）皮肤清洁

1. 概念 皮肤清洁是通过清除皮肤污垢，如灰尘、皮屑、皮脂、汗液等，以促进患者舒适的行为。

2. 实施方法 皮肤清洁实施流程及要点见表7-3。

表7-3 皮肤清洁实施流程及要点

项目	实施流程	要点说明
实施前	1. 核对信息，做好解释。 2. 评估 （1）意识、病情、自理能力、管道等。 （2）皮肤情况，如感觉功能、清洁度、是否有出血、皮疹、破溃、红肿等。 3. 准备 （1）实施者：着装整洁，洗手，戴口罩。 （2）患者：排空大小便，取舒适体位。 （3）环境：安全、宽敞明亮、室温24℃左右，保护患者隐私。 （4）用物：擦浴物品、盆、桶、清洁的衣裤等。如淋浴时备洗澡椅；盆浴时浴盆中放水1/3～1/2满，调节水温于40～45℃为宜；床上擦浴时备水桶（内盛50～52℃温水）。	进食后1h内不宜进行淋浴和盆浴。

项目	实施流程	要点说明
实施过程	1. 部分自理且能配合者根据患者需求及病情协助进行淋浴及盆浴，做好防跌倒、防烫伤等安全防护。 2. 昏迷、意识障碍、无法自行翻身的卧床患者行床上擦浴。 (1) 脱去衣裤。 (2) 按面部、颈部、四肢、胸部、腹部、背部、会阴部、足部顺序清洁身体。 (3) 擦洗时确保肥皂等彻底洗净并采用浴巾擦干。 (4) 注意观察全身皮肤，必要时遵医嘱或说明书涂抹药物或护肤品。 (5) 协助穿清洁衣裤，必要时妥善固定管道。 (6) 协助修剪指/趾甲，梳头，取舒适体位。	单独淋浴、盆浴时，叮嘱不宜闩门，将"正在使用"标记牌挂于门外，照护人员在旁守护。 脱衣裤：先近侧后远侧，先健侧后患侧；穿衣裤则反之。 擦洗顺序：自上而下，由前至后，先近后远，或依当下情况而定。 注意擦净皮肤褶皱处，如女性乳房下垂部位、脐部皮肤褶皱处。 清洗会阴部的毛巾和水盆须单独使用，擦洗方向为从污染程度最轻部位至污染程度最重部位，防止细菌向尿道口传播。
实施后	1. 整理用物，洗手，记录。 2. 评价实施效果。	

3. 注意事项

（1）病情危重和极度虚弱的终末期患者不宜淋浴、盆浴。

（2）淋浴和盆浴时间不应超过 20 分钟，以防疲劳或虚脱，注意防止跌倒。

（3）操作中注意观察患者，如果发现面色、脉搏、呼吸等出现异常，应立即停止操作，必要时通知医生进行处理。

（4）饱腹或空腹均不宜沐浴，以免影响食物的消化吸收或造成低血糖、低血压等。

（5）床上擦浴时控制室温，注意保暖。危重患者尽量减少翻动和暴露，以防着凉、不适。

（四）晨晚间清洁

1. 概念 晨晚间清洁是指晨起和就寝前进行的个人卫生清洁工作，包括面部清洁、修整胡须、口腔清洁、头发梳理、足部清洁、修剪指（趾）甲等。

2. 实施方法 晨晚间清洁实施流程及要点见表 7-4。

表 7-4 晨晚间清洁实施流程及要点

项目	实施流程	要点说明
实施前	1. 核对信息，做好解释。 2. 评估 (1) 意识、性别、自理能力等。 (2) 皮肤情况：完整性、清洁度、感觉功能等。 3. 准备 (1) 实施者：着装整洁，洗手，戴口罩。 (2) 患者：排空大小便，取舒适体位。 (3) 环境：安全、宽敞明亮，调节室温 22℃以上。 (4) 用物：脸盆、润肤用物、毛巾、梳子、水壶（内盛 38～40℃的温水）、护理垫、指甲钳、剃须刀等。	

项目	实施流程	要点说明
实施过程	1. 协助面部清洁 (1) 颌下垫毛巾。 (2) 将毛巾拧干,展开折叠,依次擦洗眼部、前额、面颊、鼻翼、耳后、下颌、颈部。 (3) 必要时协助修整胡须:剃须前用湿热毛巾热敷口腔周围5～10min,绷紧皮肤,按照从上到下、从左到右的顺序进行剃须,用毛巾擦净剃须部位,必要时涂抹润肤油。 (4) 口腔清洁,同本章第一节。 (5) 擦干面部,涂抹润肤露护肤	眼部由内眦至外眦擦洗,额部由中间至左右擦洗,鼻部由上向下擦洗,颈部由中间向左右擦洗。
	2. 协助梳理头发 肩部围毛巾,一手压住头发根部,另一手采用木梳或手指从前额开始往后梳理头发至整齐;头发较长者,一手握住头发中段,分段梳理,从发根梳至发梢,卷起毛巾撤下,处理毛巾上的头屑及脱落头发。	头发打结时可用30%酒精溶液浸湿并从发梢缓慢梳理。
	3. 协助足部清洁 足下铺护理垫,放足盆,浸泡双足10min,涂擦香皂,揉搓清洗足背、趾缝、足底、踝部、小腿,双足浸入足盆,洗净皂液,抬起擦干,涂抹润肤油。	注意保护皮肤,防止干裂。
	4. 协助修剪指(趾)甲 于手(或足)下铺垫纸巾,先手后脚,手指甲可圆剪,脚趾甲应平剪,用指甲锉逐一修理锉平指(趾)甲边缘毛刺。	修剪过程中避免损伤患者指(趾)甲附近的皮肤。
	5. 协助取舒适体位。	
实施后	1. 整理用物,洗手,记录。 2. 评价实施效果。	

3. 注意事项

(1) 避免交叉感染,做好标准预防。

(2) 鼻腔或口腔内留置管道的患者,观察管道下受压皮肤情况,并做好管道维护。

(3) 操作时动作轻柔,随时询问患者的感受,尽可能遵循患者的习惯。

(4) 存在下肢感觉功能障碍的患者应注意水温,随时观察皮肤情况,以防烫伤。

(5) 如指(趾)甲较硬,可用温水浸泡或温热毛巾包裹手、足5分钟,或在洗浴后进行修剪。

(五) 衣物更换

1. 概念 护理人员为不能自行穿脱衣物的患者选择、穿脱清洁衣物,选择的衣物以暖、轻、软、宽松、简单为宜。

2. 实施方法 衣物更换实施流程及要点见表7-5。

表7-5 衣物更换实施流程及要点

项目	实施流程	要点说明
实施前	1. 核对信息,做好解释。 2. 评估 (1) 病情、意识、自理能力及沟通理解能力等。 (2) 肌张力、皮肤完整性、有无管道等。 3. 准备 (1) 实施者:着装整洁,洗手,戴口罩。 (2) 患者:排空大小便,协助取坐位/半卧位/侧卧位。 (3) 环境:安全、明亮,室温24℃以上,保护隐私。 (4) 用物:清洁衣物等。	

项目	实施流程	要点说明
实施过程	1. 妥善固定、处理管道。 2. 协助脱衣裤。 3. 观察全身皮肤情况。 4. 协助穿衣裤 （1）开襟式上衣：展开清洁上衣，从一侧袖口端套入实施者手臂，握住患者手部套入衣袖，提拉至肩部，另一侧手臂向斜下方或斜上方伸入衣袖，拉平衣服，扣好衣扣。 （2）套头式上衣：展开清洁上衣，实施者用手从袖口处伸入衣身开口处，握住患者手腕，将衣袖套入手臂，用同法穿好另一侧衣袖，双手握住衣身前后套过患者头部。 （3）裤装：辨别正反面，实施者一手从裤管口套入至裤腰开口处，轻握患者脚踝，另一手将裤管拉向大腿，同法穿上另一条裤管，拉住两侧裤腰向上提拉，系好裤子。 5. 协助患者取舒适体位。	无肢体活动障碍脱衣先近侧后对侧，穿衣则先对侧再近侧。 偏瘫或一侧外伤、输液等，脱衣应先健侧后患侧；穿衣时则先患侧，再健侧。 注意拉平衣身，避免褶皱。
实施后	1. 整理用物，洗手，记录。 2. 评价实施效果。	

3. 注意事项

（1）动作应轻柔，避免拖拽，以防皮肤损伤。

（2）不可强行牵拉患者痉挛或强直的肢体，保持关节功能位。

（3）减少患侧牵拉及活动力度，避免疼痛等不适。

（4）在操作过程中随时询问患者的感受，注意沟通，满足其身心需求。

（六）更换床上用品

1. 概念 更换枕头、床单、被套等床上用品，保障终末期患者舒适、安宁。

2. 实施方法 卧床患者更换床上用品实施流程及要点见表7-6。

3. 注意事项

（1）实施者动作轻柔，翻身时注意设置床旁护栏，避免发生坠床，保护患者安全。

（2）操作过程中注意保暖，避免患者受凉。

（3）有留置管道的患者，注意管道安全。

（4）在操作过程中随时询问患者的感受，注意沟通，满足其身心需求。

表 7-6　卧床患者更换床上用品实施流程及要点

项目	实施流程	要点说明
实施前	1. 核对信息，做好解释。 2. 评估 （1）病情、意识及躯体活动情况等。 （2）皮肤情况，有无管道、伤口、大小便失禁等。 （3）床单位清洁情况。 3. 准备 （1）实施者：着装整洁，洗手，戴口罩。 （2）患者：排空大小便，取舒适体位。 （3）环境：宽敞明亮，室温24℃以上，保护患者隐私，室内有无患者进餐或进行治疗。 （4）用物：清洁床上用品、床刷、床刷套（略湿）等。	昏迷、烦躁、全身多种管道的患者应多人协助。

续表

项目	实施流程	要点说明
实施过程	1. 根据需要调整床旁桌椅位置。 2. 更换床单 移枕头至对侧,协助患者翻身至对侧,将近侧床单卷入患者身下,清扫床上的渣屑,取清洁床单铺近侧,中线与床中线对齐,一半塞于患者身下,按床头、床尾、中间的顺序铺好近侧床单,移枕头至近侧,协助患者移至更换的床单上,同法铺另一侧床单。 3. 更换被套 协助患者取平卧位,解开盖被系带,取出棉胎后平铺于仍覆盖身体的被罩上,清洁被罩内面向外铺于棉胎上套好,整理盖被 4. 更换枕头套 实施者一手托起患者头颈部,另一手取出枕头,于床尾处撤出枕芯,取清洁枕套内面朝外,将枕套套于枕芯外,实施者一手托起患者头部,另一手将枕头放至头部。 5. 协助取舒适体位。	单人实施时应将对侧床栏拉起。 清扫顺序:从床头至床尾,一床一刷套。 棉胎和被罩四个角贴合,平整。 枕套开口端背门,使房间整齐、美观。 更换的污床单、被单等及时放入污衣袋内。
实施后	1. 整理用物,洗手,记录。 2. 评价实施效果。	

二、饮食与营养照护

(一)饮食与营养

1. 概念 饮食是指人们摄入食物和饮品的过程,包括食物的选择、摄取量以及进餐的频率。营养则是指食物中含有能够维持生命和促进生长的物质,主要包括七大类:碳水化合物、蛋白质、脂肪、维生素、矿物质、水和膳食纤维。饮食与营养在健康和疾病中起着至关重要的作用。

2. 营养需求

(1) 合理调控饮食总能量:能量的摄入与消耗应以达成平衡且能维持正常体重为宜。以 $25\sim30kcal/(kg \cdot d)$ 为能量供给目标,根据患者营养状况、疾病状况和耐受性再进行个体化调整。

(2) 营养素需求:患者的必需营养素摄入宜相应减少,而对于某些关键营养物质(如蛋白质)的需求反而有所增加。

1) 蛋白质:患者需摄取更为丰富且优质的蛋白质,以每天 1.2~2.0g/kg 为宜。

2) 脂肪:要限制脂肪的摄入量,尽可能选用含不饱和脂肪酸较多的植物油,减少膳食中饱和脂肪酸与胆固醇的摄取。脂肪供能比一般不超过非蛋白热量的 50%。

3) 碳水化合物:又被称为糖类化合物。应把控膳食中糖类的摄入,减少含单糖及双糖的食物,放宽对主食类食物的限制。碳水化合物补充量一般占非蛋白热量的 50%~60%,葡萄糖:脂肪的比例维持在 50:50 左右。

4) 矿物质:又称为无机盐,在体内无法合成,必须从食物中获取,涵盖钙、磷、镁、铁、锌、碘、钾等。适量补充钙、镁和钾等矿物质有助于维持骨密度、缓解肌肉痉挛。

5) 维生素:包括脂溶性维生素(维生素 A、维生素 D、维生素 E、维生素 K)和水溶性维生素(B 族维生素、维生素 C 等)。应注意补充维生素以助于支持患者骨骼和免疫健康、维持认知功能并减轻氧化应激。

6) 水:根据患者临床实际情况个体化供给液体需求量,可适当减少液体量(如每天 20~25ml/kg 液体摄入量)。

7) 膳食纤维:摄入适量的膳食纤维可刺激肠道蠕动,有效预防便秘。

3.营养摄取的影响因素

（1）身体因素

1）生理因素：患者生理功能减退、感官反应迟钝、肢体活动减少等影响其营养物质的摄入和利用，身体的需求也影响消化和吸收。

2）病理因素：①疾病的影响：许多疾病会影响患者对食物和营养的摄取、消化、吸收及代谢。如口腔、胃肠道疾病可直接影响食物的摄取、消化和吸收；高代谢性疾病，如发热、甲状腺功能亢进以及慢性消耗性疾病，机体对热量的需求相较于正常情况有所增加。②药物的影响：部分药物会影响营养素的吸收、排泄，如长期服用苯妥英钠会干扰叶酸和维生素 C 的吸收，异烟肼使 B 族维生素排泄增加。③食物过敏。

（2）心理因素：患者常伴有负面情绪，焦虑、忧郁、恐惧、悲哀等可引发交感神经兴奋，抑制胃肠道蠕动以及消化液的分泌，食欲下降，导致进食过少、厌食等情况。

（3）社会因素

1）经济状况：经济状况可影响患者出现营养过剩或不良。

2）饮食习惯：饮食习惯受民族、信仰、价值观、社会背景、文化习俗、地理位置、患者个人饮食习惯等因素而影响食物、营养的摄入。

3）饮食环境：进食时周边环境、餐具，食物的色、香、味以及有无家人陪伴等都可能影响患者对食物的选择及摄入。

（二）一般饮食照护

1.概念　饮食照护是通过针对老年安宁疗护患者进食过程实施特定的协助，满足患者进食需求的照护技术。

2.实施方法　一般饮食照护实施流程及要点见表7-7。

表 7-7　一般饮食照护实施流程及要点

项目	实施流程	要点说明
实施前	1.核对信息，做好解释。 2.评估 （1）性别、年龄、体重、营养情况（吞咽功能、口腔或食管疾患、食物需求量、饮品需求量等）。 （2）病情：意识状态、合作程度、肢体活动情况。 3.准备 （1）实施者：着装整洁，洗手，戴口罩。 （2）患者：协助排大小便、清洁双手，指导或协助取坐位或半卧位，头颈稍前屈。 （3）环境：整洁、安静、舒适、安全，适合进食。 （4）用物：食物/水、餐具、围裙、移动餐桌、漱口杯、软枕等。	
实施过程	1.鼓励能自理的患者自行进食/水，备好餐具或水杯。 2.上肢功能较好者：将食物放于餐板上就餐。 3.失能的患者：测试食物温度/水温（前臂掌侧下缘测温，以不烫为宜），使用汤匙进食/水，每次一口，食物量为汤匙的1/3为宜，水装至汤匙的1/2~2/3为宜。 4.视力障碍的患者：如患者要求自行进食，可按固定位置放置食物，并告知指定方向食物的名称，按顺序摄取。 5.进食结束，保持进食/水体位20~30min后取舒适的体位。	食物/水的温度不宜过热或过冷，过高会发生烫伤，过低会引起胃部不适。 吞咽过程中出现呛咳、噎等现象，应立即停止进食、进水，进行急救并通知医护人员。 立即仰卧会引起食物反流。
实施后	1.整理用物，洗手，记录。 2.评价实施效果。	

3. 注意事项

（1）饭菜应交替喂食，固体和液体食物轮流给予，避免连续喂食同一种食物。

（2）根据患者身体状况，指导日间摄取充足的水分，晚饭后控制饮水，减少咖啡及水的摄入。失能失智患者，应每日定时喂水。

（三）营养支持照护

1. 概念 营养支持是指经肠内或肠外途径提供热量、蛋白质、电解质、维生素、矿物质、微量元素和液体。根据营养支持的目的，按营养不良的成因、消化道受累的程度等因素，可将临床营养支持按对象分为终末期患者与非终末期患者，其营养支持的重点和意义有所不同。过多的肠内或肠外营养可能会增加终末期患者的痛苦，因此，尊重患者对饮食的自主选择，安慰式喂养不可或缺。

（1）肠内营养

1）概念：肠内营养是采用口服或管饲等方式经胃肠道提供代谢需要的营养物质及其他各种营养素的营养支持方式。

2）适用范围：根据肠内营养制剂的分类有所不同（表7-8）。

表7-8 肠内营养制剂分类

类别	定义	特点	适用范围
要素制剂	要素制剂是一种化学组成明确的低聚或单体物质的混合物。	含有氨基酸或蛋白水解物、葡萄糖、脂肪、矿物质和维生素，与水混合后可以形成溶液或较为稳定的悬浮物。	存在超高代谢、消化吸收不良、营养不良的患者。
非要素制剂	非要素制剂是以整蛋白或蛋白质游离物为氮源的一类肠内营养制剂，包括匀浆制剂等。	渗透压接近于等渗，口感较好，可口服，也可管饲。	胃肠道功能较好的患者。
组件制剂	组件制剂是以某种或某类营养素为主的肠内营养制剂。主要包括蛋白质组件、脂肪组件、糖类组件、维生素组件和矿物质组件。	可以对完全制剂进行补偿或强化，以弥补完全制剂在适应个体差异方面的不足，也可以采用两种或两种以上组件制剂构成组件配方，以适合患者的特殊需求。	存在特殊营养需求、如需针对性进行营养素补充的患者。
特殊应用制剂	为满足各种疾病或功能障碍老年人的特殊营养需求而调整营养素的成分或比例，以达到治疗目的的肠内营养制剂。	可根据治疗目的进行成分或比例调整，如高支链氨基酸与低芳香族氨基酸的肝功能衰竭用制剂、以必需氨基酸为主的肾衰竭用制剂等。	存在特殊营养需求的患者。

3）分类：根据实施途径，肠内营养可分为口服和管饲。管饲是将导管插入胃肠道，给患者提供必需的食物、营养液、水及药物的方法，是补充营养极为重要的方法之一。根据导管插入的途径，可分为口胃管、鼻胃管、鼻肠管、胃造口管、空肠造口管。

4）并发症：①胃肠道并发症：是肠内营养最常见的并发症，主要包括恶心、呕吐、腹胀、腹痛、便秘、腹泻等。②机械性并发症：主要与喂养管的放置及照护不当有关。③感染性并发症：营养液误吸可导致吸入性肺炎；肠道造瘘患者的营养管滑脱入腹腔可导致急性腹膜炎。④代谢性并发症：出现高血糖或水电解质紊乱。

（2）肠外营养

1）概念：肠外营养是依照患者需求，经由外周静脉或中心静脉输入患者所需的全部能量及营养素，包括氨基酸、脂肪、各类维生素、电解质和微量元素的一种营养支持方法。

2）适用范围：适用于各种原因引起的不能从胃肠道摄入营养、胃肠道需要充分休息、有消化吸收障碍以及存在超高代谢等的患者。

3）分类：根据补充营养的量，肠外营养可分为部分肠外营养和全肠外营养两种。根据输注途径不同,肠外营养又可分为外周静脉营养及中心静脉营养。当短期、部分营养支持或中心静脉置管困难时,可采用外周静脉营养;长期、全量补充营养时宜采取中心静脉营养。

4)并发症:①机械性并发症:在中心静脉置管时,可因体位不当、穿刺方向不正确等引起气胸、皮下气肿、血肿甚至神经损伤。若穿破静脉及胸膜,可发生血胸或液胸。②感染性并发症:若置管时无菌操作不严格、营养液污染以及导管长期留置可引起穿刺部位感染、导管性脓毒症等感染性并发症。长期肠外营养也可发生肠源性感染。③肝功能损害:长期肠外营养可引起肠黏膜萎缩、胆汁淤积等并发症。

(3)安慰式喂养

1)概念:安慰式喂养即以充分尊重患者选择权、提高生活质量和保障进食舒适度为前提,尽可能采取手工喂食,直至患者失去经口进食能力和出现呼吸困难为止。安慰式喂养是一种既可以避免肠内、肠外营养支持给患者带来的额外负担,减少进食痛苦,又可以增加患者与他人接触以获得情感及心理上的安慰的方法。

2)适用范围:目前并无明确界定,若患者仍可经口进食,则可使用安慰式喂养。

3)应用原则:①对治愈性治疗无反应,在不缩短生存期的前提下,选取安慰式喂养可改善患者与家属的生活质量;②全面评估可能带来的危害,若患者即将离世,只需极少量的食物以及水来减少口渴及饥饿感,防止由于脱水引起的精神混乱,可选择安慰式喂养;③安慰式喂养能对患者心理产生良性影响,如起到积极暗示作用、维护患者尊严等,进而提高患者生命末期的生活质量。

4)饮食要求:不必有过多限制,可依据不同患者的个体化特点,选择患者喜好的饮食,烹调成患者可耐受的形式,以满足其食欲及在一定程度上增加摄食量。在餐次供给方面,可采用少量多餐的形式,以适应患者的生理特点。

2. 实施方法及注意事项 肠内营养及肠外营养支持详见本章管道护理。

三、排泄照护

(一)排尿照护

1. 概念 排尿活动是受大脑皮质控制的反射活动,指人体通过尿道将尿液排出体外的生理活动过程。排尿照护是指对无法自主控制或存在排尿困难的患者进行的监测、辅助和尿道护理。老年安宁疗护患者由于自身生理及疾病特点,较容易发生排尿功能障碍,如尿频、尿急、尿潴留、尿失禁等。

2. 实施方法 排尿照护实施流程及要点见表7-9。

表 7-9 排尿照护实施流程及要点

项目	实施流程	要点说明
实施前	1. 核对信息,做好解释。 2. 评估 (1)性别、年龄、体重、病情等。 (2)意识、合作程度、自理能力、会阴部皮肤情况。 (3)是否留置导尿及留置时间、集尿袋日期、管道的密闭性、导管固定情况。 3. 准备 (1)实施者:着装整洁,洗手,戴口罩。 (2)患者:取舒适体位。 (3)环境:整洁安静、光线充足、安全,温度与湿度适宜,保护隐私。 (4)用物:尿垫、成人纸尿裤、一次性手套、水盆、毛巾、如导尿需要准备导尿包、标识等;更换集尿袋需准备消毒用品、集尿袋、无齿血管钳。	对于意识障碍、昏迷患者,实施者应取得家属理解及配合。

项目	实施流程	要点说明
实施过程	1. 更换尿垫 (1) 取对侧卧位。 (2) 戴一次性手套。 (3) 用温水由外向内环形擦拭一侧臀部和会阴部皮肤,将污染的一次性尿垫向内折叠,塞于患者身体下方;将清洁的尿垫一半卷起塞于患者身体下方,另一半向照护人员一侧打开,患者取近侧卧位,照护人员转至对侧,将污染面向内折叠撤下污染的尿垫,放入污物桶内,擦拭另一侧臀部和会阴部皮肤,铺好清洁尿垫。 2. 更换纸尿裤 (1) 患者取平卧位或屈膝仰卧位,两腿外展。 (2) 戴手套,解开污染纸尿裤粘扣,揭开两翼放至患者身体两侧,前片向内折叠置于患者臀下,用温水清洁会阴部,再拭干皮肤表面的水分。 (3) 更换方法同尿垫。 (4) 将清洁纸尿裤打开铺平,从两腿间向前向上兜起纸尿裤前端,两翼与前片粘贴、固定,调整松紧度。 3. 留置导尿 (1) 协助取屈膝仰卧位,两腿略外展,充分显露外阴。 (2) 一次性垫巾垫于患者臀下,弯盘置于近会阴处,消毒双手,一只手戴上手套。 (3) 根据男、女患者尿道的解剖特点进行消毒、导尿。 【女性患者】 1) 初步消毒:阴阜、大阴唇、小阴唇、尿道口及肛门。 2) 在患者两腿之间打开导尿包。 3) 戴无菌手套、铺孔巾。 4) 检查导尿管是否通畅、润滑导尿管前端,连接导尿管和集尿袋的引流管。 5) 分开小阴唇再次消毒:消毒尿道口、两侧小阴唇、尿道口。 6) 导尿:将方盘置于孔巾口旁,嘱患者缓慢深呼吸,用镊子夹持导尿管对准尿道口轻轻插入,见尿液再插入 5~7cm。 【男性患者】 1) 初步消毒:先消毒阴阜、阴茎、阴囊,将方纱覆盖阴茎根部,提起阴茎,暴露冠状沟,从尿道口环形向外消毒尿道口、龟头及冠状沟。 2)~4) 步骤同女性导尿。 5) 再次消毒:一手用纱布包住阴茎包皮向后推,暴露尿道口。再次消毒尿道口、龟头及冠状沟。 6) 导尿:一手继续持无菌纱布固定阴茎并提起,使之与腹壁保持60°角,将方盘置于孔巾开口旁,嘱患者缓慢深呼吸,用镊子夹持导尿管对准尿道口轻轻插入尿道,直至导尿管Y形接头处。 7) 固定:根据导尿管上注明的气囊容积向气囊注入等量的无菌溶液,轻拉导尿管有阻力感,表明导尿管已妥善固定。 8) 夹闭引流管,撤下孔巾擦净外阴,集尿袋固定于床沿,最后开放导尿管。 4. 更换一次性集尿袋 (1) 暴露留置的导尿管和引流管连接处,在下方铺治疗巾。 (2) 排空集尿袋并夹闭引流管下端。	操作时动作轻柔,避免引起不适。 对于大小便失禁患者,可在会阴部和肛门周围涂抹凡士林和氧化锌软膏。 更换尿垫/纸尿裤时,观察排泄物的性状、颜色、量、气味,如有异常及时报告医生。 分清纸尿裤前、后面。 操作时动作轻柔,避免损伤尿道黏膜。 消毒顺序是由外向内、自上而下。 再次消毒顺序是由内到外再到内,自上而下,每个部位棉球限用一次,避免交叉污染。 自阴茎根部向尿道口消毒。 由内向外,每个棉球限用一次。 注意观察导管有无脱出。 如为气囊导尿管,固定时注意不能过度牵拉导尿管,以防膨胀的气囊卡在尿道内口,压迫膀胱壁或尿道,导致黏膜组织损伤。 操作时注意观察导管是否通畅,避免导尿管和引流管扭曲、受压。

项目	实施流程	要点说明
实施过程	(3) 用血管钳夹住留置导尿管开口上端 3～5cm 处,分离导尿管和引流管连接口,取下集尿袋。 (4) 由内向外螺旋消毒导尿管外口 2 次,连接并旋紧新集尿袋引流管端口。 (5) 松开血管钳,集尿袋妥善固定于低于膀胱的位置。 (6) 患者取舒适卧位。	防止尿液反流引起尿路感染。 更换集尿袋时无牵拉、无渗漏,导尿管引流通畅。 必要时留取尿液标本。 观察尿液颜色、性状、量、透明度等,发现尿液混浊、沉淀、有结晶或絮状物时,应报告医护人员,及时处理。
实施后	1. 整理用物,洗手,记录。 2. 评价实施效果。	

3. 注意事项

(1) 正确连接导尿管和集尿袋,确保整个引流系统连接紧密。

(2) 当老年安宁疗护患者离床活动时,集尿袋不可超过膀胱高度,同时避免挤压,防止因尿液反流而引起尿路感染。

(3) 当集尿袋的尿液量超过 1 000ml 或达到集尿袋的 2/3 时,应及时排空,排空集尿袋的过程要注意避免集尿袋出口处被污染。

(4) 根据集尿袋、导尿管使用说明书决定更换时间。

(二) 排便照护

1. 概念 排便照护是指为个体提供必要的护理和照料,以确保其能够顺利、舒适地进行排便。

2. 实施方法 排便照护见表 7-10。

表 7-10 排便照护

项目	实施流程	要点说明
实施前	1. 核对信息。 2. 评估性别、年龄、体重、病情、治疗史、意识状态、认知功能、心理状态、合作程度、生活自理能力、肠造口情况、造口袋情况、有无异常排便。 3. 准备 (1) 实施者:着装整洁,洗手,戴口罩。 (2) 患者:取平卧位。 (3) 环境:整洁、安全、光线充足,保护隐私。 (4) 用物 1) 床上使用便器:床上便盆、卫生纸、一次性护理垫、毛巾被、尿壶(男)。 2) 更换造口袋:剪刀、造口尺、肠造口底盘、肠造口袋、造口粉等。	
实施过程	1. 更换尿垫、纸尿裤(同排尿照护)。 2. 床上使用便盆 (1) 铺护理垫:一手托起患者臀部,另一手将护理垫垫于患者腰及臀下。 (2) 褪下裤子:患者褪下裤子至膝部,两腿屈膝。 (3) 放置便盆 1) 一手托起患者腰骶部,指导并协助其屈膝抬臀,另一手将便盆放于患者臀下(便盆窄口朝向足部)。	注意保暖,保护隐私。 放置、取出便盆时不可硬塞,使用前检查便盆是否清洁、完好,冬天宜适当加温。 从前向后擦,不可来回擦拭。

项目	实施流程	要点说明
实施过程	2) 腰部不能抬起的患者,应先取侧卧位,腰部放软枕,将便盆开口紧贴臀部放好,再取平卧位。 (4) 防止排泄物飞溅:女性患者在会阴部上方盖一次性护理垫;男性患者接尿壶,膝盖并拢,盖毛巾被。 (5) 排便过程中注意观察有无不适。 (6) 取出便盆 1) 一只手托住患者腰骶部,另一只手取出便盆。 2) 臀部不能抬起的患者,可一只手扶便盆,另一只手协助患者侧卧,取出便盆。 (7) 擦净肛门,撤垫单,穿裤子,取舒适卧位。 3. 协助简易通便 (1) 调整体位:患者取左侧卧位,褪裤子至膝部,暴露肛门,臀下垫橡胶单。 (2) 置入通便剂 1) 戴手套,取下开塞露顶端帽盖,挤出少许药液润滑开塞露前端及患者肛门口。 2) 一手分开患者臀部,暴露肛门,另一手持开塞露球部,将开塞露囊颈部轻轻、缓慢插入肛门,药液全部挤入。 3) 取卫生纸靠近肛门处,快速拔出开塞露外壳,患者保持左侧卧位5~10min后排便。 (3) 协助排便:协助使用便盆排便,排便后擦净肛门,穿裤子,取舒适卧位。 4. 更换造口袋 (1) 患者取平卧位或半坐卧位,暴露造口部位,造口侧铺垫单(必要时)。 (2) 取下造口袋:由上而下轻柔撕离已用的底盘和造口袋,并观察内容物。 (3) 评估并清洁造口及周围皮肤,如无异常,可用温热毛巾清洗造口及周围皮肤,再用柔软的干纸巾擦干。 (4) 选择合适的造口袋:用造口测量尺测量造口的大小形状,在造口底盘上绘线标记并裁剪。 (5) 粘贴造口底盘:按照造口位置由下而上粘贴底盘,使底盘完全贴合皮肤;必要时使用防漏产品。 (6) 关闭造口袋开口,将造口袋连接环的底部与底盘扣紧,用手掌轻柔按压造口袋处1~3min。	大便失禁的患者应多翻身检查,一经污染须及时更换护理垫,做好肛周清洁与护理。 每次便后用温水洗净肛门及臀部皮肤,保持皮肤清洁、干燥。必要时,肛周涂氧化锌软膏保护,避免破损感染。 便秘患者可尝试腹部环形按摩、口服缓泻剂、使用简易通便剂等方法,均无效时可遵医嘱给予灌肠。 有痔的患者使用开塞露简易通便时,手法应更轻柔。 粪便有异常,及时留取粪便标本。 动作要轻柔,防止皮肤损伤,避免袋内容物排出污染伤口。 两件式造口袋可以重复使用,清洗宜使用清水或温和清洗剂。 如造口周围皮肤发红,可在清洁皮肤后涂造口粉以保护皮肤。 理想的底盘开口应比造口尺寸大1~2mm,裁剪过大容易发生渗漏;裁剪过小容易挤压造口,造成造口出血或缺血。 发生渗漏应及时更换,造口袋内粪便超过1/3应及时更换。
实施后	1. 整理用物,手卫生、记录。 2. 评价实施效果。	

3. 注意事项

(1) 排便后进行肛周清洁及撤去护理垫、便盆时动作应轻柔,避免损伤皮肤。

(2) 粪便嵌顿必要时使用开塞露、人工取便术协助排便。

(3) 餐后2~3小时内勿更换造口袋,此时间段肠蠕动较为活跃,可能出现排便情况。

(4) 取下造口袋底盘时,一手按压固定造口周围皮肤,另一手自上向下逐步取下造口袋,注意动作应轻柔,防止牵拉造成皮肤损伤。

(5) 取下来的造口底盘不可立即丢弃,检查造口底盘的黏胶是否被浸蚀,造口底盘上是否粘有排泄物,判断是否需要调整造口底盘的类型以及更换造口底盘频次。

（6）肠造口黏膜对温度和痛觉不敏感，清洗造口时水温不可太高，以 35～37℃ 为宜。擦洗的时候应使用柔软的小毛巾，避免用力擦洗，防止擦伤造口。

四、卧位与转运照护

（一）卧位照护

1. 舒适卧位概念及常用卧位

（1）概念：舒适卧位是指个体在卧床状态下身体的各部分处于合适位置，整体感到轻松自在。舒适卧位的基本要求包括采取合适的卧位、定时变换卧位、身体活动锻炼、加强皮肤防护、保护患者隐私及备有各类物品。

（2）老年安宁疗护患者常用卧位

1）仰卧位 / 平卧位：平卧，头下垫枕，双臂放于身体两侧，双腿自然放平。适用于病情稳定的患者。

2）去枕仰卧位：去枕平卧，枕头横立于床头，头偏向一侧，双臂放于身体两侧，双腿伸直，自然放平。适用于昏迷、椎管内麻醉后的患者。

3）屈膝仰卧位：平卧，头下垫枕，双臂放于身体两侧，屈膝稍向外分开。适用于导尿、会阴冲洗、胸腹部检查等。

4）侧卧位：侧卧，臀部稍往后移，双臂屈肘，一手放在枕旁，一手放在胸前，下腿伸直，上腿弯曲。适用于臀部肌内注射、肛门检查、灌肠的患者。

5）半坐卧位：仰卧，上半身抬高与床面保持 30°～50° 角，双腿屈曲。适用于呼吸功能不良、不能自行进食的患者。

6）偏瘫患者卧位

A. 仰卧位：平卧，头部及患侧肩胛下分别垫枕，肩关节稍外展（小于 45°），肘关节伸直，前臂旋前，掌心向下，手指伸直并分开，整个上肢垫于枕上；患侧骨盆下垫枕，髋关节内收内旋，伸髋伸膝，膝关节稍垫起使微屈，防止膝关节过伸，足底不需要放任何支撑物。适用于患侧关节活动度未严重受限的偏瘫患者。

B. 侧卧位：分为健侧卧位和患侧卧位，适用于灌肠、肛门检查、臀部肌内注射的患者。

健侧卧位：健侧在下，患侧在上。头部垫枕，背部放三角枕，患侧肩关节前屈，上肢前伸，肘关节伸直，肘、腕关节伸展置于枕上，掌心向下，手指伸直并分开。患侧髋、膝关节放于软枕上，呈半屈曲位。健侧肢体稍屈膝，自然放置即可。

患侧卧位：患侧在下，健侧在上。躯干稍后仰，头部垫一枕，背部放置三角枕，患侧肩关节前屈小于 90°，肘关节伸直，前臂旋后，掌心向上，手指伸展。患侧髋关节伸展，膝关节微屈，踝关节呈中立位。健侧上肢放于身上或身后软枕上，健侧下肢屈髋屈膝置于身体前方的软枕上。

2. 卧位照护技术 卧位照护技术包括协助患者移动和变换体位，实施方法见表 7-11。

表 7-11 协助患者移向床头和变换体位实施流程及要点

项目	实施流程	要点说明
实施前	1. 核对信息，做好解释。 2. 评估病情、意识、活动能力、肌力、配合程度、卧位习惯、体重、皮肤及管道情况。 3. 准备 （1）实施者：着装整洁，洗手，戴口罩。 （2）患者：排空大小便，取合适体位。 （3）环境：安全、舒适、床铺整洁、注意保暖。 （4）用物：翻身枕或枕头。	

项目	实施流程	要点说明
实施过程	1. 床头摇至平坦，枕头横放于床头。 2. 单人法／双人法协助患者移向床头 （1）单人法：患者仰卧屈膝，双脚并拢蹬床面，双手握床栏或将手搭在实施者肩上，实施者一手托在患者肩部，另一手托住臀部协助患者移向床头。	适用于生活需要部分协助的患者。
	（2）双人法：两人同侧，一人托患者颈肩部及腰部，一人托臀部及腘窝（两侧站立，两人交叉托住患者的颈肩部和臀部），两人同时抬起患者上移，枕下放枕头，视病情协助取舒适卧位。	适用于生活完全需要协助或体重较重的患者
	3. 单人法／双人法／轴线翻身法协助患者翻身侧卧 （1）单人翻身法：患者仰卧双手放在腹部，双腿屈曲，将患者颈、腰、臀部移至实施者近侧，一手托患者肩部、另一手托膝部，将患者转向对侧。	适用于体重较轻的患者
	（2）双人翻身法：患者仰卧双手放在腹部，双腿屈曲，一人托患者颈、肩、腰，一人托臀部与腘窝，两人同时抬起患者移向近侧，两人分别托患者肩、腰、臀和膝部，轻推患者至其转向对侧。	适用于体重较重或病情较重的患者。
	（3）轴线翻身法：患者去枕仰卧，大单置于患者身下，两名实施者站在患者同侧，分别抓住靠近患者肩、腰背部、髋、大腿等处的大单，拉患者至近侧，一名实施者转至对侧，将患者近侧手放在头侧，对侧手放在腹部，两膝间夹一软枕，两实施者双手分别抓患者肩、腰背、髋、大腿等处的远侧大单，一名实施者指挥，两人动作协调一致将患者身体以轴式翻转至面向实施者的侧卧位。	适用于脊椎损伤、脊椎术后、髋关节术后的患者。 保持患者脊柱平直，翻身时避免身体屈曲，以免脊柱错位。
	4. 协助仰卧患者坐起。患者一手外展成适宜角度，一手搂住实施者颈部，实施者以同侧手托患者颈部，一手轻按患者外展手肘下方，将患者头部稍拉近，患者单肘支撑床面，实施者一手固定患者手臂以协助伸直，患者头部向前探，实施者支撑患者身体，直至其上半身完全坐起。 5. 观察背部皮肤情况，根据病情按摩、拍背。 6. 用翻身枕或枕头垫好肢体及背部，保持肢体功能位。 7. 有管道／约束者，做好固定／重新约束。 8. 协助患者取舒适体位。	
实施后	1. 整理用物，洗手，记录。 2. 评价实施效果。	

3. 注意事项

（1）评估患者的情况，明确变换体位的方法、时间。

（2）患者身上如果携带各种导管，应妥善固定好导管，防止导管脱落、受压、移位、扭曲，以保持导管通畅。

（3）在体位变化时，避免用力过猛，以免损伤患者的关节、肌肉、韧带。

（4）患侧卧位时将患肩前伸，避免垂直受压，产生疼痛。

（5）随时观察患者的反应，注意保护隐私。

（二）转运照护

1. 轮椅转运

（1）概念：轮椅转运是指使用轮椅作为运输工具，帮助行动不便的老年安宁疗护患者进行移动和转运的过程。

（2）实施方法：协助患者床与轮椅转移实施流程及要点见表7-12。

表 7-12　协助患者床与轮椅转移实施流程及要点

项目	实施流程	要点说明
实施前	1. 核对信息，做好解释。 2. 评估 （1）患者病情、体重、意识、肌力、自理能力、皮肤及管道情况。 （2）转运的目的、距离及道路情况，轮椅车轮、脚踏板、制动闸、安全带、轮椅背及轮椅座的性能。 3. 准备 （1）实施者：着装整洁，洗手，戴口罩。 （2）患者：排空大小便，注意保暖。 （3）环境：安全、宽敞、明亮。 （4）用物：轮椅、根据需求备其他物品。	
实施过程	1. 由床转移至轮椅 （1）轮椅椅背与床尾平齐或保持45°角，扳轮椅制动闸，翻起脚踏板。 （2）患者坐于床边，协助患者穿鞋。 （3）患者双手置于实施者肩颈部。 （4）实施者双腿分开，双膝屈曲，面向患者，双手环抱患者腰部，将其移至轮椅坐稳，扣紧安全带。 （5）翻转脚踏板，将患者双脚放于脚踏板上。 （6）协助调整舒适坐位，注意保暖。 2. 从轮椅转移到床 （1）由床转移至轮椅。 （2）松开安全带，实施者面向患者，双腿前后分开、屈膝站立。 （3）患者双手置于实施者肩颈部，实施者双手环抱患者腰部，协助患者站起、移坐于床沿。 （4）协助患者取舒适、安全体位。	如患者一侧功能障碍，轮椅放于健侧。 实施者膝盖抵住患者功能障碍侧予以支撑。 适用于部分自理患者。 轮椅前进时应保持匀速，动作平稳，下坡时，要减速，嘱患者抓住扶手，尽量后靠。 防止患者摔倒。
实施后	1. 整理用物，洗手，记录。 2. 评价实施效果。	

（3）注意事项

1）使用轮椅前必须进行安全性能检测，防止发生轮椅后翻、侧翻等风险。

2）转运过程中，注意观察患者的情况。

3）带管道的患者，注意管道安全，避免脱管。

4）根据室内外温度适当增加衣服、毛毯等，防止患者受凉。

2. 平车转运

（1）概念：平车转运是指使用平车运送不能起床、不能坐起、行特殊检查、治疗或手术的老年安宁疗护患者。

（2）实施方法：平车转运实施流程及要点见表7-13。

（3）注意事项

1）搬运时注意动作轻稳、准确，确保患者安全、舒适。

2）搬运过程中注意观察老年患者的病情变化。

3）确保患者的持续性治疗不受影响，保持各种导管引流通畅。

4）搬运昏迷的患者时，应保持头偏一侧；搬运颈椎损伤的患者时，应保持头部中立位，身体纵轴成一条直线。

5）协助患者上、下平车时或转运途中注意安全防护，防止坠床，避免二次损伤。

表 7-13 平车转运实施流程及要点

项目	实施流程	要点说明
实施前	1. 核对信息。 2. 评估 （1）病情、体重、意识、肌力、自理能力、皮肤及管道情况。 （2）转运的目的、距离及道路情况，检查平车制动闸、车轮、两侧床栏、车面。 3. 准备 （1）实施者：着装整洁，洗手，戴口罩。 （2）患者：排空大小便，注意保暖。 （3）环境：安全、宽敞、明亮。 （4）用物：平车、根据需求备其他物品。	
实施过程	1. 移开椅子、桌子等障碍物。	护士应站于患者头侧，密切观察患者病情。
	2. 挪动法 推平车与床平行放置，制动；按上半身、臀部、下肢转移至平车（回床时相反）；调整舒适、安全体位；运送患者。	适用于体重较轻、上肢活动自如的患者。保持缓慢、均匀车速，在上下坡时，患者头部须在高处。
	3. 单人搬运法 平车置于床尾、头端与床尾成钝角，制动；协助患者屈膝，实施者一手自患者腋下伸入托对侧肩部，一手伸至对侧大腿下，屈曲手指；患者双手交叉环于实施者颈后部；抱起患者放于平车调整舒适、安全体位；运送患者。	适用于病情许可、体重较轻者。
	4. 双人搬运法 平车位置同单人搬运法；患者平卧，双手交叉于胸前或腹部；实施者甲、乙站同侧；甲一手托患者颈肩部，一手托腰部；乙一手托臀部，一手托腘窝；两人同时搬起患者放于平车；调整舒适、安全体位；运送患者。	适用于体重较重、不能自行移动者。
	5. 三人搬运法 平车位置同单人搬运法；患者平卧，双手交叉于胸前或腹部；实施者甲乙丙三人站在患者同侧，甲托头颈肩部，乙托背、臀部，丙托腘窝及小腿，其余操作同二人搬运法的操作步骤。	适应证同双人搬运法。
	6. 四人搬运法 平车紧靠床边平行放置；于患者身下铺大单/中单；实施者甲乙分别站于床头、床尾，托住患者头肩部及两脚；实施者丙丁分别站于病床、平车两侧，抓住中单四角；四人合力同时抬起患者放于平车；调整舒适、安全体位；运送患者。	适用于危重、颈椎、腰椎骨折的患者。四人搬运时，一人喊口令确保同步；搬运者应按身高从高到低于床头到床尾排列，确保患者头部处于高位。
实施后	1. 整理用物，洗手，记录。 2. 评价实施效果。	

（三）安全照护

保护具的使用

（1）概念：保护具是用于限制患者的身体或某个部位活动，维护患者安全与治疗效果的各种器具，包括床旁护栏及约束带，适用于认知功能障碍的患者、坠床概率高的患者、皮肤瘙痒的患者，本节主讲约束带的使用。

（2）实施方法：身体约束实施流程及要点见表 7-14。

（3）注意事项

1）严格掌握并遵循保护具的使用原则：①知情同意：使用前告知约束的目的及要求，签署知情同意书。②最小化约束：当约束替代措施（如环境改变、巡视、倾听、陪伴等）无效再进行约束。③患者有利：保护患者隐私及安全，做好心理护理。④随时评价：动态评估患者的病情、约束情况及皮肤情况并记录。

表7-14　身体约束实施流程及要点

项目	实施流程	要点说明
实施前	1. 核对信息,做好解释。 2. 评估 (1) 病情、意识、活动能力、管道、约束部位皮肤情况。 (2) 患者及家属对约束带的认知和接受程度,约束带的性能:长度、面料、稳固性。 3. 准备 (1) 实施者:着装整洁,洗手,戴口罩。 (2) 患者:排空大小便,取舒适体位,签订知情同意书(意识障碍者家属代签)。 (3) 环境:床铺整洁,安全。 (4) 用物:约束工具、棉垫等。	身体约束只能作为保护患者安全、保证治疗的方法,只可短期内使用。 约束的种类(按部位):肩部、上肢、膝部、手腕/踝部等。 约束工具:约束带、绷带等。
实施过程	1. 患者肢体摆放于功能位。 2. 以棉垫包裹保护约束部位。 3. 套约束带于约束部位。 4. 固定约束带。 5. 检查患者肢体活动范围、程度及约束带的松紧度。 6. 必要时调整约束带。 7. 交代约束后的注意事项。	约束带须系活结,松紧度以活动时肢体不脱出、不影响血液循环为宜。 约束带不可系于床栏,防止放下时损伤患者。 协助翻身/搬动患者时,应松解约束带,加强看护,防止发生意外。
实施后	1. 整理用物,洗手,记录。 2. 评价实施效果。	

2) 解释使用保护具的必要性,取得患者和家属的理解,消除其心理障碍。

3) 使用保护具时,应保持肢体和关节位于功能位,定期更换体位,预防肢体畸形,保证安全舒适。

4) 加强巡视,15~30分钟一次,每2小时松解1次;注意观察末梢循环情况,出现约束部位皮肤苍白、发绀、麻木、刺痛、冰冷须立即放松约束带,必要时行局部按摩。

五、管道护理

(一)腹腔引流管护理

1. 概念　腹腔引流管是一种将体内多余液体、气体或脓液引流至体外的装置,旨在减轻局部压力、预防感染、促进康复。

2. 实施方法　腹腔引流管护理实施流程及要点见表7-15。

表7-15　腹腔引流管护理实施流程及要点

项目	实施流程	要点说明
实施前	1. 核对信息,做好解释。 2. 评估　病情、引流管固定情况、置入深度、引流液情况(颜色、量、性状),是否有腹胀、发热等症状,是否需要更换引流袋/瓶或敷料。 3. 准备 (1) 实施者:着装整洁,洗手,戴口罩,戴手套。 (2) 患者:取舒适体位。 (3) 环境:符合无菌操作要求,保护隐私及保暖。 (4) 物品:无菌护理物品(消毒用品、无菌引流袋/引流瓶、无菌治疗巾、胶布、必要时备换药用物)。	根据说明书定期更换引流袋/瓶,必要时随时更换。

续表

项目	实施流程	要点说明
实施过程	1. 检查引流管的通畅情况,观察引流液的颜色、量及性质,如发现引流液突然减少等异常,须及时检查引流管是否存在堵塞或滑脱等情况。 2. 更换敷料:保持皮肤干燥清洁,预防感染。 3. 更换引流袋/瓶 (1)暴露引流管与引流袋/瓶连接处。 (2)引流管下铺治疗巾。 (3)夹紧引流管近端。 (4)分离引流管与引流袋/瓶接头。 (5)由内向外消毒引流管管口及外周。 (6)连接新的引流袋/瓶。 (7)打开引流管,观察引流情况,确认引流通畅。 (8)撤治疗巾,高举平台法固定引流袋/瓶,避免受压。 (9)若需要使用负压,应根据引流量情况调整负压装置,确保引流有效。 (10)协助患者取舒适体位,再次核对医嘱及患者身份,贴引流管标识,注明管道名称及时间,健康教育。	避免引流液渗漏引发皮肤损伤。 分离接头时注意用一手固定好引流管,防止牵拉或脱管。 引流袋/瓶应始终低于引流口30cm,防止逆行感染。 避免负压过大引起组织损伤,或负压过小导致引流不畅
实施后	1. 整理用物,洗手,记录。 2. 评价实施效果。	

3. 注意事项

(1)严格遵守标准预防原则。

(2)操作过程中应避免不必要的牵拉或刺激引流管,减少不适,若引起患者疼痛,必要时根据医嘱提供适当的疼痛管理措施。

(3)保持引流管固定通畅,导管密闭。若有2根或2根以上引流管,应逐个更换引流袋/瓶。固定时注意留有足够的长度,方便患者翻身活动。

(二)胸腔闭式引流管护理

1. 概念 胸腔闭式引流是将胸腔引流管一端经胸壁置入胸膜腔,另一端连接胸腔引流装置,借助气压差或重力引流胸膜腔内积气、积液,达到重建胸膜腔内负压,保持纵隔的正常位置,促进肺组织复张的技术。胸腔引流装置是一种由连接管、一次性引流瓶或闭式引流袋等组成,与胸腔引流管相连,排出胸膜腔内积气和/或积液,并阻止空气和/或液体进入胸膜腔内的引流装置,分为水封式和干封阀式。

2. 实施方法 胸腔闭式引流管护理实施流程及要点见表7-16。

3. 注意事项

(1)严格遵守标准预防原则。

(2)保持引流管固定妥善且通畅,导管密闭。观察水柱波动情况,引流液颜色、性质与量,患者的生命体征(尤其是呼吸)、主诉,伤口及引流管口渗血、渗液情况。当呼吸时水柱无波动或突然消失,可能提示引流管堵塞或肺已完全复张。观察有无皮下气肿,防止空气泄漏,有异常立即报告医生。

(3)健康教育时注意告知患者经常做深呼吸、咳嗽,并协助翻身或被动运动的意义;意外脱管时的紧急应对措施等。

表7-16 胸腔闭式引流管护理实施流程及要点

项目	实施流程	要点说明
实施前	1. 核对信息,做好解释。 2. 评估患者病情、意识、合作程度、生命体征及胸腔闭式引流情况(颜色、量、性状、水柱波动等)。检查引流管置入深度、固定情况、管道标识,判断是否需要更换引流袋/瓶。 3. 准备 (1)实施者:着装整洁,洗手,戴口罩,戴手套。 (2)患者:取半坐卧位。 (3)环境:宽敞明亮、符合无菌要求,保护隐私。 (4)用物准备:一次性胸腔引流装置、生理盐水、消毒用品、无菌治疗巾、胶布、无齿血管钳2支、必要时备换药用物。	根据说明书定期更换引流袋/瓶,必要时随时更换。
实施过程	1. 更换敷料 保持皮肤干燥清洁,预防感染。 2. 更换胸腔引流装置 (1)正确、紧密连接各管道。 (2)在胸腔引流瓶内倒入适量生理盐水至浸没长管3~4cm。 (3)挤压胸腔引流管,使管内引流液流入瓶内。 (4)连接口下铺治疗巾。 (5)用两把无齿血管钳对向夹紧胸管后分离接口。 (6)由内向外消毒胸腔引流管接口后连接新引流装置。 (7)检查连接是否牢固、正确 (8)松开血管钳,嘱患者咳嗽或深呼吸,挤压引流装置,观察水柱波动及患者呼吸情况,撤除治疗巾。 (9)采用高举平台法妥善固定引流装置,协助患者取舒适体位,再次查对,并贴引流管标识,注明管道名称及时间等。 (10)健康教育。	保持引流装置直立,低于引流口60~100cm,防逆行感染。 挤压:一手反折引流管,离心方向反复挤压,再缓慢松开,防止瓶中液体倒吸。 漏气明显的患者不可夹闭胸腔引流管。 确保连接正确、紧密后方可松开血管钳,防止气胸发生。 更换装置前后均需嘱患者咳嗽或深呼吸,观察水柱波动情况,一般水柱波动4~6cm。 妥善固定,避免牵拉及脱出。
实施后	1. 整理用物,洗手,记录。 2. 评价实施效果。	

(三)静脉通路护理

1. 概念 静脉通路是一种通过外周或中心静脉进入血管系统的方法,用于输液、输血、营养支持、药物治疗等。临床常用静脉导管主要包括外周静脉导管、中心静脉导管、经外周静脉置入中心静脉导管、植入式静脉输液港和中线导管等。

(1)外周静脉留置针:是一种临时性的静脉通路,主要用于输液、给药、输血或抽血等临床操作。适用于短期输液治疗或需要快速通路的患者。

(2)中心静脉导管:经锁骨下静脉、颈内静脉、股静脉置管,尖端位于上腔静脉或下腔静脉的导管。

(3)经外周静脉置入中心静脉导管:经外周静脉穿刺的中心静脉导管又称为外周中心静脉导管,是经外周静脉(贵要静脉、肘正中静脉、头静脉、股静脉)穿刺,末端放置于腔静脉的中心静脉导管,避免了高浓度、强刺激性药物对血管的损害和药物渗漏所致的局部组织坏死等并发症,为患者建立了一条安全、快捷的静脉通道。适用于中长期静脉输液治疗,尤其是化疗、抗生素、静脉营养支持等疗程较长的患者。

(4)植入式静脉输液港:一种植入皮下长期留置的中心静脉输液装置,简称输液港,包括尖端位于腔静脉的导管及埋置于皮下的注射座,注射座埋置于胸壁皮下的称胸壁输液港,注射座埋置于上臂皮下的称上臂输液港。

（5）中线导管：指经前臂肘窝置管到达近侧的贵要静脉、头静脉或腋静脉，尖端位于腋窝水平或肩下部，但不达到中心静脉的导管。

2. 实施方法 本节主要以留置针护理为例讲解静脉通路护理的实施方法，留置针护理实施流程及要点见表7-17。

表7-17 留置针护理实施流程及要点

项目	实施流程	要点说明
实施前	1. 核对信息，做好解释。 2. 评估：患者年龄、病情、过敏史、意识状态、营养状况、心理状态及配合程度，留置导管部位的皮肤（有无红、肿、热、痛、渗出等异常情况）、血管状况及肢体活动度、是否需要更换敷料或留置针。 3. 准备 （1）实施者：着装整洁，洗手，戴口罩，遵医嘱配好药物。 （2）患者：取舒适体位。 （3）环境：宽敞明亮，符合无菌操作、职业防护要求。 （4）用物准备：治疗盘、弯盘、碘伏、75%乙醇、无菌棉签、输注药物、止血带、注射器、胶布、留置针（不同型号）、透明敷贴、封管液、无菌治疗巾、一次性输液器。	留置针通常保留3～5d，导管堵塞时拔管。无菌透明敷料应至少7d更换一次，若穿刺部位发生渗液、渗血、敷料松动、卷边、污染等应立即更换。
实施过程	1. 留置针穿刺、更换敷料及拔管 （1）留置针穿刺 1）将留置针接输液器并排气。 2）选择穿刺部位，将小垫枕置于穿刺肢体下，铺治疗巾，在穿刺点上方8～10cm处扎止血带，选择静脉，松止血带。 3）以穿刺点为中心消毒穿刺部位的皮肤，由内向外，消毒范围直径＞8cm。 4）准备胶布及透明敷贴，并在透明敷贴上标注日期和时间，操作者签字。 5）再次扎止血带。 6）二次核对、消毒，排尽空气。 7）静脉穿刺：①取下针套，旋转松动外套管（防止套管与针芯粘连），再次排气于弯盘中。②嘱患者握拳，绷紧皮肤，固定静脉，惯用手持留置针，使针头与皮肤保持15°～30°角进针，自静脉走向刺入皮下，见回血后压低角度（放平针翼），顺静脉走行再继续进针0.2cm，然后送外套管。③撤针芯：一手固定两翼，另一手迅速将针芯抽出放于锐器收集盒中。 8）固定：①松开止血带，打开调节器，嘱患者松拳。②用透明敷贴密闭式固定留置针，呈U形固定留置针接头，并采用高举平台法固定输液管。 9）调节滴速。 10）操作后处理：①撤去用物，协助患者取安全、舒适卧位。②将呼叫器放于患者易取处，告知患者输液中的注意事项。③再次核对患者及医嘱。 （2）更换敷料：关闭输液器，一手固定针翼，一手以留置针进口为中心从穿刺点下方至上方撕下输液敷贴，两次消毒（同穿刺时消毒步骤），待干后用透明敷贴密闭式固定留置针（同穿刺时固定步骤）。 （3）拔管：撕下敷贴（同更换敷料步骤），用无菌干棉签或无菌棉球轻压穿刺点上方，快速拔除留置针，局部按压至无出血为止。	根据选择静脉的原则选择穿刺部位。 确保外套管在静脉内，避免将外套管带出。 沿血管纵行向心方向按压穿刺点1～2cm，直至无出血。

项目	实施流程	要点说明
实施过程	2. 日常维护 （1）严格执行查对制度：操作前、中、后均核对患者身份及医嘱。 （2）无菌操作：排尽输液管内空气，消毒输液接头，用注射器连接输液接头以脉冲式冲管，确认导管在静脉内。连接输液器，固定输液管，调节滴速。 （3）输液结束：关闭调节器，以防空气进入血管导致空气栓塞。将输液器与输液接头断开，消毒输液接头，用注射器向输液接头脉冲式冲管，正压封管，防止血液回流堵塞导管。协助患者取舒适体位，并进行健康教育。	输液过程中及时更换输液瓶或袋，严防空气进入管道。 正确冲管。 导管堵塞时，不得用注射器推注或挤捏输液器，以免将凝固的血栓推进血管中。
实施后	1. 整理用物，洗手，记录。 2. 评价实施效果。	

3. 注意事项

（1）严格遵守标准预防原则。

（2）老年安宁疗护患者不宜选择下肢静脉进行穿刺，易导致下肢静脉炎及血栓；接受乳房根治术和腋下淋巴结清扫术的患者应选健侧肢体进行穿刺，有血栓史和血管手术史的静脉不应行静脉留置针穿刺。

（3）注意药物之间的配伍禁忌，避免药物不良反应。对于刺激性药物和特殊药物，必须确认针头已进入静脉后方可输入。输液过程中要加强巡视，注意观察静脉通路是否通畅，患者有无输液反应，发现异常情况应立即减慢或停止输液，并通知医生，及时处理。

> **知识拓展**
>
> ### 导管相关性血流感染
>
> 　　导管相关性血流感染是指带有血管内导管或者拔除血管内导管 48 小时内的患者出现菌血症或真菌血症，并伴有发热（体温 >38℃）、寒战或低血压等感染表现，除血管导管外没有其他明确的感染源。实验室微生物学检查显示：外周静脉血培养细菌或真菌阳性；或者从导管段和外周血培养出相同种类、相同药敏结果的致病菌。当可疑出现导管相关性血流感染时，应立即停止输液，必要时拔除留置针，暂时保留中心静脉导管及输液港，遵医嘱给予抽取血培养等处理并记录。

（四）肠内营养通路护理

1. 概念　肠内营养是指采用口服或管饲等方式经胃肠道提供患者代谢需要的营养物质及各种营养素的营养支持方式。多数患者因经口摄入受限或不足而采用管饲，管饲是将导管插入胃肠道，提供必需的食物、营养液、水及药物的方法。

2. 实施方法　本节主要以鼻胃管为例讲解肠内营养通路护理的实施方法，鼻胃管护理实施流程及要点见表 7-18。

3. 注意事项

（1）严格遵守标准预防原则。

（2）如老年安宁疗护患者病情允许，协助取半坐卧位（床头抬高 30°～45°）；对需要吸痰的老年人，应在鼻饲前 30 分钟给予吸痰；鼻饲前后 30 分钟内禁止吸痰，避免引起患者胃液或食物反流及误吸。

表 7-18 鼻胃管护理实施流程及要点

项目	实施流程	要点说明
实施前	1. 核对信息,做好解释。 2. 评估病情、意识状态、营养状况、合作程度、心理状况、鼻胃管是否固定通畅和标识明显、有无误吸风险。 3. 准备 (1) 实施者:着装整洁,洗手,戴口罩,戴手套。 (2) 患者:了解鼻胃管护理的目的和配合要点等,取舒适体位。 (3) 环境:清洁、宽敞明亮,符合操作要求。 (4) 用物准备:鼻饲食物,水杯(内有温水),50ml 注射器,无菌纱布一块,棉签,弯盘,毛巾及纱布、胶布等。	个性化准备老年安宁疗护患者的鼻饲食物的种类、量和温度(38～40℃)。
实施过程	1. 检查鼻胃管是否在胃内,验证鼻胃管在胃内的方法有 3 种。 (1) 从鼻胃管末端抽出胃液。 (2) 置听诊器于胃部,快速经鼻胃管向胃内注入 10～30ml 空气,听到气过水声。 (3) 将鼻胃管末端置于水中,无气泡逸出。 2. 抽出胃液并了解有无胃潴留。 3. 鼻饲前先缓慢注入 20ml 温开水冲洗管道,用注射器抽取 20～50ml 的鼻饲液,缓慢推注,推注后立即盖好盖帽,再抽吸鼻饲液,同法至鼻饲液推注结束。 4. 再次抽吸 20ml 温开水冲洗鼻胃管。 5. 鼻胃管末端反折,用无菌纱布包好,固定于老年人枕边或衣领上。 6. 撤走颌下毛巾,鼻饲后保持现有体位 30min。 7. 核对医嘱和患者身份,做好健康教育。	每次鼻饲前应证实胃管在胃内且通畅。 推注速度为 10～13ml/min,速度过快会引起呛咳、食物反流等。 新鲜果汁与牛奶应分别注入,防止产生凝块;药物应研碎溶解后,根据医嘱在鼻饲前、中、后注入。 鼻饲过程中,观察老年人的表现,发现有恶心、呕吐、胃液中混有咖啡样物等异常,立即停止操作并报告医生。
实施后	1. 整理用物,洗手,记录。 2. 评价实施效果。	

(3) 对于躁动的老年安宁疗护患者鼻饲后应适当约束,防止患者自行拔出鼻胃管造成鼻腔、食管等处的黏膜损伤。

(4) 成品营养液可在 22～25℃的室温环境中保存,输注时宜将营养液加热至 38～40℃。肠内营养液开启后需在 24 小时内喂养完毕。粉剂肠内营养液需现配现用,暂不使用应置于 4℃冰箱内,复温后再喂养,保证 24 小时内用完。

第二节 用 药 照 护

一、常用药物

老年安宁疗护患者常多病共存,临床表现复杂,药物治疗易出现副作用。2021 年我国学者编制并出版了《姑息治疗与安宁疗护基本用药指南》,筛选出了老年安宁疗护患者因疾病或衰老常见的 33 种躯体和精神心理症状,为指导临床用药,重点推荐了 23 种基础药物供医护人员参考。

姑息治疗与安宁疗护基本药物见表 7-19。

表 7-19　姑息治疗与安宁疗护基本药物

症状 / 体征	推荐药物	症状 / 适应证	推荐药物
疼痛	对乙酰氨基酚	恶心、呕吐	甲氧氯普胺
	布洛芬	—	昂丹司琼
	吗啡	厌食	地塞米松
	阿米替林	急性肠梗阻	东莨菪碱
发热	对乙酰氨基酚	腹胀	甲氧氯普胺
水肿	呋塞米	腹泻	咯哌丁胺
瘙痒	地塞米松	便秘	番泻叶
乏力	地塞米松	呕血 / 便血	氨甲环酸
恶病质	地塞米松	血尿	酚磺乙胺
高钙血症	0.9% 氯化钠注射液	睡眠 / 觉醒障碍	唑吡坦
呼吸困难	吗啡	—	哌甲酯
呼吸道分泌物过多	东莨菪碱	焦虑	劳拉西泮
咳嗽 / 咳痰	可待因	抑郁	氟西汀
	羧甲司坦	谵妄	氟哌啶醇
咯血	氨甲环酸	姑息镇静	咪达唑仑
口干	毛果芸香碱	—	—

二、用药原则

在药物治疗时,尤其是在使用镇痛药的过程中,应遵循科学的用药原则。

1. 首选给药方式　口服给药被视为老年安宁疗护患者镇痛治疗的黄金标准,可让其在相对舒适的情况下接受治疗,减少由于侵入性操作带来的不适和感染风险。

2. 按时给药　按时给药可以维持稳定的药物血浆浓度,根据患者的疼痛缓解情况和药物耐受性,及时调整剂量和给药频率,在尽可能短的时间内找到既能控制疼痛且副作用最少的最小有效剂量。

3. 按阶梯给药　世界卫生组织(WHO)提出的癌痛三级镇痛阶梯疗法是全球公认的癌症疼痛管理指南,其核心原则是根据患者的疼痛强度,逐级选择合适的镇痛药,以实现最佳的疼痛控制。治疗中要避免联合使用同阶梯镇痛药,密切监测患者的症状变化和药物反应,同时关注治疗的安全性和患者生活质量,确保最佳治疗效果。

4. 个体化治疗　个体化治疗需根据患者的具体状况选择合适的药物与剂量,选择最适合患者个人情况的药物或联合用药策略,制定符合患者预期的治疗方案,并评估治疗的潜在风险和预期收益。

5. 注重细节　不同口服药物的服用时间和方式对疗效和安全性至关重要。护士须详细解释用药要求,必要时可提供书面的用药指导,如用表格列明药物名称、剂量、服用时间及注意事项等,确保用药指令的准确理解与执行。

三、给药方式

(一)口服给药

1. 概念　口服给药法是最常用、最方便而且较安全的给药方法,药物经口服后被胃肠道黏膜吸收进入血液循环,从而发挥局部或全身的治疗作用,以达到防治和诊断疾病的目的。

2. 实施方法 口服给药实施流程及要点见表 7-20。

表 7-20 口服给药实施流程及要点

项目	实施流程	要点说明
实施前	1. 核对信息，做好解释。 2. 评估病情（特别注意肝、肾功能）、治疗情况、进食能力及用药史等。 3. 准备 （1）实施者：着装整洁，洗手，戴口罩。 （2）环境：安全、宽敞、明亮，营造无干扰的给药环境。 （3）患者：取合适卧位。 （4）用物：执行单、给药车、药物、温开水等，必要时备饮水管。 4. 按执行单核对检查药物。	对于长期卧床或意识状态较差的患者，需要特别关注其吞咽功能。 必要时调整给药方式（如选择液体药物）。 痴呆患者可能需要额外的引导和耐心。 口服降血糖和抗高血压药前，护士应先评估患者血糖、血压，必要时报告医生。 严格执行双人查对制度。
实施过程	1. 在规定时间内携带执行单、药物、温开水至床旁。 2. 再次核对。 3. 提供温开水，协助患者服药并确认患者服下。 4. 再次查对患者及药袋。 5. 取舒适体位，健康宣教。	抗凝药和精神类镇静等特殊药物应按服药时间准确给药。 每一位患者的药物应一次从药车取走，以减少错漏。 确保服药到口。 不能自行服药的患者应喂服。
实施后	1. 整理用物，洗手，记录。 2. 评价实施效果。	在口服药执行单上签名。 若有异常，应及时联系医生。

3. 注意事项

（1）因特殊检查须禁食者，暂不发药，并做好交班。

（2）鼻饲、上消化道出血或口服固体药困难的患者，需要将药物研碎用水溶解后协助患者服用。

（3）根据药物的特性正确给药。健胃药宜在饭前服用，助消化药及对胃黏膜有刺激性的药物宜在饭后服用。催眠药在睡前服用。磺胺类药物主要经肾脏排出，尿少时易析出结晶堵塞肾小管，损害肾脏，服药后宜多饮水。缓释片、肠溶片、胶囊吞服时不可嚼碎；舌下含片应放于舌下或两颊黏膜与牙齿之间。

（4）注意观察药物不良反应，如口服强心苷类药物前，需要监测心率及节律变化，当脉率低于 60 次/min 或节律不齐时应暂停发药，并告知医生。

（二）局部给药（以皮肤给药为例）

1. 概念 皮肤给药是将药物直接涂于皮肤，从而起到局部治疗作用。常见的皮肤给药的剂型有溶液、油膏、粉剂、糊剂，贴敷药也属于皮肤给药。患者往往患有多种疾病，尤其是慢性疼痛或皮肤问题，皮肤给药可以缓解症状、提高生活质量。

2. 实施方法 皮肤给药实施流程及要点见表 7-21。

3. 注意事项

（1）由于患者皮肤较薄脆弱，容易出现不良反应或损伤，因此在用药后要特别关注皮肤的变化，如果出现红肿、瘙痒等情况，应立即报告医生。

（2）注意透皮给药的患者体温变化，因为体温升高可能增加药物吸收，医护人员应调整药物剂量以避免过量。

表 7-21　皮肤给药实施流程及要点

项目	实施流程	要点说明
实施前	1. 核对信息, 做好解释。 2. 评估患者的病情、局部皮肤情况。 3. 准备 (1) 实施者: 着装整洁, 洗手, 戴口罩。 (2) 环境: 安全, 保护隐私。 (3) 患者: 取合适卧位。 (4) 用物: 药物、棉签、干棉球、持物钳、弯盘, 必要时备清洁皮肤用物。	评估皮肤的完整性、湿度、颜色和温度。
实施流程	1. 摆体位　根据给药的部位选择合适的体位, 按需调节室温, 暴露给药部位皮肤, 避免过度暴露。 2. 皮肤准备　按需清洁皮肤。 3. 铺巾　如果是溶液剂等流动性较大的药物, 用橡胶单或护理垫垫在给药部位下方。 4. 给药 (1) 溶液剂: 用持物钳夹蘸湿药液的棉球擦抹患处, 清洁后用干棉球抹干。 (2) 糊剂: 用棉签将药糊直接涂于患处, 亦可将糊剂涂在纱布上, 然后贴在受损皮肤上, 外加包扎。 (3) 软膏: 用棉签将软膏涂于患处, 如为角化过度的皮损, 应略加摩擦。 (4) 乳膏剂: 用棉签将乳膏剂涂于患处。 (5) 酊剂和醑剂: 用棉签蘸药涂于患处。 (6) 粉剂: 将药粉均匀地扑撒在受损皮肤处。 (7) 贴剂: 清洁后贴敷并避免摩擦。 5. 用药观察　协助患者整理衣物, 取舒适体位, 健康宣教。	更换体位时动作忌粗暴。 注意保护患者的隐私。 药糊、软膏不宜涂得太厚。 除用于溃疡或大片糜烂受损皮肤外, 一般不需要包扎。
实施后	1. 整理用物, 洗手, 记录。 2. 评价实施效果。	

(三) 注射给药

1. 概念　注射给药法是将无菌药液注入体内, 以达到预防和治疗疾病的方法, 适用于需要药物迅速发生作用或因各种原因不能经口服药的患者。注射给药法具有药物吸收快、血药浓度升高迅速、进入体内的药量准确等优点, 但注射给药法也会造成一定程度的组织损伤, 引起疼痛及潜在并发症。另外, 因药物吸收快, 某些药物的不良反应出现迅速, 处理也相对困难。常用的注射给药法包括皮内注射、皮下注射、肌内注射及静脉注射。

2. 实施方法 (以静脉注射给药为例)　静脉注射给药实施流程及要点见表 7-22。

3. 注意事项

(1) 严格无菌操作, 预防感染。所有接触药液和穿刺部位的物品必须无菌, 操作环境应清洁。

(2) 严格执行查对制度, 确保用药安全, 防止差错。特别是高警示药品, 必须双人核对。

(3) 密切观察病情变化和药物反应。老年患者生理储备能力下降, 对药物的耐受性和反应性可能存在个体差异, 易出现药物不良反应, 如过敏反应、输液反应 (发热、寒战等)、循环负荷过重 (尤其注意心肺功能不全者)。一旦出现异常, 立即减慢或停止输液 / 注射, 并报告医生及时处理。

(4) 注意药物配伍禁忌。多种药物联合输注或经同一通路给药时, 务必查阅药物说明书或咨询药师, 确认药物间的相容性, 避免发生物理性或化学性配伍变化。

(5) 合理控制输液 / 推注速度。根据患者年龄、病情、心肺功能及药物性质调节, 避免过快或过慢。输液泵 / 微量泵的使用有助于精确控制。

表 7-22　静脉注射给药实施流程及要点

项目	实施流程	要点说明
实施前	1. 核对信息,做好解释,必要时签署知情同意书。 2. 评估病情:患者意识状态、生命体征、过敏史、凝血功能、血管情况、皮肤完整性、既往输液史、药物配伍禁忌等。 3. 准备 (1) 实施者:着装整洁,严格执行手卫生,戴口罩、手套。 (2) 环境:清洁、光线充足,操作环境应利于无菌操作。 (3) 患者:安置舒适体位,暴露穿刺部位,必要时保暖。 (4) 用物:治疗盘(内备执行单、药物、注射器或输液器、皮肤消毒剂、无菌棉签、止血带、无菌敷料或透明敷贴、弯盘、锐器盒,必要时备输液泵/微量泵、封管液等)。 4. 严格执行查对制度(如"三查八对"或"三查十对"),核对药名、剂量、浓度、用法、时间等,检查药物质量(有效期、有无混浊、沉淀、变色、絮状物、瓶口有无松动裂缝)。	特别关注老年患者血管特点。评估药物性质(如 pH、渗透压、是否为发疱性药物或刺激性药物),选择合适的血管通路和输注速度,避免损伤。 严格执行无菌技术操作原则,防止污染。
实施过程	1. 携带用物至患者床旁,再次核对患者身份。 2. 选择合适的静脉:优先选择上肢静脉,宜选择粗直、弹性好、血流丰富、易于固定、避开关节、神经、肌腱及静脉瓣的血管。避免在感染、外伤、水肿、硬结或有动静脉瘘的肢体穿刺。 3. 皮肤消毒与穿刺:以穿刺点为中心,按消毒剂说明书要求进行皮肤消毒(如碘伏消毒,待干),消毒范围直径应≥5cm(钢针)或≥8cm(留置针)。扎止血带(穿刺点上方 5~10cm),再次核对后,绷紧皮肤,以合适角度穿刺。见回血后,确认针头在血管内,松开止血带,固定针头/送入留置针外套管并撤出针芯,连接输液器/注射器,妥善固定。 4. 调节滴速/推注速度。 5. 观察与询问:输液/注射过程中密切观察穿刺部位有无红肿、疼痛、渗液、药物外渗迹象,患者有无不适。	输液过程中保持输液器通畅,防止空气栓塞。 输注刺激性或发疱性药物时,应密切观察穿刺点及静脉走行,确保针头在血管内,如有异常立即处理。推注时应缓慢,并间断抽回血确认。 更换药液或输液完毕拔针时,均需再次核对。 对于长期输液或血管条件较差的患者,应加强血管保护意识,有计划地轮换使用静脉。
实施后	1. 整理用物,洗手,记录。 2. 评价实施效果。	

(6) 加强血管保护。长期输液者应有计划地选择和轮换穿刺部位。对于血管条件差、需要长期输液或输注刺激性药物的患者,可遵医嘱考虑使用外周静脉留置针、中长导管、经外周静脉穿刺的中心静脉导管(PICC)或中心静脉导管(CVC)等更合适的血管通路装置。

(7) 加强巡视与沟通。输液/注射过程中应定时巡视,观察输液情况、穿刺部位及患者反应。鼓励患者及家属主动报告任何不适。

(8) 做好健康宣教。向患者及家属解释静脉治疗的目的、过程、注意事项,以及可能出现的不适及应对方法,争取其理解与配合,提高治疗依从性。

(四) 鞘内给药

1. 概念　鞘内药物输注技术是一种通过将药物直接输注到蛛网膜下腔来缓解疼痛或其他症状的方法。与传统的口服或静脉给药相比,鞘内给药所需的药物剂量通常更低,但效果可能更佳且更迅速。对于老年安宁疗护患者而言,这种给药方式可以在较低药物暴露量的情况下有效控制顽固性疼痛,提高生活质量,并可能减少全身性副作用的发生率和严重程度,对于身体功能衰退、多病共存的患者尤为重要。

2. 实施方法　鞘内给药实施流程及要点见表7-23。

表7-23　鞘内给药实施流程及要点

项目	实施流程	要点说明
实施前	1. 核对信息，做好解释，签署知情同意书。 2. 评估病情与耐受性 （1）一般情况：意识状态、生命体征、营养状况、皮肤完整性。 （2）疼痛评估：详细评估疼痛性质、部位、强度，以及当前镇痛方案的效果和副作用。 （3）活动与体位耐受：评估患者能否配合并维持穿刺所需体位，有无严重脊柱畸形、关节僵硬等影响体位摆放的因素。 3. 准备 （1）实施者：由医师主导，配备助手，均需严格执行无菌着装（无菌手术衣、无菌手套、帽子、外科口罩）。 （2）环境：选择洁净、安静的治疗室或手术室，光线充足，确保环境舒适、暖和，避免患者受凉。备好心电监护、血氧饱和度监测、氧气、负压吸引及急救药品与设备。 （3）患者：术前可遵医嘱给予适当的镇静或镇痛预处理以减轻操作过程中的不适和焦虑。指导并协助患者排空膀胱。协助患者缓慢、轻柔地摆放至合适的穿刺体位（侧卧位或坐位），尽可能使用软枕、体位垫等支撑，确保舒适和安全，避免皮肤受压过久。注意保暖。 （4）用物：无菌腰椎穿刺包（内含各种型号腰椎穿刺针、消毒钳、纱布、治疗巾或洞巾、标本试管、测压管（如需）、2%利多卡因等局部麻醉药、注射器等）、无菌手套、专供鞘内注射的药物（必须为不含防腐剂的特定制剂，严格核对剂量）、皮肤消毒液（如有效碘浓度的碘伏，选择刺激性小的）、无菌敷料、弯盘等。	舒适化准备：术前镇静镇痛对减轻患者焦虑和疼痛至关重要。体位摆放务必轻柔，充分使用支撑物，避免造成新的疼痛或皮肤损伤。
实施过程	1. 再次核对患者身份信息、鞘内注射药物（名称、剂量、浓度、有效期），确保双人核对无误。 2. 体表定位穿刺点：操作者应轻柔触摸，避免粗暴按压，老年患者皮下脂肪减少，骨性标志可能更明显但也更敏感。 3. 严格无菌操作，皮肤消毒：消毒时注意保护周围脆弱皮肤，避免消毒液浸润导致皮肤刺激或损伤。耐心等待消毒液完全自然干燥，避免化学性刺激。 4. 局部麻醉：使用细针头进行局部麻醉，缓慢推注麻醉药，并给予充分时间（如3～5min）让麻醉起效，以最大限度减轻穿刺疼痛。 5. 腰椎穿刺：操作者手法应极其轻柔、精准，充分考虑老年患者可能存在的骨质疏松、椎间隙狭窄、韧带钙化等情况，缓慢进针。尽可能一次成功，避免反复穿刺带来的痛苦和损伤。拔出针芯，观察脑脊液流出情况（可能流速较慢）。 6. 测压与收集脑脊液（如医嘱需要）：若必须，操作应迅速轻柔，尽量减少脑脊液丢失，因老年患者脑脊液循环和再生能力可能下降。 7. 注射药物：确认针头在蛛网膜下腔且脑脊液流出通畅后，缓慢注入药液。注射过程中，实施者需持续密切观察患者的面色、表情（包括非语言的疼痛或不适信号）、呼吸（频率、深度、节律）、有无主诉不适，并持续监测生命体征（心率、血压、呼吸、血氧饱和度）。 8. 拔针与按压：药液注完后，迅速轻柔拔出穿刺针，立即用无菌纱布块轻柔按压穿刺点数分钟，避免过度用力按压导致皮下淤血或不适。用低致敏性、透气性好的无菌敷料覆盖固定。	老年患者皮肤薄、血管脆、组织弹性差，所有操作（定位、消毒、麻醉、穿刺）均需极致轻柔，避免不必要的损伤和疼痛。密切关注患者的任何不适表现，包括非语言信号（如表情痛苦、躁动、呻吟）。对认知障碍患者，更要依赖客观体征。若患者表示明显不适或生命体征异常，<u>应立即暂停操作并评估</u>。 如出现神经根刺激症状等并发症时，<u>应立即停止或调</u>。

续表

项目	实施流程	要点说明
实施后	1. 患者卧位与舒适管理：操作结束后，协助患者缓慢、轻柔地恢复至舒适体位。首选去枕平卧4～6h，以预防颅内低压性头痛。若患者因心肺功能差、严重衰弱等原因难以耐受严格平卧，在严密监测下，与医师共同评估后可考虑调整为患者最能接受的、相对舒适的卧位（如头略抬高15°～30°，或舒适的侧卧位），但需加强对头痛、恶心等颅内低压症状以及穿刺点渗液的观察。使用软枕、气垫等有效支撑，分散压力，预防压疮，确保患者舒适。 2. 整理用物，洗手。 3. 详细记录：重点记录患者对操作的耐受情况、术中生命体征的具体变化、有无不良反应主诉、术后卧位、舒适度评估，以及家属的反馈。 4. 严密观察与精心护理 （1）生命体征：术后2h内每15～30min监测一次，之后每1～2h监测一次，至少持续6～8h，或遵医嘱根据患者情况调整。重点监测呼吸频率、深度、节律和血氧饱和度，警惕迟发性呼吸抑制（尤其是使用阿片类药物后24h内）。 （2）神经系统体征：特别注意观察有无新发或加重的意识模糊、嗜睡、烦躁不安、谵妄、幻觉等。评估患者的定向力、认知功能变化。 （3）穿刺部位情况：每2～4h观察敷料有无渗血、渗液，穿刺点周围皮肤有无红肿、硬结、压痛。保持敷料清洁干燥，若潮湿或污染及时更换。 （4）疼痛缓解情况：术后定时（如每1～2h）评估疼痛缓解程度，使用适合老年人的疼痛评估工具，及时调整镇痛方案。 （5）药物不良反应监测：高度警惕并积极预防/处理阿片类药物副作用	个体化卧位管理：终末期老年患者舒适是首要目标。严格平卧可能加重其不适。 在确保安全的前提下，灵活调整卧位。 生命体征监测的强化与延长：老年患者药物代谢慢，副作用可能延迟出现或持续时间更长。呼吸抑制风险期可能延长。

3. 注意事项

（1）所有用物、药物及操作过程均需严格遵循无菌原则。

（2）必须使用专供鞘内注射的药物制剂，且药物剂量必须精准。误用含有防腐剂或其他神经毒性物质的药物进行鞘内注射，可能导致严重的、不可逆的神经损害甚至死亡。

（3）操作前必须仔细评估，排除禁忌证，如颅内压显著升高、穿刺部位或全身存在活动性感染、严重凝血功能障碍、患者不合作或对药物成分过敏等。

（4）需警惕并及时处理并发症

1）颅内低压综合征：最常见并发症，表现为体位性头痛、恶心、呕吐、眩晕、耳鸣等。主要通过术后平卧、鼓励饮水或补液来预防和治疗。

2）感染：包括穿刺点局部感染、硬膜外脓肿、细菌性或无菌性脑膜炎。表现为发热、剧烈头痛、颈强直、意识改变等。一旦怀疑，需要立即进行脑脊液检查并给予强效抗生素治疗。

3）神经损伤：穿刺针可能直接损伤神经根或脊髓，导致相应支配区域的疼痛、感觉异常、麻木或运动功能障碍。

4）出血：可能发生硬脑膜外血肿或蛛网膜下腔出血，尤其在凝血功能异常或使用抗凝药物的患者中风险更高。

5）药物相关不良反应：取决于所用药物。如鞘内注射阿片类药物可能引起呼吸抑制（可迟发）、瘙痒、恶心、呕吐、尿潴留、过度镇静等；局部麻醉药过量或误入血管可能引起中枢神经系统毒性和心血管毒性。需要密切监测，并备好相应拮抗药和抢救措施。

（5）向患者及家属充分解释鞘内给药的必要性、预期效果、潜在风险、可能发生的并发症及术后注意事项，以取得其充分的理解、信任与配合。

四、用药监测及注意事项

掌握安宁疗护患者的常用药物,避免用药错误。必要时与医师、临床药师等多学科专业人员共同查房讨论,避免由于知识不全面而出现错误决策。照护过程中注意与患者及家属沟通,各方面人员共同决策。

(一)用药效果观察

掌握患者常用的药物品种、剂量、作用机制及可能引起的常见不良反应。了解每种药物的适应证、禁忌证及相互作用,以确保用药的安全性和有效性。如在使用对乙酰氨基酚、布洛芬和吗啡来镇痛时,可能引起肝损伤、便秘和呼吸抑制等副作用。在症状管理过程中,还需关注药物相互作用,例如地塞米松可缓解炎症和改善食欲,但可能导致水肿和高血糖;吗啡及其他阿片类药物可能导致呼吸抑制、便秘及依赖性。焦虑和失眠可通过劳拉西泮和唑吡坦处理,但需要注意其镇静效应和依赖性。此外,患者的生命体征可能会有较大波动,特别是在使用镇痛、镇静和抗焦虑药物时。需要密切监测患者的生命体征及临床症状(如呼吸急促、意识障碍、恶心、呕吐等)的变化、诱发及缓解症状的因素和药物不良反应等,及时调整药物治疗方案。

(二)心理状态调适

在患者的用药照护中,医护人员的态度、语言、关怀和专业支持对患者的用药效果和配合度有重要影响。开放、真诚的沟通能有效缓解患者的负面情绪和心理困扰,建立信任关系,减少对药物的抗拒心理,从而提高依从性,增强药物疗效。医护人员应了解患者的治疗期望、担忧及需求,提供必要的心理支持,确保其感到被尊重和理解,创造一个更加舒适、安宁的环境。

第三节 中医照护技术

> **案 例**
>
> 李先生,72 岁,退休工程师,丧偶,胃癌晚期,进行性消瘦、乏力 2 个月。李先生于 1 年前被诊断为胃癌晚期,经过手术和化疗后,效果不佳,出现全身多处转移,表现为进行性消瘦、乏力、食欲缺乏、疼痛等症状。面对疾病的晚期阶段,李先生和家属选择安宁疗护,希望提高生活质量,减轻痛苦。入院时查体:患者消瘦明显,面色苍白,精神不振,舌质淡,苔薄白,脉细弱。疼痛评分为 6 分。
>
> 请问:
>
> 1. 运用哪些中医照护技术可以缓解患者的这些症状?
> 2. 如何为患者实施中医芳香疗法以减轻疼痛?

一、中医芳香疗法

1. 概念 中医芳香疗法是指利用中药材的芳香性气味或其提取出的芳香精油,经由呼吸道或皮肤吸收进入体内,以各种形式作用于人体,达到调节脏腑气机,调和脏腑阴阳的效果,在发展中被归入中医外治法的范畴。芳香疗法可以缓解老年安宁疗护患者紧张情绪、调节压力、减轻疼痛、改善睡眠质量,让老年安宁疗护患者身心得到舒缓与安适,还可起到净化空气、消毒长期卧床老年安宁疗护患者房间的作用。

2. 实施方法 中医芳香疗法实施流程及要点见表 7-24。

3. 注意事项

(1)使用前需评估老年安宁疗护患者对精油的敏感度和偏好,确定无过敏反应症状后,方可持续使用,需要注意用量和使用方式,香味不宜过浓。

表 7-24 中医芳香疗法实施流程及要点

项目	实施流程	要点说明
实施前	1. 核对信息,做好解释。 2. 评估 (1) 健康状况、病史、药物使用情况、精油过敏史等。 (2) 不适症状及需求。 (3) 适合身体状况的精油。 3. 准备 (1) 医务人员:着装整洁,洗手,戴口罩。 (2) 患者:排空大小便,取舒适体位。 (3) 环境:安静、温暖、光线柔和,创造一个放松的氛围,保护隐私。 (4) 用物:治疗床、干净的毛巾、枕头、毯子、香薰机等必要设备。	
实施过程	1. 按摩法:让老年安宁疗护患者采取舒适的姿势。将精油均匀涂抹在患者皮肤上,进行轻柔按摩。 2. 吸入法:使用香薰灯或香薰机扩散精油。指导老年安宁疗护患者深呼吸,吸入精油蒸汽。 3. 冷热敷法:将精油滴于少量水中,再用毛巾沾湿敷于患处。	治疗过程中观察患者的反应,确保其舒适。 根据患者反馈调整精油种类、剂量或按摩手法。
实施后	1. 整理用物,洗手,记录。 2. 评价实施效果。	

(2) 确保使用环境通风良好,避免在封闭空间内使用,并注意远离火源。

(3) 按摩时应避免肿瘤部位、淋巴结、伤口、皮肤炎症等敏感区域;按摩力度不宜过大,以免造成组织损伤或疼痛;按摩时间不宜过长,一般以 15～20 分钟为宜,避免患者疲劳。

(4) 正确储存精油:一般密封避光于阴凉处保存,开封后限 6 个月内使用。

(5) 除特殊精油外,一般纯精油需稀释后使用,避免皮肤过敏或灼伤皮肤。

(6) 进行芳香疗护过程中应持续关注老年安宁疗护患者身心需求。

二、艾灸

1. 概念 艾灸是一种传统的中医外治法。艾绒是由艾草晒干后制成;灸是烧灼的意思。艾灸法借灸火的热力和艾草的作用,通过刺激经络腧穴达到温经通络、活血行气、散寒祛湿、消肿散结、回阳救逆及预防保健作用(图 7-1)。

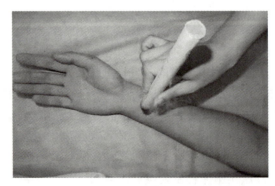

图 7-1 艾灸

2. 实施方法 艾灸实施流程及要点见表 7-25。

表 7-25　艾灸实施流程及要点

项目	实施流程	要点说明
实施前	1. 核对信息，做好解释。 2. 评估 （1）健康状况、病史、用药情况、有无艾灸过敏史等。 （2）当前疼痛程度、精神状态、皮肤状况。 （3）适合艾灸的穴位和体位。 3. 准备 （1）医务人员：着装整洁，洗手，戴口罩。 （2）患者：排空大小便，取舒适体位。 （3）环境：安静、整洁、确保温度适宜，避免受凉，保护隐私。 （4）用物：治疗盘、艾条或艾炷、火柴、凡士林、棉签、镜子、弯盘、治疗巾、镊子、剪刀、屏风等。间接灸时还要备用姜片、蒜片、食盐、附子饼等。	
实施过程	1. 备齐用物，携至床旁，关闭门窗，用隔帘或屏风遮挡。 2. 帮助老年安宁疗护患者采取舒适的体位，暴露需要艾灸的部位。 3. 根据评估结果，选择合适的穴位进行标记。 4. 点燃艾条，调整到适宜的温度和距离。 5. 将艾条悬于穴位上方，进行温和的熏烤，保持一定的距离以避免烫伤。 6. 观察老年安宁疗护患者的反应，适时调整艾条的距离和角度，记录开始时间。 7. 艾灸完成后，熄灭艾条，清理使用过的物品。 8. 开窗通风，注意保暖，避免对流风。	每个穴位艾灸时间一般为 5～10min，根据老年安宁疗护患者反应和具体情况调整。
实施后	1. 整理用物，洗手，记录。 2. 评价实施效果。	

3. 注意事项

（1）治疗室需通风良好、远离易燃物品，施灸完毕后确保艾火完全熄灭，注意防火，准备好灭火器材。

（2）准确定位、避免烫伤，控制艾条与皮肤的距离，做好防护措施。

（3）操作前检查老年安宁疗护患者皮肤，确保无破损、炎症等情况；操作中注意保护老年安宁疗护患者隐私；糖尿病老年安宁疗护患者需特别注意皮肤状况；艾灸后半小时内勿洗浴，避免受凉。

（4）与老年安宁疗护患者充分沟通，解释艾灸过程和感觉，消除其紧张情绪；告知艾灸后的正常反应，如局部皮肤可能出现短暂的红肿或水疱。

（5）在久病体弱者的头面躯干皮薄肉少处，宜减少艾灸用量；忌在重要器官及大血管处施灸，如心前区、颈动脉。

三、耳穴压豆

1. 概念　耳穴压豆法，又称耳穴埋豆法、耳穴贴压法，属于耳针技术范畴，是用胶布将药豆如王不留行籽、莱菔子或磁珠贴压于耳郭上的穴位或反应点，给予适度的揉、按、捏、压，使其产生热、麻、胀、痛等刺激感应，通过疏通经络、调整脏腑气血功能、促进机体阴阳平衡，以达到防治疾病、改善症状的目的（图7-2）。

2. 实施方法　耳穴压豆实施流程及要点见表 7-26。

3. 注意事项

（1）耳郭局部有炎症、冻疮或溃烂的老年安宁疗护患者不宜施用。

（2）操作时手法轻柔，以按压为主，避免揉搓和用力过猛造成耳部损伤。

（3）每次选择一侧耳穴，双耳轮流贴压。夏季易出汗，留置王不留行籽 1～3 天，冬季留置王不留行籽 3～5 天。

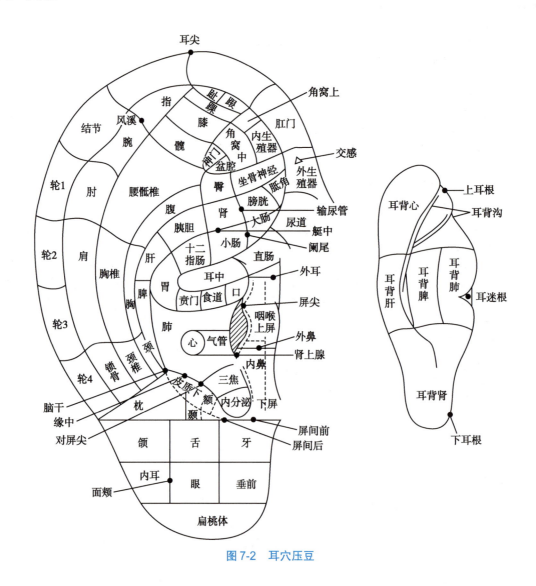

图 7-2 耳穴压豆

表 7-26 耳穴压豆实施流程及要点

项目	实施流程	要点说明
实施前	1. 核对信息，做好解释。 2. 评估 （1）病情、主要症状、耳部皮肤状况等。 （2）对疼痛的耐受程度，有无对胶布、药物等过敏情况。 3. 准备 （1）医务人员：着装整洁，洗手，戴口罩。 （2）患者：排空大小便，取舒适体位。 （3）环境：安静、整洁、温暖。 （4）用物：治疗盘、王不留行籽、胶布、消毒用品、棉签、止血钳或镊子等，必要时可备耳穴模型。	

续表

项目	实施流程	要点说明
实施过程	1. 备齐用物,协助老年安宁疗护患者取舒适、便于操作的体位。 2. 用75%的酒精棉球自上而下、由内到外、从前到后消毒耳部皮肤。 3. 根据老年安宁疗护患者的症状,探查耳穴敏感点,选取贴压穴位。 4. 将王不留行籽等压豆材料贴在选定的穴位上,并用胶布固定。 5. 轻轻按压豆粒,使老年安宁疗护患者产生热、麻、胀、痛感。 6. 整理床单位,安排老年安宁疗护患者舒适体位。	观察老年安宁疗护患者局部皮肤,询问有无不适感。 教会老年安宁疗护患者或家属自行按压手法,以保持刺激。
实施后	1. 整理用物,洗手,记录。 2. 评价实施效果。	

四、中药灌肠

1. 概念　中药灌肠是一种将中药药液通过肛门灌入直肠或结肠的方法,通过肠黏膜的吸收功能达到清热解毒、软坚散结、泄浊排毒、活血化瘀的作用,尤其适用于不宜口服药物的老年安宁疗护患者。

2. 实施方法

(1) 实施者:经过规范化培训并掌握相关技能的医务人员。

(2) 实施对象:出现慢性腹泻、便秘、腹痛、肠梗阻等有中药灌肠需求的老年安宁疗护患者。

(3) 实施流程:包括评估、中药灌肠等。中药灌肠实施流程及要点见表7-27。

表7-27　中药灌肠实施流程及要点

项目	实施流程	要点说明
实施前	1. 核对信息,做好解释。 2. 评估 (1) 年龄、病情、肛门及直肠状况、排便情况、药物过敏史等。 (2) 心理状态,操作配合程度。 3. 准备 (1) 医务人员:着装整洁,洗手,戴口罩。 (2) 患者:排空大小便,取左侧卧位。 (3) 环境:安静、温暖,必要时拉上隔帘。 (4) 用物:治疗盘、弯盘、药液、一次性灌肠袋、水温计、纱布、一次性手套、中单、垫枕、石蜡油、棉签,必要时准备便盆及屏风。	
实施过程	1. 备齐用物,携至床旁,关闭门窗,用隔帘或屏风遮挡。 2. 协助老年安宁疗护患者取左侧卧位,充分暴露肛门,铺中单于臀下,垫枕抬高臀部10cm。 3. 药液温度在39～41℃,液面距离肛门不超过30cm,石蜡油充分润滑肛管前端。肛管插入10～15cm后缓慢滴入药液,控制药液流速,避免过快引起不适。 4. 注意观察老年安宁疗护患者的面色、呼吸、心率等,询问老年安宁疗护患者感受。 5. 药液滴注结束,夹紧并拔除肛管,协助老年安宁疗护患者擦干肛周皮肤、取舒适卧位、适当抬高臀部,指导老年安宁疗护患者尽可能长时间保留药液,有利于药物吸收。	根据病情必要时选择右侧卧位。 嘱老年安宁疗护患者张口呼吸放松肛门,便于肛管顺利插入。 如有不适或便意适当调节滴入速度,必要时停止操作,中药灌肠药量不宜超过200ml。
实施后	1. 整理用物,洗手,记录。 2. 评价实施效果。	

3．注意事项

（1）根据老年安宁疗护患者症状选择合适体位，如慢性痢疾、溃疡性结肠炎宜左侧卧位；阿米巴痢疾宜采取右侧卧位。

（2）操作时充分润滑导管前端，缓慢、温柔地插入导管，避免损伤肠道黏膜。

（3）操作中密切观察老年安宁疗护患者的反应，如面色、呼吸、心率等。当老年安宁疗护患者出现心慌、脉搏细速、面色苍白、出冷汗、剧烈腹痛时，应立即停止灌肠并报告医师。

（应文娟　徐晓霞）

 思考题

1．请分别阐述中心静脉管、胃管、引流管、导尿管护理实施要点。

2．请阐述卧位护理注意事项。

3．针对老年安宁疗护患者的症状控制，如疼痛、睡眠等，常用的中医护理技术有哪些？

4．在安宁疗护理念下，设计一套基于中医护理技术的失眠干预方案，帮助老年安宁疗护患者改善失眠症状，提高其生活质量。

5．在安宁疗护理念下，设计一套基于中医护理技术的便秘腹泻管理方案，帮助老年安宁疗护患者改善便秘或腹泻的症状，提高其生活质量。

第八章
老年安宁疗护患者心理支持

08章

📖 **学习目标**

知识目标：

1. 掌握老年安宁疗护患者常见的心理支持技术。

2. 熟悉老年安宁疗护患者常见的心理特点。

3. 了解老年安宁疗护患者常见心理支持技术的注意事项。

能力目标：

能区分老年安宁疗护患者不同的心理特点，根据实际情况，运用合适的心理支持方法。

素质目标：

具有运用所学知识，与老年安宁疗护患者共情，尊重、关怀老年安宁疗护患者，与其平等沟通、保护其隐私的职业素养。

第一节　心理问题

一、焦虑

（一）概念

1. 定义　焦虑（anxiety）是个体在面临潜在威胁时产生的一种包含担忧、害怕、紧张等多种消极感受的复杂体验。若焦虑状态持续存在，则会发展成焦虑障碍（anxiety disorder），加重患者的躯体症状负担，增加患者失控感，加速死亡。

2. 原因

（1）对未知的不确定感：生命走向终末期，身体功能衰退不可避免。患者会担心失去自理能力，生活依赖他人，这种对未来的不确定感会加剧焦虑。此外，家庭和社会地位的弱化，也会加重患者的焦虑情绪。

（2）对疾病的认知不足：面对各种复杂的疾病状况，患者可能不明白疾病为什么会发展到如此严重的程度，也不知道身体出现的各种症状意味着什么，这种对疾病进展的困惑会导致焦虑情绪。

（3）对家人的担忧：担心长期的疾病治疗和照顾会给家人带来沉重的经济负担和照顾负担。

（4）其他：用于控制终末期症状的药物，如抗精神类药物、类固醇类药物、中枢神经兴奋药物等，这些药物的副作用或使用方式可能会导致患者出现焦虑情绪。

3. 分类　根据焦虑症状的持续时间和发病特点，可分为急性焦虑和慢性焦虑。

（1）急性焦虑：常突然出现，一般历时5～20分钟，自行缓解。

（2）慢性焦虑：以广泛和持续性精神紧张为主要特征。

(二)临床表现

1. 急性焦虑　突然感到不明原因的惊慌、紧张不安、心烦意乱、坐卧不安、失眠或激动、哭泣,常伴有潮热、大汗、口渴、心悸、气促、脉搏加快、血压升高、尿频尿急等躯体症状。严重时,可以出现阵发性气喘、胸闷,甚至有濒死感,并产生妄想和幻觉。

2. 慢性焦虑　表现为经常提心吊胆,有不安的预感,平时比较敏感,处于高度的警觉状态,容易激怒,生活中稍有不如意就心烦意乱,易与他人发生冲突,注意涣散,健忘等。

(三)治疗原则

1. 病因治疗　通过全面评估明确患者焦虑的原因、严重程度、性质等,针对病因采取个体化的治疗方案。

2. 非药物治疗

(1)心理治疗:终末期老年患者的焦虑难以避免,医务人员应接受患者症状,理解患者,通过认知行为疗法帮助患者认识到自己的焦虑情绪,并引导他们正视和接受这种情绪。

(2)中医治疗:根据患者身体状况和需求选择合适的中医护理技术帮助他们缓解焦虑情绪,如中医芳香疗法、艾灸、耳穴压豆等。

3. 药物治疗　常用的抗焦虑药物为苯二氮䓬类药物,如劳拉西泮、地西泮、氯氮䓬、氟西泮、艾司唑仑等。劳拉西泮起效较快,多用于治疗焦虑的急性发作;地西泮半衰期较长,常用于治疗慢性焦虑。

(四)照护措施

1. 非药物治疗照护

(1)舒适环境照护:调节室内的温度和湿度在合适的范围;提供舒适的床铺、柔软的被褥;保持病房的安静,调整病房内仪器设备的音量,避免其发出尖锐或频繁的提示音。

(2)基础护理:提供基础护理,保证患者在饮食、睡眠、排泄等生理需要上的满足。

(3)心理支持:与患者建立良好的治疗性人际关系,耐心倾听患者的诉说,了解患者的感受和体验,与患者共同探讨压力源及诱因,制定出适合患者的压力应对方式。

2. 药物治疗照护

(1)用药护理:严格按照医嘱给患者发放药物,确保患者按时、按量服药。

(2)密切观察不良反应:苯二氮䓬类药物常见的不良反应有嗜睡、头晕/眩晕、无力,剂量较大时可出现共济失调、吐字不清,严重时出现脱抑制表现,如失眠、出汗、心动过速、恐惧、紧张焦虑、攻击、激动等,甚至出现呼吸抑制、昏迷。由于容易产生耐受性,长期应用可产生依赖性,在突然停药时可产生不同程度的戒断症状,如焦虑失眠、心动过速、血压升高、惊恐发作等,因此应避免长期使用。

3. 健康教育

(1)疾病知识指导:向患者及家属介绍疾病相关知识,让其明白疾病的性质,促进患者在治疗中的合作,在焦虑发作时对焦虑体验有正确的认知,避免进一步加重焦虑。

(2)用药指导:向患者及家属讲解药物的作用、副作用和注意事项,提高他们的用药依从性。

(3)家庭指导:指导家属建立积极友爱的家庭氛围,如多给患者一些拥抱、亲吻等肢体接触,让患者感受到家人的温暖和关爱。

二、抑郁

(一)概念

1. 定义　抑郁(depression)是一种由现实或预期丧失而引起的消极情绪,以情绪低落为主要特征。若患者抑郁状态持续两周及以上,则要警惕抑郁障碍(depression disorder)的发生,其会加剧与躯体疾病相关的疼痛和痛苦,影响患者的生活质量和社会功能。

2. 原因

(1)疾病困扰加重:终末期痛苦症状如恶心、呕吐、疼痛、尿失禁、呼吸困难等未得到有效的治疗或控制,其中疼痛加重是导致抑郁出现的常见原因。

(2)生命意义感丧失:患者因机体衰老或罹患重大躯体疾病而丧失行动能力,导致其对自身生命意义、生活目标的意识程度的主观评价下降。

(3)趋近死亡的现实:对死亡的恐惧会让患者的内心充满不安和焦虑,长期处于这种心理状态下,容易引发抑郁情绪。

(4)其他:用于控制终末期症状的药物及合并的病理状态也可诱发抑郁障碍,如阿片类镇痛药、抗焦虑药、糖皮质激素和抗高血压药等。

(二)临床表现

1. 核心症状 情感低落、兴趣减退、快感缺失。

2. 心理症状 表现为思维迟缓、意志活动减退、注意力和记忆力下降,严重者甚至可能反复出现死亡念头或有自杀意念等。

3. 生理症状 表现为生理功能明显减退、睡眠障碍、食欲紊乱、体重下降等。

(三)治疗原则

1. 病因治疗 全面评估患者抑郁产生的主要驱动因素,优先采取针对性的治疗方案。

2. 非药物治疗

(1)心理治疗:抑郁是终末期老年患者常见的症状之一,对于抑郁程度较轻的患者可通过支持性心理治疗、精神动力学治疗、认知治疗、行为治疗、人际心理治疗和家庭治疗等矫正抑郁引发的各种心理社会性后果。

(2)物理治疗:电休克、按摩、热敷等。

3. 药物治疗 对于有严重自杀企图或曾有自杀行为、身体明显虚弱或严重激越者需以药物治疗为主,配合非药物治疗。目前的抗抑郁药物主要包括以下四类:

(1)三环类抗抑郁药:常见药物如丙米嗪、阿米替林及多塞平。

(2)单胺氧化酶抑制药:常见药物如吗氯贝胺、托洛沙酮。

(3)5-羟色胺选择性再摄取抑制剂:代表药物有氟西汀、帕罗西汀、舍曲林以及西酞普兰。

(4)5-羟色胺选择性再摄取抑制剂和去甲肾上腺素再摄取剂,代表药物有文拉法辛、度洛西汀和米那普仑。

(四)照护措施

1. 非药物治疗照护

(1)病情观察:密切观察患者病情变化,对于有抑郁情绪、自杀、自伤倾向的患者,要注意防范患者出现自杀、自伤的情况。

(2)环境管理:做好安全检查,避免环境中的危险物品和其他不安全因素,如刀具、玻璃、绳索、药物等。营造积极向上的精神环境,鼓励家人和朋友多和患者分享愉快的回忆和正面的生活事件。

(3)生活护理:对重度抑郁,生活完全不能自理的患者,护士应协助做好日常生活护理工作,如沐浴、更衣、仪容仪表修饰等。对于严重抑郁的患者,长期卧床不动,需要注意发生压力性损伤的可能,应帮助其翻身、被动运动、身体清洁护理、大小便料理等。

(4)心理支持:医护人员耐心倾听他们的想法和感受,不打断、不评判,只是安静地陪伴在侧,让患者感受到被理解和接纳。可通过柔和的音乐、宜人的香气来缓解患者的抑郁情绪。比如,为患者播放他们喜爱的音乐或者舒缓的自然声音,如海浪声、鸟鸣声。

2. 药物治疗照护

(1)保障用药安全:对患有抑郁障碍的患者进行服药护理时,要多考虑其自杀因素。遵循"发药到手、看服到口、送水下咽、看后再走"的十六字服药护理方针,防止患者隐藏或大量吞服药物造成不良后果。

（2）密切观察不良反应

1）三环类抗抑郁药：可能引起的不良反应有抗胆碱能不良反应，如口干、便秘、视物模糊、尿潴留等。

2）单胺氧化酶抑制药：常见的不良反应有头痛、恶心、失眠。

3）5-羟色胺选择性再摄取抑制剂：不良反应较少且症状较轻，最常见的是与单胺氧化酶抑制药联合使用出现的5-羟色胺综合征。

3. 健康教育

（1）疾病知识指导：讲解老年人抑郁症的特点、治疗过程中及恢复期间的配合事项和自我照顾。告知患者家属或照护人员抑郁症发作的先兆，教会他们识别发作先兆，以便出现不适时及时就医。

（2）用药指导：告知家属及患者正确服药方法，避免出现多服、漏服，自我监测药物疗效和不良反应，发生不良反应时应及时告知医生或及时就医。

（3）运动指导：根据患者身体状况指导患者建立规律的运动和休息习惯，进行有效的自我调节，保持平和、愉悦的心情。如正念呼吸、正念冥想、正念瑜伽等。

三、恐惧

（一）概念

1. 定义 恐惧（fear）是指个体在面临某种危险情境，企图摆脱而又无能为力时产生的一种被惊吓、惧怕的强烈压抑情绪体验。当恐惧感过于强烈或持久时，患者的正常思维和行为会受到干扰，如产生幻觉和妄想、精神高度紧张等。

2. 原因

（1）对死亡的恐惧：恐惧感的产生往往由明确的恐惧对象引起，而死亡则是引起患者产生恐惧心理的最主要因素。

（2）对孤独的恐惧：生命终末期，患者更依赖亲情。但家庭小型化，子女常因生活、工作无法陪伴，尤其是独居患者，害怕死亡时无人知晓，恐惧孤独。

（3）对痛苦的恐惧：慢性疾病如高血压、冠心病、糖尿病及癌症等，使患者躯体症状更多且更严重。此外，负性情绪的影响、社会关系的改变、精神困扰等相互叠加，导致患者对痛苦的恐惧更甚。

（二）临床表现

1. 生理表现 主要有失眠、口干、眩晕、颈胸背部疼痛、心率加快、血压升高、出汗、腹泻或尿频、说话声音发颤、易激动、肌肉紧张而无法松弛等。

2. 心理表现 对死亡的思考会引发内隐和外显的恐惧情绪，进而导致患者的知觉、记忆和思维过程出现障碍，使其失去对当前情境的分析、判断能力，最终引发行为失调。有些患者由于对死亡存在恐惧，对医务人员和家属的语音、神态和举止表现得十分敏感，稍有异常便开始胡思乱想，精神高度紧张。他们说话易激动，常预感不幸，这些情况导致他们不能正常进食和睡眠，夜间不允许熄灯，还频繁呼叫家属和医务人员。

（三）治疗原则

1. 非药物治疗

（1）心理治疗：当疾病无法治愈、功能衰退不可逆转时，患者的恐惧情绪难以完全消除，可能一直存在，且在不同个体间因病情进展、人格稳定程度和社会支持情况而表现各异。因此，可根据患者病情特点，选用指导性咨询、支持性心理治疗、认知行为疗法、生命回顾疗法等方法。

（2）中医治疗：可通过耳穴压豆的方式，选取神门穴、心穴、肾穴、肝穴，按照一定的操作手法和频率进行刺激；采用艾灸的方法，对神阙穴、足三里穴、内关穴、百会穴进行施灸；运用按摩手法，对太阳穴、膻中穴、劳宫穴、太冲穴进行按摩等方法缓解恐惧情绪。

2. 药物治疗 对于精神症状明显的患者，需要使用药物进行对症处理，为心理治疗打好基础。

如对于妄想、幻觉、兴奋躁动者可应用抗精神病药,如氯丙嗪、氟哌啶醇等。

(四)照护措施

1. 非药物治疗照护

(1)舒适护理:了解患者对环境的特殊需求,并尽量给予满足。协助患者做好身体清洁、进食等基础护理,对于频繁呼叫家属和医务人员的患者,可以将呼叫铃放置在患者容易触及的位置,并告知患者如果有任何需要,可以随时按下呼叫铃。

(2)睡眠管理:帮助患者建立良好的睡眠习惯,每天定时上床睡觉和起床,避免白天过长时间的午睡。在患者睡觉前,为其创造一个安静、舒适、温暖的睡眠环境。夜间巡视病房时做到"四轻",即说话轻、走路轻、关门轻、操作轻。同时,要密切观察患者的睡眠情况,及时发现问题并给予解决,必要时使用安眠药物,确保患者能够获得充足的睡眠。

(3)心理支持:主动与患者交流,认真倾听患者的恐惧和担忧,例如,每天定时到患者床边,询问患者的身体状况和心理感受,让患者感受到医务人员的关心和重视。

(4)生死教育:在与患者建立良好信任关系的基础上,根据患者的接受程度,帮助患者认识生命的本质,包括生命的起源、发展和终结。引导患者思考自身的生命价值,让患者理解死亡是生命的一部分,减少对死亡的恐惧。

2. 药物治疗照护

(1)用药护理:遵医嘱给予相应治疗药物。用药前详细讲解疾病治疗的原则、用药情况、用药疗程、可能出现的不良反应。

(2)密切观察不良反应:用药后观察效果及不良反应,如嗜睡、头晕、直立性低血压等,如果出现立即遵医嘱给予对症治疗。

3. 健康教育

(1)家属指导:向家属传授正确照顾患者的方法和技巧,例如,如何帮助患者建立良好的睡眠习惯,如何与患者进行有效的沟通和交流,如何给予患者心理支持和安慰等。

(2)放松训练指导:教给患者渐进式肌肉放松法、腹式呼吸放松法和冥想等技巧来缓解恐惧情绪。

(3)睡眠指导:患者在睡觉前进行一些放松的活动,如泡脚、听轻柔的音乐、喝杯温牛奶等,有助于放松身心,促进睡眠。

四、孤独

(一)概念

1. 定义 孤独(loneliness)是指由于亲密关系、人际交往融合度无法达到个体期望的水平,而体验到不愉悦的主观感受。孤独感在老年人中很常见,且随着临近生命终末期孤独感会更加强烈。

2. 原因

(1)社交隔离增加:首先,患者活动能力下降,自理能力缺乏,不能参与一些日常的活动,在物理环境上处于与外界隔离的状态,导致活动与社交范围明显缩小。其次,因终末期身体衰弱,不能耐受长时间的沟通,部分家庭为了避免患者知晓病情,试图隐瞒真实情况,导致患者出现社会隔离状态。

(2)社会支持系统缺乏:子女可能因工作繁忙,无法长时间陪伴在患者身边;或者在照顾过程中,缺乏对患者心理需求的关注,只是注重满足其物质需求。另外,家庭内部的矛盾也可能会影响对患者的支持,如子女之间对于治疗方案或者照顾责任的分歧等,这些都会让患者感到被忽视。

(二)临床表现

1. 情绪表现 表现为寂寞、烦恼、精神萎靡不振、顾影自怜。

2. 行为表现

(1)社交退缩:主动减少与他人的社交互动,甚至闭门不出,表现出明显的社交退缩。

(2)认知功能下降:表现为记忆减退、注意涣散、思维迟缓等。

（3）依赖心理：由于身体的不适和社交活动的减少，患者可能会变得更加依赖家人和医务人员的照顾。

（三）治疗原则

1. 病因治疗 身体的不适会加重患者的孤独感，在治疗的过程中对主诉躯体不适的患者应评估是心因性还是器质性问题，采取针对性的措施帮助患者改善躯体症状。

2. 非药物治疗

（1）心理治疗：运用适当的心理治疗技术，如认知行为疗法、支持性心理治疗、临终关怀心理辅导等，帮助患者认识和理解自己的情绪和行为，改变不合理的思维方式和认知模式，增强心理韧性和应对挫折的能力，从而减轻孤独感。

（2）家庭支持：家庭支持可以帮助家庭更好地发挥情感功能、健康照顾功能以及社会化功能，提高患者的生命质量，减轻患者的孤独感。

（四）照护措施

1. 非药物治疗照护

（1）及时识别：产生孤独感对于一般人而言是非常正常的现象，这种感觉往往很快就能通过各种方式排解。但对于生命终末期老年人来说，如果他们的孤独不能及时被察觉和缓解，则会随着病情的恶化而逐渐加重，最终转变为抑郁症，甚至产生自杀的念头。因此，需要借助评估工具定期评估患者孤独感程度和原因。

（2）满足社交需求：如果患者身体状况允许，组织小规模的家庭聚会或者朋友聚会。让患者有机会和亲近的人见面、互动，分享情感。例如，可以在病房里举办简单的生日聚会，邀请患者的家人和几个挚友参加。借助视频通话等方式，让患者能和远方的亲朋好友联系。比如，帮助患者和在国外不能回来探望的子女进行视频通话，使他们能够"见面"交流。

（3）环境护理：环境要温度适宜、空气流通、灯光柔和。在患者病房布置或摆放患者喜欢的物品，如家人合照、有特殊意义的小摆件、喜欢的书籍等，让患者身处一个熟悉、亲切、安静、温馨和舒适的环境。

（4）舒适护理：对于疼痛的患者，医务人员要根据患者的疼痛程度，合理使用镇痛药。同时，采用非药物的疼痛缓解方法，如按摩、热敷等。对于呼吸困难的患者，可以调整患者的体位，如抬高床头，或者使用氧气辅助呼吸设备。对于恶心呕吐的患者，调整饮食结构，给予清淡易消化的食物，同时遵医嘱使用镇吐药物，减少患者的身体不适，促进患者舒适。

2. 健康教育

（1）家属指导：向家属强调与患者保持良好沟通和互动的重要性，鼓励家属多花时间陪伴患者。尊重患者的意见和选择，鼓励患者积极表达自己的想法和感受。

（2）患者指导：对病情了解的患者，鼓励其参与到治疗和照护的计划中，包括症状的控制、照护的方式、支持方案的选择等，让患者感受到自身权利被尊重，增强自我价值感，提高照护措施实施的效果并获得身心愉悦。

第二节　心理支持技术

案　例

王先生，79岁，患有终末期肾病，目前入住安宁疗护医养结合机构。由于他的配偶已故，而子女因工作原因常住外地，无法频繁前来照料。负责照顾的护士小李，在日常交流中了解到这些家庭背景，并注意到患者经常表达希望子女能多探望他的愿望，眼神中透露出淡淡的寂寞。因此，小李特别关注患者的情绪变化。她本人曾经历过亲人离世的悲痛，也深知因工作繁忙而无法陪伴家人的遗憾，深刻理解患者所承受的孤独和无助。基于此，她计划运用共情技术，深入挖掘患者的内心需求，让他感受到被关注和理解，从而建立稳固的护患关系，并帮助缓解他的负面情绪。

请问：

1. 医护在交流中应如何实现对患者的共情？

2. 实施共情交流过程中，应注意哪些问题？

一、倾听

（一）概念

倾听（listening）是在说者讲话的过程中，听者通过视觉和听觉的综合运用，主动关注并理解对方的思想、观点及情感的过程。在临床实践中，倾听为患者提供了充分表达的机会，是与患者之间建立信任和情感联系的有效方式。对于患者来说，医务人员为其提供倾诉的机会、倾听其感受是照护的核心要素之一，且相比于评价或提供具体建议，倾听更能为患者带去心灵上的慰藉和力量。

（二）实施方法

1. 非言语关注

（1）目光接触：与患者视线保持在同一水平，通过温柔而坚定的目光接触传递关怀和重视。

（2）身体语言：采用开放的身体姿势，表达接纳和支持，建立信任和安全感，避免防御性姿势。

（3）空间距离：保持合适的交流距离，一般在1m左右。

（4）适时沉默：保持专注和开放，等待患者继续表达，尊重其表达节奏。

（5）多感官沟通：结合触觉、嗅觉等多感官手段，如握手、轻拍肩膀等，传递关怀和支持。

2. 询问

（1）开放式询问：使用"是什么""为什么""怎么样"等问题促使患者详细表达自己的感受和经历，获取丰富的信息。

（2）封闭式询问：使用"是不是""对不对"等问题进行确认，在短时间内获取具体的、精确的信息。

（3）结合使用：两种方式结合使用，既能获取详细信息，又可保持谈话的结构性。

3. 重复

（1）部分复述：对患者关键的言语进行复述，确保准确理解患者的意图，让其感受到自己的话语被认真对待。

（2）关键字重复：当患者出现停顿时，可重复其最后一个词语或句子，鼓励其继续表达，帮助其整理思路，继续展开叙述。

4. 重读

（1）强调性语气：对患者忽略或未充分说明的部分进行重读，促使其详细说明，引导其注意谈话中的关键信息，并鼓励其更深入地表达和思考。

（2）关键词关注：强调关键词，让患者感受到听者的关心和专注。

5. 摘要

（1）患者主动整理：启发患者自行归纳其表达的内容，增强其对所述问题的理解和掌控。

（2）听者辅助整理：在适当时机对患者的表达进行简短的、中肯的总结，协助其对自己表达的内容有清晰的认识，促进其自我反思。

（3）记忆与叙事疗法：患者常有分享过往经历的需求，在倾听过程中可运用记忆与叙事疗法，鼓励患者回顾并讲述其人生故事，释放情感，提升其生命价值感和自尊心。

6. 情感反应

（1）情感验证：准确反映患者的情感，使其感受到被理解和接纳，增强其表达的意愿，促进其心理健康和情绪稳定。

（2）情感探索：通过引导帮助患者识别和表达潜在的情感，揭示其内心深处的情感和需求，促进自我理解和问题探索，为制定个性化的心理支持策略提供依据。

7. 技术辅助 对有听力、视力等障碍的患者，可考虑使用辅助设备、沟通应用软件等辅助技术，确保沟通顺畅、有效。

8. 持续支持 倾听是一个持续的过程，通过多次倾听，跟进患者的心理状态和需求，及时调整支持策略，帮助其更好地应对心理和情感上的挑战，让其始终感受到关怀和支持。

9. 实施流程 倾听实施流程及要点见表8-1。

表8-1 倾听实施流程及要点

项目	实施流程	要点说明
实施前	1. 核对信息，做好解释。 2. 评估 （1）患者病情、配合程度。 （2）患者目前主要的心理问题。 （3）开展倾听的环境条件。 3. 准备 （1）实施者：着装整洁、洗手；根据患者听力情况，准备听力辅助设备或沟通软件；手机调至静音或关机。 （2）患者：取舒适体位。 （3）环境：保持环境安静、整洁、舒适，做好隐私保护措施。	全面评估。
实施过程	1. 自我介绍，向患者及家属说明保密原则。 2. 与患者保持适当距离，身体微微前倾，目光与患者在同一水平线。 3. 鼓励患者表达，表情自然，保持目光接触，注意力集中。 4. 通过点头、手势或体态等肢体语言作出积极回应。 5. 适时使用询问、重复、重读、摘要等方法予以语言反馈。	不随意打断患者，不急于发表观点，不做价值评判。 表达关怀与安慰，增强其表达欲望和自信心。
实施后	1. 整理用物，洗手，记录。 2. 评价实施效果。	

（三）注意事项

1. 文化敏感性 不断提高对文化的理解能力，在特定文化背景下理解患者和家属的想法和行为。

2. 伦理与隐私 严格遵守伦理和隐私保护原则。尊重患者的隐私是建立信任关系的基础，尤其对于老年人，他们的隐私需求可能更为敏感和复杂。

3. 倾听技巧 应清空自我、专心倾听患者表述，放下已有的想法和判断，避免先入为主的观念，尊重患者的观点和感受。

4. 情绪管理 保持镇定，避免焦虑、紧张或过度保护自己，使患者产生距离感或不信任感。

二、共情

（一）概念

共情（empathy）又称同理心、同感、投情，是心理学家 Rogers 提出的一个心理学概念，指感受他人情感，理解他人思维，并对他人感同身受的能力。在安宁疗护的临床实践中，共情作为一种重要的医患沟通能力，有助于医患之间信任关系的建立，使患者的需求更易被发现并得到满足。在为患者提供安宁疗护服务时，共情能够帮助医务人员更加准确地感知患者的内心世界，并更好地表达对患者的理解和尊重，从而帮助患者消除住院期间的孤独、恐惧和焦虑情绪，维护患者的自尊。

（二）实施方法

1. 自我暴露 在医患共情中，自我暴露是指医务人员适当地、有选择性地向患者透露与患者情况相关的个人经历、感受或想法。当医务人员进行自我暴露时，相似的经历可使患者产生情感共鸣，从而拉近医患之间的心理距离。与此同时，分享自身经历也能够展现出医务人员的真诚可靠，增进患者对医务人员的信任。

2. 设身处地　医务人员要设身处地地体验患者的内心世界，从患者的角度思考问题，暂时放下自己的观点、价值观和情绪反应，尊重患者的行为和想法，专注于患者的情绪反应，才能更好地与患者建立情感连接，做到真正的共情。了解患者的文化背景、价值观、家庭、社会支持系统等情况，有助于医务人员更好地进行换位思考，深入地理解患者的想法、感受、需求和处境。医务人员要善于把握实施者和患者角色的转换，共情是体验患者的内心"如同"体验自己的内心，而不是"就是"，不要完全忘了自己的角色，失去了客观性。

3. 通情达理　医务人员需通过患者的话语、表情、肢体语言等，深入患者的内心世界去体验他的情感和思维，深刻理解患者及其存在的问题。在理解患者情感的基础上，还需要作出恰当的情感回应，表达出与患者的情感共鸣。由于不同患者的表现与问题存在差异，因此面对不同的患者，在不同的心理干预阶段表达共情时应有所区别。

4. 言语表达　医务人员要善于将言语和非言语表达相结合，以此来更好地表达共情。其中，非言语的表达方式有面部表情、身体姿势和肢体接触等。在与患者交谈时，医务人员温和、专注的目光，真诚的微笑，前倾的身体姿势，适时地点头、轻拍肩膀、握手等，都能将共情传达给患者。非言语表达有时比言语表达更简便有效。

5. 实施流程　共情实施流程及要点见表8-2。

表8-2　共情实施流程及要点

项目	实施流程	要点说明
实施前	1. 核对信息，做好解释。 2. 评估 （1）病情、心理状态和配合程度。 （2）目前主要的心理问题。 3. 准备 （1）实施者：着装整洁，洗手。 （2）患者：取舒适体位。 （3）环境：安全、整洁、舒适。	
实施过程	1. 自我介绍，向患者说明保密原则。 2. 倾听、观察、理解患者的言语和非言语信息。 3. 通过捕捉到的信息，从患者的角度设身处地地体验患者的真实感受，换位思考。 4. 回应患者的情感，通过言语和非言语行为表示接受和共鸣，表达对患者经验的觉察。	不随意打断患者，不评价患者的情感表达。 将共情传达给患者。
实施后	1. 整理用物，洗手，记录。 2. 评价实施效果。	

（三）注意事项

1. 共情的基础不是有与患者相似的经历感受，而是设身处地地理解患者。
2. 表达共情要把握时机和尺度，考虑患者的特点与文化特征。
3. 注意使用通俗易懂的语言，避免使用医学术语。
4. 共情过程中要不断验证是否共情，得到反馈后及时修正。

三、放松疗法

（一）概念

放松疗法（relaxation therapy）又称放松训练、松弛疗法，是按照一定的训练程序，学习有意识地控制或调节自身的心理生理活动，使自己的思想、情绪和肌肉都处在一个不紧张或松弛宁静的状态，以达到降低机体唤醒水平、调整因紧张刺激而紊乱的机体功能的一种心理治疗方法。

（二）实施方法

常用的放松疗法主要包括渐进式肌肉放松疗法、呼吸放松法以及想象放松法等。

1. 渐进式肌肉放松疗法　通过对肌肉进行反复的收缩、放松的交替练习，以降低全身肌肉的张力以及交感神经兴奋性，从而达到促进肌肉放松和大脑皮质唤醒水平下降的放松方法。训练时要求患者首先学会感受肌肉紧张与放松的区别，然后指导患者进行全身各部位肌肉收缩、放松的交替训练。由于肌肉放松对患者健康状态的影响是逐渐显现的，只有每天坚持练习才有可能在实际情境中熟练运用这种方法。

2. 呼吸放松法　在患者出现紧张、焦虑等情绪时，通过主动调节自己的呼吸，使其身体得到放松，从而达到改善其紧张、焦虑等情绪的目的。

3. 想象放松法　患者跟随指导语进行放松训练，可通过视觉想象、语言诱导、音乐等，使人达到精神及躯体放松。

4. 实施流程　放松疗法实施流程及要点见表8-3。

表8-3　放松疗法实施流程及要点

项目	实施流程	要点说明
实施前	1. 核对信息，做好解释。 2. 评估 （1）病情、配合程度、心理状况等。 （2）患者对放松疗法的了解程度及需求。 3. 准备 （1）实施者：着装整洁，洗手。 （2）患者：取舒适体位，病情允许取坐位、半卧位或平卧位。 （3）环境：安全、整洁、舒适，避免干扰因素。	患者进餐30min后再实施放松疗法。 在实施放松疗法前，患者应着宽松衣物，解除所有束缚身体的物品，脱掉帽子和鞋。
实施过程	1. 渐进式肌肉放松 （1）患者取舒适体位，闭上双眼，使整个身体保持放松的状态。 （2）放松训练从手和前臂的肌群开始，依次转换至头面、颈部、躯干、下肢和脚的肌群。 （3）每次肌肉收缩5～10s（腿部肌肉收缩时间应短一些，防止抽搐），然后放松20～30s。 （4）全身肌肉处于放松的状态，保持时间为1～2min。 （5）在患者处于放松状态时结束训练，按顺序依次活动头、颈部、胳膊、双手、双腿及双脚。 2. 腹式呼吸放松 （1）患者取舒适体位，调匀呼吸，放松身体。 （2）用鼻子缓慢深吸气持续3～5s，吸气时保持胸部不动，缓慢鼓起腹部，屏息1s。 （3）用嘴巴慢慢呼气持续3～5s，屏息1s。 （4）每日1～2次，每次5～15min。	在治疗过程中注意观察患者的病情变化，询问患者感受。

项目	实施流程	要点说明
实施过程	3. 想象放松（音乐引导） （1）患者取舒适体位，闭上双眼。 （2）播放患者喜欢的轻音乐，让患者想象自己在一个舒适、轻松的情景当中，如沙滩、草原、森林等，微风袭来，阳光和煦、花香四溢……身处美景之中非常放松、心情愉悦。 （3）每次实施20min左右。	
实施后	1. 整理用物，洗手，记录。 2. 评价实施效果。	

（三）注意事项

1. 第一次进行放松训练时，医务人员应进行示范，可根据患者练习的情况重复某些放松环节，直至患者掌握放松训练的实施要点。

2. 训练开始时，医务人员可用口头指导语，便于患者接受和掌握。如果患者不明白指示语的要求，可以先观察医务人员的动作，再闭上眼睛继续练习，直至能够独立完成。

3. 在放松过程中，帮助患者体验其身体感受，如"注意放松状态的感觉""注意肌肉放松与紧张的感觉差异"等。

4. 告诉患者不要过分追求时间长度，放松训练并不是时间越久越好。

四、叙事疗法

（一）概念

叙事疗法（narrative therapy）起源于20世纪80年代，由Michael White和David Epston创立，多用于有心理困扰或障碍的个体或团体中。"叙事"即讲故事，或者类似讲故事的事件或行为，用来描述前后连续发生的一系列事件，是咨询师通过倾听他人的故事，运用适当的方法，使问题外化，帮助当事人找出遗漏的片段，从而引导来访者重构积极故事，以唤起当事人发生改变的内在力量的过程。对患者实施叙事疗法，将其所讲述的一系列事件结构性地串联并赋予意义，可实现其态度的转变，进而改善负性情绪。

（二）实施方法

叙事疗法主要包括收集叙事素材、分析叙事内容、实施叙事资料干预、反馈处理和效果评价，这些步骤没有明确的阶段划分，在具体实施过程中可以相互穿插和结合应用。

1. 收集叙事素材 在患者身体状况允许的前提下，通过访谈等方式，收集患者的个人信息，耐心引导患者诉说自己的疾病历程故事。

2. 分析叙事内容 深入故事分析材料，将收集的叙事资料进行分类、整理和分析。

3. 实施叙事资料干预 运用叙事技术对获得的叙事内容进行主体提炼，主要包括外化、解构、改写、外部见证人和治疗文件这五项技术。在具体实施过程中，并不是每一位患者都需要运用这五项技术，医务人员可根据患者的状态进行适时调整，可单独或联合使用。

（1）外化：是指将个人与问题分开，使问题具象化。问题外化之后，人的内在本质会被重新看见与认可，转而有能力解决自己的问题。外化运用的过程中，可以分为四个步骤，分别是给问题命名、描述问题影响、评价问题行为的结果、对问题影响进行论证评估。

（2）解构：即探析问题的根源，将问题还原至患者真实的社会脉络和情景当中，找到影响患者状态的社会关系、文化支持、经济等因素，研究这些问题及患者生活中遇到的特殊事件，探索问题的来龙去脉以及可能造成的个人、家庭及社会影响。

（3）改写：即抛开问题谈生活，是指依据患者叙事中的主线故事（来访者讲述的问题故事）、例外事件（与主流问题不同的、具有特殊意义的事件）、支线故事（在故事叙述中被忽略的片段、生命体验，且能带给来访者力量的故事）、行为蓝图（构成来访者故事的一系列具体事件和行为）和认同蓝图（来访者对自己行为和生活经历的自我评价和看法），通过新的愿景和积极事件构建新故事，从而改写当前的消极故事主线，帮助患者在解决问题的同时认识到自己的优势和能力，引导患者走出自己的困境，重新建构一个积极的人生叙事。

（4）外部见证人：是指在患者愿意的前提下，邀请患者生命中的重要人物来见证阶段性胜利，可以是患者的亲人、朋友，也可以是与患者有相同遭遇的人。

（5）治疗文件：传统的治疗文件包括奖状、证件、信件，现在还可使用社交通信软件、短信、电子邮件等工具。

4. 反馈处理 在叙事疗法干预后，需要对患者的故事进行总结反思。医务人员可以进行自身反思，也可进行小组成员集体反思。个体反思主要通过书写进行，反思内容主要包括患者的叙事方式、主要内容、叙述时的情绪及影响因素；总结患者的观点立场；干预过程中遇到的问题。集体反思，即小组讨论会，对个体反思的内容、患者故事进行集体讨论，指出干预方案的优点和不足。然后针对这些问题和不足进行总结，及时调整修改干预方案。

5. 效果评价 在实施干预后，可通过观察及访谈等方式评价干预效果。

6. 实施流程 叙事疗法实施流程及要点见表8-4。

表8-4 叙事疗法实施流程及要点

项目	实施流程	要点说明
实施前	1. 核对信息，做好解释。 2. 评估 （1）病情、配合程度、心理状况及沟通能力等。 （2）患者对叙事疗法的了解程度及需求。 3. 准备 （1）实施者：着装整洁，洗手。 （2）患者：取舒适体位，病情允许取坐位、半卧位或平卧位。 （3）环境：安静、整洁、舒适，避免干扰因素。 （4）用物：记录工具，如笔、笔记本、录音设备等。	
实施过程	1. 通过倾听、共情等方式与患者建立信任关系。 2. 引导患者讲述自己的故事，倾听并观察患者的言语和非言语表达。 3. 医务人员与患者一起分析故事中的主题、情感和关键事件，筛选出重要的故事内容。 4. 进行叙事资料干预 （1）帮助患者从不同角度审视自己的故事，发现新的意义和价值。 （2）鼓励患者重构故事，赋予其积极的意义和力量。 5. 总结反思干预过程中的不足和成功经验。 6. 根据患者的反馈及时调整叙事疗法的策略和方法。	患者讲述疾病历程故事时，医务人员需耐心倾听，避免打断 在治疗过程中注意观察患者的情绪和病情变化，及时给予反馈和支持。
实施后	1. 整理用物，洗手，记录。 2. 评价实施效果。	

（三）注意事项

1. 叙事过程中避免更换医务人员 在对同一患者开展叙事疗法时，应由同一名干预者完成，这样才能与患者建立长期的信任关系，了解患者不同阶段的需求和问题，避免因人员更换造成对故事的片面理解，从而影响故事的结构和后续的评估。

2. 关注照护人员的心理问题 照护人员因目睹患者的病痛折磨、亲历患者生活故事及承受多重压力,容易产生心理问题。医务人员可通过与照护人员共享和互动患者叙事,既为患者实施叙事治疗,也利用叙事帮助照护人员宣泄情感、减轻心理负担和压力。

3. 延伸叙事疗法干预角色 医务人员在作为叙事疗法实施者的同时,也应成为叙事疗法的服务对象。在照护患者的过程中,医务人员常承受许多情感压力。因此,医务人员也应关注自身心态,通过叙事疗法的方式进行自我疗愈,以促进心理健康。

五、团体心理辅导

（一）概念

团体心理辅导(group counseling)是在团体的情境下,借助团体的力量和各种心理辅导的技术,通过团体内人际互动,使团体成员自知并自助,进行分享、体验、感受,从而达到消除症状、改善适应、发展健康人格的目的。患者常伴有恐惧、焦虑等复杂心理情绪。团体心理辅导是一种心理治疗方法,它能有效为患者提供情感支持,增强自我认知,学习应对策略并促进社交互动。

（二）实施方法

1. 五样练习 请参与者先写出或说出自己生命中最在乎、最重视的五样。之后与团体成员分享为何这五项内容对自己如此重要。之后删除其中一样,与成员一起分享删去的是什么,删去后会给生活带来怎样的影响。接着再删去第二样、第三样,直到只留下一样。通过这种价值澄清练习,让参与者觉察到自己生命中最重要的是什么。

2. 角色扮演 利用角色扮演技术帮助患者把他们的问题表现出来,这种方式有利于患者对自身冲突的理解,帮助他们更好地去认识自己和其他人。当一些角色和另一些角色有冲突时,关于一些信息或观点的歪曲信念可以被解释和探究,一些行为可以被矫正。通过角色互换,参与者可以重新整合、重新消化,超越束缚他们的情景。

3. 实施流程 团体心理辅导实施流程及要点见表8-5。

表8-5 团体心理辅导实施流程及要点

项目	实施流程	要点说明
实施前	1. 核对信息,做好解释。 2. 评估 （1）团体成员病情、配合程度、心理状况及沟通能力等。 （2）了解团体成员的具体需求和问题,确定辅导目标。 3. 准备 （1）活动方案:确定活动领导者、主题、形式、时间、规则和注意事项。 （2）环境:活动场地安静、整洁、舒适,避免干扰因素。 （3）人员:确定参与成员,根据需要进行分组。 （4）用物:记录工具,如笔、笔记本、录音设备等。	
实施过程	1. 通过简短的开场白或导入活动,简要介绍团体心理辅导的目标、规则和活动流程。 2. 通过我的五样或角色扮演等实施方法,引导成员积极参与、互动和分享。 3. 在活动过程中,领导者要始终保持敏锐的观察力,注意成员的表情、肢体语言等非言语信息。 4. 根据活动进展和成员反馈,适时调整活动方案。 5. 对整个团体心理辅导活动进行总结和回顾,强调活动的重要性和意义。	在活动开展过程中营造轻松愉快的氛围,促进成员间的相互了解和信任。 可增加或减少活动环节、调整活动难度或形式。
实施后	1. 整理用物,洗手,记录。 2. 评价实施效果。	

（三）注意事项

1. 选择适合的目标人群 团体辅导并不适合每一个人。如病情过重、无法正常沟通、依赖性过强、过于以自我为中心的人，在团体中不仅难以得到帮助，甚至还会阻碍团体的发展。

2. 配备协同领导者 在进行团体心理辅导时，领导者无法对每位患者都做到照顾周全，协同领导者负责团体观察记录以及各项准备工作，例如通知团体成员相关事宜，做好时间管理，确保活动顺利开展，从而达到团体目标。

3. 明确团体规则 在团体心理辅导开始之前需要制定团体规则，如请假、退出、保密、守时等，并进行讨论确定，最好总结成纸质内容发给参与的患者，患者签字，共同遵守。

六、心理危机干预

（一）概念

心理危机（psychological crisis）是指个体遭受突发或重大的危机事件时，惯常使用的处理方法无法有效应对，引起认知、行为和情感方面的功能失调，从而出现暂时的心理失衡状态。心理危机干预（psychological crisis intervention）是指对处于危急状态下的个体采取明确有效的措施，充分调动处于危机之中的个体自身潜能，重新恢复或建立危机前的心理平衡状态，使之战胜危机，重新适应生活。随着机体老化和疾病进展，患者身体功能衰退、社会参与度减少，更容易产生悲观、抑郁、无价值感、孤独等心理危机。若未得到有效的心理危机干预，可能会发展为严重的心理障碍，影响患者的身心健康和生活质量。

（二）实施方法

1. 明确问题 对患者进行全面的评估，了解患者的身体疾病情况、心理状态及临终阶段的特殊需求等，明确患者存在的心理危机。通过与患者的面对面交流，倾听患者的内心感受，从患者的角度确定和理解患者的内心问题。

2. 保证患者安全 保证患者安全是危机干预的首要目标。首先对于因心理危机可能影响生命健康的患者，要监测患者的生理指标，并配备必要的医疗设备。然后要确保环境安全，病房及公共区域内的设施应符合安全标准。严格管控药物和有害化学试剂，尤其是针对有自杀倾向的患者，要进行严密的观察。最后，要保障患者的心理安全，在与患者交流过程中，要注意言辞和态度，避免对患者的心理造成伤害，要与患者建立信任关系，给予患者心理上的支持，帮助患者走出心理危机。

3. 心理疏导 为患者提供宣泄机会，鼓励患者表达自己的情感，倾听患者内心的声音，通过温柔的话语、轻柔的触摸等方式传达关爱，给予患者情感支持。根据患者的不同情况，运用认知疗法、放松训练等心理干预治疗技术去帮助患者解除心理危机。

4. 提出应对危机的方式 让患者认识到心理危机可通过多种方式应对，帮助患者探索其可利用的应对方式，促使其积极地寻求外部环境支持和应对方式，给予患者希望，使其保持乐观的态度，积极应对心理危机。外部环境支持包括家庭成员、朋友和社区的帮助资源等。

5. 制订计划 根据提出的应对方式，与患者一起制订具体的计划，帮助患者解决内心存在的问题，恢复心理平衡状态。计划应切实可行，要考虑到患者的身体状况、时间等因素，还应具备一定的灵活性，患者的情绪状态或身体状况发生变化时，应对心理干预措施进行相应调整。制订计划时，除了应对当前心理危机必备的短期计划外，还应制订长期计划以提高患者应对心理危机的能力。

6. 获得承诺 让患者复述制订的计划，促使患者对制订的计划作出承诺，保证会严格按照计划采取积极的行动。请家属协助患者制订和实施计划，并向患者强调会持续跟进计划的实施情况，为其提供支持，增强患者执行计划的信心。

7. 联结家庭支持 患者面临着对死亡的恐惧，在生命的最后阶段，最需要家庭的陪伴和支持。应鼓励家属多陪伴和关爱患者，给予患者情感慰藉，降低患者的孤独感，家人的积极态度能够改善患者的心理状态。

8. 跟进与随访 为确保干预效果持续、稳定,预防危机再次发生,应定期跟进和随访,持续关注患者后续的心理治疗情况和心理康复进程,及时调整干预方案。

9. 实施流程 心理危机干预实施流程及要点见表8-6。

表8-6 心理危机干预实施流程及要点

项目	实施流程	要点说明
实施前	1. 核对信息,解释。 2. 评估 (1)心理危机严重程度:情感、认知、行为。 (2)自杀风险:自杀的危险因素、自杀的保护因素、自杀先兆。 3. 准备 (1)心理危机干预方案:根据评估结果,由心理危机干预专家、医生、护士等组成的心理危机干预团队共同拟定。 (2)实施者:着装整洁,洗手。 (3)患者:取舒适体位。 (4)环境:安全、整洁、舒适。	
实施过程	1. 采取倾听技术了解患者存在的心理危机,明确患者现存问题。 2. 保证患者的安全,定时对环境进行安全检查,与患者沟通时避免使用刺激性语言。 3. 倾听患者诉求,提供宣泄机会,采取语言、肢体等方式抚慰患者,并运用心理支持技术给予患者心理支持。 4. 引导患者认识到有多种应对方式可供选择,促使其从多种途径探索变通的方式,寻求环境支持。 5. 制订切实可行的计划帮助患者解决问题。 6. 引导患者承诺会明确按照计划执行。	联合家属协助患者制订计划。
实施后	1. 整理用物,洗手,记录。 2. 评价实施效果。	

(三)注意事项

1. 个体化评估 干预前必须对干预对象进行个体化评估,不能恪守某种固定模式,要根据对象的具体情况实施干预。

2. 实施动态干预 在心理危机干预过程中,要根据干预对象的心理状态、危机事件的发展及干预效果等多方面因素不断调整干预计划和措施,持续进行回顾、总结和评价。

3. 保持冷静 当干预对象暂时失去理智控制时,应保持冷静,为干预对象提供一个稳定、理性的氛围供其恢复心理平衡,保障干预对象安全。

七、接纳承诺疗法

(一)概念

接纳承诺疗法(acceptance and commitment therapy,ACT)是认知行为疗法"第三浪潮"中最具代表性的经验性行为治疗方法,由美国心理学家斯蒂文·海斯(Steven Hayes)教授团队于20世纪末创立。其以功能性语境主义为哲学取向,以关系框架理论为理论基础,也被称为语境认知行为疗法。接纳承诺疗法主要通过认知解离、接纳、活在当下、以己为景、澄清价值和承诺行动六个过程以及灵活多样的治疗技术,帮助患者增强心理灵活性,投入有价值、有意义的生活。

(二)实施方法

1. 认知解离 将自我与思维内容分开观察,如把烦恼看作窗外飘过的云,只是暂时在那里,会飘走的,不要让这些想法控制自己的行动和心情。

2. 接纳 接纳自己积极或消极的想法,与情绪和平共处,并允许它们按照本来的样子存在。核心原则包括不评判、不抗拒,允许感受自由流动。可以通过以下两个练习:一是允许你的感受按照原本的样子存在,不要试图改变或者控制它们;二是如果出现了一种难受的感受,如焦虑或者悲痛等,去接受这种感受,默默地告诉自己"这是焦虑的感受"或者"这是癌痛的感受"来增强接纳。

3. 活在当下 让患者将注意力集中在当前的体验上,不带有评价地感受自己心理与外界发生的事情,将思维和行为从过去的情景中脱离出来,如可以通过深呼吸、感受身体与椅子的接触等方式,将注意力拉回到当下。

4. 以己为景 即构建一个能够观察想法和情绪的"心灵观察站",这是一种特定的"视角"。以己为景的练习可以和正念练习结合在一起,使用"观看舞台剧"作为指导语,以促进解离和接纳。例如,生活就像一场舞台剧,舞台上是你所有的想法、感觉,所有你看到、听到、触到、尝到以及闻到的一切。此时以己为景就是坐在观众席位观看整个舞台剧的你,你可以聚焦舞台上的每个细节或者纵观整个舞台。

5. 澄清价值 即绘制人生导航图,价值是关于生活、学习、工作中所追求的、想要秉持的物质或精神层面的东西,它是指引和激励前行的指导性原则。价值就像指南针,给我们指引前进的方向。老年安宁疗护患者常出现行为动机缺乏的表现,可以帮助患者完成价值清单,使其清楚在生命最后阶段真正在乎的是什么,真正想做的是什么,从而能够利用价值不断激励和指导行为。

6. 承诺行动 承诺行动是指在价值的指引下,采取有效的行动提升生活的丰富度、满足感和意义感,使患者过上有价值的生活。当患者需要将价值转化为有效的行动时,一方面需要通过价值来设定目标,并将其分解为具体的行动;另一方面需要帮助患者识别行动过程中的阻碍,并采用接纳承诺疗法六大核心过程的策略克服困难,以达到最终目的。

7. 实施流程 接纳承诺疗法实施流程及要点见表8-7。

表8-7 接纳承诺疗法实施流程及要点

项目	实施流程	要点说明
实施前	1. 核对信息,做好解释。 2. 评估 (1)患者目前的意识、沟通能力、教育程度及个性特征等。 (2)患者的心理状况。 3. 准备 (1)实施者:着装整洁,洗手。 (2)患者:取舒适体位。 (3)环境:安静、整洁、舒适。	实施接纳承诺疗法前,指导患者进行简单的体验性练习,如身体扫描、正念呼吸等,不可在患者尚未准备好的情况下就强迫其进入高强度的体验式练习。
实施过程	1. 建立信任关系 通过倾听、共情等方式,帮助患者放松。 2. 认知解离 通过带领患者体验解离技术(如冥想等)来体验解离,使患者与自己的想法、主观经验保持一定距离。 3. 接纳 通过正念冥想、隐喻引导等方式,帮助患者增进接纳。 4. 活在当下 运用正念呼吸、正念吃葡萄干等正念练习让患者自愿、有目的地关注当下。 5. 以己为景 通过装东西的盒子、有家具的房子、棋盘等语境的隐喻,或者骑自行车等隐喻,帮助患者建立以自我为背景的觉察。 6. 澄清价值 通过提问和讨论,帮助患者明确自己生命中真正重要的、有意义的事情,使其明确价值方向,并制定具体的、可行的生活目标。 7. 承诺行动 选择一个最想改变的生活领域,在该领域选择最想追求的价值,以价值为导向发展目标,采取正念行动。	
实施后	评价实施效果。	

（三）注意事项

1. 全面收集资料 在首次咨询时，需要全面收集患者的资料，除了收集患者的疾病与治疗相关资料，患者所受创伤、家庭亲密关系情况、社会背景等客观资料也非常重要，因为这可能会直接影响到后续咨询信任关系的建立。

2. 平等与尊重 咨询师要避免出现"高人一等"和"优越感"的自我设定，也不要带着怜悯的目光看待患者。在咨询的过程中，尊重患者的感受与体验，不能将自己的意念强加给患者，任何感受需要患者自己体会。

3. 从整体出发 接纳承诺疗法采用的是一种整体性、系统性思维，其目的是提升老年安宁疗护患者的心理灵活性，而不只是针对某一种痛苦或者某一种疾病的症状或体征。当个体的心理灵活性提升以后，其解决问题和接纳的能力也会得到提升。

4. 咨询速度与效果结合 咨询速度要适当放慢，内容安排不宜过多，可以将每次咨询时间缩短，咨询次数延长，并观察患者的反应，不能为了完成咨询任务而忽略效果。

5. 顺序无优先 接纳承诺疗法的六个核心过程是一个相互促进、相互联系的整体，在实际运用过程中没有严格的先后顺序，可以结合实际情况灵活调整。

6. 体验式参与 在治疗过程中，避免过多地说教，而应该投入更多的时间做一些体验式练习。对于老年安宁疗护患者，需要选择合适的时机，关注其对活动的耐受性，选择适宜的体验式练习的强度，避免给患者造成过大的压力，从而导致他们中断治疗。

（洪金花）

 思考题

1. 老年安宁疗护患者主要存在的心理问题有哪些？是由什么原因引起的？

2. 解释心理支持技术中的"共情"概念，举例说明在实际心理支持场景中如何对患者有效地表达共情。

3. 在叙事疗法中，如何引导老年安宁疗护患者讲述他们的故事？有哪些技巧和方法？

第九章
老年安宁疗护患者社会支持

第一节 社 会 支 持

案 例

陈先生，78岁，因"双下肢水肿半年，加重1周"入院。患者半年来出现间歇性下肢水肿，服用利尿药后可缓解。1周前因感冒引发发热及呼吸困难，服药后水肿持续未退。遂转入安宁疗护病房接受治疗。入院诊断为"慢性肾衰竭终末期、高血压4级"。

住院期间，责任护士观察到患者情绪低落，经询问得知，患者对疾病的预后感到极度恐惧，加之子女因工作繁忙无法陪伴，内心感到孤独与无助。针对这一情况，责任护士在完成日常护理工作之余，主动为患者提供心理疏导，帮助其缓解焦虑情绪。同时，护士还耐心指导患者使用手机与亲友保持联系，使其获得了来自家人和朋友的情感支持与关怀。几日后，患者心理压力减轻，焦虑情绪缓解。

请问：
1. 针对老年安宁疗护患者的社会支持类型有哪些？
2. 针对老年安宁疗护患者，有哪些社会支持途径？

一、社会支持的概念及分类

（一）概念

社会支持（social support）是指各类社会群体通过提供一定的物质和 / 或精神情感资源对社会中的弱势人群的无偿性帮助行为。社会支持作为个人处理压力事件的潜在资源，能够降低身心压力、缓解心理障碍，有利于维护个体的身体及心理健康。

（二）分类

1. 按社会支持的主体分类　根据提供社会支持的主体不同,可分为正式社会支持和非正式社会支持。这两类支持互有交叉、互相补充,已经逐步形成了由政府为主导、多种形式共同参与的社会支持网络体系。

（1）正式社会支持:正式社会支持包括由政府及其他正式组织(非政府组织)主导的正式支持和以社区为主导的"准正式支持"。其具有稳定性、经常性特征,有政策、制度或者法律依据,体现出了个体与社会组织间的联系。在此背景下,构建以政府支持为主导、其他互助网络为补充的社会支持体系是提高患者社会支持的重要途径。

（2）非正式社会支持:非正式社会支持是指患者获得的来自非正式组织的社会支持的总合。其主体遵循自愿的原则,包括家庭成员(配偶、子女、其他亲属)、邻居、朋友、志愿者等。非正式社会支持表现为个人与个人之间的关系,具有不确定性。在生命终末期,患者具有负面情绪,需要更多人员去关注其心理变化,给予爱与关怀,因此更加需要家庭成员、朋友的陪伴以及志愿者服务等。

2. 按社会支持的内容分类　可分为工具性支持、信息支持、情感支持和精神支持四种。

（1）工具性支持:工具性支持是指实际具体的协助,包括给予患者所需的财力援助和社会网络、团体关系的直接服务,以减轻患者的经济和生活压力。工具性支持主要来自家庭、亲属、朋友。其中,财力援助包括经济支持和物质支持。经济支持主要为金钱支持和医疗保险等方面的支持,占工具性支持的主要方面。物质支持包括患者生活所需的衣食住行及其他方面的支持,可解决患者及其家庭面临的即时性问题。

（2）信息支持:指提供信息、建议或指导,帮助患者及家属更好地应对压力和困难,并提供解决问题的方向,辅助其决策。患者和家属常见的信息支持包括疾病、治疗的相关知识、不适症状的缓解方法等。在护患沟通过程中可采用宣教手册、视频等多种沟通方式,帮助其掌握相关信息。同时,可依托社区卫生服务中心,对有安宁疗护需求的家庭开展相关培训,完善患者的信息支持体系。

（3）情感支持:情感支持又称尊重性支持、表现性支持、自尊支持,是指他人的情感性帮助。情感支持的形式包括陪伴、安慰、倾听、理解及交流等。良好的情感支持可改善患者的身心健康,提高生活质量。家属及医务人员提供的情感支持是患者社会支持的主要来源。

（4）精神支持:精神支持可提升患者的自我认同和价值感、获得对生活的控制及意义。随着终末期疾病的进展,在治疗过程中,患者会存在包括人际关系、自理能力等多方面的丧失感,进而使其感受到丧失尊严和意义。通过征求意见、共同决策、娱乐等方式,协助患者重获对生活的掌控感,积极探寻生命的意义,有效提高患者的尊严感和价值感。

3. 按社会支持的性质分类　包括主观支持、客观支持、支持的利用度。

（1）主观支持:是指主观体验到的支持,又称为领悟社会支持,即个体在社会中受尊重、被支持、被理解而产生的情感体验和满意程度,与个体的主观感受密切相关。患者亲身感受和体会到的情感支持更能提高其生活质量。

（2）客观支持:客观支持又称为实际社会支持,包括物质上的直接援助和社会网络、团体关系的直接存在和参与,还包括政府和/或正式组织主导的法律法规、政策制度、福利资源(如宁养院)等内容。这是个体赖以满足社会、生理和心理需求的重要资源,是其可以随时感受或利用的客观存在的支持。

（3）对支持的利用度:社会支持的利用度是体现个体有效利用自身社会支持途径和资源的程度。患者多存在疾病预后难以预测、经济负担重、不适症状多的特点,更易产生负面情绪,影响或阻碍对社会支持的途径和资源的利用。因此,在对患者提供社会支持之前,需要对其进行全面评估,判断影响患者获取社会支持的因素,以及需要的社会支持种类,确保患者对社会支持的充分利用,继而帮助其舒适地度过生命最后阶段。

知识拓展

安宁疗护志愿者支持相关理论

志愿者的加入有利于安宁疗护事业的多元化发展。通过开展志愿者服务、给予临终者情感支持、生活协助和资源链接，提高患者生活质量。其中，福利多元理论和互助共济理论是安宁疗护志愿者支持的两大核心理论。

1. 福利多元理论 通过多元主体的参与，提供全面的支持和关怀。通过系统的培训和教育、政策支持和社会氛围的营造以及完善的服务机制，有效提高终末期患者的生活质量和死亡质量，促进社会的和谐发展。

2. 互助共济理论 提出个人可在有劳动能力的时候为他人提供养老及安宁疗护服务，为自己今后获得养老（安宁疗护）服务积累服务时间。该理论为志愿者参与安宁疗护陪伴服务赋予了内涵。

二、社会支持的特点

（一）社会角色改变

患病在每个人的生活中都是一个特殊的事件，当患者进入生命终末期，其心理特点表现为忧郁、绝望。常见的社会角色适应不良类别及相关内容（表9-1）。

表 9-1 常见的社会角色适应不良类别及相关内容

类别	特征	表现
角色行为缺如	患者未能进入患者角色，否认自身患病或未意识到病情严重性。	患者在得知自己罹患疾病面临死亡时，最初的反应多为否认，可能通过提出质疑来进行心理防御，暂时躲避现实的压迫感，需要较多的时间来调整自己，接受事实。
角色行为减退	患者由于某种原因重新承担其他社会角色，患者角色退至从属位置。	患者因家庭突发事件或更强烈的情感需要，出于对家庭的责任，不顾自身病情试图出院终止安宁疗护服务，忽视了自身实际状况，从而影响病情、治疗及症状控制。
角色行为强化	患者依赖性增强和自信心减弱，对自我能力产生怀疑、退缩和依赖心理。	具有自理能力的患者过度依赖医务人员及家属，不愿调动自身主观能动性主动配合治疗以促进症状缓解。
角色行为异常	患者难以承受不治之症的挫折而感到悲观、绝望，甚至出现拒绝治疗、攻击或自杀等行为。	患者自知治疗无效，会表现出悲伤、不言不语、压抑、哭泣等反应，极端者甚至会表现出怨恨、嫉妒、无助、痛苦与易激怒。
角色行为冲突	患者角色与其承担的原有社会角色发生冲突。	角色的冲突程度多与疾病的进展、症状的严重程度、患者性格特点有关，大多见于家庭责任心重或个体意识较强的老年患者。

（二）社会功能改变

1. 社会关系改变 社会属性是人类个体的本质属性。老年安宁疗护患者受疾病影响，社交减少、经济负担加重，更易产生被社会抛弃的恐惧，使其社会关系也发生巨大变化。

（1）社会活动减少：患者身体功能已衰退，加上病情的恶化，其自理能力和活动能力受到了极大限制。封闭的住院环境也使患者与外界社会交流机会减少，易造成社交障碍，更不利于其获取社会支持资源，提升生活质量。

（2）精神压力加重：多数患者在接受安宁疗护服务之前经历了漫长的治疗过程，消耗了大量的人力物力及财力。患者不愿因自身疾病拖累家庭，治疗的经济负担加深其担忧，并更易产生内疚、焦虑等负面情绪，承担巨大的精神压力，从而导致社交障碍，阻碍其对社会支持资源的利用。

（3）心理问题增多：患者处于疾病终末期，伴随着器官衰竭与功能减退，这给患者带来的不仅仅是生活上的不便，更多的是心理上的压力和情绪上的困扰。

2. 社会交往障碍 指人在社会交往中因缺乏自信、害羞、恐惧、强迫等负性心理因素导致无法与他人正常交往的现象。大致可分为以下四类：

（1）社交心理障碍：社交心理障碍分为三种。

1）气质性社交障碍：部分患者性格内向、文静、害羞，与陌生人相处时面红耳赤、胆怯、拘束、紧张，这类人由于气质性格原因，无法与他人正常交谈和接触。

2）认知性社交障碍：患者本就有较高的社交焦虑，患病经历更加深了他们的自卑心理，在与他人交往时过于注意自我表现，害怕自己言行不得体而被他人讽刺、嘲笑；或在交往时过度要求自己的言行举止，必须有绝对的把握，不能冒任何风险。

3）挫折性社交障碍：部分患者原来性格开朗，社交活动较为积极主动，然而在罹患疾病后认为自己在生活中受挫，开始变得消极被动，胆小脆弱。

（2）社交情感障碍：以患者的情感多变为主要特征，患者出现异常兴奋、情感高涨或躁狂，当患者处于躁狂状态时，即便所处境遇艰难也会异常兴奋，且具有攻击性、易激惹，严重者甚至会产生妄想、幻觉等精神症状。而患者处于抑郁状态时会情绪低落，苦恼，忧伤到悲观、绝望，兴趣丧失，部分伴有思维迟缓，严重者出现自杀观念和行为。部分患者可能因疾病导致精神障碍。

（3）社交能力障碍：是指患者通过自身想象断定自己无法在社会交往中成功，此类患者多性格内向、自卑、缺乏自信。身体功能的衰退，如视力下降、听力下降、理解能力减退等以及心理方面的原因，共同导致患者出现社交能力障碍，阻碍其参与社交活动和积极应对自身状况。

（4）病理性社交障碍：常表现为社交恐惧症，起病时多没有明显的诱因。典型症状为患者害怕在群体活动中被人注意，不敢与他人对视或交谈。严重者还伴有生理症状，症状加重时可发展为惊恐发作，甚至产生社交隔离。部分社交障碍患者还伴有突出的恐惧和抑郁，常通过物质滥用来缓解焦虑，最终导致依赖成瘾，如酒精成瘾。

第二节 社会支持方法

一、专业照护人员支持

（一）医务人员的支持

1. 概念 医务人员在院内提供以患者为中心的支持，包括医药、护理、营养、辅助疗法、心理及宣教等的支持。

2. 实施方法

（1）症状控制、舒适照护及其他医疗支持：医务人员为减缓患者的疼痛及其他痛苦症状，为其提供多项舒适护理服务及专业性指导意见，使患者在生命末期的生存质量得到提高。

（2）疾病咨询及健康指导：医务人员为患者提供疾病相关知识、信息，开展指导、教育，提供治疗建议。医务人员可以针对患者开展医疗咨询，也可以由医务人员组织关于疾病和治疗的教育小组共同完成对患者的健康咨询及健康教育。

（3）情感支持：老年安宁疗护患者除了诸多不适的生理症状外，还承受着许多负性情绪及心理负担。医务人员除了为患者提供相应的症状管理之外，也应该重视其心理状况，及时倾听其内心感受，让患者感到被尊重、重视和关心。对于文化敏感的患者，需要注意尊重患者信仰，及时调整沟通方式。在干预方式上重点在倾听与交流，可召开家庭会议或团队会议，在医疗决策或生活细节上给患者足够的自主权。

（二）医务社工的支持

1. 概念 医务社会工作者简称"医务社工"，指在医疗卫生机构中为患者提供心理关怀、社会服务的专业社会工作者，他们作为医疗团队的成员，协助患者及家属排除医疗过程中的障碍，处理社会及家庭问题，提高患者生活质量，帮助患者及家属达到身心平衡。在安宁疗护全人照护理念下，社工不仅需要重视服务对象躯体症状的控制和缓解，还需要重视通过志愿者、政府支持项目或社区资源以减少患者的家庭经济压力，以提供适合患者的社会支持。

2. 实施方法

（1）对患者和家属提供连续服务

1）医务社工可从首次接触患者起即提供患者及家属长期的社会支持服务，减少因更换服务人员而产生的过渡期不适。

2）通过为患者及家属提供长期的陪伴、讲解有关安宁疗护的服务内容，了解患者的医疗偏好和护理目标。

3）根据患者的意愿，制订合理的医疗照护计划，包括帮助患者及家属沟通治疗决策，告知患者及家属疾病发展及预后情况，以及开展生命教育与哀伤辅导。

（2）家庭内外资源及事务协调：社工可为患者提供外部资源链接服务，通过分析可用的社会资源及其遇到的可及性障碍，帮助患者获得社会资源、法律政策支持或协助转诊机构，也可以帮助患者解决与家属之间的冲突。

（3）心理及精神支持：患者在接受安宁疗护服务的过程中，会出现情绪改变，如部分患者会在生命终末期对生命意义有新的理解，表现为看淡生死，超脱世俗等特点。部分患者由于疾病至终末期，常感到人生迟暮，体会到孤独，更需要得到社会、家庭等多方面的关注和陪伴，因此应积极为患者提供心理及精神支持。

通过个案辅导或建立支持小组，为患者提供情感与精神支持，如实施生命回顾、生命教育和志愿者支持等。

鼓励患者表达自己的感受，让患者知道自己的个人感受会被知晓、被尊重和被理解，逐步培养和提升患者对痛苦情绪的控制能力。

3. 注意事项

（1）在服务患者及家属的过程中，医务社工要注意尊重和接纳服务对象，坚持真诚相待、生命至上、公平公正、保护隐私、不伤害的原则。

（2）尽量鼓励患者参与各项决策，做到个体化服务。

（3）作为非医务人员，医务社工不应在患者及家属面前评论医疗行为，也不能按照自身的想法诱导患者及家属作出违背本意的决策。

二、非专业照护人员支持

（一）家庭支持

1. 概念 家庭支持是非正式社会支持的主体，成员以配偶及子女为主。安宁疗护中的家庭成员包括患者的核心家庭，被法律认可的有血缘关系的亲人，以及患者自身认可为家庭成员的亲友。家庭支持包括情感支持、物质支持和精神支持。家庭成员除了为患者提供物质上的帮助，包括生活必需品、信息资源等，家庭成员之间的相互关心、理解和包容，也能够让患者感受到温暖，增强面对困难与挑战的勇气。

2. 实施内容

（1）强化家庭作用，承担家庭角色：建立良好的沟通机制，评估患者的家庭情况及患者的需求和感受，保持与患者的日常交流，及时提供帮助和支持。同时，帮助家庭成员做好各自的定位与分工，相互协调；家庭成员之间相互理解、支持与尊重，共同分担照顾患者责任，形成密切的亲情关系。

（2）寻求医务帮助，接受专业指导：家庭成员虽作为患者最亲密的人，但很多家属在面对患者的病情时无法给出专业性的建议和帮助，造成患者的病情无法及时得到有效指导。因此，家庭成员有必要接受安宁疗护专业医护人员的指导，学习疾病相关知识，根据患者的身体状况与疾病进展，与患者讨论病情、预后、治疗偏好及目标。

（3）提供情感支持，减少患者担忧：家庭成员提供的情感支持对患者具有重要影响。家属是患者最重要的陪伴者，家属的语言和非语言陪伴能够给予患者"亲情"和"爱"，让患者安心。

3. 注意事项

（1）调适自身的身体及心理状况：照护陪伴终末期患者会使家庭成员产生心理负担和负性情绪，因此在为患者提供支持时，要先做好自身心理建设，必要时可向专业医护人员寻求帮助。

（2）充分考虑患者感受：家庭成员要认识到患者是有思想的亲人，对患者做事要考虑对方的意愿与接受性。

（二）志愿者支持

1. 概念 志愿者即志愿工作者，又称义工，志愿服务是指在不求回报的情况下，为促进社会进步而自愿付出个人的时间及精力所作出的服务工作，利用自己的时间、技能、资源提供非盈利、无偿、非职业化援助的行为。安宁疗护志愿者作为安宁疗护团队中的重要组成部分，连接患者、家属、医护人员以及志愿者同道，共同为提高终末期患者生命质量而提供多种支持。

2. 实施内容

（1）生活照料：志愿者帮助老人清洁口腔，修剪指（趾）甲，洗头、洗澡、更衣，更换床单，清洁轮椅，整理衣物、被服和鞋等日常照护服务，这些都是对患者实际生活的直接服务支持。志愿者的生活照料不仅能帮助到患者，也让其家庭成员得到喘息和支持。

（2）信息支持：志愿者可以为患者提供生命教育，分享自身的相关生活经历，对患者生活中遇到的问题提供信息和建议。志愿者需要严格遵守患者的自主权原则，可以根据患者的情况与其讨论相关的问题和可能的解决办法，给予合理的意见和建议，但不要催促或代替患者做决定。

（3）情感及精神支持：志愿者通过陪伴患者，为其提供心理情感支持，让其感受到来自社会的关爱。在陪伴沟通过程中应多些耐心，接纳患者的身体和心理状况，帮助处理一些尚未完成的事务，为其和家属搭建支持网络。还可以选择恰当的时机引导并与患者及家属讨论生前预嘱以及身后财产、事务安排等。

（4）陪伴倾听：志愿者在与患者沟通前，应先与家属充分沟通，了解患者基本情况，兼顾家属感受。交流时保持与患者面对面相处，平视患者，保持友善的目光接触，当患者寻求反馈时进行适时的回应，如点头等。老年患者常伴随听力下降，这也提醒志愿者沟通时要声音洪亮且富有耐心，注意善用引导策略，如直接引导、暗示性引导、建议性引导等对患者及家属进行引导。

3. 注意事项

（1）尊重患者及家属：对待患者应友善、有耐心，沟通过程中尽量保持语气平缓轻柔，尊重患者的隐私权，注意人文关怀。同时，积极促进患者与家属间的交流，增进患者与家属间的情感。

（2）避免进行如下不恰当的操作：

1）给予患者医学方面的建议。

2）给予具体的医疗及护理操作。

3）打听和散播患者及其家庭的隐私。

4）接受患者及家庭的财物。

5）参与临终患者亲属之间的矛盾处理。

6）对患者的文化背景进行评价。

7）将自身的文化理念强行推荐给患者。

（3）一般情况下，在患者逝世后，志愿者与家属联系仅限于哀伤抚慰。

（三）同伴支持

1. 概念 同伴支持（peer support）是指具有相似疾病或身体状况经历的人们之间在生活实践、社会和情感（心理）方面的互帮互助。接受过安宁疗护的患者作为"同伴工作者"组织其他病友"同伴"开展康复活动，大家互相理解、互相支持、互相帮助，同时，在为其他患者提供服务过程中也可以获得自身价值感。同伴支持的形式多种多样，如一对一支持、小组支持、面对面支持、网络支持等。

2. 实施方法

（1）同伴经验：患者可获得的同伴支持大部分来自病友。病友在疾病治疗过程中通常有很多宝贵、有用的经验，患者通常会从具有同样经历的患者那里得到相关的帮助和建议。在互助小组中，患者与其他有过安宁疗护经历的人交流经验、分享应对策略，并获得专业人士的指导和建议，这些资源有助于提高患者对疾病的认识和了解，以及改变对安宁疗护的认知和态度，帮助患者作出正确决定，还能为他们提供有效的与医疗人员沟通的方法和技巧。

（2）同伴共鸣：家属在患者疾病治疗过程中虽然会提供多方面的支持，但大多不能感同身受患者的疾病治疗经历，同伴支持有助于给患者带来共鸣，来自相似经历的同伴支持对于患者来说至关重要，它能够让患者感到被倾听、被理解，从而得到更多的鼓励和支持。

（3）自我认同：同伴支持有助于减轻患者的孤独感和自我排斥情绪，帮助患者克服困难、面对挫折，更了解情况并能掌控自己的生活。这种情感上的支持对于患者来说至关重要，有助于帮助他们建立积极自我认同的同时，也将这种信念和自我认同传递给其他患者。

3. 注意事项 注意评估患者的尊严、生命意义、死亡恐惧等方面，应注意观察病友与患者在讨论到疾病及不良预后时的情绪，避免情绪失控或产生新的负性情绪。

（徐晓霞）

思考题

1. 为老年安宁疗护患者提供志愿者支持时有哪些注意事项？
2. 如何为老年安宁疗护患者提供社会支持？

第十章
老年安宁疗护患者精神支持

📖 **学习目标**

知识目标：

1. 掌握老年终末期患者常见的精神支持技术。

2. 熟悉老年终末期患者常见的精神特点和精神需求。

3. 了解老年终末期患者常见精神支持技术的注意事项。

能力目标：

能识别老年安宁疗护患者的精神特点，根据实际情况，选择合适的精神支持方法。

素质目标：

具有能主动关心爱护老年患者的职业素养。

第一节　精　神　支　持

案　例

陈先生，75岁。5年前因为脑卒中遗留右侧肢体功能障碍，半年前再次卒中后肢体功能障碍程度加重，并伴有言语功能障碍、大小便功能障碍，目前生活完全不能自理，局限于轮椅及床上活动。因为目前的生活状态觉得活着无意义，经常独自哭泣。最近开始拒绝接受家人照顾。

请问：

1. 陈先生目前存在哪些精神困扰？

2. 陈先生目前有哪些精神需求？

一、精神的概念及特点

（一）概念

精神是个体存在的内在属性，是对人的主观存在状态的描述，具有个体独特性，包括认知、情感、意志、审美、理想、人格、信念等。精神是人的意识、思维活动和情感状态的综合体现。人们通过精神活动，认识世界、理解社会，并作出相应的反应和决策。精神又使人们能够不断创新、进步，推动社会的发展。然而精神并非内生的，而是由外而内的，外界的事物通过人的感觉、知觉和意识等进入人的体内，便成了人的精神。在人类的生活中，精神起到了至关重要的作用，是推动人类进步和发展不可或缺的动力。

（二）特点

1. 主观性与社会性　精神状态是个人独特的内在体验，包含意识、思想、情感等内在体验，不能被直接观察或测量。但精神不仅存在于个体的内心世界，还与社会环境、社会历史密切相关，不同的社会文化背景会塑造出不同的精神特质，不同的社会历史有不同的精神风貌和价值观念，且在人与人的交往和互动中，个体也会不断完善自己的精神世界。

2. 复杂性和可塑性 精神不仅由认知、情感、意志、信仰、价值观等多个维度构成，还受文化、社会背景、个体经历等影响，具有复杂性。但个体从幼年到老年的成长过程中，精神不断发展变化，随着年龄增长、阅历增加，认知能力不断提升，价值观逐渐形成，精神世界不断丰富和深化，生活环境的变化也会促使精神发生改变。个体也可通过学习有意识地塑造和改变自己的精神。

3. 动态性和适应性 精神会受到内外因素的影响，也会随着时光流逝、经验积累而发生变化。精神具有适应性，能够根据外部环境的变化进行调整，在面对压力、困扰和挑战时，发展出应对机制，帮助其更好地适应环境。在多元文化的环境中，个体的精神能够适应不同文化的冲击和融合。

4. 个体差异性 精神体验是高度个人化的，不同个体对相同的事物或情境有不同的精神感受和理解，个体的不同经历、性格、文化背景、价值观、思维方式等会影响个体的精神特点。

二、精神需求

（一）寻找生命意义

患者面对重病的威胁和生命即将终结的命运，更多地体会并重新发现生命的意义。

1. 寻找生命的意义 虽然经历身心的煎熬，但是患者认为生命是有意义的，把生病的过程当作对自我的磨炼与考验，从信念中寻求意义。

2. 寻找新的目标 患者需要重新调整生活目标，包括个人身心的调适、症状的管理、心愿清单的完成等，以维持生命的意义。

3. 保持希望 在患者生命末期阶段，即使身体功能日渐下降，经历各种痛苦，仍然能够找到希望，获得力量。

（二）维持关系

1. 体验与身边人的关系 患者普遍需要与对其重要的人物进行情感联系，包括得到家人的支持与爱，也包括给予家人照顾、支持与爱。渴望与家人有更多的接触、沟通和交流，体会到更多的爱和人际联系。

2. 与过去关系的和解 安宁疗护患者往往会回顾一生中的重要关系，对过去可能有悔意、遗憾等心理反应，影响其最终精神的安宁。需要在生命的最后时刻向重要的人道歉、道谢、道别，与过去和解，实现内心的平静与释怀，获得认可和尊重，获得爱与平静。

（三）保持自主性

1. 维持自我独立感 随着病情的加重，身体越来越虚弱，生活需要他人照顾，甚至完全依赖他人。患者需要重新适应角色，接受依赖他人的事实。

2. 保持自主性 即便是在生命的最后时刻，也希望能够主导自己最后的阶段。保持自主性意味着患者能够参与医疗决策、治疗方案及其日常生活的选择，如选择自己想要的护理方式、饮食及居住环境等，感受到对生命的自我掌控感。

3. 寻求自我价值感 患者需要接纳自我，肯定自我的成就和此生的价值，满足目前的状态，达到精神平和，维持自我价值感。

4. 维护自我尊严感 患者的各项身体功能下降，社会交往减少，自我隐私暴露和需要被照顾的现实影响其尊严感。患者需要被理解、被听见、被认可、被接纳。希望得到尊重，得到细致、周到而温暖的照护，从而提高尊严感。

（四）面对死亡

1. 思考、谈论死亡 患者在疾病的经历过程中需要通过各种方式表达自我对死亡的感受和认识，理解生命的自然规律，逐渐接受死亡的意义，找到内心的平静，接受生命的结束。

2. 安排后事　患者逐渐接受死亡即将到来的事实，平静面对，减少恐惧和焦虑，这常需要在医务人员和家人帮助下，通过心理疏导等方式实现。但大多数患者希望可以自己安排自己离世后的事务，如选择葬礼的安排、安葬的方式等。

三、精神困扰

（一）无意义感

无意义感是患者可出现的一种存在痛苦，个体认为生命即将逝去，不能承受原有的角色或做出贡献，使生命变得无意义或失去持续意义，由此产生痛苦。

1. 情绪表现　对生命意义的否定和无意义感会使个体出现茫然困惑的状态，部分患者更多地看到人生的遗憾，而对过去无法释怀，对未来莫名地担忧，出现焦虑不安的情绪。部分患者不能正面理解自己所遭遇的一切，会纠结于命运的不公，质疑为何自己要经受这番苦痛而出现沮丧挫败感。部分患者会感到孤独和无助。

2. 认知表现　表现出对生命目的、态度、价值缺乏信念支撑系统，没有目标和愿望。部分患者不能接受自己为何要忍受疾病和痛苦，从而产生更多痛苦与绝望。部分患者不能接受自己成为被照护人员角色，认为自己失去了对身体的控制、对生命和生活的掌握，经常思考死亡何时到来。部分患者认为自己给家人带来负担，对他们没有用处，失去活着的尊严和价值，丧失继续活下去的勇气。

3. 行为表现　表现出认为做事没有意义，部分患者会认为某些治疗侵犯其自主性，从而拒绝医疗活动。部分患者不愿意接纳与疾病、死亡相关的想法和体验，不愿与他人共处，从而回避与他人的交流。

（二）无价值感

无价值感是一种负面的情绪，是一种自挫性的思维，对自己存在的价值产生怀疑和否定。临终患者常常感到自己在家庭中、社会中的价值降低，尤其是随着身体的衰退，他们可能会认为自己无法再为他人作出贡献。这种无价值感会进一步加重他们的心理负担，可表现为以下症状：

1. 情绪表现　患者出现无价值感，会伴随情绪低落等自我否定情绪。患者会因为疾病或身体衰弱不能做自己想做的事情，认为生活没有什么特别的意义，失去兴奋点，从而产生挫败感和沮丧感，也会担忧日后的生活，不能再像以前那样而过分担忧，也因为功能逐渐丧失而产生无价值感，对周围人的反应更敏感。

2. 认知表现　无价值感伴随希望的丧失和自我贬低，部分患者认为在被照护的过程中，感到自己被他人控制，失去自主权。部分患者会对未来失去希望，认为人生没有任何价值。被非家庭成员照护的患者，容易失去情感联结，认为自己被抛弃、被疏离、被贬低。

3. 行为表现　在行为上患者会认为自己对他人没有很大价值，可能会减少甚至切断和外界的联系，包括与家人的联系。部分患者无任何事物可转移其注意力。

（三）精神痛苦

1. 患者　随着疾病逐渐加重，患者承受着生理、心理、社会、精神等各方面的痛苦，有疾病的折磨、躯体功能减退、生活不能自理等生理方面的痛苦，同时存在对死亡的恐惧、对未来的担忧、对亲人的不舍等心理上的痛苦，不可避免地会因为社会活动减少、社会功能下降而产生自卑、敏感的情绪，在精神上承担较多困扰而感到痛苦。

2. 患者家属　家属因不能接受患者患病和即将离世的现实，感到无比痛苦。部分家属会将患者的状态归结为自己照护不周而感到愧疚。部分患者尤其是癌症晚期患者的家属内心非常挣扎。一方面，家属对患者即将离世感到不舍，担心患者离世后给自身带来的孤单、无助和失落，从而想通过一切办法留住患者；另一方面，家属会因目睹患者临终前的痛苦境遇而自身却无能为力感到痛苦万分。

第二节 常用的精神支持技术

案 例

张先生,73 岁。1 年前因为车祸伤遗留肢体功能障碍,日常生活需家人协助,非常沮丧,经常感叹命运不公,唉声叹气,最近食欲下降、睡眠较差、精神状态不佳,家人因担心其精神状态,遂送至安宁疗护区,现为改善老人的精神状态,要对其进行生命回顾。

请问:

1. 生命回顾的主要目的和意义是什么?
2. 生命回顾的流程及注意事项是什么?

一、生命回顾

(一)概念

生命回顾(life review)又称为人生回顾,是心理学和老年心理学领域中的一个重要概念。生命回顾是一种系统性的思考与反省过程,旨在通过回顾过去的经历、情感和成就,帮助个体实现对生命意义的探索。生命回顾通过引导患者对自己的一生经历进行回顾、评价和总结,使患者获得新的生命意义。通常可以将生命回顾故事作为一种素材,制作成生命回顾手册或人生故事书(life story),以缓解焦虑、抑郁等情绪,帮助老年安宁疗护患者发现生命的意义,从而提高其自尊感、希望感、价值感,进而提高生命质量。在此过程中,可为家属带来心理慰藉,因此生命回顾对患者和家属的心理精神健康都具有重要的意义。生命回顾主要包括以下几个方面。

1. 叙述个人经历 患者回顾自己一生中的重要事件,包括个人教育、职业、家庭、婚姻以及重大决策。

2. 反思情感与关系 通过回忆与他人的关系和互动,尤其是对重要人际关系的反思,患者可以更好地认识自己的人际关系和情感历程,体验到生命历程中得到的支持和关爱。

3. 寻找生命的意义 通过回顾和反思,患者可能会发现自己最重要的价值观和信念,以此帮助他们更好地理解并找到生命的意义。

4. 促进自我接纳 生命回顾可以帮助患者接受自己的过去,尤其是接纳一些曾经的错误、遗憾、愧疚、悔恨等,解除心结,从而增强自我价值感与自信心。

(二)实施方法

生命回顾实施流程及要点见表 10-1。

表 10-1 生命回顾实施流程及要点

项目	实施流程	要点说明
实施前	1. 收集患者信息 从病历或家属处了解患者基本情况,包括患者的疾病史、职业、家庭状况、兴趣爱好等,为生命回顾做准备。 2. 确定访谈模块 根据成长周期,可分为童年、青春期、成长期和成熟期。 3. 设置访谈主题 童年期:学习困扰。 成年期:工作与家庭组建。 患病期:疾病经历、社会支持。 4. 构建访谈引导问题 借鉴海特人生回顾体验表的内容。	为突出疾病意义,也可加入疾病特异模块。 结合人生阶段发展特点和文化背景等因素。 可参考本土化人生回顾访谈引导问题。

续表

项目	实施流程	要点说明
实施过程	1. 环境准备　选择安静、独立、舒适、私密的环境,确保光线适宜、温度舒适,减少干扰,准备好可能用到的照片、视频等辅助工具。 2. 接触阶段 (1)介绍方法:介绍目的、意义、过程、访谈引导问题、访谈时间、访谈主题、知情同意。 (2)建立关系:以温和、耐心的态度赢得患者信任,建立良好的沟通基础。 3. 回顾阶段 (1)内容 1)用开放性问题引导回顾每阶段、表达真实想法。 2)积极体验,感受成就。 3)不愉快经历,重获信心。 4)反思贡献,定位价值。 (2)方法 1)个体访谈。 2)书写反思日记、回忆录、信件等形式。 3)多媒体回顾,如照片、视频、音乐等。 4)生命树展示重大事件、成就、情感和人际关系等。 4. 反馈阶段 (1)反馈与分享:与患者分享生命回顾的总结和内容,分享观察和感受,肯定其勇气和努力,让参与者感受到被关注和认可,同时确认是否准确反映其生命历程和感受,根据患者意见调整完善。 (2)提供支持与建议:根据情况,为患者提供适当支持和建议。	病房、社区、机构、诊所、居家均可。 一般需经过5～6次,每周1次,每次1～2h。
实施后	1. 制作生命回顾纪念册 (1)记录主要事件及感悟。 (2)可附照片或图片,更生动具体。 (3)由安宁疗护患者审核、修改和确定。 2. 交给安宁疗护患者或家属留作纪念。 3. 适当时间回访,了解服务对象状态,巩固生命回顾效果,如有需要可进一步提供帮助。	

(三)注意事项

1. 创造安全的环境　创造安全环境让患者感到被尊重和理解,增强分享的意愿。

2. 尊重患者　尊重患者的知情权和隐私权,实施过程中尊重患者个体差异,每个人的生活经历、文化背景和情感处理方式不同,要注意避免强迫回忆不愿提及的事件。

3. 及时回应、情感支持　在回顾生命经历时,可能会重现痛苦的记忆或情感,因此在实施过程中可采取倾听、重复、共情等技术,根据患者的反应、身体状况提供充足的情感支持和理解。

4. 适时引导、灵活应对　在访谈中,需要根据患者的故事适时调整引导问题,针对个体的情感反应进行适当的干预,若患者身体出现不适,可暂停访谈,同时安排心理专家随访,避免过度深入访谈造成的心理创伤。

5. 后续支持　生命回顾可能引发一系列情感和心理反应,因此结束活动后,需要持续关注患者的身心状态,提供后续的心理支持和资源,帮助患者接纳过往经历。

二、意义疗法

(一)概念

意义疗法(logotherapy)是由奥地利心理学家维克多·弗兰克尔(Viktor Frankl)创立的一种心理治

疗方法,是一种引导个体寻找和发现生命的意义、树立明确目标、以积极的态度来面对和驾驭生活的整合性心理治疗和咨询方法,将意义、价值纳入心理治疗的范畴,目的是让患者面对生活的痛苦,找到生命存在的意义,从而改善其精神健康,提高生命质量。意义疗法有以下几层含义。

1. 生命意义 每个人都有追寻生命意义的需求,而这种意义通常是在与他人联系、达成目标或经历痛苦时发现的。它强调个人的独特性和自我实现的价值。

2. 意志自由 每个人都拥有选择的自由,能够选择以何种态度面对困境。通过意志来找到生命的意义。

3. 意志意义 不断追求更多的意义,实现更多的价值,从而不断发现生命的意义和目标。

4. 痛苦意义 痛苦是不可避免的,痛苦的意义可以帮助个体更好地忍受并克服困难,发展内在的力量和韧性。

(二)实施方法

意义疗法实施流程及要点见表 10-2。

表 10-2 意义疗法实施流程及要点

项目	实施流程	要点说明
实施前	1. 建立信任关系 自我介绍、营造环境、消除距离感和陌生感,通过真诚、理解和尊重的态度,营造安全信任的氛围,使患者愿意开放地分享。 2. 了解患者 全面了解患者的个人史、症状、家庭背景、社会关系等,尤其关注患者目前面临的困境和心理痛苦的来源,分析精神困扰表现及原因。 3. 支持患者 真诚关怀患者,关注其情绪问题,减少负面情绪。	与老年安宁疗护患者和家人建立信任关系。 沟通恰当、资料全面。 提供良好的社会支持环境。
实施过程	1. 认识现在 (1)讲述确诊到当前阶段主观体验和感受。 (2)引导说出对患病、疾病和死亡的态度。 (3)缓解负面情绪,提高敏感问题接受度。 2. 意义回顾 (1)内容 1)正面事件:肯定。 2)负面事件:引导摆脱困境。 (2)方法 1)一对一。 2)团体讨论。 3. 正向引导 表达需求、担忧、对未来的期望。 (1)设定目标:协助患者设定具体、可行的目标,赋予生活新的意义。 引导患者直面恐惧、体会生命意义、达到平和。 (2)制订计划:制订实现目标的具体计划,明确步骤和时间表,并鼓励患者积极行动,将意义转化为实际行动。 (3)尽可能满足需求,转移注意力。 (4)定期回顾进展,根据患者的情况调整计划,若在实施过程中遇到困难,一起分析原因,调整方法。	积极事件引入,敏感话题适度,关注老年安宁疗护患者情绪和表情变化。 回顾生命、寻找意义;体会爱和生命的价值。 实施全过程一般需进行 4~6 次,间隔 1~2d,每次 30~80min,12 周以内完成。
实施后	1. 效果评价 (1)患者对疾病的状态转变。 (2)患者对生命无意义感的减轻。 (3)家属的感受。 (4)家属对干预的满意度。 2. 跟踪总结 电话、社交软件、邮箱收集反馈总结。	结束后 1 周、1 个月、3 个月。

（三）注意事项

1. 引导而非主导 引导患者自主发现和定义生命的意义，避免施加个人看法和直接告诉其生活的价值。

2. 关注患者内心变化 在探索生命意义的过程中，患者可能会面临痛苦和困惑，需要敏感地观察患者的情感反应，并给予必要的支持，根据实际情况及时转移话题或调整干预方案。

3. 灵活应对 根据患者的文化背景和信仰，制定合适的干预措施，根据具体情况灵活应用意义疗法的方法，保持个性化和适切性。

4. 加强后续支持 意义疗法可能引发患者对生活问题的反思，干预结束后，应提供后续支持和资源，帮助患者转变思维，实施新的生命目标和价值观。

三、尊严疗法

（一）概念

尊严疗法（dignity therapy）是由经过培训的治疗师引导，以尊严疗法问题提纲为指导，采用访谈的形式，为患者提供讲述重要人生经历，分享内心感受、情感等机会，并转换为一份传承文档，交给患者和家属，是一种为患者及其家庭设计的心理治疗方法，旨在帮助患者在生命的最后阶段恢复和维护他们的尊严感，并促进心理与情感的良好状态。尊严疗法的核心理念是：即使在生命的最后阶段，每个人都有权利来维护自己的尊严，回顾自己的人生故事，并将这种经验传递给家人和朋友。这种疗法侧重于帮助患者进行自我认同、意义与目的、遗产传承、情感整合等几个方面的探索。

（二）实施方法

尊严疗法实施流程及要点见表10-3。

表 10-3　尊严疗法实施流程及要点

项目	实施流程	要点说明
实施前	1. 介绍尊严疗法　尊严疗法的定义、益处、实施过程、所需时间、需要做的事情、治疗师的职责。	
	2. 提供问题提纲	非正式交谈形式。
	（1）重要回忆：回忆以前的经历，哪部分您记忆最深刻？您觉得何时过得最充实？	用语谨慎，不宜用"临终""死亡和濒死"等词。
	（2）关于自我：关于您的事情，哪些是您想让家人知道或记住的？	知情同意。
	（3）人生角色：您人生中承担过的重要角色有哪些？	沟通恰当、资料全面。
	（4）个人成就：您做过的重要事情有哪些？最令您感到自豪和骄傲的是什么？	引导患者，非罗列问题。
	（5）特定事情：您有什么特定的事情想告诉您的家人和朋友吗？	收集信息后3d内完成。
	（6）期望梦想：您对您的家人和朋友有什么期望或梦想吗？	
	（7）经验之谈：您有哪些人生经验想告诉别人吗？您有什么忠告想告诉您的子女、配偶、父母或其他您关心的人吗？	
	（8）人生建议：您对家人有什么重要的话或教导想要传达，以便他们以后更好地生活？	
	（9）其他事务	
	3. 收集患者信息 姓名、年龄、婚姻状况、目前生活安排、教育经历、工作情况、家庭成员、疾病信息、文档接收人。	
	4. 评估需求、制订计划。	
	5. 预约访谈　环境舒适、安静、隐私。	

续表

项目	实施流程	要点说明
实施过程	1. 准备阶段 （1）建立关系：建立信任关系，确保患者自愿参与，让患者感到被尊重和重视。 （2）安排环境：选择安静、舒适、私密的空间进行访谈，准备好录音或录像设备、笔记本等记录工具。 2. 访谈阶段 （1）导入话题：以温和、亲切的方式开场，从轻松的话题入手，使患者轻松、自然进入访谈状态。 （2）展开访谈：按照访谈提纲，引导患者进行回顾，关注患者的积极方面，给予肯定和鼓励，依据患者个人意愿推进，高度参与，积极倾听，掌握访谈节奏和时间安排。 （3）深入交流：根据患者回答深入提问，挖掘细节和背后的情感，对患者的情感表达给予充分的回应和理解，对细节进行澄清和追问，确保获取信息的准确性。 （4）记录内容：专注倾听，做好录音、录像或笔记，确保准确记录患者的话语和情感表达。	根据提纲，录音访谈。 一般 1～2 次访谈，每次＜1h。 如需多次，间隔不宜太长。
实施后	1. 整理资料　访谈结束后及时整理访谈记录，对录音文档转录、编辑和修订 （1）根据患者意见修改文本。 （2）初稿需经患者核对。 （3）时效性、保密性、准确性。 2. 反馈分享　根据整理的资料为患者制作个性化的尊严文档，如生命故事书、视频回忆录等，将制作好的文档进行命名、打印、交患者及家属。一起分享和回顾，让患者看到自己的生命被尊重和记录，也为家属留下珍贵的回忆。 3. 后续跟进　适当的时间进行回访，了解患者和家属在阅读和观看文档后的感受和反应，关注患者的心理状态和需求是否有变化，并根据患者和家属的具体情况，提供必要的情感支持和帮助。	3d 内完成初次编辑。 3d 内再次修改定稿。 按患者意愿设计命名分享。

📙 **知识拓展**

典型的尊严疗法的介绍方法

某女士／先生：

您好！听说您对尊严疗法感兴趣，所以我跟您详细介绍下这种方法，并解答您的疑问。尊严疗法是一种专门为受严重疾病困扰的老年安宁疗护患者设计的谈话疗法。它可以帮助人们提升尊严感和生命意义感，提高生活质量。它对家属也大有帮助。尊严疗法通常包括 1～2 次访谈录音，总共需要 1～2 个小时，具体时长取决于您讲的内容多少。您可以借此机会分享您认为重要的事情或想说的话。我们会把访谈录音转化为文档并编辑，在和您确认文档内容后，我们会将文档打印出来给您，您可以保留并与您的家人和朋友分享该文档。

（三）注意事项

1. 尊重患者、建立信任　取得患者知情同意，充分尊重患者的决定，包括他们是否希望分享某些经历或保留某些秘密，允许患者保留那些使其内心极度脆弱的回忆。避免任何可能引起情感创伤的问题。

2. 个性化 充分考虑患者的背景、文化和信仰对他们的生活故事和对死亡理解的影响，制定适合患者的个性化干预方案，但应始终保持尊重肯定的立场。

3. 关注情感反应 在回顾个人历史时，患者可能会经历强烈的情感反应，需要主动识别并适时给予情感支持，帮助患者处理情感波动。

（姜理华）

 思考题

1. 老年安宁疗护患者常见的精神困扰有哪些？
2. 老年安宁疗护患者常用的精神支持方法有哪些？
3. 在实施尊严疗法时，实施者需要注意哪些要点？

第十一章

照护人员支持

第一节　专业照护人员的支持

案　例

刘护士，28岁，目前在一家医养结合机构上班，最近新入院一名78岁胰腺癌的老年安宁疗护患者，预期生存期为1个月。目前，患者因身体功能减退、疼痛加剧，因为担心给家庭带来很多负担而情绪低落，脾气暴躁，经常对机构人员发火，抗拒治疗。其家属也难以接受患者生病的事实，渴望出现奇迹，对机构工作人员的期望值和要求较高，这给刘护士带来了较大的心理压力，导致其最近入睡困难，食欲减少，情绪低落，经常悄悄哭泣，机构的领导发现刘护士状态后，对刘护士进行疏导。

请问：

1. 刘护士目前承担的压力有哪些？

2. 刘护士应如何应对所面临的压力？

一、概念

专业照护人员主要为老年安宁疗护患者提供情绪支持和身体照护，是安宁疗护的服务主体，包括从事安宁疗护工作的医生、护士、物理治疗师、营养治疗师、心理咨询师、药剂师、医务社工等。在照护过程中，专业照护人员会因患者和家属的不同要求而承担不同程度的身体、心理、社会、精神等压力，影响其日常生活、工作、心理甚至职业生涯。

二、专业照护人员压力

（一）压力来源

1. 外在因素

（1）职业环境因素：医务人员在工作中不仅承担了具体的任务，还要直面患者死亡和家属的哀伤与痛苦。这些职业环境刺激和共情产生的代入感可能会引发哀伤、焦虑、担忧、紧张、挫折、无助感等情绪反应，若长期得不到有效的缓解，会影响身心健康。此外，患者越临近死亡，身心所面临的困扰就越多，对医务人员要求就越高。医务人员若不能有效地调节好工作与生活状态，妥善处理好工作与生活的关系，容易出现心力和体力透支的现象。

（2）社会认同因素：由于我国安宁疗护尚处于起步阶段，公众对安宁疗护理念认知不足，部分人误认为安宁疗护病房是"等待生命终结"的地方，因此医务人员可能需要面对公众、亲友及其他专业人员的不理解、不认同，长此以往可能会产生职业倦怠，降低其职业认同感，可能产生疲惫、头痛、焦虑、沮丧等身心反应。

（3）人际关系因素：医务人员在工作中常面临多种人际关系，包括护患关系、医护关系、医患关系、与机构人员、与志愿者及社工的关系。不同个体价值观、理解力、行为方式等因素的差异均可能会引起团队间的争论。如果不能有效地分析和处理团队成员的不同观点，会产生压力甚至职业倦怠。在与患者和家属的相处中，由于疾病知识不对等，容易对现有的治疗效果产生不满，增加医务人员工作压力，降低工作积极性。

2. 内在因素

（1）岗位胜任：临终是一个复杂的过程，医务人员需要掌握多学科专业知识和本领域的新知识、新技能，为患者提供生理、心理、社会、精神全面的照护，因此会担心自己的能力与患者需求不匹配而出现较大的压力。

（2）工作认知冲突：医务人员在面对安宁疗护患者时，既想通过现代医疗手段救治患者或延长患者生命，又害怕因过度治疗加重患者的痛苦而影响生活质量，此时医务人员就会产生较大的认知冲突。

（3）角色冲突：医务人员扮演着多重角色，在工作中兼任照护人员、指导者、协调者、教育者、研究者等角色，在家里需要扮演妻子、丈夫、母亲、父亲、女儿、儿子等角色。不同角色的职责分工与要求不同，当角色行为不能很好地满足特定角色期望，并达到预期的结果时，会在角色之间或角色内部产生矛盾和抵触，导致角色冲突，出现焦虑、苦恼、效率下降等压力反应。

（4）应对方式：在照护的过程中，长时间面对病情危重、住院时间长身体虚弱的患者，不可避免地会产生代入感，表现出失落与哀伤的情绪，这种负性情绪如得不到有效管理就会慢慢转变成压力。如果医务人员不能恰当地运用合理情绪疗法很好地控制压力源或疏导不良情绪，会对其工作、生活、社交等产生不利影响。

（二）压力表现

1. 生理表现 医务人员在长期的压力下会出现睡眠障碍、食欲下降等常见表现，若在工作中需要大量体力劳动，还可能出现腰痛、关节疼痛等职业因素所带来的损伤。

2. 心理表现 在照护患者过程中，医务人员容易出现哀伤、焦虑、抑郁、恐惧等负性情绪。因对患者共情，医务人员会表现出自责、无助、震惊等，对患者死亡产生反思和深刻记忆，进而产生过度共情和共情疲劳，严重时会出现持久性哀伤反应。

3. 社会表现 医务人员由于经常面对死亡，对工作缺乏动力和憧憬，不愿意尝试或学习新知识，只是被动完成分内工作，导致个人工作成就感降低。此外，由于工作中经常面对复杂的人际关系，医务人员在社会交往中容易出现去个性化现象，进而导致人际关系疏离。

三、专业照护人员支持需求

（一）信息需求

信息需求是专业照护人员的主要需求之一。信息需求主要包括患者疾病信息、医学新技术新方法、照护团队的专业信息等。由于患者的疾病复杂多样，医务人员需全面了解患者的疾病信息，才能提供全面的评估和照护。同时，医务人员需学习一些新技术、新方法，才能为患者提供更好的照护和服务。

（二）心理需求

照护老年安宁疗护患者的经历会给医务人员带来紧张、焦虑、无助、哀伤等负性心理问题，严重者会出现抑郁及心理障碍。医务人员需要情感和心理支持，包括如何识别消极情绪并进行心理调适，以及如何获取团队支持等。

（三）社会需求

目前，社会对安宁疗护的认知不够，导致医务人员在工作中面对很多误解，从而承担巨大压力。因此，需要加强社会宣传，获得患者及家属的信任、理解和支持，更需要社会提供相应的政策支持，以积极提高安宁疗护的社会地位，提升职业认同感。

四、照护人员支持

（一）外部支持

1. 支持性环境

（1）物理环境支持：包括严格按照国家安宁疗护病房基本标准设置环境，保障足够的物资和设备来改善医务人员的工作条件，为其提供安心、舒心、暖心的工作环境。同时，可设置专门的场所和空间进行放松练习，缓解身心紧张，如医务人员家园、心灵驿站等。

（2）社会环境支持：建立健全各种保障性制度，规范科室的文化建设，为医务人员提供合理的福利待遇，创造更多的学习、晋升及培训机会，通过实行弹性排班等措施，为医务人员提供舒适的社会环境支持，缓解医务人员的职业压力。

（3）人文环境支持：营造和谐、团结的工作氛围，强化多学科团队合作，成立医务人员心理干预小组，定期开展形式多样的活动，帮助医务人员学会心理调节，学会自我减压。同时通过树立榜样等活动，积极营造健康的工作氛围。

2. 专业支撑

（1）标准和规范指引：构建安宁疗护的专业标准，培养安宁疗护医务人员、医务社工，成立安宁疗护专科小组，让医务人员能够全面、规范学习安宁疗护的相关制度、管理和专业知识，增强医务人员信心和工作积极性。

（2）专业知识提升：医务人员在实践中不断学习和反思，总结经验，进行安宁疗护照护方法的改革和更新，参与制定实践指导和最佳实践推荐等，推动安宁疗护的变革。同时还需要与团队成员进行沟通协调，传播安宁疗护的相关概念等。因此需要提升个人的专业知识和技能。

（二）自我支持

1. 情绪管理　医务人员学会识别和管理情绪。定时审视自我的情感表达，以积极的视角面对现实，学会正向积极的思考。可以通过回顾日记等形式进行个人情感的表达和宣泄。

2. 心理调适　学习心理调节方法，如放松训练、芳香疗法等，调节因不良情绪造成的生理、心理功能失调，放松情绪、缓解紧张和不安，从而增强个人的适应能力。

3. 行为改变　维持好工作和生活的平衡，积极参与健身活动，培养个人兴趣爱好，保证充足的睡眠，同时，应主动学习，不断提升自我技能，进而提升职业成就感。

第二节　非专业照护人员的支持

案　例

王女士，78岁，育有一女，其丈夫张某1年前诊断为肺癌，目前已扩散至大脑和胸腔。自丈夫确诊以来，一直是王女士在照顾，疾病初期女儿利用周末和节假日会帮助王女士一起照护。3个月前，女儿因工作原因前往国外进修，遂由王女士独自照顾丈夫。随着病情的恶化，张某的睡眠较差、食欲下降、活动受限，时常对王女士发火。王女士感到身心疲惫，感觉自己孤立无援，也认为自己的付出不被理解，在身心上承受着巨大的痛苦。

请问：

1. 王女士目前承担的压力来源有哪些？
2. 应给予王女士哪些支持？

一、概念

非专业照护人员是指未经过任何正规培训，为患者提供帮助的人员，常常是患者的家属或朋友。非专业照护人员主要包括一般照护人员和主要照护人员，一般照护人员是指为患者提供短暂的、非连续性的非专业照护人员，主要照护人员是指照护时间最长、承担任务最多的非专业照护人员，通常由患者的父母、配偶、子女、兄弟姐妹等家属承担，大部分主要照护人员由于对他们的角色准备不足，随着患者病情加重，照护职责增加，因此容易忽视自己的健康管理，且承担较大的心理压力，从而产生疲劳、焦虑、抑郁、社会隔离等问题。

二、非专业照护人员压力

（一）压力来源

1. 照护负担　主要有情感负担、身体负担、经济负担。目睹亲人或朋友逐渐衰弱，非专业照护人员会出现悲伤、焦虑、无助和沮丧等情感负担表现。对主要照护人员而言，照护责任增加，需要大量时间进行照护，同时随着患者功能衰退，需要提供的照护越来越多，长期高强度体力劳动可导致身体疲劳与不适，照护患者可能涉及额外的医疗费用和照护成本，产生经济负担。

2. 角色转换与适应　从亲人转变为照护人员需要调整角色，这种变化可能导致心理上的不适和冲突，感受累赘或责任重大，加之恐惧疾病的进展，害怕随时失去亲人，给照护人员带来了巨大的压力。

3. 缺乏支持　部分患者家属可能缺乏来自专业人士或者社会支持网络的信息和指导，不知如何进行照护而感到无助，同时部分家属需要时刻守在患者身边，没有其他人可以替代和帮助，长此以往，因过多的身心负担而承受较大的心理压力。

（二）压力表现

1. 生理表现　生理表现包括身体不适和情绪波动。主要照护人员由于长时间以患者为中心，奔波劳累而出现疲劳、失眠、头痛等，长期压力可能导致严重的健康问题，如高血压或抑郁症，也可能出现情绪不稳定、易怒、焦虑或情绪低落，影响与患者及他人的互动。

2. 心理表现　压力不仅会引发情绪问题，如焦虑和抑郁。同时，非专业照护人员在照护过程中，由于缺乏专业知识和技巧，可能导致照护质量不高，而产生自责感，若长期自责、愧疚情绪得不到缓解，则会严重影响其健康。

3. 社会表现　由于照护患者需要占据大量的时间,照护人员社会活动减少,长期会产生社交隔离,感到孤单,进一步加剧压力和心理负担。部分照护人员在照护时可能面临许多艰难的选择,压力使其难以作出明智的决策。

三、非专业照护人员支持需求

（一）信息需求

1. 疾病知识需求　包括疾病信息、疾病进展、目前的治疗方案、护理措施、治疗方案的变化和选择、用药指导与护理、疾病预期进展、突发情况症状识别及应急处理、安宁疗护等知识。

2. 照顾技巧需求　包括保持患者功能的常见康复技巧、常见辅助工具的使用指导、患者出行方式及注意事项、防护用品的使用、常见症状的管理、饮食照护、睡眠照护、疾病观察等知识。

3. 其他需求　包括家庭事务、政策福利、个人的压力管理、丧葬支持等信息获得需求。

（二）心理需求

主要包括心理状态的调适技术、消极情绪的管理方法和技巧等。通过建立支持小组和心理健康服务,可以帮助照护人员缓解压力,增强心理韧性,进而提升其照护能力。

（三）社会需求

照护人员为了照顾患者不得不改变个人计划,甚至丧失工作机会,严重打乱了照护人员的日常生活规律。长时间的照护工作占据了照护人员大量时间,导致其社会活动时间明显减少,严重时可能出现社会隔离,这样会导致他们的照护质量下降,因此照护人员需要一个强大的社会支持网络,包括家庭、朋友以及社区资源,对其心理和情感给予支持,减轻孤独感,提升照护人员的社会互动,进而间接提高照护质量。

四、非专业照护人员支持

（一）外部支持

1. 信息支持　可以通过宣传材料、知识讲座、互联网等新媒体技术,为非专业照护人员提供疾病、日常生活照护等相关知识,必要时组织专业医务人员,通过网络、面谈、上门等形式,对照护人员实施相关培训,帮助照护人员掌握照护技巧,提高照护质量。

2. 情感支持　医务人员应及时了解照护人员和患者的关系现状,了解其沟通模式,采取合适的方式如家庭会议,促进患者和照护人员之间进行有效沟通,同时肯定照护人员的付出和努力,引导其宣泄负面情绪,识别长期风险因素,给予情感支持。对负性情绪较重的照护人员,有资质的工作人员可以通过开展认知行为疗法等方式,减轻照护人员的痛苦和焦虑,促进其身心健康。

3. 社会支持　鼓励主要照护人员寻求社会支持,维持社会交往。通过社工活动,帮助照护人员拓展社会资源,完善社会支持网。必要时可以组建照护人员互助小组,通过表达情绪、交流技巧、交换资源等方式,维持社会支持网络。对于在经济、物质和照护上存在困难的家庭,可以协助申请低保、医疗补助、大病救助等政策福利,以及慈善基金等团体或组织提供的帮助,必要时可在征得患者及家属的同意后,通过媒体宣传以引发社会对特殊家庭的关注。

4. 哀伤辅导　组建多学科团队,在充分了解照护人员态度后,结合多媒体、图片等,通过座谈、集中授课等方式引导家属,让其可以从容面对死亡,达到生死两相安。在亲人离世前到离世后的一段时间给予哀伤辅导,疏导负性情绪,鼓励相互支持,提高照护人员生活质量。

（二）自我支持

1. 压力管理　接纳自我、肯定自我,通过默念、记录、歌唱、朗诵等方式进行自我肯定以缓解压力,及时给自己正向反馈,学会放下,活在当下。同时可以培养健康的生活方式来消除不良心境,包括做有氧运动、放松训练、沉思等,减少压力、放松心情。

2. 情绪调节　学会甄别自我情绪状态，当情绪不佳时，可通过表情调节、人际调节、环境调节、认知调节、回避引起情绪的问题等方法进行情绪的管理和调节。通过放松训练、芳香疗法等心理调节技术放松情绪。

第三节　照护人员支持方法

案　例

赵女士，32岁，其母亲罹患肺癌晚期肝转移，频繁住院，日常主要由其父亲照顾。近日，其父在买菜途中不慎摔倒，导致上肢骨折。赵女士要奔波于医院和家里照护双亲，感到分身乏术，认为自己无法兼顾工作和家庭，情绪不佳且容易发火。今日前往社区养老服务中心了解服务内容，你是中心的接待人员。

请思考：

1. 赵女士可以获得何种服务？

2. 提供服务时有何注意事项？

一、喘息服务

（一）概念

喘息服务（respite care）是一种针对非专业照护人员的支持服务，是一种临时的护理服务，旨在为负担长期照护的人提供短期的替代照护，以让家庭照护人员获得必要的休息和支持，减轻他们的压力和疲劳。这种服务通常涉及专业护理人员或志愿者的参与，能够在照护人员需要时间处理其他事务、放松身心或参加社交活动时，提供必要的支持和服务。喘息服务可以涵盖多种形式，如家庭护理、日间看护、短期住宿服务等，以此灵活应对不同家庭的需求。

1. 服务对象　老年安宁疗护患者、残疾人士、有特殊需要的儿童等。

2. 服务形式　居家服务、日间照护、住院式喘息服务等。

3. 意义　减轻患者身体和心理上的痛苦，提高生活质量。缓解照护人员压力，调整其心身状态，有利于照护人员更好地承担后续的照顾责任。

（二）实施方法

喘息服务实施流程及要点具体流程见表11-1。

表11-1　喘息服务实施流程及要点

项目	实施流程	要点说明
实施前	1. 评估照护人员需求和被照护人员情况 （1）预评估：可通过电话等方式初步了解患者的基本情况，包括疾病诊断、预计生存期、症状、心理状态、家庭支持等。 （2）全面评估：患者家中或约定地点面对面评估，通过专业工具评估患者身体状况、生活自理能力、疼痛程度等。评估照护人员心理压力水平、家庭经济状况，以确定服务需求和目标等。 2. 商定喘息服务方式 （1）当患者疾病复杂时，可选择临时住院护理方式。 （2）对于白天的服务需求，可选择日间照护方式。 （3）针对日常生活护理需求，可采用上门服务方式。	根据患者情况选择合适的方式。

续表

项目	实施流程	要点说明
实施前	3. 制订照护计划 （1）多学科团队共同制订个性化服务计划，明确服务的时间、内容、频次和照护标准。 （2）考虑被照护人员的个人习惯、需求和喜好，以确保服务的个性化和适宜性。 （3）突发情况预案的制定。	
实施过程	1. 人员符合场所要求　根据服务计划，安排医生、护士、护理员、心理咨询师等组成的服务小组，各成员符合职业要求，分工明确。 2. 建立关系、有效沟通　和患者家属建立信任关系，做好有效沟通，及时反馈患者情况。 3. 提供服务 （1）日常生活照料。 （2）医疗护理。 （3）情感支持。	根据患者具体情况提供服务。 服务过程中密切观察病情变化和需求，及时调整服务方案。
实施后	1. 评估效果 （1）观察被照护人员状态，包括症状改善情况、生活质量提升情况。 （2）及时询问家属满意度，了解照护人员反馈和服务质量评价。 2. 调整后续服务计划。 3. 结束服务与后续跟进 （1）达到服务计划规定的时长，或患者病情变化无需继续服务后，结束服务并做好相关记录和交接工作。 （2）定期随访了解患者和家属情况，提供必要指导和帮助。	

（三）注意事项

1. 遵循安全原则　全面评估患者的基本情况，选择合适的照护方式，制定上门服务预案，确保所有提供的服务符合安全和健康标准。

2. 做好照护人员的心理支持　喘息服务不仅要减轻照护人员身体的疲劳，也要关注照护人员的心理健康。做好照护人员心理支持，缓解其压力，让照护人员彻底得到喘息，避免因长时间的照护而导致的倦怠感。

二、巴林特小组活动

（一）概念

巴林特小组是一种团体心理辅导的形式，旨在提升小组成员共情能力和情绪调节能力，从而更好地为患者提供服务。一般由 8～12 名成员组成，以小组的形式探讨日常工作中的人际问题，针对典型案例，通过角色转换、返想、共情等方式解析事件当事人情绪背后的心理过程，共情体验当事人的情感感受，以达到理解患者及照护人员的情绪及行为，从而释放自己内心的负性情绪，以包容的心态去对待患者，有效地改善关系，提高服务质量。

（二）实施方法

巴林特小组活动实施流程及要点见表11-2。

表 11-2 巴林特小组活动实施流程及要点

项目	实施流程	要点说明
实施前	1. 评估照护人员需求 评估照护人员目前所承担的压力、面对的困难、实际的需求。 2. 成立实施小组 照护技能：护士、治疗师、医师。 社会需求：社工、志愿者、亲戚。 政策需求：政策部门。 3. 讨论制订照护计划 (1) 明确问题原因。 (2) 小组成员任务认领及计划制订。 (3) 讨论活动中的角色。 4. 确定活动方案 商定时间、地点，地点需安静、舒适且私密，为成员营造安全的交流环境。	根据照护人员的实际需求，确定实施小组，小组成员来自安宁疗护领域，人数通常为 8～12 人，成员具有开放态度，愿意分享内心感受。共同制订详细的照护计划。熟悉活动方法，确定角色。
实施过程	1. 暖场及开场介绍 (1) 小组自我介绍及热身，相互熟悉，增加照护人员安全感。 (2) 重申规则：强调保密、尊重、倾听等规则。 2. 口述 案例主要情况及个人情绪感受。 3. 澄清 (1) 小组询问细节或疑惑，确保大家对案例有清晰全面的了解，为后续的讨论奠定基础。 (2) 案主直接回答。 4. 讨论 (1) 小组自由表达想法，共情报告人的情感，从自身专业角度出发，分享看法、感受和类似经历，多角度分析案例。 (2) 组长引导成员深入剖析案例背后的情感因素、人际关系因素等，以鼓励成员探索不同处理方式，挖掘自身未察觉的情绪及应对模式。 5. 反馈 报告人自由反馈，如对案件有了哪些新认识，自身情绪有何变化，是否从大家的分享中获得了解决问题的思路。 6. 回顾 总结本次讨论的内容，强调案件的收获、经验和教训。	小组成员围坐一圈 提供安全环境。 倾听、不发言。 根据需求者具体情况提供服务。 可坐到圈外听。
实施后	1. 评估效果 (1) 观察报告人状态。 (2) 报告人反馈感受。 2. 调整活动计划	

（三）注意事项

1. 个性化 活动方案、形式、频次等个性化内容都根据实施对象的个人具体情况而定，小组成员都是能够实际提供帮助的人员，具体活动形式和内容可以根据团队的特定需求和目标进行调整。

2. 保密性 由于活动环节需要分享小组成员的真实感受，因此小组成员需遵守保密协议，不在小组外讨论小组内容。

3. 时刻观察 时刻观察参与者的状态，若出现抱手、后仰等抗拒行为要及时进行引导，但不能强迫其表达，对其不愿意说的内容可通过多次开展相关活动给予足够的安全感。

（姜理华）

 思考题

1. 针对安宁疗护医务人员所面对的压力，可以通过哪些具体实施方法来缓解其压力？

2. 在为安宁疗护医务人员提供支持时,可采取哪些具体的支持技术?

3. 家人在照护过程中所面对的压力主要有哪些?

4. 在为非专业照护人员提供支持时,可采取哪些具体的支持技术来减轻其压力?

5. 喘息服务主要针对哪些人群,服务时有何注意事项?

6. 巴林特小组活动实施的流程和注意事项分别是什么?

第十二章
死亡与死亡教育

📖 学习目标

知识目标：

1. 掌握死亡教育的概念、意义和原则。

2. 熟悉死亡教育的形式和方法。

3. 了解死亡过程的分期。

能力目标：

能根据死亡过程的分期，进行濒死期照护；能根据不同的教育对象，选择适宜的死亡教育形式；能根据不同的临床情境，应用死亡教育的基本方法。

素质目标：

具有尊重、关心爱护老年安宁疗护患者及家属的职业素养；具有识别死亡教育需求，运用正确方法和形式进行死亡教育的职业素养。

第一节　临终照护

顾女士，85岁，1个月前无明显诱因出现胸痛、濒死感、大汗淋漓，不能平卧，伴腰痛及全身酸痛，活动明显受限，以"慢性心力衰竭"急性加重、冠心病、心功能Ⅳ级、高血压心脏病等入院。入院后给予改善冠状动脉供血、营养心肌、活血化瘀、营养神经、监测调控血压等对症支持治疗，2周后顾女士病情恶化，神志时而清醒时而模糊，血压下降，四肢发绀，出现间停呼吸。

请问：

1. 死亡的概念与判断标准是什么？

2. 濒死期的临床表现有哪些？

一、死亡的概念与判断标准

（一）死亡的概念

1. 死亡　死亡是指个体生命活动和功能的永久性终止，即个体血液循环全部停止及由此导致的呼吸、心跳等身体重要生命活动的终止。

2. 脑死亡　脑死亡指包括脑干在内的全脑功能不可逆转的丧失。

（二）死亡判断标准

1. 经典死亡标准　传统医学上，把呼吸和心搏的永久性停止作为临床死亡的标志，称经典死亡标准。临床上表现为心搏、呼吸的永久性停止，各种反射消失，瞳孔散大，个体功能永久性终止。

2. 脑死亡标准　1968 年在第 22 届世界医学大会上，美国哈佛大学医学院脑死亡定义审查特别委员会提出了"脑功能不可逆性丧失"作为脑死亡判定标准。2019 年，中国成人《脑死亡判定标准与操作规范（第 2 版）》提出：脑死亡指包括脑干在内的全脑功能不可逆转的丧失；同时规定：脑死亡的判定标准包括三个部分，即判定先决条件、临床判定标准和确认试验标准。对昏迷原因不明确者不能实施脑死亡判定。

二、死亡的分期及照护

（一）临终前的常见征兆

1. 临死觉知　通过漫长的生命过程或患病经历，大部分患者会知道自己临近死亡。临死觉知通常发生在临终前 7～10 天，患者清楚自己即将离世、预感来日不多，会主动交代及安排后事，此时应鼓励家人专注倾听让其说出，并答应交托之事让其安心。

2. 回光返照　人在濒临死亡的时候，在大脑皮质的控制下，肾上腺皮质和髓质分泌多种激素，调动全身的一切积极因素，使患者由昏迷转为清醒；由不会说话转为能交谈数句，交代后事；由不会进食转为要吃要喝。这种现象是临终前的短暂表现，以上征兆并非所有患者都会出现。

（二）死亡过程的分期

大量医学研究和临床实践资料表明，多数患者的死亡过程是一个从量变到质变的过程，通常有一系列明显的变化，包括功能、认知、营养和生理功能的下降。医学上一般将死亡分为三期：濒死期、临床死亡期和生物学死亡期。

1. 濒死期（agonal stage）　濒死期又称临终期，是临床死亡前主要生命器官功能极度衰弱、逐渐趋向停止的时期。濒死阶段原则上属于死亡的一部分，但由于其具有一定的可逆性，在死亡学研究中占有非常重要的地位。濒死期是疾病晚期或老年衰竭晚期的表现，是死亡过程的开始阶段。主要表现包括：

（1）神经系统：脑干以上部位的功能处于深度抑制状态或丧失。表现为意识模糊或丧失，各种反射减弱或逐渐消失，肌张力减退或消失。可出现谵妄，如注意力无法集中，躁动不安，看到幻影，梦到或见到已过世的人，看到其他人看不见的人或影像，出现精神错乱，如看见天花板有蚂蚁、壁虎等现象。

（2）循环和呼吸系统：功能进行性衰退，表现为心搏减弱，血压下降，四肢发绀、皮肤湿冷等；呼吸微弱，出现潮式呼吸或间停呼吸。

（3）视觉：表现为视物逐渐变模糊、目光呆滞、眼神涣散，睁眼或闭眼时眼睛无法完全开合。部分患者在临终前 10 天左右可出现巩膜水肿（荔枝眼）或球结膜水肿，重度可出现眼睑闭合不全。

（4）听觉和味觉：听力是最慢消失的，患者能听到周围的声音，但无力回应或表示。味觉改变表现为口干、口苦、味觉改变、吞咽困难、舌苔厚、口唇干裂，也可出现光滑镜面舌、舌内缩等现象。

（5）临终喉鸣（death rattle）：因无力将聚集在咽后部的口腔分泌物咳出，或由于肺部分泌物增加和聚集，于呼气时发出喉鸣声（在吸气、呼气时都会发生，如果喉鸣声仅出现于呼气时，声音可能会较明显）。临终喉鸣往往是濒死期的特有表现。

2. 临床死亡期（clinical death stage）　临床死亡期是临床上判断死亡的标准。此期中枢神经系统的抑制过程从大脑皮质扩散到皮质以下，延髓处于极度抑制状态，表现为心搏、呼吸完全停止，各种反射消失，瞳孔散大，但各种组织细胞仍有微弱而短暂的代谢活动。

3. 生物学死亡期（biological death stage）　生物学死亡期是指全身器官、组织、细胞生命活动停止，又称为细胞死亡（cellular death）。此期从大脑皮质开始，整个中枢神经系统及各器官、细胞新陈代谢完全停止，并出现不可逆性变化，整个生命体无任何复苏的可能。随着生物学死亡期的不断进展，相继出现尸冷、尸斑、尸僵及尸体腐败等现象。

（三）濒死期照护

1. 症状控制 首先要控制症状，针对濒死患者的突出症状如疼痛、呼吸困难、感染与发热、谵妄、水肿、颅内压升高等，根据医嘱使用镇痛药、吸氧、利尿药、降颅内压药物等舒缓患者的痛苦。疼痛控制应首选口服给药，必要时可调整给药方法（如静脉内、直肠、皮下、舌下、黏膜内）；对于濒死期过程中患者的严重症状，在现有治疗方案不能控制的情况下，可考虑采用缓和镇静，尽量减少使用身体约束；根据患者意愿或预立医疗照护计划，选择生命支持技术。

2. 舒适照护

（1）保持环境舒适：环境温度与湿度适宜，定时开窗换气，保持空气清新，通风时注意保暖。室内保持安静，防止不必要的刺激。

（2）保持个人清洁卫生：①皮肤清洁。定时温水擦浴，保持清洁。床上擦浴时注意保暖及保护隐私。②口腔清洁。定时口腔护理，保持口腔清洁无异味，可每30分钟通过喷水壶、滴管或海绵棒等用水湿润口腔，涂抹护唇膏或用凡士林保持嘴唇滋润，也可视情况使用清水、茶叶水或清香果汁水漱口。③会阴部清洁。濒死期患者大多会出现大小便失禁，定时清理、清洗并保持肛门和会阴部清洁，肛门周围红肿者局部涂凡士林，为尿失禁患者留置导尿管。

（3）协助患者翻身摆位：①根据病情给予合适卧位，予以垫枕支撑。②按时翻身，翻身时避免拖拽。③长期卧床者使用气垫床并调整合适挡位。④对昏迷、烦躁不安的患者，应采用保护性措施。⑤患者可能会因为循环功能减退，出现四肢发绀、皮肤苍白湿冷等情况，但衣物和被子不宜太厚，否则患者会感到沉重不适。

（4）保持呼吸道通畅：①及时清除口腔、气道分泌物，避免误吸，有活动义齿应取下。②经常为患者翻身、叩背，防止坠积性肺炎。③患者可能会在吸气、呼气时发出临终喉鸣，吸痰效果往往不佳，可把患者身体偏向一侧，把枕头垫高，或根据医嘱使用药物减少呼吸道分泌物。④适当抬高头部并可根据情况使用迷你电风扇将微弱的气流吹向患者面部，以增加舒适感。

（5）适当饮食饮水：濒死期患者食欲会逐渐降低，摄入量明显减少。①尊重患者偏好，选择易消化、易咀嚼和营养丰富的食物，如米粥、面条、菜汁、果汁等。如果患者突然提出想吃一些食物，尽可能满足其意愿和需求。只要不诱发咳嗽，可少量饮水或抿几口水。②当患者吞咽功能减退或有拒食现象，如吃不下或不想吃，不要强制喂食，以免造成呕吐、窒息和其他困扰。

3. 心理支持

（1）保持坦诚态度与耐心：①保持温和坦诚、不离不弃的态度，可通过目光接触、关切温柔的话语，给予足够的关注。②在生命的最后几天，许多患者往往感到困惑和无法表达自己的需求，应使用简洁、清晰的语言，通过声音、手势、点头和面部表情等来作出回应，耐心倾听其感受并传达同理和支持。

（2）鼓励家属支持与陪伴：①鼓励家属陪伴在旁，握住患者的手，用心倾听患者的倾诉和叮嘱，并用轻柔的声音给予安抚。如常在耳边说"不要紧张，我们会一直守候在您的身边"。②鼓励家属在最后时刻给予肢体接触，如轻抚患者的额头、抱抱或用家庭偏好的方式表达爱。③引导家属和患者之间彼此道谢、道爱、道歉、道别。④如子女在外地无法相见，可协助通过视频连线进行远程互动而减少老人与子女的遗憾。

4. 尊严维护

（1）维护躯体尊严：强调控制和缓解疾病不适症状，尽量减轻身体痛苦。

（2）维护心理尊严：保护患者个人隐私，照护过程中尽量减少可避免的身体暴露。

（3）维护社会尊严：当患者出现呕吐、呕血、大小便失禁等，及时为其擦净身上的污渍，清洗身体，更换污染衣物等，使他们在最后的时光中感受到爱和尊重。

（4）维护精神尊严：尊重患者个人意愿和价值观，尊重患者对后续医疗照护计划的偏好，使患者个人事务得到妥当处理。

5. 预期离世准备

（1）鼓励患者对后事准备进行讨论：可包括离世地点选择、丧礼安排、职责分担等，让患者对自己的生活仍旧有一份"控制感"。

（2）准备的内容：包括为患者选择遗像、丧礼的仪式安排、想留给亲人和朋友的礼物、遗物分配、保险安排、职责分担等，将自己的心愿交代清楚，让家人知道如何安排处理患者离世后的事情。如果有意愿的话，也可以讨论器官捐赠等事宜。妥善预备后事，从容应对死亡，达到平和离世：没有疼痛，精神平和，离世前与家人在一起。

6. 家属支持

（1）理解患者家属不同时期的感受，用缓和沉稳的口气与其沟通，倾听诉说，给予心理支持。

（2）适当提供他们与患者单独相处的时间，鼓励他们与患者交谈，尽量避免创伤性的话题或者彼此心中积怨颇深的事情。

（3）指导家属要有接受最坏可能性的心理准备，为患者的即将离世作妥善预备。提供信息支持和适度帮助，如获得医疗保险、丧葬等问题的相关信息。

（4）给予家属哀伤辅导，患者离世后，向家属传达明确、积极的信息，帮助他们摆脱丧亲痛苦。

第二节　死　亡　教　育

案　例

王先生，78 岁，患糖尿病、高血压、高血压肾病伴冠心病病史 16 年，因肾衰竭多次住院治疗，目前因呼吸道感染、尿路感染、皮肤瘙痒、夜间出现端坐呼吸急诊入院，心功能Ⅲ级，血清肌酐水平 750μmol/L，给予吸氧、扩血管、强心利尿、使用胰岛素、肾脏透析等治疗。王先生觉得胸闷气喘很频繁，经常半夜呼吸困难，感觉病情又重了不少。认为自己在世的时间不多了。家属对患者的病情和预后也表示担忧和困惑，不知道下一步该怎么办。

请问：

1. 死亡是人生的一部分，死亡教育的内涵和意义是什么？

2. 死亡教育的形式有哪些？在为老年安宁疗护患者及家庭进行死亡教育时需要注意哪些方面？

一、概念

死亡教育（death education）是向人们传递死亡相关知识，唤醒人们的死亡意识，培养与提升死亡事件应对和处置能力的特殊教育。

（一）内涵

死亡教育是生死学取向的生命教育，是使人们正确认识和对待生死问题，树立科学、合理、健康的死亡观，并为处理自我之死、亲人之死和他人死亡做好心理上的准备。死亡教育不是一种指向死亡的教育，而是帮助个体认清死亡的现象和本质，积极预防和应对各种死亡事件，从而更加珍惜、尊重和敬畏生命。国内外死亡教育的内容多从三个层面展开，即死亡的本质教育、死亡与濒死相关态度及情绪教育、死亡与濒死应对能力教育。

（二）意义

1. 死亡教育对社会大众具有人生观和死亡观的积极导向意义　死亡教育帮助社会公众拥有正确的死亡观和面对死亡事件的应对及处置能力；改善人生观、价值观，营造尊重生命、珍爱生命、敬畏生命的氛围，实现生命的最大价值和意义；帮助人们能够更好地理解和尊重亲友对于死亡和疾病的个人选择与决策，实现"优生 - 优育 - 优活 - 优逝"，从容地面对不可避免的死亡。

2. 死亡教育对老年安宁疗护患者和家属具有重要的现实意义

（1）死亡教育可以降低老年患者面对死亡时的焦虑和恐惧，帮助他们认识和接受死亡是不可避免的自然规律。在健康时树立积极老龄观（与疾病"共存"、与衰老"相伴"），当处于疾病与衰老晚期时积极配合治疗，参与医疗照护计划的决策，当不可避免的死亡来临时提前为自己的后事做妥善安排，使其平和、尊严地度过人生的最后时刻，提升死亡质量，实现有尊严离世。

（2）死亡教育可以降低老年患者家属的丧亲反应，帮助他们正视老人的疾病、衰竭、治疗措施和抢救决策，不强求，不过度，与老人进行有效沟通，尊重老人的意愿，积极进行陪伴和倾听，给老人以情感支持和精神慰藉。当老人离世后，能平稳地度过居丧期。

3. 死亡教育对医务人员提升面对死亡工作应对技能具有重要意义 死亡教育可以帮助医护人员更加客观和理性地看待死亡，提高他们面对死亡工作的沟通能力和心理调适能力，在与患者和家属沟通时，有效地传达关于死亡的信息，提升医护人员面对终末期患者和家属进行死亡教育的能力和技巧。

📖 **知识拓展**

死亡质量

死亡质量是死亡哲学的重要组成部分，其含义包括但不仅限于终末期的生命质量，还涵盖了濒死阶段的全过程评估和主客观感知，是患者对于死亡的偏好与患者死亡时重要他人观察到与患者真实死亡状况的相近程度。

死亡质量指数（quality of death index，QDI）是一个综合衡量晚期患者接受安宁疗护的质量指标。《2015年度死亡质量指数》由缓和医疗环境、人力资源、照护的可负担程度、照护质量和公众参与五大维度组成。《2021年全球死亡质量指数评估报告》在2015年基础上扩展至13个评估维度，认为高水平死亡质量的实现与舒适的安宁疗护环境、适当的延长生命治疗、得到良好照顾、不同医护间的协调照护、疼痛缓解、情绪管理、与家人和朋友联系、非医疗问题顺利解决、医护人员友善对待、了解患者需求、提供及时信息以供患者临终医疗决策、减轻经济负担、精神与文化需求得到支持有关。

（三）原则

1. 科学性与实用性兼顾 死亡教育需要基于科学理论和方法解决人们现实中遇到的生与死的困惑和挑战。开展死亡教育必须体现出严谨的科学性，给人们以正确的舆论导向。同时需要结合我国国情和传统文化，循序渐进地引导人们正确认识死亡、树立正确的生死价值观。

2. 普及性与针对性统一 死亡教育既要普及易懂，又要能提供专业知识和信息，针对不同的受众对象选择不同的内容和差异化的教育形式和教育方法，确保不同受众对象在理解死亡基本概念的同时，也能接触到不同层次专业的死亡教育内容，从而更全面地理解死亡。

3. 整体性与个体性融合 死亡教育是一项重要、系统的工程。由于我国国情及传统文化的复杂性，在进行死亡教育时应考虑不同因素对个体死亡应对能力的影响，在整体性的基础上体现个体化。

二、对象

（一）医务团队成员

医务团队成员是死亡教育的主要推广者和先行者，在死亡教育中承担重要的责任，只有自身对死亡有正确的态度和认识，具备死亡教育的知识、方法和技巧，才有能力指导患者和家属应对死亡带来的挑战。

（二）老年患者

"老吾老，以及人之老"，老年患者是死亡教育的重点人群。我国生命文化强调善终是福，在重视老年人的"老有所养、老有所依、老有所为"的基础上,更要重视"老有所终"的教育。死亡教育是帮助老年患者消除对死亡的恐惧,学习如何坦然面对死亡。

(三)患者家属

患者家属在老人生命最后的日子里,和老人共同经历从患病、身体逐渐衰弱到死亡的过程,常常承受巨大的精神和心理压力及面对老人即将离世的痛苦和恐惧。对家属进行死亡教育,可以减轻他们的精神痛苦,使他们了解和正视老人的死亡,减轻由于老人死亡引起的一系列问题严重性,帮助他们缩短哀伤过程。

(四)社会大众

死亡教育是普及性的全民教育,不仅有助于个体心理健康和生活质量的提升,也是社会和谐发展的重要组成部分。社会大众死亡教育是帮助人们树立正确、合理、健康的死亡观,培养面对死亡的勇气和正视生老病死的态度,提升死亡素养。对青少年进行死亡教育,使他们更加尊重、关爱、珍惜和敬畏生命。

📖 知识拓展

死亡素养

死亡素养是指人们获取和理解生命末期与死亡照护方案,并对此采取行动所需的知识和技能,包含知识、技能、经验学习和社会行动四个核心要素。

1. 知识 包括可获得的安宁缓和医疗服务和医疗保健服务;支持居家照护的药物和设备及必要的管理技能;与在家中死亡有关的公共卫生政策(如死亡证明);生命末期的决策过程,包括遗嘱和葬礼。

2. 技能 包括实践技能和人际交往技能;为临终者提供个人护理;殡葬事宜处理;遗体处理;与专业服务机构进行沟通与协商;就临终和死亡问题进行对话。

3. 经验学习 指照护人员及其照护网络的行为、态度和信念因照顾的经验而改变,包括对居家生命末期照护和在家中死亡的经历有更深的认识,个体参与到居家照护中来。

4. 社会行动 包括个人与其他社会网络共享知识和技能;在未来需要提供照护时,能够更快地重新与社会网络建立联系;个人对自己的生命末期计划做好了行动准备。

三、形式

(一)教导式

教导式死亡教育是一种通过讨论死亡话题,教育人们坦然面对死亡,更加珍惜生命、欣赏生命,并将这种态度反映在日常生活行为中的教育方式。教导式死亡教育侧重于死亡相关知识的讲授,通过提供书面资料、书籍或视听教材,或由主讲人向受教育对象线下、线上讲授主要知识点、解答问题。

(二)体验式

体验式死亡教育是一种通过实际参与、体验和互动式方法来教育和引导人们理解和接受死亡的教育形式。体验式死亡教育注重强调教学实践、教学活动的参与和死亡及濒死体验与情感交流。

四、方法

(一)社会大众死亡教育

社会大众死亡教育的核心是认识死亡、了解死亡,通过学校教育、社区教学、媒体宣传等渠道增强大众的死亡意识,获取死亡的相关知识。

1. 重要时间节点宣传法 利用每年的重要时间节点,如世界安宁缓和医疗日、清明节等,制作死亡教育相关内容的宣传海报、横幅和标语,在社区街道、校园主干道及公共场所张贴宣传。可单独或同时开展专家讲堂等形式传播死亡教育的知识和理念,引导社会大众对生死问题的讨论和思考。

2. 图书资料阅读法 倡导社会大众阅读相关书籍或者通过对各种死亡主题的音乐、文学作品、儿童绘本欣赏等,了解死亡的内涵并促使其思考死亡。

3. 影片欣赏法 通过电影、电视、网络媒体、自媒体等途径进行死亡教育相关的影片欣赏,跟随影片中人物一起体验死亡之旅,对死亡进行深入的思考。

(二)医务团队成员死亡教育

医务团队成员死亡教育的核心是成为从认识死亡到直面死亡,并将死亡教育工作实践付诸行动的践行者。

1. 课堂讲授法 通过课堂讲授提供"以死观生""向死而生"的死亡、濒死等相关知识。可以采取独立课程与渗透式教学相结合的方法,结合讨论、阅读、看电影等方式增加教育效果。同时,本方法也可以用于感兴趣的社会公众的教育。

2. 体验式教学法

(1)临床实践体验法:安排受教育对象到医院肿瘤科、老年病房或安宁疗护病房实习或担当志愿者,走进患者和家属,陪患者聊天,帮助完成一些力所能及的愿望等,体验医务人员在照顾安宁疗护患者中的感受和教育沟通技巧。

(2)工作坊体验法:由专业带教老师围绕一定的死亡教育相关主题或目标,通过实际操作、小组讨论、案例分析等方式,引导深入学习和探讨死亡教育方法或技能。该方式强调带教老师指导与参与者的合作,重视活动的参与性、互动性、灵活性和开放性。

📕 **知识拓展**

安心卡

安心卡是将临终愿望与卡牌相结合,在轻松氛围中探讨生死问题的一种沟通工具。安心卡一共有 54 张卡牌,分为 4 种花色和 2 张特殊愿望卡,每种花色各有 13 张,分别代表身体、精神、人际、财务等需求。每张卡牌都描述生命末期的一个心愿,传递"优生优逝"的理念。可以一对一或一对团体开展活动,适合各年龄段成年人。

活动中分别开展两轮选卡,到场的参与者跟着指导语认真思考。如果参与者没有在现有的牌中找到自己需要的牌,就可以在特殊愿望卡上写上自己的心愿。帮助参与者在安全的环境中表达对死亡的感受和思考,从而减轻对死亡的恐惧和焦虑。

医务人员也可借助安心卡在患者及其家庭死亡教育中选择性开展。

---

(3)角色扮演法:角色扮演是一种情景模拟活动,是指运用戏剧中即兴表演的方法,将个人暂时置身于他人的处境,并按照这一角色应具备的方式和态度行事。在死亡教育的角色扮演中,扮演者能亲身体验患者的角色,从而能够更好地理解他们的处境,体验他们面对死亡和离别时的内心情感,以此拥有对他们的同理心并学会更有效地履行自己的角色职责。

(4)死亡体验法:死亡体验法是一种通过模拟生命中的最后几小时以及死亡来临或葬礼过程的方法,帮助参与者更好地面对当下的生活,寻找生命的意义。例如,通过"模拟追悼环境"让参与者进行"追悼"体验、体验遗嘱书写、入棺体验、参观墓地、书写自己的墓志铭等活动,感受生死,亲眼见证生命最后的历程,引导参与者分享体会和个人感悟,更进一步体会到生命的珍贵。

(5)仿真模拟法:利用标准化患者模拟教学,包括基于人体模拟、标准化患者或虚拟现实技术(virtual reality,VR)场景体验等进行教育。模拟活动结束后应有一个简短的汇报,是向医务团队成员提供死亡教育且增强与濒死患者及家属和其他团队成员沟通技能的一种有效手段,以上几种死亡教育方法可根据实际情况,从内容和形式上逐渐深入,可单独或联合应用。

（三）患者和家属死亡教育

1. 营造氛围，透过讨论他人的故事了解有关生死问题。可以从他人的经历或故事开始展开讨论；或者在其他主题的活动中（例如患教活动、家庭生活教育等）渗入有关死亡的话题；从远至近，慢慢带动患者表达自己对死亡的看法。使患者从回避死亡话题到直面自身情况。

2. 评估患者病情并适时进行病情沟通

（1）病情评估：评估患者的生理、心理、精神与社会支持、预期生存期等（详见第三章），通过沟通了解患者对病情的认知程度、承受能力及交流意愿。

（2）病情沟通：需先与家属进行沟通，耐心地与家属分享疑虑和进行一些解释，如"您父亲病得很重，而且可能会死亡，我们正在努力为他做所有能做的事情，但是我们仍然担心治疗可能不会起作用""他病情严重，可能不会再康复，如果病情加重，很可能会迅速恶化……他的生存时间可能很短了。"。需在家属同意的情况下与患者沟通，根据每个人的性格、阅历、精神状态及对"病情"承受能力，因人因时而异。病情沟通模式详见第四章第二节。

3. 开放式提问及个性化沟通

（1）开放式提问及个性化沟通是患者死亡教育的主要方法，在建立信任关系的基础上，邀请家属参加和陪伴。从开放式的问题开始，针对每位患者的情况，尽量鼓励其把心里的想法说出来：有关患病经历、患病体验、担心、恐惧、放不下的人和事、对家人的叮嘱期望等，积极倾听，提供安慰和支持。

（2）在适当的时候确认患者的需求，如患者或家属主动提及，则是合适的谈论"死亡"的时机。如患者说："我感觉我的病情在加重了，有不好的预感""我感觉我的时间可能不多了"。当患者愿意说的时候一定要鼓励患者多讲一点，如"您对您的病情是怎么认识的？您今后有什么打算？或有哪些想法？"类似这样的语句，顺势引导。

4. 启发人生意义并肯定生命价值

（1）引导人生回顾：选择患者状态较好时段进行引导，回顾一些重要事件或回忆与所爱的人的难忘事件，让患者多些欣赏自己及提升自我价值。可根据患者情况选择性开展，详见第十章第二节。

（2）开展尊严疗法：尊严疗法通过对话和交流可以肯定患者价值，维护患者尊严、引导患者肯定生命意义。可根据患者情况选择性开展，详见第十章第二节。

（3）实施意义治疗：意义治疗是通过创造性地寻找患者的"幸福的存在—记忆事件"，给患者有限的未来以安慰，帮助他（她）体会到这一生，无论长短，都是有意义的，保持对生命意义的追求。意义感是参与生活的副产品，强调珍惜当下，活在当下。可根据患者情况选择性开展，详见第十章第二节。

（4）生命叙事疗法：生命叙事是直接再现患者生命的生活经历、情绪感受、情感表达的重要方式，生命叙事中的人物所具有的生命感和生命气场，可以极大地引发讲述者和听者的情感共振。详见第八章第二节。

5. 鼓励家庭参与和多元化讨论

（1）家人陪伴、倾听和情感支持：①鼓励家人花时间陪伴、倾听，陪伴是满足患者精神需求和情感需求的重要事项和最大慰藉。根据患者身体状况，协助患者进行适量活动。②鼓励患者参与力所能及的日常活动，给予合适的饮食，提供舒适的生活照顾。③尊重并帮助患者实现心愿，减少人生缺憾；同时尊重患者的处事方式，允许其有沉默和独处的空间。

（2）疾病与医疗照护计划讨论：①讨论照护计划，引导家人之间讨论疾病、医疗决策、照护计划、想法和意愿、个人及家庭有哪些疑惑或不清楚的地方等。譬如：您对今后的治疗有什么想法？最希望在治疗方面做哪些事情？引导表达和讨论作出理性选择并进行动态调整，必要时召开家庭会议。②充分尊重患者知情权与决策权，指导家人尊重患者的意愿，不强求，不过度，与患者进行有效沟通。③可借助安心卡、问题提示清单等工具启发患者对个人临终需求和安排的思考，为家属提供信息支持和适度帮助。

（3）患者个人事务安排讨论：①鼓励患者参与力所能及的日常活动；②鼓励患者表达对家庭成员

的期待和愿望、对家人的口头或书面叮嘱;③鼓励患者对个人事务进行安排。譬如:做个人或家庭的财务安排、见想见的老朋友或是纠正一些过去的错误、去喜爱的地方或之前居住过的地方参观或旅行、给重要的人或孩子写信、录制视频等。

(4)满足患者人生心愿:协助患者完成道谢、道歉、道别,完成心愿。

(四) 注意事项

1. 建立信任关系　在建立相互信任和患者了解病情的基础上进行。

2. 做好知识储备　教育人员需要经过训练或学习,关于什么时候谈、谈什么内容、如何谈以及在哪里谈,要有充分考虑和知识储备。

3. 重视家属教育　让家属能够认识到死亡是人生命中的一个组成部分,使其接受患者即将面对死亡的事实,积极配合并做好充足的心理准备。

4. 掌握一定沟通技巧　死亡教育应掌握沟通技巧并注重非语言沟通的作用,尊重患者的价值观及偏好。在具体操作层面,与患者在交谈时尽量少用"死"或"死亡"的字眼,用真诚和不带评判的态度,循序渐进。

(胡成文)

 思考题

1. 医学上一般将死亡分为几个时期?每个时期各自的特点分别有哪些?

2. 对老年安宁疗护患者,濒死期照护的具体方法有哪些?

3. 医务团队成员体验式死亡教育方法有哪些?

4. 如何采用正确的方法对患者及其家庭进行死亡教育?

第十三章

逝后照护

学习目标

知识目标：

1. 掌握逝者遗体护理的实施流程、护理要点与注意事项。

2. 熟悉逝者家属居丧期照护的实施方法、护理要点与注意事项。

3. 了解居丧期随访的形式。

能力目标：

1. 具备独立进行遗体护理的能力，保障遗体护理工作顺利进行。

2. 能够运用逝后照护的多种措施满足居丧者的需求。

素质目标：

尊重逝者和居丧者，帮助居丧者稳定情绪、逐渐适应新生活。

案 例

李女士，80岁，有35年冠心病病史。入院前5小时，患者无明显诱因突发剧烈胸痛，无法缓解，疼痛集中于心前区，呈压榨样，伴有大量出汗、心悸、胸闷、气短、乏力以及肩背部和咽喉部放射痛等症状，患者无恶心、呕吐，亦无咳嗽、咳痰及咯血。自行服用"速效救心丸"后症状未见好转，遂前往急诊。入院时，急诊医生发现患者意识丧失，呼之不应，瞳孔对光反射消失，皮肤苍白湿冷，伴有大量出汗，四肢发绀，间断性呼吸，脉搏消失，无法测得血压，虽然经医护团队全力抢救，但是患者最终抢救无效。患者死亡后，家属要求按照医院规定进行遗体护理并出具相关死亡证明。

请问：

1. 如何对逝者进行遗体护理？有哪些注意事项？

2. 遗体护理的要点有哪些？

第一节 遗 体 护 理

一、概念

遗体护理是对终末期患者实施整体护理的最后步骤，也是安宁疗护的重要内容之一。在遗体护理过程中，医务人员需要了解患者去世后身体所发生的生理变化，向逝者家属解释并帮助其认识和理解现状，从而协助家属采取适宜的丧葬计划。遗体护理不仅是一种必要的护理操作技术手段，还涉及逝者、家属、家庭与医疗机构之间的工作协调，且与心理学、社会学、伦理学等多个学科有密切的联系。

二、实施方法

（一）实施人员

医务人员、逝者家属（根据逝者家属意愿，选择性参与）。

（二）实施流程

遗体护理实施流程及要点见表 13-1。

表 13-1　遗体护理实施流程及要点

项目	实施流程	护理要点
实施前	1. 核对信息，做好解释。 2. 评估 （1）患者的诊断、治疗、抢救过程，确认患者死亡、死亡原因及时间；逝者的民族及信仰；遗体清洁程度，有无伤口、引流管等。 （2）患者家属的心理状态、对死亡的认知及合作程度。 （3）环境：是否安静、私密、肃穆。 3. 准备 （1）用物准备：遗体识别卡、血管钳、剪刀、绷带、脱脂棉球、梳子、松节油、尸单或尸袋、衣裤、鞋、袜、擦洗用具、手消毒液，有伤口者备换药敷料，必要时备隔离衣、手套等；生活垃圾桶、医用垃圾桶、屏风。 （2）医务人员准备：接到医生开出的死亡通知后，再次核对，确认患者死亡及死亡时间，停止一切治疗及维持生命的护理。洗手、修剪指甲、衣帽整洁、穿隔离衣，戴口罩和手套。 （3）家属准备：向逝者家属解释遗体护理的目的、方法，注意事项和配合要点，与逝者家属进行共情沟通，询问逝者家属需要怎样的支持，鼓励家属参与并协助医务人员料理遗体，缓解家属的哀伤，体现对逝者的关爱。	确认死亡是遗体护理的第一步，必须由具有合法资格的医生进行，以确保无误，符合法律要求。这一步对后续的遗体护理工作和法律手续至关重要。 医务人员需严格遵守感染控制标准，特别是在面对传染性疾病时。 遵守沟通技巧，保持礼貌和同理心。医务人员应在此过程中提供支持，特别是在家属处于情感波动时，帮助他们作出合理的决定。
实施过程	1. 携用物至床旁，屏风遮挡维护逝者隐私，减少对同病室其他患者情绪的影响。请家属暂时离开病房，或共同参与进行遗体护理。 2. 撤去所有治疗用物，包括吸氧管、输液管、导尿管、引流管等，便于进行遗体护理。 3. 将床放平，遗体仰卧，头下置一软枕，以防面部淤血变色，协助闭合口腔，双手放于身体两侧，取下厚重的毯子和衣物，留一床单遮盖遗体。 4. 清洁面部，牙齿和口腔可以清洁，不要取下义齿，否则可能无法在尸体僵硬后再把义齿放回去，有义齿但未佩戴者代为装上，避免面部变形，使面部稍显丰满，梳发。为维持遗体外观，闭合口、眼，眼睑不能闭合者，用毛巾湿敷或在上眼睑下垫少量棉花，清洁口腔，清除口腔分泌物，嘴不能闭合者，轻揉下颌用绷带或四头带托起下颌，头发梳理整齐。 5. 用血管钳将棉球塞于口、鼻、耳、肛门、阴道等孔道，用合适物品覆盖阴茎以防止液体外溢，棉球不可外露，注意防止填塞过多而引起容貌改变。	确保尊重逝者、减少交叉感染，并保持护理床单位的整洁。 医务人员应具备专业技能，以确保体位调整过程中遗体不受损伤。 动作应轻柔、尊重逝者的个人风格和家属的要求，以维持遗体的自然美观。 防止体液外溢能够保持遗体的整洁和尊严，特别是在遗体展示或公众告别仪式之前。 医务人员在操作时应动作轻柔，以免造成皮肤破损。

续表

项目	实施流程	护理要点
实施过程	6. 脱去衣裤，擦净全身，擦洗顺序为上肢、胸部、腹部、背部、臀部、下肢，然后更衣。用松节油或酒精擦去胶带痕迹，有伤口者更换敷料，有引流管者拔出引流管后缝合伤口或用蝶形胶布封闭后包扎。	衣物应选择得体并符合文化风俗。
	7. 为逝者穿上衣裤或寿衣。用尸单包裹遗体或将遗体放进尸袋里拉好拉锁，用绷带在胸部、腰部、踝部固定。	包裹遗体时应确保其姿态和外观不会受到影响。包裹材料应符合标准
	8. 协助太平间工作人员将遗体放至平车上，盖上大单，太平间工作人员将遗体送至太平间，置于遗体柜内。	运输遗体时应使用合规的车辆和设备，确保运输过程中的安全性和尊严。
实施后	1. 操作后处理：处理床单位，非传染病患者按一般出院患者方法处理，传染病患者按传染病患者终末消毒方法处理。在当日体温单 40～42℃ 之间记录死亡时间，停止所有医嘱，注销各种执行单（治疗药物、饮食卡等），整理病历，办理出院手续。	确保护理工作善后妥当，遗体和护理环境得到良好维护。
	2. 清点遗物：清点逝者遗物交给法定家属，若家属不在则应由两人共同清点，物品列出清单，交由护士长保管并联系交还家属或所在单位领导。	确保遗物的清点工作准确无误，并妥善处理家属的情感需求，避免因遗物问题产生不必要的纠纷。

（三）注意事项

1. 尽早开始，维持仪容 在医生开出死亡通知并进行全面评估后，尽早进行遗体护理，动作果断敏捷，以防遗体僵硬，维护逝者的仪容和尊严。

2. 科学严谨，尊重关爱 照顾逝者和家属的精神或文化需求，同时确保履行法律义务；考虑逝者家属的意愿，允许家属与逝者单独相处，为家属提供参与遗体护理的机会；维护逝者的隐私和尊严，尊重逝者遗体捐献的意愿。做好逝者家属的安抚工作，向家属解释护理过程中遗体肌肉突然收缩或身体出现移动的现象是由尸僵造成的，消除他们的担忧；尽可能为家属提供与逝者道别和释放内心痛苦的机会。

3. 妥善清点，寄托哀思 清点遗物交给逝者家属，若家属不在，则应由两人共同清点，列出清单后交给护士长，由护士长转交给家属。

4. 遵从遗愿，敬重习俗 医务人员在为逝者提供遗体护理时应充分考虑逝者和家属的信仰及文化习俗，具体做法或意愿可以从逝者的预立医疗照护计划中获取，或者咨询逝者家属。

📖 **知识拓展**

与遗体捐献相关的法律

《中华人民共和国民法典》对遗体和人体器官捐献作出了明确规定：

第一千零六条 完全民事行为能力人有权依法自主决定无偿捐献其人体细胞、人体组织、人体器官、遗体。任何组织或者个人不得强迫、欺骗、利诱其捐献。

完全民事行为能力人依据前款规定同意捐献的，应当采用书面形式，也可以订立遗嘱。

自然人生前未表示不同意捐献的，该自然人死亡后，其配偶、成年子女、父母可以共同决定捐献，决定捐献应当采用书面形式。

第一千零七条 禁止以任何形式买卖人体细胞、人体组织、人体器官、遗体。

违反前款规定的买卖行为无效。

第二节　居丧期照护

一、概念

与逝者有亲密关系或法律关系的人被称为居丧者。居丧者可能会在失去亲人后经历一系列情感和心理反应,包括悲伤、愤怒、内疚、恐惧、焦虑、孤独等。居丧期照护,通常被称为丧亲照护或哀伤照护,是指为失去亲人的个体提供支持和帮助的过程。这个概念涉及多方面的支持,包括情感、心理和社交的援助,帮助居丧者度过哀伤的过程。

二、实施方法

(一)实施人员

1. 医疗保健人员　包括全科医生、护士和临终关怀团队等,通常在居丧者失去亲人的前后提供支持。他们可以识别并处理居丧者的身体和心理健康问题,医疗保健人员可以建议并转介居丧者到专业的心理服务机构。

2. 心理健康专业人员　包括心理咨询师、精神科医生、社会工作者和丧亲辅导员等。这些专业人士通过辅导和治疗,帮助居丧者处理哀伤的情绪反应,并为他们提供应对策略,预防可能出现的心理健康问题,如抑郁或焦虑。

3. 社工和志愿者　在医院、社区中心或专门的丧亲服务机构工作的社工和志愿者,也会为居丧者提供情感支持,如协助安排葬礼、组织哀伤辅导活动等。

4. 家庭成员和亲友　家庭成员和亲友是最直接、最亲近的支持者。家人和朋友是居丧者情感支持的主要来源,他们可以提供陪伴和倾听,帮助居丧者表达和处理他们的哀伤。

(二)实施流程

1. 接触与评估居丧者

(1)联系居丧者:在逝者去世后,医疗团队或照护机构的社工、心理辅导员应及时联系居丧者,表达关怀与慰问,提供必要的情感支持。

(2)评估哀伤反应:初步评估居丧者的情绪状态,包括悲伤、震惊、愤怒、内疚等常见的哀伤反应,识别高危人群,如独居老人、身心健康较差的居丧者或之前已存在心理健康问题的人。

(3)评估社会支持网络:了解居丧者的社会支持网络,包括家人、朋友、社区资源等,为后续制订照护计划提供参考。

2. 制订个性化照护计划

(1)确定支持人员:明确谁将参与居丧期照护,如心理辅导员、社工、社区工作人员、志愿者等,以便协调各方资源。

(2)制订照护计划:根据评估结果,与居丧者讨论他们的需求,明确照护的目标和各项措施,包括情感支持、心理辅导、实际事务处理等,制订个性化的照护计划。

3. 提供支持

(1)情感支持:在最初的几天到几周内,居丧者通常处于哀伤的高峰期,情绪波动较大。家人、朋友或照护人员要积极陪伴,提供倾听与关怀,避免他们陷入孤立。

(2)心理支持:针对哀伤反应较严重的居丧者,如出现强烈抑郁、焦虑、失眠、食欲缺乏等症状,应为其提供心理健康辅导,必要时可以安排心理医生或精神科医生进行诊治。

(3)教育支持:向居丧者普及哀伤过程的知识,让他们理解哀伤是正常且自然的过程,帮助他们正视和接纳自己的情感反应。

（4）社区支持：联系社区服务机构，组织志愿者和邻里提供关怀和帮助，帮助居丧者保持社交联系，避免社交隔离。

（5）医疗支持：在哀伤期间，居丧者的身心健康可能受到影响。医疗团队可定期为他们安排健康检查，关注其心理和生理状态的变化，提供必要的医疗支持。

4. 跟踪与调整照护计划

（1）定期随访：社工或心理辅导员应定期随访居丧者，了解他们的哀伤进展和当前状态，及时提供支持和安慰。随访的频率可以根据居丧者的需求逐渐减少，但应持续几个月甚至更长时间。

（2）调整照护计划：根据随访和评估结果，适时调整照护计划，提供新的支持和服务，确保居丧者得到持续的关怀。

5. 评估与反馈

（1）评估效果：定期评估居丧期照护的效果，了解居丧者的恢复情况，记录和分析照护的成效，确定哪些方面需要加强或调整。

（2）收集反馈：与居丧者沟通，收集他们对照护服务的反馈意见，并根据反馈不断改进和优化照护措施。

（三）注意事项

1. 尊重个体差异　每个人的哀伤过程都是独特的，哀伤的表现、持续时间和处理方式因人而异。实施照护时，应尊重居丧者的个体差异，不要求他们以固定的模式表达或处理哀伤。

2. 避免过度干预　哀伤是一个自然的过程，在初期阶段，居丧者通常需要时间来消化失去亲人的事实。照护人员应避免过度干预，不强迫居丧者分享感受或进行特定的活动。

3. 倾听而不评判　倾听是居丧期照护中最重要的支持方式之一。要以开放、接纳的态度聆听居丧者的感受，不对他们的情绪反应作出评判或建议。

4. 关注潜在心理问题　在哀伤过程中，居丧者可能出现焦虑、抑郁、失眠、创伤后应激障碍等心理问题。照护人员应密切关注这些心理问题，并在必要时建议居丧者寻求专业的心理健康服务。

5. 保持耐心与灵活性　哀伤的过程可能持续数月甚至更长时间，照护人员应保持耐心，不要期望居丧者在短时间内"走出来"。随着哀伤过程的发展，居丧者的需求也会发生变化，照护方案应根据他们的状态和反馈进行调整。

6. 维护隐私和尊严　在提供照护时，始终尊重居丧者的隐私和尊严，不向外界透露他们的个人信息或感受，除非获得居丧者的许可。对他们的悲伤经历保持保密，是建立信任和安全感的关键。

📖 知识拓展

公共卫生安宁疗护

公共卫生安宁疗护（public health palliative care）是一种综合性的健康照护模式，它将安宁疗护的原则和实践融入公共卫生系统中，旨在为患有严重疾病、慢性病或处于生命末期的患者提供全面的支持。这种模式不仅关注个体患者的生理疼痛和症状控制，还重视心理、社会和精神层面的需求，并考虑家庭和社会环境的影响。在公共卫生领域，安宁疗护的目标还包括症状控制、多学科团队合作、家属支持、临终关怀。

公共卫生安宁疗护的核心价值观包括尊重患者的自主权、维护患者的尊严，以及强调整体照护而不仅仅是治愈疾病。

第三节　随　　访

一、概念

随访（follow up）被称为"诊后医疗服务"，是指医院对曾在医院就诊的患者进行定期回访，了解患者病情变化和指导患者康复的一种观察方法。为了更好地实施安宁疗护，随访阶段做好居丧者的哀伤辅导，帮助其顺利度过悲伤期是安宁护护的重要任务之一。哀伤辅导是针对经历丧失（如亲人去世、重要关系断裂等）的个体或家庭提供的心理支持和指导。居丧服务小组协助居丧者塑造积极的自我叙事，建立良好的自我认同，减轻由于丧亲产生的过度悲伤、自责、愧疚等不良情绪，帮助个体理解和表达哀伤情绪，处理与丧失相关的心理和情感反应，促进其适应新的生活情境，顺利度过居丧期，并最终达到心理上的恢复和成长。

二、实施方法

（一）随访时机

居丧期不同居丧者的反应差异大，可根据需要对居丧者提供随访服务，一般建议随访至少 12 个月。在居丧者特殊日子如逝者的生日、去世周年、忌日及某些特殊的节日（如春节、中秋节），应提供主动随访，表达关心和支持。

（二）随访团队和形式

1. 随访团队　居丧支持由居丧服务小组完成，包括心理咨询师、护士、医生、个案管理师、社会工作者、志愿者等，帮助居丧者处理好居丧事宜，通过参加逝者的葬礼、电话随访、信件、卡片、访视、发放悲伤抚慰的短信等形式，与居丧者保持联系，给予恰当的支持和辅导，帮助他们顺利度过正常悲伤期。

2. 随访形式　居丧期随访形式包括个体咨询、家庭疗法、团体支持、艺术疗法等。根据个体的具体需要和文化背景，从逝者、居丧者、人际关系及疾病与死亡四个方面的特征评估居丧者发生居丧不良结局的风险，根据居丧风险采取适宜的辅导方式，既能让居丧随访发挥有效作用，又能实现资源的合理使用。

（三）随访内容

1. 评估要点

（1）评估居丧者的情绪反应及心理需求。

（2）评估居丧者的文化习俗、信仰及对死亡的态度。

（3）评估居丧者是否有过哀伤经历及其应对方式。

（4）评估居丧者的家庭、心理及社会支持情况。

2. 随访要点

（1）情感支持：根据居丧者的文化习俗及信仰，为其提供安全、接纳的环境，鼓励居丧者自由表达内心的哀伤情绪，如悲伤、愤怒、罪恶感等，正视和认可自己的想法，进而感受痛苦的情绪。

（2）认知指导：与居丧者谈论其对死亡的看法，帮助其正确面对和接受丧亲的事实，帮助居丧者理解哀伤的过程，并纠正可能的认知偏差，如对死亡的误解、对自己的不合理责备等。

（3）行为干预：通过赋予逝者死亡的意义，引导居丧者寻找某些正面后果，如自身心理弹性的提高、创伤后的快速成长等。鼓励个体参与日常活动，重建生活秩序，逐步适应无逝者陪伴的生活。

（4）社会支持：帮助居丧者建立或恢复社会关系网，获得来自家庭、朋友、社区等的安慰和支持。鼓励居丧者参与社会活动，如通过与朋友、同事一起看电影、听音乐、聊天等抒发内心的情感，获得心理的抚慰,把感情投入另一种关系中,逐步与他人建立新的人际关系,帮助居丧者接受亲人死亡的事实,结束分离的痛苦,融入新生活。

(5)同伴支持:开展支持互助小组活动,帮助处于相同困境的居丧者搭建社会支持网络和组员互助网络。居丧者参与支持互助小组活动,通过分享彼此的故事促使悲痛体验正常化,减轻痛苦,帮助居丧者从对逝者的感情依恋中解脱出来,帮助他们燃起希望,培养助人意识,恢复正常情绪。

(6)心理教育:向个体和家庭提供有关哀伤和应对策略的心理辅导,增强他们的自我调节能力,可通过举办悼念活动、邮寄慰问信、举办专题研讨会、举办居丧者工作坊和随访慰问等方式,实现心理教育的目的。

(7)意义重建:纠正居丧者过度自责,帮助其分析对自己的要求是否恰当、是否现实,促进居丧者适应生活,明确自己不是孤独的,不是毫无希望的,未来将更有意义。

3. 注意事项

(1)以同理心倾听居丧者的倾诉。

(2)尊重其文化习俗及信仰。

📖 知识拓展

延长哀伤障碍

延长哀伤障碍(prolonged grief disorder,PGD),又称复杂性哀伤、持续性哀伤障碍、持续性复杂丧亲障碍、病理性哀伤、慢性哀伤、创伤性哀伤和未解决的哀伤,是一种独特的、可识别的异常哀伤。延长哀伤障碍以强烈与持久的围绕丧亲的情绪、认知和行为反应为主要临床特征,持续时间超过个体所属社会团体、文化群体所预期的水平,可对个体的社会功能造成显著影响,需要予以临床关注和治疗。延长哀伤障碍具有高致残率、高共病率和高自杀风险,积极诊治有助于降低其致残率和自杀风险。心理治疗策略中的认知行为疗法是首选治疗策略。

(徐晓霞)

 思考题

1. 针对居丧者,护士可以通过哪些具体方法来实施居丧期哀伤辅导?

2. 在为居丧者提供居丧期随访时,随访要点有哪些?

附 录

附录 1 疼痛数字评分量表（numerical rating scale，NRS）

用数字 0～10 代替文字来表示疼痛的程度。将一条直线等分为 10 段，在描述过去 24 小时内最严重的疼痛的数字上画圈。

0 分：无痛

1～3 分：轻度疼痛（疼痛不影响睡眠）

4～6 分：中度疼痛

7～9 分：重度疼痛（不能入睡或者睡眠中痛醒）

10 分：剧痛

注：适用于能使用自评工具者

附录 2 面部表情疼痛评估量表（face rating scale，FRS）

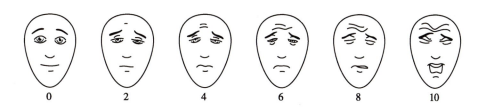

注：该方法用 6 种面部表情（从微笑至疼痛哭泣）来表达疼痛程度。

附录 3　简明疼痛量表（brief pain inventory，BPI）

1. 大多数人一生中都有过疼痛经历（如轻微头痛、扭伤后痛、牙痛）除这些常见的疼痛外，现在您是否还感到有别的类型的疼痛？　　□是　　□否
2. 请您在下图中标出您的疼痛部位，并在疼痛最剧烈的部位以"×"标出。

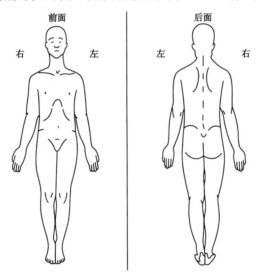

3. 请选择下面的一个数字，以表示 24 小时内您疼痛最剧烈的程度。
（不痛）0　1　2　3　4　5　6　7　8　9　10　（最剧烈）
4. 请选择下面的一个数字，以表示 24 小时内您疼痛最轻微的程度。
（不痛）0　1　2　3　4　5　6　7　8　9　10　（最剧烈）
5. 请选择下面的一个数字，以表示 24 小时内您疼痛的平均程度。
（不痛）0　1　2　3　4　5　6　7　8　9　10　（最剧烈）
6. 请选择下面的一个数字，以表示您目前的疼痛程度。
（不痛）0　1　2　3　4　5　6　7　8　9　10　（最剧烈）
7. 您使用何种药物或治疗控制您的疼痛？若没有您希望接受何种药物或治疗控制您的疼痛？
8. 在过去的 24 小时内，由于药物或治疗的作用，您的疼痛缓解了多少？请选择下面的一个百分数，以表示疼痛缓解的程度。
（无缓解）0　10%　20%　30%　40%　50%　60%　70%　80%　90%　100%　（完全缓解）
9. 请选择下面的一个数字，以表示过去 24 小时内疼痛对您的影响
（1）对日常生活的影响
（无影响）0　1　2　3　4　5　6　7　8　9　10　（完全影响）
（2）对情绪的影响
（无影响）0　1　2　3　4　5　6　7　8　9　10　（完全影响）
（3）对行走能力的影响
（无影响）0　1　2　3　4　5　6　7　8　9　10　（完全影响）
（4）对日常工作的影响（包括外出工作和家务劳动）
（无影响）0　1　2　3　4　5　6　7　8　9　10　（完全影响）
（5）对与他人关系的影响
（无影响）0　1　2　3　4　5　6　7　8　9　10　（完全影响）

附录 4　Abbey 疼痛量表（Abbey pain scale）

评估项目	0分（未见）	1分（轻度）	2分（中度）	3分（重度）
声音（呜咽、呻吟、哭泣）				
面部表情（紧张、皱眉头、痛苦、恐惧）				
肢体语言改变（坐立不安、摇摆身体、保护部分身体即回避）				
行为变化（越来越糊涂，拒绝进食，习惯发生改变）				
生理变化（体温、脉搏、血压改变、出汗、潮红或苍白）				
躯体改变（表皮或受压部位皮肤改变，关节炎，关节挛缩）				
总分				

附录 5　改良版英国医学研究委员会（mMRC）呼吸困难问卷（modified medical research council，mMRC）

分级	呼吸困难严重程度
0级	只有在剧烈活动时才感到呼吸困难
1级	在平地快步行走或步行爬小坡时出现气短
2级	由于气短，平地行走时比同龄人慢或需要停下来休息
3级	在平地行走 100m 左右或数分钟后需要停下来喘气
4级	因严重呼吸困难以至于不能离开家，或在穿衣服、脱衣服时出现呼吸困难

附录6　营养风险筛查2002
（nutritional risk screening 2002，NRS2002）

一、疾病状态

疾病状态	分数	若"是"请打钩
骨盆骨折或者慢性病患者合并有以下疾病：肝硬化、慢性阻塞性肺疾病、长期血液透析、糖尿病、一般恶性肿瘤	1	
腹部重大手术、脑卒中、重症肺炎、血液系统肿瘤	2	
颅脑损伤、骨髓抑制、重症病房患者（APACHE＞10分）	3	
合计		

二、营养状态

营养状况指标（单选）	分数	若"是"请打钩
正常营养状态	0	
3个月内体重减轻＞5% 最近1个星期进食量（与需要量相比）减少25%～50%	1	
2个月内体重减轻＞5%或最近1个星期进食量（与需要量相比）减少50%～75%或BMI 18.5～20.5kg/m²	2	
1个月内体重减轻＞5%（或3个月内减轻＞15%） 或最近1个星期进食量（与需要量相比）减少75%～100% 或BMI＜18.5kg/m²（或血清白蛋白＜35g/L）	3	
合计		

三、年龄

年龄≥70岁加1分		

四、营养风险筛查评估结果

营养风险筛查总分	
总分≥3分：患者有营养不良的风险，需要营养支持治疗	
总分＜3分：需每周重新评估其营养状况	

附录 7　肿瘤患者厌食 / 恶病质功能评价表
（anorexia/cachexia subscale-12, A/CS-12）

在过去 7d 内出现的状况	没有	很少	有时	经常	很多
食欲好	0	1	2	3	4
吃的食物满足我的需求	0	1	2	3	4
担心体重	4	3	2	1	0
大多数食物尝起来味道不佳	4	3	2	1	0
在意自己看起来多瘦	4	3	2	1	0
每当想要吃东西时就会丧失食欲	4	3	2	1	0
我很难接受高能量或油腻的食物	4	3	2	1	0
家人和朋友会逼我吃东西	4	3	2	1	0
我有呕吐的情况	4	3	2	1	0
我很容易饱	4	3	2	1	0
有腹痛情况	4	3	2	1	0
整体健康是改善的	0	1	2	3	4

附录8　饮食评估工具
（eating assessment tool，EAT10）

目的：EAT-10 旨在测试有无吞明困难时提供帮助，在您与医生就有无症状的治疗进行沟通时非常重要。

A．说明：将每一题的数字选项写在后面的方框内，回答您所经历的下列问题处于什么程度？

0没有，1轻度，2中度，3重度，4严重。

1. 我的吞咽问题已经使我体重减轻	0	1	2	3	4
2. 我的吞咽问题影响到我在外就餐	0	1	2	3	4
3. 吞咽液体费力	0	1	2	3	4
4. 吞咽固体费力	0	1	2	3	4
5. 吞咽药片（丸）费力	0	1	2	3	4
6. 吞咽有疼痛	0	1	2	3	4
7. 我的吞咽问题影响到我享用食物的快感	0	1	2	3	4
8. 我吞咽时有食物卡在喉咙里	0	1	2	3	4
9. 锹我吃东西有时会咳嗽	0	1	2	3	4
10. 我吞咽时感到紧张	0	1	2	3	4

B．得分：

将各题的分数相加。将结果写在下面的空格

总分（最高40分）：□

C．结果与建议：

如果 EAT-10 的每项评分超过 3 分，您可能在吞咽效率和安全方面存在问题，建议您带着 EAT-10 的评分结果就诊，作进一步的吞咽检查和/或治疗。

附录9　改良洼田饮水试验
（modified water swallow test, MWST）

床号：　　　　姓名：　　　　性别：　　　　年龄：　　　　照护等级：

分级	评分内容 \ 日期	/	/	/	/	/	/
I	坐位,5s之内能不呛的一次饮下30ml温水						
II	分两次咽下,能不呛地饮下						
III	能一次饮下,但有呛咳						
IV	分两次以上饮下,有呛咳						
V	屡屡呛咳,难以全部咽下						
签名							

判断标准：正常：I级,5s内完成；

　　　　　可疑：I级,5s以上完成；II级；

　　　　　异常：III、IV、V级。

注：

测试结果II级以上者可经口进食。

洼田饮水试验III级及以下,说明患者存在吞咽功能障碍,为V级则存在严重的吞咽功能障碍,应禁止经口进食。

注：格拉斯哥（GCS）评分在12分以上的患者才可进行此试验,并且应在患者放松自然,不知是在给自己做实验的情况下进行。

附录 10　护士谵妄筛查量表
（nursing delirium screening scale，Nu-DESC）

症状严重程度	项目得分		
	无	轻度	中重度
得分	0	1	2
定向障碍	☐	☐	☐
不适当的运动	☐	☐	☐
不适当的交流	☐	☐	☐
幻觉	☐	☐	☐
精神运动性迟缓	☐	☐	☐
总分	☐	☐	☐

注：

①定向障碍：言语或行动上表现为分不清时间或地点或周围其他人身份。

②行为异常：患者的行为与其所处场合和/或本人身份不相称，例如，在不允许的情况下，仍然拉扯身上的导管或敷料，或者试图下床以及类似行为。

③不恰当地交流：患者的言语与所处环境和/或本人身份不相称；表现为语无伦次、缄默以及发表荒谬或莫名其妙的讲话。

④错觉/幻觉：看见或听见不存在的事物，视物扭曲。

⑤精神运动性迟缓：反应迟钝。无或少有自发活动/言语，例如，患者对针刺反应迟钝和/或不能被唤醒。每项得分范围为 0～2 分，得分≥2 分诊断为谵妄，得分越高谵妄程度越严重。

附录 11　匹兹堡睡眠质量指数量表
（Pittsburgh sleep quality index，PSQI）

下面一些问题是关于您最近 1 个月的睡眠情况，请填写最符合您近 1 个月实际情况的答案。

1. 在最近 1 个月中，您晚上上床睡觉通常是　　点钟。

2. 在最近 1 个月中，您每晚通常要多长时间才能入睡（从上床到入睡）：　　分钟。

3. 在最近 1 个月中，您每天早上通常　　点钟起床。

4. 在最近 1 个月中，您每晚实际睡眠的时间为　　小时（注意不等同于卧床时间，可以有小数）。

从下列问题中选择一个最符合您的情况的选项作为答案，并划"√"。

5. 在最近 1 个月中，您是否因下列情况影响睡眠而烦恼，并描述其程度：

A. 不能在 30 分钟内入睡：

　　（1）无；（2）<1 次 / 周；（3）1～2 次 / 周；（4）≥3 次 / 周。

B. 在晚上睡眠过程中醒来或早醒（凌晨醒后不容易再次入睡）：

　　（1）无；（2）；②<1 次 / 周；（3）；③1～2 次 / 周；（4）≥3 次 / 周。

C. 晚上起床上洗手间：

　　（1）无；（2）<1 次 / 周；（3）1～2 次 / 周；（4）≥3 次 / 周。

D. 晚上睡觉时出现不舒服的呼吸：

　　（1）无；（2）<1 次 / 周；（3）1～2 次 / 周；（4）≥3 次 / 周。

E. 晚上睡觉出现大声咳嗽或鼾声：

　　（1）无；（2）<1 次 / 周；（3）1～2 次 / 周；（4）≥3 次 / 周。

F. 晚上睡觉感到寒冷：

　　（1）无；（2）<1 次 / 周；（3）1～2 次 / 周；（4）≥3 次 / 周。

G. 晚上睡觉感到太热：

　　（1）无；（2）<1 次 / 周；（3）1～2 次 / 周；（4）≥3 次 / 周。

H. 晚上睡觉做噩梦：

　　（1）无；（2）<1 次 / 周；（3）1～2 次 / 周；（4）≥3 次 / 周。

I. 晚上睡觉身上出现疼痛不适：

　　（1）无；（2）<1 次 / 周；（3）1～2 次 / 周；（4）≥3 次 / 周。

J. 其他影响睡眠的问题和原因：

　　（1）无；（2）<1 次 / 周；（3）1～2 次 / 周；（4）≥3 次 / 周。

如有，请说明这个问题：　　；并描述其程度：　　。

6. 在最近 1 个月中，总的来说，您认为自己的睡眠质量：

　　（1）很好；（2）较好；（3）较差；（4）很差。

7. 在最近 1 个月中，您是否要服用药物（包括医院和药店购买的药物）才能入睡：

　　（1）无；（2）<1 次 / 周；（3）1～2 次 / 周；（4）≥3 次 / 周。

8. 在最近 1 个月中，您是否在开车、吃饭或参加社会活动时时常感到困倦：

　　（1）无；（2）<1 次 / 周；（3）1～2 次 / 周；（4）≥3 次 / 周。

9. 在最近 1 个月中, 您在完成事情时是否感到精力不足:

　　(1)无; (2)<1 次 / 周; (3)1～2 次 / 周; (4)≥3 次 / 周。

10. 您是与人同睡一床, 或有室友:

　　(1)没有; (2)同伴或室友在另一房间; (3)同伴在同一房间但不同床; (4)同伴在同一床上。

如果您是与人同睡一床或有室友, 请询问他, 您在过去 1 个月里是否出现以下情况:

A. 在您睡觉时, 有无打鼾声:

　　(1)无; (2)<1 次 / 周; (3)1～2 次 / 周; (4)≥3 次 / 周。

B. 在您睡觉时, 呼吸之间有没有长时间停顿:

　　(1)无; (2)<1 次 / 周; (3)1～2 次 / 周; (4)≥3 次 / 周。

C. 在您睡觉时, 您的腿是否有抽动或痉挛:

　　(1)无; (2)<1 次 / 周; (3)1～2 次 / 周; (4)≥3 次 / 周。

D. 在您睡觉时, 是否出现不能辨认方向或混乱状态:

　　(1)无; (2)<1 次 / 周; (3)1～2 次 / 周; (4)≥3 次 / 周。

E. 在您睡觉时, 是否有其他睡觉不安宁的情况

　　(1)无; (2)<1 次 / 周; (3)1～2 次 / 周; (4)≥3 次 / 周。

如果有, 请描述这个问题:_____; 并描述其程度:_____。

您认为您目前的作息制度是否适合您:(1)是; (2)不是。

如果不是, 您有对自己的建议或想法吗?

附录 12　简明乏力量表(brief fatigue inventory, BFI)

　　在生活中,大多数人都会有感觉非常疲劳的时候。在过去的一周里,你有没有感觉到不同寻常的疲劳?　　□有　□没有

1. 请选出能最恰当地描述您现在疲乏程度的答案,在相应的数字上划"√"。

　　　0　　　1　　　2　　　3　　　4　　　5　　　6　　　7　　　8　　　9　　　10
　　没有疲乏　　　　　　　　　　　　　　　　　　　　　　　　　　　　想象中最疲乏

2. 选出最能描述您过去 24 小时内疲乏程度的答案,在相应的数字上划"√"。

　　　0　　　1　　　2　　　3　　　4　　　5　　　6　　　7　　　8　　　9　　　10
　　没有疲乏　　　　　　　　　　　　　　　　　　　　　　　　　　　　想象中最疲乏

3. 选出能最恰当描述您过去 24 小时内最疲乏程度的答案,在相应的数字上划"√"。

　　　0　　　1　　　2　　　3　　　4　　　5　　　6　　　7　　　8　　　9　　　10
　　没有疲乏　　　　　　　　　　　　　　　　　　　　　　　　　　　　想象中最疲乏

4. 请描述过去 24 小时内,疲乏对您的影响,在最恰当地反应您真实感受的数字上划"√"。

　　A. 一般活动

　　　0　　　1　　　2　　　3　　　4　　　5　　　6　　　7　　　8　　　9　　　10
　　没有疲乏　　　　　　　　　　　　　　　　　　　　　　　　　　　　想象中最疲乏

　　B. 情绪

　　　0　　　1　　　2　　　3　　　4　　　5　　　6　　　7　　　8　　　9　　　10
　　没有疲乏　　　　　　　　　　　　　　　　　　　　　　　　　　　　想象中最疲乏

　　C. 行走能力

　　　0　　　1　　　2　　　3　　　4　　　5　　　6　　　7　　　8　　　9　　　10
　　没有疲乏　　　　　　　　　　　　　　　　　　　　　　　　　　　　想象中最疲乏

　　D. 日常工作(包括家务及以外的工作)

　　　0　　　1　　　2　　　3　　　4　　　5　　　6　　　7　　　8　　　9　　　10
　　没有疲乏　　　　　　　　　　　　　　　　　　　　　　　　　　　　想象中最疲乏

　　E. 人际关系

　　　0　　　1　　　2　　　3　　　4　　　5　　　6　　　7　　　8　　　9　　　10
　　没有疲乏　　　　　　　　　　　　　　　　　　　　　　　　　　　　想象中最疲乏

　　F. 娱乐活动

　　　0　　　1　　　2　　　3　　　4　　　5　　　6　　　7　　　8　　　9　　　10
　　没有疲乏　　　　　　　　　　　　　　　　　　　　　　　　　　　　想象中最疲乏

附录13　Piper 疲乏调查量表(Piper fatigue scale, PFS)

该问卷旨在对您的疲乏程度进行评估，请您诚实、耐心地完成本次问卷。您所填写的所有信息将会完全保密，感谢您的支持与配合！

说明：0 表示没有，10 表示很严重。各分值代表的疲乏严重性程度为：**0 表示没有，1~3 分表示轻度，4~6 分表示中度，7~10 分表示重度。**

请根据您的情况回答下面的问题：

1. 您现在感到疲乏吗[单选题]*
　　○有
　　○没有（无需回答以下的问题）（请跳至第问卷末尾，提交答卷）

2. 您现在所感到的疲乏维持多久了（只填以下其中一个）
　　分钟：
　　小时：
　　星期：
　　月：
　　其他（请注明）：[填空题]*

　　_____

　　根据题目的要求，只需填写其中的一个时间，如填"一个星期"

3. 您现在感到的疲乏，为您带来多大程度的忧虑[单选题]*

| 毫不
忧虑 | ○0 ○1 ○2 ○3 ○4 ○5 ○6 ○7 ○8 ○9 ○10 | 非常
忧虑 |

4. 您现在感到的疲乏，有没有妨碍您完成工作或学习活动的能力影响有多大[单选题]*

| 毫无
影响 | ○0 ○1 ○2 ○3 ○4 ○5 ○6 ○7 ○8 ○9 ○10 | 影响
非常大 |

5. 您现在感到的疲乏，有没有妨碍您探望朋友或与朋友的社交活动影响有多大[单选题]*

| 毫无
影响 | ○0 ○1 ○2 ○3 ○4 ○5 ○6 ○7 ○8 ○9 ○10 | 影响
非常大 |

6. 您现在感到的疲乏，有没有妨碍您的性生活[单选题]*
　　○有（请回答第7题）
　　○没有（请回答第8题）（请跳至第8题）
　　○不适用（请回答第8题）（请跳至第8题）

7. 如第6题回答"有"，其影响力有多大请回答这题。[单选题]*

| 毫无
影响 | ○0 ○1 ○2 ○3 ○4 ○5 ○6 ○7 ○8 ○9 ○10 | 影响
非常大 |

8. 总体而言，您现在感到的疲乏，有没有妨碍您做自己喜欢的事影响有多大[单选题]*

毫无
影响　　○0　　○1　　○2　　○3　　○4　　○5　　○6　　○7　　○8　　○9　　○10　　影响
非常大

9. 您如何形容您现在感到的疲乏的密度和严重性远致什么程度[单选题]*

轻度　　○0　　○1　　○2　　○3　　○4　　○5　　○6　　○7　　○8　　○9　　○10　　重度

10. 您现在感到的疲乏程度是……

程度：0表示没有，1～3分表示轻度，4～6分表示中度，7～10分表示重度[矩阵单选题]*

说明	0	1	2	3	4	5	6	7	8	9	10
a题 0为令自己愉快的； 10为令自己不愉快的	○	○	○	○	○	○	○	○	○	○	○
b题 0为并不惹自己讨厌的； 10为惹自己讨厌的	○	○	○	○	○	○	○	○	○	○	○
c题 0为没有破坏的； 10为有破坏性的	○	○	○	○	○	○	○	○	○	○	○
d题 0为正面的； 10为负面的	○	○	○	○	○	○	○	○	○	○	○
e题 0为正常的； 10为异常的	○	○	○	○	○	○	○	○	○	○	○

11. 您现在有多大程度感到疲乏……

程度：0表示没有，1～3分表示轻度，4～6分表示中度，7～10分表示重度[矩阵单选题]*

说明	0	1	2	3	4	5	6	7	8	9	10
a题 0为身体强壮； 10为身体虚弱	○	○	○	○	○	○	○	○	○	○	○
b题 0为清醒； 10为有睡意	○	○	○	○	○	○	○	○	○	○	○
c题 0为有冲劲； 10为懒洋洋	○	○	○	○	○	○	○	○	○	○	○
d题 0为有精神； 10为疲倦	○	○	○	○	○	○	○	○	○	○	○

续表

说明	0	1	2	3	4	5	6	7	8	9	10
e题 0为有活力； 10为无活力	○	○	○	○	○	○	○	○	○	○	○
f题 0为有耐性； 10为不耐烦	○	○	○	○	○	○	○	○	○	○	○
g题 0为轻松； 10为紧张	○	○	○	○	○	○	○	○	○	○	○
h题 0为开心； 10为抑郁	○	○	○	○	○	○	○	○	○	○	○
i题 0为能够集中精神； 10为难以集中精神	○	○	○	○	○	○	○	○	○	○	○
j题 0为记忆力良好； 10为无记性	○	○	○	○	○	○	○	○	○	○	○
k题 0为能够清晰的思考； 10为不能清晰的思考	○	○	○	○	○	○	○	○	○	○	○

附录14　埃德蒙顿症状评估量表
（Edmonton Symptom Assessment System，ESAS）

请圈出最能描述在最近 24 小时中您自己的健康状态的数字

无疼痛	0	1	2	3	4	5	6	7	8	9	10	极度疼痛
不疲倦	0	1	2	3	4	5	6	7	8	9	10	极度疲倦
不恶心	0	1	2	3	4	5	6	7	8	9	10	极度恶心
不抑郁	0	1	2	3	4	5	6	7	8	9	10	极度抑郁
不焦虑	0	1	2	3	4	5	6	7	8	9	10	极度焦虑
不瞌睡	0	1	2	3	4	5	6	7	8	9	10	极度瞌睡
食欲极好	0	1	2	3	4	5	6	7	8	9	10	食欲极差
感觉生活质量极佳	0	1	2	3	4	5	6	7	8	9	10	感觉生活质量极差
不瘙痒	0	1	2	3	4	5	6	7	8	9	10	极度瘙痒
无气急	0	1	2	3	4	5	6	7	8	9	10	极度气急
其他问题	0	1	2	3	4	5	6	7	8	9	10	

附录15　简易咳嗽程度评分表
（cough evaluation test，CET）

问题条目	无	很少	有一些	经常	频繁
1. 您白天有咳嗽吗？	1	2	3	4	5
2. 您会因咳嗽而影响睡眠吗？	1	2	3	4	5
3. 您有剧烈咳嗽吗？	1	2	3	4	5
4. 您会因咳嗽影响工作、学习和日常活动吗？	1	2	3	4	5
5. 您会因咳嗽而焦虑吗？	1	2	3	4	5

注：①白天指晨起至入睡前这段时间；②总分范围为 5～25 分，得分越高表示咳嗽症状越严重。

附录16　中文版莱斯特咳嗽量表
（mandarin Chinese version of the Leicester cough questionnaire，LCQ-MC）

1. 近两周来，咳嗽会让您胸痛或肚子痛吗？
①一直都会　②大多数时间会　③时常会　④有时会　⑤很少会　⑥几乎不会
⑦一点也不会

2. 近两周来，您会因咳嗽有痰而烦恼吗？
①每次都会　②多数时间会　③不时会　④有时会　⑤偶尔会　⑥极少会
⑦从来不会

3. 近两周来，咳嗽会让您感到疲倦吗？
①一直都会　②大多数时间会　③时常会　④有时会　⑤很少会　⑥几乎不会
⑦一点也不会

4. 近两周来，您觉得能控制咳嗽吗？
①一点也不能　②几乎不能　③很少能　④有时能　⑤常常能　⑥多数时间能
⑦一直都能

5. 近两周来，咳嗽会让您觉得尴尬吗？
①一直都会　②大多数时间会　③时常会　④有时会　⑤很少会　⑥几乎不会
⑦一点也不会

6. 近两周来，咳嗽会让您焦虑不安吗？
①一直都会　②大多数时间会　③时常会　④有时会　⑤很少会　⑥几乎不会
⑦一点也不会

7. 近两周来，咳嗽会影响您的工作或其他日常事务吗？
①一直都会　②大多数时间会　③时常会　④有时会　⑤很少会　⑥几乎不会
⑦一点也不会

8. 近两周来，咳嗽会影响您的整个娱乐生活吗？
①一直都会　②大多数时间会　③时常会　④有时会　⑤很少会　⑥几乎不会
⑦一点也不会

9. 近两周来，接触油漆油烟会让您咳嗽吗？
①一直都会　②大多数时间会　③时常会　④有时会　⑤很少会　⑥几乎不会
⑦一点也不会

10. 近两周来，咳嗽会影响您的睡眠吗？
①一直都会　②大多数时间会　③常常会　④有时会　⑤很少会　⑥几乎不会
⑦一点也不会

11. 近两周来，您每天阵发性咳嗽发作多吗？
①持续有　②次数多　③时时有　④有一些　⑤偶尔有　⑥极少有　⑦一点也没有

12. 近两周来,您会因咳嗽而情绪低落吗?

①一直都会　②大多数时间会　③时常会　④有时会　⑤很少会　⑥几乎不会
⑦一点也不会

13. 近两周来,咳嗽会让您厌烦吗?

①一直都会　②大多数时间会　③时常会　④有时会　⑤很少会　⑥几乎不会
⑦一点也不会

14. 近两周来,咳嗽会让您声音嘶哑吗?

①一直都会　②大多数时间会　③时常会　④有时会　⑤很少会　⑥几乎不会
⑦一点也不会

15. 近两周来,您会觉得精力充沛吗?

①一点也不会　②几乎不会　③很少会　④有时会　⑤常常会　⑥多数时间会
⑦一直都会

16. 近两周来,咳嗽会让您担心有可能得了重病吗?

①一直都会　②大多数时间会　③时常会　④有时会　⑤很少会　⑥几乎不会
⑦一点也不会

17. 近两周来,咳嗽会让您担心别人觉得您身体不对劲吗?

①一直都会　②大多数时间会　③时常会　④有时会　⑤很少会　⑥几乎不会
⑦一点也不会

18. 近两周来,您会因咳嗽中断谈话或接听电话吗?

①每次都会　②大多数时间会　③时常会　④有时会　⑤很少会　⑥几乎不会
⑦一点也不会

19. 近两周来,您会觉得咳嗽惹恼了同伴、家人或朋友?

①每次都会　②多数时间会　③不时会　④有时会　⑤偶尔会　⑥极少会
⑦从来不会

中文版莱斯特咳嗽量表评分方法

区域(问题)	评定分数
①生理:包括问题1、2、3、9、10、11、14、15	生理 =(　　)÷8 =
②心理:包括问题4、5、6、12、13、16、17	心理 =(　　)÷7 =
③社会:包括问题7、8、18、19	社会 =(　　)÷4 =
总分 = 三区域得分之和(分值3~21)	总分 =　　　(①+②+③)

注:

通常分为三个维度:生理、心理和社会,共19个问题,每个问题的评分范围为1~7分,1分表示"非常不同意"或"非常严重",7分表示"非常同意"或"完全没有影响"。每个维度的得分为该维度所有问题的平均分(总分除以问题数量)。总分为三个维度得分的总和,范围为3~21分,分数越高,表示咳嗽对生活质量的影响。

附录17　Morse跌倒危险因素评估量表
（Morse fall scale，MFS）

项目	评分标准	MFS分值
近3个月有无跌倒	无：0　　有：25	
多于一个疾病诊断	无：0　　有：15	
步行需要帮助	否：0　　拐杖、助步器、手杖：15	
	轮椅、平车：0	
接受药物治疗	否：0　　是：20	
步态/移动	正常、卧床不能移动：0	
	虚弱：10　　严重虚弱：20	
精神状态	自主行为能力：0	
	无控制能力：15	
总得分		

附录18　伯格平衡量表(Berg balance scale, BBS)

项目	指令	评分
项目1　由坐位到站位	尝试着不用手支撑,起立	4分代表能够站立,无需用手可维持平衡 3分代表能够站立,用手可维持平衡 2分代表能够站立,用手可以维持平衡,但要尝试数次 1分代表站立或维持稳定需要少量的辅助 0分代表站立需要中等及更多的辅助
项目2　无扶持站立	无扶持,站立2min	4分代表能够站立2min及以上 3分代表能够站立2min,需要监护 2分代表能够站立30s,不需辅助扶持 1分代表能够站立30s,不需扶持,但需要多次尝试 0分代表无辅助情况下,不能站立30s 注释:如果项目2中,被测试者能安全站立2min及以上,可直接进入项目4,评定从站位到坐位
项目3　无扶持坐位,双脚落地	坐位下,双脚落地,双臂抱于胸前,试图坐稳2min	4分代表能够坐稳2min 3分代表能够在监护下坐稳2min 2分代表能够坐稳30s 1分代表能够坐稳10s 0分代表能够坐稳10s,但需辅助扶持
项目4　从站位到坐位	请从站立的姿态下,往下坐,并在椅子上坐稳	4分代表位置移动较少用到手 3分代表位置移动必须用手 2分代表位置移动需言语提示或监护 1分代表需要1人辅助 0分代表需要2人或以上监护
项目5　位置移动	从椅子移动到床上,再从床上移动到椅子上,可用手或不用手	4分代表位置移动较少用到手 3分代表位置移动必须用手 2分代表位置移动需言语提示或监护 1分代表需要1人辅助 0分代表需要2人或以上监护
项目6　无扶持站立,闭眼	闭眼,无扶持静立10s	4分代表能够站立10s 3分代表能够在监护下站立10s 2分代表能够站立3s以上,但低于10s 1分代表闭眼不能坚持3s,但可站稳 0分代表需帮助,防止跌倒
项目7　双足并拢站立,不需要扶持	请双足并拢,保持站立姿态	4分代表可双足并拢站立1min 3分代表双足并拢站立1min,需监护 2分代表双足并拢站立不能坚持30s 1分代表双足并拢并站立时需要帮助,但双足并拢可站立15s 0分代表双足并拢并站立时需要帮助,但双足并拢站立不足15s

续表

项目	指令	评分
项目8　无扶持站立，手臂前伸	请将手臂上举90度，尽可能伸手取远处的物品（治疗师使用测量工具，测量被测试者身体尽量前伸时重心的移动距离）	4分代表能够前伸大于25cm的距离 3分代表能够前伸大于12cm的举例 2分代表能够前伸大于5cm的距离 1分代表能够前伸但需要监护 0分代表当试图前伸时失去平衡或需要外界支撑
项目9　无扶持站立，从地面上捡拾起物品	拾起面前的东西	4分代表可轻松拾起 3分代表可拾起，需要较少监护 2分代表不能拾起，差2.54～5.08cm，可保持平衡 1分代表不能拾起，做尝试动作时，需要监护 0分代表不能尝试，需要辅助避免跌倒
项目10　无扶持站立，躯干不动，转头左右后顾	请交替转头，左右后顾	4分代表左右后顾时，重心移动平稳 3分代表只能一侧后顾，另一侧有少量重心移动 2分代表只能转到侧面，但可维持平衡 1分代表转头时需要监护 0分代表需要辅助避免跌倒
项目11　无扶持站立，转身360°	请转身360°，停顿，反向旋转360°	4分代表双侧都可在4s内完成 3分代表一侧可在4s内完成 2分代表能完成转身，但速度慢 1分代表转身时，需密切监护或言语提示 0分代表转身时需要辅助
项目12　无扶持站立，计数脚底接触板凳的次数	请将左、右脚交替放到台阶或者凳子上，直到每只脚都踏过4次台阶或凳子	4分代表可独自站立，20s内踏8次 3分代表可独自站立，踏8次超过20s 2分代表监护下，无辅助20s内可踏4次 1分代表在较少的辅助下，20s内可踏2次 0分代表需要辅助才能避免跌倒，不能尝试踏凳
项目13　无扶持站立，一只脚在前	指令：双脚前后位站立，如果困难，适当增加双足前后距离	4分代表双足可前后接触位站立，坚持30s 3分代表双足前后站立不能接触，坚持30s 2分代表可迈小步后独立站立，坚持30s 1分代表迈步需要帮助，坚持15s 0分代表站立或迈步失衡，无法进行
项目14　无扶持单腿站立	指令：不要扶任何东西，单腿站立	4分代表可稳住平衡抬腿，坚持超过10s 3分代表可稳住平衡抬腿，坚持5～10s 2分代表可稳住平衡抬腿，坚持3～5s 1分代表可独自站立并尝试抬腿，坚持3s以下 0分代表不能尝试/需要辅助避免跌倒

注释：Berg平衡量表评分为36分及36分以下提示患者在病房及治疗区有100%的跌倒风险，需要加强监护，预防跌倒的发生，减少医患纠纷。

附录 19　Braden 压力性损伤危险因素预测量表
（Braden pressure ulcer risk assessment scale）

评估内容	评估等级	评估标准	分值
感知能力	完全受限	对疼痛刺激无反应	1
	非常受限	对疼痛刺激有反应，但不能用语言表达，只能用呻吟，烦躁不安表示	2
	轻微受限	对指令性语言有反应，但不能总是用语言表达不适，或部分身体感受疼痛能力或不适能力受损	3
	无损害	对指令性语言有反应，无感觉受损	4
潮湿度	持续潮湿	每次移动或翻动时总是看到皮肤被分泌物、尿液浸湿	1
	非常潮湿	床单由于频繁受潮至少每班更换一次	2
	偶尔潮湿	皮肤偶尔潮湿，床单约每日更换一次	3
	罕见潮湿	皮肤通常是干的，床单按常规时间更换	4
活动能力	卧床不起	被限制在床上	1
	能坐轮椅	不能步行活动，必须借助椅子或轮椅活动	2
	扶助行走	白天偶尔步行，但距离非常短	3
	活动自如	能自主活动，经常步行	4
移动能力	完全受限	老年人在他人帮助下方能改变体位	1
	重度受限	偶尔能轻微改变身体或四肢的位置，但不能独立改变	2
	轻度受限	只是轻微改变身体或四肢位置，可经常移动且独立进行	3
	不受限	可独立进行随意体位的改变	4
营养摄取能力	非常差	从未吃过完整餐，或禁食和 / 或进无渣流质饮食	1
	可能不足	每餐很少吃完，偶尔加餐或少量流质饮食或管饲饮食	2
	充足	每餐大部分能吃完，但会常常加餐。不能经口进食老年人能通过鼻饲或静脉营养补充大部分营养需求	3
	良好	三餐基本正常	4
摩擦力、剪切力	存在问题	需要协助才能移动老年人，移动时皮肤与床单表面没有完全托起，老年人坐床上或椅子上经常会向下滑动	1
	潜在问题	很费力地移动，大部分时间能保持良好的体位，偶尔有向下滑动	2
	不存在问题	在床上或椅子里能够独立移动，并保持良好的体位	3

附录20　Norton 压力性损伤风险评估量表
（Norton pressure ulcer risk assessment scale）

项目/分值	4	3	2	1
身体状况	很好	一般	不好	极差
精神状况	思维敏捷	无动于衷	不合逻辑	昏迷
活动能力	可以走动	需协助	坐轮椅	卧床
灵活情况	行动自如	轻微受限	非常受限	不能活动
失禁情况	无失禁	偶有失禁	经常失禁	二便失禁

附录21　Beck 自杀意念量表中文版（Beck scale for suicide ideation-Chinese version，BSI-CV）

下述项目是一些有关您对生命和死亡想法的问题。每个问题既问最近一周您是如何感觉的，也问既往您最消沉、最忧郁或自杀倾向最严重的时候是如何感觉的。每个问题的答案各有不同，请您注意听清提问和备选答案，然后根据您的情况选择最适合的答案。

1. 您希望活下去的程度如何？

最近一周	中等到强烈	弱	没有活着的欲望
最消沉、最忧郁的时候	中等到强烈	弱	没有活着的欲望

2. 您希望死去的程度如何？

最近一周	没有死去的欲望	弱	中等到强烈
最消沉、最忧郁的时候	没有死去的欲望	弱	中等到强烈

3. 您要活下去的理由胜过您要死去的理由吗？

最近一周	要活下去胜过要死去	二者相当	要死去胜过要活下来
最消沉、最忧郁的时候	要活下去胜过要死去	二者相当	要死去胜过要活下来

4. 您主动尝试自杀的愿望程度如何？

最近一周	没有	弱	中等到强烈
最消沉、最忧郁的时候	没有	弱	中等到强烈

5. 您希望外力结束自己生命,即有"被动自杀愿望"的程度如何?(例如,希望一直睡下去不再醒来、意外地死去等)

最近一周	没有	弱	中等到强烈
最消沉、最忧郁的时候	没有	弱	中等到强烈

如果上面第4或第5项的答案为"弱"或"中等到强烈",无论针对的是"最近一周"还是"最消沉、最忧郁的时候",继续问接下来的问题;否则,结束调查。

6. 您的这种自杀想法持续存在多长时间?

最近一周	短暂、一闪即逝	较长时间	持续或几乎是持续的	近一周无自杀想法
最消沉、最忧郁的时候	短暂、一闪即逝	较长时间	持续或几乎是持续的	

7. 您自杀想法出现的频度如何?

最近一周	极少、偶尔	有时	经常或持续	近一周无自杀想法
最消沉、最忧郁的时候	极少、偶尔	有时	经常或持续	

8. 您对自杀持什么态度?

最近一周	排斥	矛盾或无所谓	接受
最消沉、最忧郁的时候	排斥	矛盾或无所谓	接受

9. 您觉得自己控制自杀想法、不把它变成行动的能力如何?

最近一周	能控制	不知能否控制	不能控制
最消沉、最忧郁的时候	能控制	不知能否控制	不能控制

10. 如果出现自杀想法,某些顾虑(如顾及家人、死亡不可逆转等)在多大程度上能阻止您自杀?

最近一周	能阻止自杀	能减少自杀的危险	无顾虑或无影响
最消沉、最忧郁的时候	能阻止自杀	能减少自杀的危险	无顾虑或无影响

11. 当您想自杀时,主要是为了什么?

最近一周	控制形势、寻求关注、报复	逃避、减轻痛苦、解决问题	前两种情况均有	近一周无自杀想法
最消沉、最忧郁的时候	控制形势、寻求关注、报复	逃避、减轻痛苦、解决问题	前两种情况均有	

12. 您想过结束自己生命的方法了吗?

最近一周	没想过	想过,但没制订出具体细节	制订出具体细节或计划得很周详
最消沉、最忧郁的时候	没想过	想过,但没制订出具体细节	制订出具体细节或计划得很周详

13. 您把自杀想法落实的条件或机会如何?

最近一周	没有现成的方法、没有机会	需要时间或精力准备自杀工具	有现成的方法和机会或预计将来有方法和机会	近一周无自杀想法
最消沉、最忧郁的时候	没有现成的方法、没有机会	需要时间或精力准备自杀工具	有现成的方法和机会或预计将来有方法和机会	

14. 您相信自己有能力并且有勇气去自杀吗?

最近一周	没有勇气、太软弱、害怕、没有能力	不确信自己有无能力、勇气	确信自己有能力、有勇气
最消沉、最忧郁的时候	没有勇气、太软弱、害怕、没有能力	不确信自己有无能力、勇气	确信自己有能力、有勇气

15. 您预计某一时间您确实会尝试自杀吗?

最近一周	不会	不确定	会
最消沉、最忧郁的时候	不会	不确定	会

16. 为了自杀,您的准备行动完成得怎样?

最近一周	没有准备	部分完成(例如,开始收集药片)	全部完成(例如,有药片、刀片、有子弹的枪)
最消沉、最忧郁的时候	没有准备	部分完成(例如,开始收集药片)	全部完成(例如,有药片、刀片、有子弹的枪)

17. 您已着手写自杀遗言了吗?

最近一周	没有考虑	仅仅考虑、开始但未写完	写完
最消沉、最忧郁的时候	没有考虑	仅仅考虑、开始但未写完	写完

18. 您是否因为预计要结束自己的生命而抓紧处理一些事情? 如买保险或准备遗嘱。

最近一周	没有	考虑过或做了一些安排	有肯定的计划或安排完毕
最消沉、最忧郁的时候	没有	考虑过或做了一些安排	有肯定的计划或安排完毕

19. 您是否让人知道自己的自杀想法?

最近一周	坦率主动说出想法	不主动说出	试图欺骗、隐瞒	近一周无自杀想法
最消沉、最忧郁的时候	坦率主动说出想法	不主动说出	试图欺骗、隐瞒	

附录22　汉密尔顿焦虑量表
（Hamilton anxiety scale，HAMA）

症状	评定				
	0 无症状	**1** 轻微	**2** 中等	**3** 较重	**4** 严重
1. **焦虑心境**：担心，感到有最坏的事情将要发生，容易激惹。					
2. **紧张**：紧张感，易疲劳，不能放松，易哭，颤抖					
3. **害怕**：害怕黑暗、陌生人、一人独处、动物、乘车或旅行及人多的地方。					
4. **失眠**：难以入睡、易醒、睡眠不深、多梦、夜惊、醒后感疲劳。					
5. **认知障碍**：记忆力差，注意涣散					
6. **抑郁心境**：丧失兴趣、对以往爱好缺乏快感，抑郁、早醒、昼重夜轻。					
7. **肌肉系统症状**：肌肉酸痛，活动不灵活，肌肉抽动，牙齿打战、声音发抖					
8. **感觉系统症状**：视觉模糊，发冷发热，软弱无力感，浑身刺痛。					
9. **心血管系统**：心动过速，心慌，胸痛，血管跳动感，昏倒感，期前收缩					
10. **呼吸系统**：胸闷，窒息感，叹气，呼吸困难					
11. **胃肠道**：吞咽困难，嗳气，消化不良，饱胀感，肠动感，肠鸣，腹泻，便秘，体重减轻					
12. **生殖泌尿系统**：尿意频数，尿急，停经，性冷淡，早泄，阳痿					
13. **自主神经症状**：口干，潮红，苍白，易出汗，起鸡皮疙瘩，紧张性头痛，毛发竖起					
14. **会谈时行为表现**：一般表现包括紧张，不能放松，忐忑不安，咬手指，紧紧握拳，摸弄手帕，面肌抽动，手发抖，皱眉，表情僵硬，面色苍白。生理表现：反复吞咽，打嗝，安静时心跳呼吸快，震颤，易出汗。					

注：

评分标准：<7分，无焦虑；≥7分，可能有焦虑；≥14分，肯定有焦虑；≥21分，明显有焦虑；≥29分，有严重焦虑。

附录23 老年抑郁量表
（geriatric depression scale，GDS）

请根据最切合您最近一周来的感受，回答下列各题（每一题打一个勾）

	是	否
*1. 您对生活基本上满意吗？	□	□
2. 您是否已放弃了许多活动与兴趣？	□	□
3. 您是否觉得生活空虚？	□	□
4. 您是否感到厌倦？	□	□
*5. 您觉得未来有希望吗？	□	□
6. 您是否因为脑子里一些想法摆脱不掉而烦恼？	□	□
*7. 您是否大部分时间都心情愉快？	□	□
8. 您是否害怕会有不幸的事落到你头上？	□	□
*9. 您是否大部分时间感到快乐？	□	□
10. 您是否常感到孤立无援？	□	□
11. 您是否经常坐立不安，心烦意乱？	□	□
12. 您是否愿意在家里而不愿去做些新鲜事？	□	□
13. 您是否常常担心将来？	□	□
14. 您是否觉得和大多数人相比，记忆力比较差？	□	□
15. 您是否觉得现在生活得很好？	□	□
16. 您是否总是感到心情沉重？	□	□
17. 您是否觉得像现在这样活着毫无意义？	□	□
18. 您是否总为过去的事烦恼？	□	□
*19. 您觉得你生活得很愉快吗？	□	□
20. 您开始做一件新事情时感到很困难吗？	□	□
*21. 您是否感到精力充沛？	□	□
22. 您是否觉得你的处境已经毫无希望？	□	□
23. 您是否觉得大多数人比你强得多？	□	□
24. 您是否常为些小事心烦意乱？	□	□
25. 您时常想哭吗？	□	□
26. 您集中精力有困难吗？	□	□
*27. 您早晨乐于起床吗？	□	□
28. 您希望避开聚会吗？	□	□
*29. 您对一件事作出决定很容易吗？	□	□
*30. 您的头脑像往常一样清醒吗？	□	□

附录 24　心理痛苦温度计（distress thermometer, DT）

请在最符合您近一周所经历的平均痛苦水平的数字上画"○"。

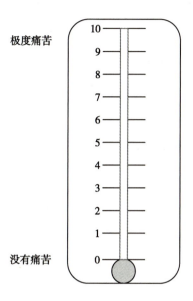

极度痛苦

没有痛苦

心理痛苦相关因素调查表：

是	否	实际问题	是	否	身体问题
		无时间、精力照顾孩子			外形
		食物问题			洗澡、穿衣
		住房问题			呼吸
		保险、财政问题			排尿改变
		交通问题			便秘
		工作、学习问题			腹泻
		治疗决策问题			进食
					疲乏
是	否	家庭问题			感觉肿胀
		与孩子相处			发热
		与伴侣相处			行动方面
		生育能力			消化不良
		家人健康问题			记忆力下降、注意涣散
					口腔溃疡
					恶心
是	否	情感问题			鼻干、鼻塞
		抑郁			疼痛
		恐惧			性
		紧张			皮肤干燥、发痒
		悲伤			睡眠
		担忧			物质使用
		对日常活动丧失兴趣			手、脚麻木
是	否	精神问题			

附录 25　加利福尼亚大学洛杉矶分校孤独量表
（University of California，Los Angeles loneliness scale）

UCLA 孤独量表（第 3 版）

	从不	很少	有时	一直
1．你常感到与周围人的关系和谐吗？				
2．你常感到缺少伙伴吗？				
3．你常感到没有人可以信赖吗？				
4．你常感到寂寞吗？				
5．你常感到属于朋友中的一员吗？				
6．你常感到与周围的人有许多共同点吗？				
7．你常感到与任何人都不亲密了吗？				
8．你常感到你的兴趣与想法与周围的人不一样吗？				
9．你常感到想要与人来往、结交朋友吗？				
10．你常感到与人亲近吗？				
11．你常感到被人冷落吗？				
12．你常感到你与别人来往毫无意义吗？				
13．你常感到没有人很了解你吗？				
14．你常感到与别人隔开了吗？				
15．你常感到当你愿意时你就能找到伙伴吗？				
16．你常感到有人真正了解你吗？				
17．你常感到羞耻吗？				
18．你常感到人们围着你但并不关心你吗？				
19．你常感到有人愿意与你交谈吗？				
20．你常感到有人值得你信赖吗？				

附录 26　简易智力状态检查量表
（mini-mental state examination，MMSE）

简易智力状态量表

项目		积分					
定向力	1. 今年是哪一年？					1	0
	现在是什么季节？					1	0
	现在是几月份？					1	0
	今天是几号？					1	0
	今天是星期几？ 注:（农、公历均可）					1	0
	2. 您现在在哪个省？					1	0
	您现在在哪个城市？					1	0
	您现在在什么地方？					1	0
	您现在在哪层楼？					1	0
	您现在在哪个房间？					1	0
记忆力	3. 告诉你三种东西，我说完后，请你重复一遍并记住，（橘子、笔、椅子）请您记住这三样东西，待会还会问你。（答对一个得1分，共3分）					1	0
						1	0
						1	0
注意力和计算力	4. 100－7＝?（93，86，79，72，65，各一分，共五分，若错了但下一答案正确，只记一次错误）	5	4	3	2	1	0
回忆能力	5. 现在请你说出我刚才告诉你让你记住的那三样东西。		3	2		1	0
语言能力	6. 出示手表，问这个是什么东西？					1	0
	出示笔，问这个是什么？					1	0
	7. 我现在说一句话，请跟我清楚的重复　遍（四十四只石狮子）。					1	0
	8. 请你念念这句话，（闭上你的眼睛）并按上面意思去做。					1	0
	9. 我给你一张纸请你按我说的去做，现在开始： 用右手拿着这张纸，					1	0
	用两只手将它对折起来，					1	0
	放在您的左腿上。					1	0
	10. 请您在纸上写一个完整的句子。					1	0
	11.（出示图案）请你按照上面图案画下来					1	0

附录 27　家庭支持自评量表
（family support scale，PSS-Fa）

条目	是	否
当我需要的时候我的家庭会义不容辞地支持我。		
我能得到家庭成员给我的好主意。		
我与家庭成员之间的亲密关系不如与其他人的关系好。		
我向家中最亲密的成员倾诉痛苦后，他（她）也感到同样痛苦。		
家庭成员乐于倾听我的想法。		
我的许多快乐都与家庭成员共同分享。		
我依赖家庭成员给我情绪（精神）支持。		
如果我感到沮丧，我能向某个家庭成员诉说，且以后不会被嘲笑。		
我与家庭成员之间所考虑的共同的事情能彼此公开交流。		
对我个人的需要，我的家庭成员反应敏感。		
家庭成员乐于帮我解决问题。		
我和许多家庭成员之间关系很好。		
当我向家庭成员倾诉时，使我感到不舒服。		
如果其他人和家庭成员之间的关系过于密切，我感到不舒服。		
我希望我的家庭与现在有所不同。		

附录 28　社会支持评定量表
（social support rating scale，SSRS）

1. 您有多少关系密切，可以得到支持和帮助的朋友（只选一项）

   A. 一个也没有　　B. 1～2个　　C. 3～5个　　D. 6个或6个以上

2. 近一年来您（只选一项）

   （1）远离家人，且独居一室

   （2）住处经常变动，多数时间和陌生人住在一起

   （3）和同学、同事或朋友住在一起

   （4）和家人住在一起

3. 您与邻居（只选一项）

   （1）相互之间从不关心，只是点头之交

   （2）遇到困难可能稍微关心

   （3）有些邻居都很关心您

   （4）大多数邻居都很关心您

4. 您与同事（只选一项）

   （1）相互之间从不关心，只是点头之交

   （2）遇到困难可能稍微关心

   （3）有些同事很关心您

   （4）大多数同事都很关心您

5. 从家庭成员得到的支持和照顾（在无、极少、一般、全力支持四个选项中，选择合适选项）

   Ⅰ. 夫妻（恋人）

   A. 无　　B. 极少　　C. 一般　　D. 全力支持

   Ⅱ. 父母

   A. 无　　B. 极少　　C. 一般　　D. 全力支持

   Ⅲ. 儿女

   A. 无　　B. 极少　　C. 一般　　D. 全力支持

   Ⅳ. 兄弟姐妹

   A. 无　　B. 极少　　C. 一般　　D. 全力支持

   Ⅴ. 其他成员（如嫂子）

   A. 无　　B. 极少　　C. 一般　　D. 全力支持

6. 过去，在您遇到急难情况时，曾经得到的经济支持和解决实际问题的帮助的来源有：

   （1）无任何来源。

   （2）下列来源：（可选多项）

   A. 配偶　　B. 其他家人　　C. 亲戚　　D. 朋友　　E. 同事　　F. 工作单位

   G. 党团工会等官方或半官方组织

   H. 社会团体等非官方组织

   I. 其他（请列出）

7. 过去, 在您遇到急难情况时, 曾经得到的安慰和关心的来源有
   (1) 无任何来源。
   (2) 下列来源 (可选多项)
   A. 配偶　B. 其他家人　C. 朋友　D. 亲戚　E. 同事　F. 工作单位
   G. 党团工会等官方或半官方组织
   H. 社会团体等非官方组织
   I. 其他 (请列出)

8. 您遇到烦恼时的倾诉方式 (只选一项)
   (1) 从不向任何人诉说
   (2) 只向关系极为密切的 1~2 个人诉述
   (3) 如果朋友主动询问您会说出来
   (4) 主动诉述自己的烦恼, 以获得支持和理解

9. 您遇到烦恼时的求助方式 (只选一项)
   (1) 只靠自己, 不接受别人帮助
   (2) 很少请求别人的帮助
   (3) 有时请求别人的帮助
   (4) 有困难时经常向家人、亲友、组织求助

10. 对于团体 (如党团组织、工会、学生会等) 组织活动, 您 (只选一项)
    (1) 从不参加
    (2) 偶尔参加
    (3) 经常参加
    (4) 主动参加并积极活动。

条目计分方法
①第 1~4 条, 8~10 条; 每条只选一项, 选择 1、2、3、4 项分别计 1、2、3、4 分。
②第 5 条分 A、B、C、D、E 5 项总分, 每项从 "无" 到 "全力支持" 分别计 1~4 分, 即 "无" 计 1 分, "极少" 计 2 分, "一般" 计 3 分, "全力支持" 计 4 分。
③第 6、7 条如回答 "无任何来源" 则计 0 分, 回答 "下列来源" 者, 有几个来源就计几分。

量表的统计指标
①总分: 指的是 10 个条目评分之和。
②维度分
a. 客观支持分: 2、6、7 条评分之和。
b. 主观支持分: 1、3、4、5 条评分之和。
c. 对支持的利用度: 8、9、10 条评分之和。

附录 29　汉化版生命意义感量表
（meaning in life questionnaire，MLQ）

生命的意义是什么？您是否对此有过思考？请您根据实际情况，在选择的选项方框内打√。1 = 完全不符合；2 = 大部分不符合；3 = 有点不符合；4 = 难以判断；5 = 有点符合；6 = 大部分符合；7 = 完全符合。

题目	1	2	3	4	5	6	7
①我正在寻觅我人生的目标和使命。							
②我的生活没有明确的目标。							
③我正在寻找自己人生的意义。							
④我明白自己生活的意义。							
⑤我正在寻觅让我感觉生活饶有意义的东西。							
⑥我总在尝试找寻自己生活的目标。							
⑦我的生活有清晰的目标感。							
⑧我清楚什么东西能使我的人生变得有意义。							
⑨我已经发现了一个令我满意的生活目标。							
⑩我一直在寻找某样使我的生活感觉起来是重要的东西。							

引自：孙轶文. 晚期癌症患者本土化尊严模型的建构和量表的编制及应用 [D]. 太原：山西医科大学，2017.

附录 30　老年人自我价值感量表
（elderly self-worth scale，ESC）

序号	条目	1 完全不符合	2 大部分不符合	3 部分符合 部分不符合	4 大部分符合	5 完全符合
1	我现在有为社会作贡献的能力					
2	我说的话会影响到周围他们					
3	我性格乐观向上，会积极面对困难					
4	我头脑清醒，能励志辨别身边事情					
5	我有能力也愿意去帮助他人					
6	我和自己的老伴感情很好					
7	我身体健康，能自由活动，做自己想做的事					
8	我的身体比起周围他人很强壮					
9	我的身体比起周围他人很强壮					
10	我坚强的性格会传染他人					
11	家人很支持我的兴趣爱好活动					
12	身边的人有困难会向我求助					
13	我耳朵眼睛等感官器官很灵敏					
14	我喜欢自己健康的身体					
15	我很诚实，大家很信任我					
16	我有很多朋友					
17	我健康的身体让我能参与大部分活动					
18	子女和我感情很好，很孝顺我					
19	我做事情有自己的坚持和原则					
20	我的言行举止符合社会道德标准					
21	我的性格让我的能力得到更好的发挥					
22	我乐于帮助有困难的人们					
23	对于失败我不会一蹶不振					
24	我有勇气和意志去做自己喜欢的事情					
25	我喜欢去周围他人交往					

附录 31　患者尊严量表
（patient dignity inventory，PDI）

尊敬的患者：

　　您好！请仔细阅读每一条，然后在右边适当的数字上打"√"，来表示最近几天该问题是否困扰你，以及困扰你的程度。

		1 无	2 轻度	3 中度	4 重度	5 非常严重
1	不能完成日常生活活动（如洗澡、穿衣）					
2	机体的需求不能自理（如上厕所等活动需要帮助）					
3	经受躯体痛苦的症状（如疼痛、气短、恶心）					
4	感觉自己对别人的依赖性明显增加					
5	感到沮丧					
6	感到焦虑					
7	不能确定自己的健康状况，也不知道治疗是否得当					
8	担忧自己的未来					
9	不能够清晰地思考问题/思维不清晰					
10	不能维持常规的生活和工作					
11	感觉我不再是以前的自己了					
12	感觉自己没有价值或不受重视					
13	不能扮演重要的角色（如配偶、父母）					
14	感觉生活不再有意义					
15	感觉我的一生没有做出有意义的和/或不可磨灭的贡献					
16	感到我还有未完成的事情（如还有事情没说、没做）					
17	担心精神空虚					
18	感觉自己是别人的负担					
19	感到不能控制自己的生活					
20	感觉医疗和护理过程暴露了我的隐私					
21	感觉不到来自朋友和家人的支持					
22	感觉不到来自医护人员的支持					
23	感觉心理上无力应对健康问题的挑战					
24	不能接受现状					
25	不受人尊重或理解					

附录32　日常生活活动能力量表
（activities of daily living，ADL）

项目	自理	稍依赖	较大依赖	完全依赖
1. 吃饭	10	5	0	0
2. 洗澡	5	0	0	0
3. 修饰（洗脸、梳头、刷牙、剃须）	5	0	0	0
4. 穿衣（解系纽扣、拉链、穿鞋）	10	5	0	0
5. 用厕（包括拭净、整理衣裤、冲水）	10	5	0	0
6. 上楼梯	10	5	0	0
7. 大便	10	5	0	0
8. 小便	10	5	0	0
9. 床椅转移	15	10	5	0
10. 平地移动	15	10	0	0

附录 33　麦吉尔生活质量问卷
（McGill quality of life questionnaire，MQOL）

该问卷由 Cohen 等编制，包含 4 个维度 16 个条目，其中生理维度（第 1～4 项）、心理维度（第 5～8 项）、个人存在维度（第 9～14 项）、社会支持维度（第 15～16 项），以及 1 个整体生活质量条目，每条目得分为 1～10 分，该问卷 Cronbach's d 系数为 0.83。

请您依"过去两天"的感受，回答下列所有的问题（每个项目采用 10 分制的方式评定患者的主观感受，判断相应条目患者的情况）：

第一部分：考虑我生活中身体、情绪、社会、精神和经济的各方面，在过去的这两天里，我的生活质量是：

糟透了 0-1-2-3-4-5-6-7-8-9-10 非常好

第二部分：身体症状

（1）第 1～3 题，请您列出过去两天对您造成最大困扰的身体症状（如：疼痛、疲倦、虚弱、恶心呕吐、便秘、腹泻、睡眠困扰、呼吸短促、缺乏食欲冒冷汗、不能移动等）如果有需要，您可以自由填写其他症状。

（2）请依据您过去这两天的感受，圈出下列每一个问题中最能表达对您造成困扰程度的数字。

（3）假如过去这两天，您没有或只有一至二个下列身体症状，请在多出来的题目上填写"没有"，并继续回答第 4 题。

1. 在过去两天里，最困扰我的症状发生：（写下第一困扰的症状）
非常困扰的问题 0-1-2-3-4-5-6-7-8-9-10 没有问题

2. 在过去两天里，第二困扰我的症状发生：（写下第二困扰的症状）
非常困扰的问题 0-1-2-3-4-5-6-7-8-9-10 没有问题
（写下第三困扰的症状）

3. 在过去两天里，第三困扰我的症状发生：
非常困扰的问题 0-1-2-3-4-5-6-7-8-9-10 没有问题

4. 在过去这两天里，我觉得体力：
非常差 0-1-2-3-4-5-6-7-8-9-10 非常好

第三部分：请在下列各项中，圈出过去两天最能描述您感受和想法的数字。

5. 在过去这两天里，我变得抑郁：
非常抑郁 0-1-2-3-4-5-6-7-8-9-10 一点都不会

6. 在过去这两天里，我会紧张或担心：
非常紧张或担心 0-1-2-3-4-5-6-7-8-9-10 一点都不会

7. 在过去这两天里,我会觉得伤心难过:
总是如此 0-1-2-3-4-5-6-7-8-9-10 从未如此

8. 在过去这两天里,当我想到未来,我会感到:
非常害怕 0-1-2-3-4-5-6-7-8-9-10 不会害怕

9. 在过去这两天里,我觉得我的生活:
极度没有意义和目标 0-1-2-3-4-5-6-7-8-9-10 非常有意义和目标

10. 在过去这两天,当我想到我整个人生时,我觉得在达到人生的目标方面:
一点都没有进展 0-1-2-3-4-5-6-7-8-9-10 有进展且完全实现

11. 在过去这两天里,当我想到我的人生时,我觉得我活到现在是:
完全没有价值 0-1-2-3-4-5-6-7-8-9-10 非常有价值

12. 在过去这两天里,我觉得我自己:
无法掌握自己的人生 0-1-2-3-4-5-6-7-8-9-10 完全能掌握自己的人生

13. 在过去这两天里,我觉得自己过得很好:
完全不同意 0-1-2-3-4-5-6-7-8-9-10 完全同意

14. 对我而言,过去这两天是一种:
拖累 0-1-2-3-4-5-6-7-8-9-10 福气

15. 在过去这两天里,这个世界是:
一个冷酷无情没有人性的地方 0-1-2-3-4-5-6-7-8-9-10 会关心和满足我的需要

16. 在过去这两天里,我感觉到被支持:
一点都没有 0-1-2-3-4-5-6-7-8-9-10 完全被支持

附录 34　卡氏功能状态量表
（Karnofsky performance scale，KPS）

序号	体力状况	分值
1	正常，无症状和体征	100
2	能进行正常活动，有轻微症状和体征	90
3	勉强进行正常活动，有一些症状和体征	80
4	生活能自理，但不能维持正常生活和工作	70
5	生活能大部分自理，但偶尔需要别人帮助	60
6	常需要人照料	50
7	生活不能自理，需要特别照顾和帮助	40
8	生活严重不能自理	30
9	病重，需要住院和积极的支持治疗	20
10	重危	10
11	死亡	0

附录 35　临终患者病情评估表
（the dying patient condition assessment sheet）

序号	评估病情项目	级差比例					评估时间		
		100%	50%	30%	20%	10%	入院	1周	1个月
1	摄入	平时正常量 18分	平时半量以下 9分	少量流质 5分	少量啜饮 3分	仅口唇微动 1分			
2	体能生活	自主行走 全自理 18分	搀扶走 大部分自理 9分	大多卧床 自行用餐 5分	卧床能坐靠 能交流 3分	仅能肢体徐动 吞咽 1分			
3	年龄/岁	<50 10分	50~69 5分	70~79 3分	80~90 2分	>90 1分			
4	呼吸	正常 10分	活动后气促 5分	平卧时气促 3分	>30次/min 或 <10次/min 2分	张口点头样 1分			
5	神志	正常 10分	淡漠，眼神呆滞 5分	嗜睡或烦躁 3分	浅昏迷 2分	深昏迷或见 "回光返照" 1分			
6	收缩压	正常 6分	<平时值20% 3分	<100mmHg 2分	<80mmHg 1分	<70mmHg 0.5分			
7	脉搏	正常 6分	>100次/min 或不齐 3分	>120次/min 或<60次/min 2分	>160次/min 或<50次/min 1分	<45次/min 0.5分			
8	营养状态	无消瘦 6分	略有消瘦 体重下降>10% 3分	轻度消瘦 体重下降 >20% 2分	中度消瘦 体重下降 >30% 1分	重度消瘦 体重下降 >40% 0.5分			
9	脏器状况	无损伤 4分	非重要脏器损伤 2分	一个重要脏器损伤 1.5分	两个重要脏器损伤 1分	三个以上重要脏器损伤 0.5分			
10	腋下体温	正常 4分	>37.1℃ 2分	>38℃ 1.5分	>39℃或 <36.2℃ 1分	>40℃或 <35.7℃ 0.5分			
11	尿量	正常 4分	略减>700ml/d 2分	减少>400ml/d 1.5分	少尿<400ml/d 1分	无尿<100ml/d 0.5分			
12	水肿	无 4分	下肢水肿 2分	全身水肿 1.5分	伴胸腔积液、腹水 1分	胸腔积液、腹水伴呼吸限制 0.5分			
共计									

参考文献

[1] 谌永毅,杨辉.安宁疗护[M].北京:人民卫生出版社,2023.

[2] 谌永毅,刘翔宇.安宁疗护专科护理[M].北京:人民卫生出版社,2020.

[3] 肖亚洲,谌永毅.中国肿瘤整合诊治技术指南(CACA)——安宁疗护[M].天津:天津科学技术出版社,2023.

[4] 尤黎明,吴瑛.内科护理学[M].7版.北京:人民卫生出版社,2022.

[5] 胡秀英,肖惠敏.老年护理学[M].5版.北京:人民卫生出版社,2022.

[6] 谌永毅,吴欣娟,李旭英,等.健康中国建设背景下安宁疗护事业的发展[J].中国护理管理,2019,19(06):801-806.

[7] 饶梦,卢玉林,杨丹,等.社区多学科安宁疗护团队培训内容清单的构建[J].中华护理教育,2024,21(07):849-855.

[8] 袁玲,周宁.安宁疗护照顾者手册[M].南京:江苏凤凰科学技术出版社,2022.

[9] 潘虹,丁劲,刘小勤.中医外治护理技术操作手册[M].北京:人民卫生出版社,2021.